Ulrich von Wilamowitz-Moellendorff

Antigonos von Karystos

Ulrich von Wilamowitz-Moellendorff

Antigonos von Karystos

ISBN/EAN: 9783743434578

Hergestellt in Europa, USA, Kanada, Australien, Japan

Cover: Foto ©ninafisch / pixelio.de

Manufactured and distributed by brebook publishing software (www.brebook.com)

Ulrich von Wilamowitz-Moellendorff

Antigonos von Karystos

PHILOLOGISCHE
UNTERSUCHUNGEN

HERAUSGEGEBEN

VON

A. KIESSLING UND U. v. WILAMOWITZ-MOELLENDORFF.

VIERTES HEFT.

ANTIGONOS VON KARYSTOS.

BERLIN
WEIDMANNSCHE BUCHHANDLUNG.
1881.

HERMANN USENER

GEWIDMET.

INHALT.

EINLEITUNG

Zur bearbeitung des Antigonos bin ich nicht aus eigenem antrieb gekommen. während Ernst Maaſs unter meinen augen eine neue hypothese über die composition des Diogenes auffand und durchzuführen versuchte, ward mir immer klarer, dass dieser weg überhaupt nicht zum ziele führen könnte. ich hatte auf andern gebieten des öfteren erfahren und selbst als grundsatz befolgt und ausgesprochen, dass unsere aufgabe nicht ist weder nach gutdünken die zu dem jeweiligen zwecke gesammelten notizen zu verarbeiten, noch die compilatoren auf ihre nächsten compilatorischen vorlagen zu reducieren, noch auch die principlose quellenjagd zu treiben, die ein halbgelesenes buch in fetzen reiſst und einem jeglichen einen aus den compendien geborgten namen gibt. nun trat das epochemachende buch hervor, das das motto trägt: *tardi ingenii est rivulos consectari, fontes rerum non videre.* hier war für ein ganzes groſses gebiet licht und luft geschafft, indem eine ganze gattung der litteratur aufgearbeitet und in ihrer verzweigung und verästelung klar gelegt war. hier war mehrfach die forderung hingestellt, dass es mit den philosophischen biographieen eben so gemacht werden müsste. ich habe die sache reiflich erwogen, wie sie und das gewicht dessen, der eine solche forderung stellte, das verdient. aber die vervollkommnung der methode, welche Diels ohne zweifel erreicht hat, und die ihre früchte bringen wird, sobald man nur sich entschlieſst sie dort anzuwenden, wo, wie z. b. bei den lexicographen, die voraussetzungen ähnliche sind, würde meiner ansicht

nach durch falsche application auf dem biographischen felde
höchstens wieder in frage gestellt. denn es steht bei den doxographen wesentlich anders. da die philosophen selbst oder ihre
jünger die δόξαι in bestimmten schriften niedergelegt haben, so
ist das substrat aller folgenden berichte etwas festes und unver-
rückbares. sodann ist das theophrastische buch, durch welches
die ganze doxographische litteratur hervorgerufen ward, wiederum
etwas concretes [1]). und schliefslich ist wesentlich in einer zeit,
der des eklekticismus, dem ersten vorchristlichen jahrhundert,
die materialsammlung abgeschlossen; es folgt dann die zeit der
compilation, wo an den schriftstellernden personen wenig mehr
liegt. bei der biographie ist das ganz anders. hier ist keine
grenze gesteckt. zunächst ist es schon ganz unmöglich die
philosophen-biographieen für sich zu behandeln. denn die allgemeine politische oder litterarische geschichte hat an viele philosophen ein gleiches anrecht. andere gehören der volkssage überhaupt an, oder die novelle und tendenzdichtung hat sich ihrer
bemächtigt. so lange sage oder novelle oder tendenz besteht,
wandeln sie farbe und gestalt. es rinnt aber überhaupt in der
biographie nicht derselbe strom, geschweige dass er in demselben
bette ränne, sondern viele ströme gehen neben einander her, bald
sich vermischend, bald wieder sich trennend, und sie schöpfen
ihr wasser nicht blofs aus gleichen oder benachbarten quellen,
sondern bald hier bald da treten ganz neue zuflüsse ein, und
während der eine strom fast versiegt, schwillt der andere mächtig

---

[1]) Es lässt sich hier ein punkt angeben, wo fruchtbare forschung ansetzen und überraschendes finden kann. nicht blofs die peripatetiker haben
sich mit den lehrmeinungen der alten abgefunden. von der Stoa, zumal
Chrysippos, weifs es jeder, aber auch die epikureische ἀπάδι νοία ist eine böswillige übertreibung. nun ist es gewiss eine des schweifses würdige aufgabe,
diese von Theophrastos abhängigen oder auch ihm parallelen zusammenstellungen und forschungen zu ermitteln. dass es wenigstens für Epikuros möglich
ist, habe ich bei dem studium des vortrefflichen buches von Woltjer *Lucretii
philosophia cum fontibus comparata* an vielen stellen gelernt. der schöne
euripideische spruch ϑνήσκει δ' οὐδὲν τῶν γιγνομένων κτλ steht im Lucrez,
weil Epikur ihn citiert hatte, und so wird sich von dieser seite ein gutes
stück der philosophischen hauptbücher des dritten jahrhunders ermitteln lassen.

an. gesetzt es überstiege nicht die kraft des einzelnen, so würde das resultat der riesenmühe diese ganze litteratur aufzuarbeiten doch nur eine summe von einzeluntersuchungen sein. wol hat sich im zweiten jahrhundert v. Chr. eine gewisse schulfolge und eine auswahl der personen für die geschichte der philosophie festgesetzt, wie sich damals der kreis der classischen schriftsteller festsetzt: aber diese beschränkung der aufgabe wäre wieder zu eng. Pythagoras beginnt seine hauptrolle erst später zu spielen; Demokritos rückt durch Thrasyllos in eine ganz besondere stellung; bei Menedemos und Timon sind unten auch sehr eigentümliche verhältnisse aufgezeigt. somit kann ich auch jetzt nur zwei wege bezeichnen, wie man in diesem chaos licht schaffen kann. entweder man greift eine der dargestellten personen heraus und verfolgt die genesis ihrer legende durch das ganze altertum. legende habe ich es genannt; am namen liegt mir gar nichts: an der sache liegt mir, dass die continuität der wissenschaftlichen arbeit und der popularen vorstellung, die im altertum an eine person sich geknüpft hat, verfolgt werde, und dass klar werde, wie eine jede zeit ihrer sinnesart und ihrem geschmack nach zu den grofsen namen der vorzeit stellung nimmt, diese stellungnahme aber dann je nach der stärke des interesses auch die überlieferung sowol von den personen wie die der schriftwerke mehr oder minder beeinflusst. dies ist der eine weg; ihn kann freilich nur gehen, wer von der gesammten entwickelung und dem geistigen leben des altertums eine aus den quellen geschöpfte vorstellung hat. wer ohne den ballast der kenntnisse den Euphorionflug unternimmt, der scheitert kläglich, wie Bauer mit seiner Herodotbiographie. aber für viele teile der litteraturgeschichte, z. b. die Lyriker oder Epicharmos ist eine derartige untersuchung, die Welckers geniale skizzen ergänzen wird, der einzige weg. sonst bliebe für den verständigen nur die resignation; der wahn wird ja doch nicht um sich greifen, dass die griechische litteraturgeschichte im Suidas oder Diogenes begraben liege und eine quellenuntersuchung zu Hesych oder ein compilatorenname hadrianischer zeit die blaue blume sei, auf deren berührung die klüfte der berge sich auftäten.

Den andern weg habe ich hier beschritten; ich habe aus den primären quellen für die philosophengeschichte einen namen herausgegriffen und, indem ich von seinem träger ein möglichst klares bild zu gewinnen strebte, das herauszuschälen gesucht, was inhaltlich ihm angehört, ohne rücksicht zunächst darauf, auf welchem wege es in den compilatorischen sammelwust geraten ist. ich habe entgegen meiner neigung und meinem temperament die untersuchung breit und wortreich geführt und bin bei der quellenanalyse möglichst schritt vor schritt gegangen, weil ich mir einbilde, dass dies ein weg ist, auf dem auch ein anfänger nutzbringendes erarbeiten kann, nutzbringend für die wissenschaft und auch für den arbeitenden, weil die quellen auf grund exacter interpretation des grammatischen und sachlichen zusammenhangs geschieden werden. der weg ist alles andere als neu; Herchers Ptolemaeus und noch ganz kürzlich Hillers Lobon sind musterhafte beispiele. aber es kommt auch nur darauf an, dass der weg richtig sei. für die anbeter der originalität des wahnsinns zu schreiben bin ich mir zu gut. ich vertraue aber, dass der letzte excurs zeigt wie wir auf diesem wege ein ganz erhebliches stück auch für die Diogenesanalyse weiter gekommen sind und weiter kommen werden. dazu ist freilich nötig, die frage jedesmal richtig zu stellen, d. h. nur einen schriftsteller zu untersuchen, für den es hinreichende charakterismen gibt. doch deren könnte ich leicht ein halbes dutzend herzählen. ferner aber dürfte eine evidenz sich nur dann ergeben, wenn man sich die mühe der reconstruction macht. es müssen solche restitutionen wie Diels Aetius, Roberts Eratosthenes, Reifferscheids Sueton, Lentz Herodian noch sehr viel mehr gemacht werden. dass die beiden letzten viel ungehöriges mit enthalten, ist gar kein schlimmer fehler; das gegenteil ist viel gefährlicher. auf eine quellenuntersuchung, die von dem gesuchten ausgeht, ist aber die reconstruction die richtige probe, wie für die zerlegung der vorliegenden schriftsteller ein abdruck in der weise von Mommsens Solin. wenn die schwärmer für Duris oder Piso oder Coelius Antipater ihre schatten reconstruiert hätten, so würden sie vielleicht gemerkt haben, dass sie unvereinbares zusammenstückten.

wenn man erst den Ephoros und Timaios, Apollodoros περὶ θεῶν, Aristophanes λέξεις, die historien des Sallust, die antiquitäten des Varro in dieser weise inhaltlich reconstruiert, Athenaeus Polyaen Diodor, Livius Plinius Macrobius und die herde der lexica mit nachweisen der quelle oder der parallelberichte am rande lesen kann, dann wird ein neues leben in die arbeit kommen, wird manches gespenst gescheucht sein und die ziele höher gesteckt werden, die kenntniss in die tiefen der antiken wissenschaft dringen können.

Denn es ist doch nicht so gar schlimm mit der lücke in der griechischen litteratur zwischen Aristoteles und Dionysios von Halikarnass. inhaltlich ist noch manch einer der schriftsteller zu erwecken, und eine lebensvolle geschichte des hellenischen geistes ist auch in diesen jahrhunderten möglich zu erreichen. lebensvoll aber wird sie erst, wenn leibhafte personen darin agieren. ich hoffe einen der art ans licht gezogen zu haben. aber ich bin durch den umfang der arbeit, die sich, als sie überhaupt begonnen war, ihre bahnen selber wies, allerdings verhindert worden, meinen ursprünglichen plan auszuführen; das vierte capitel liefert nur dürftige andeutungen von dem, was eigentlich das heft füllen sollte. ich wollte Antigonos in einer reihe mit einer anzahl von persönlichkeiten vorführen, über welche ich neues ermittelt zu haben glaube, und die dazu angetan sind, die bedeutung Pergamons für die geschichte der hellenischen litteratur und wissenschaft in den zeiten von Philetairos bis auf Augustus, den schüler des Pergameners Apollodoros, in ein anderes und vorteilhafteres licht zu setzen als das ist, in dem sie gemeiniglich selbst denen erscheinen, welche ihre kenntniss nicht blofs aus den modernen compendien und der fable convenue schöpfen. das muss ich mir nun auf ein ander mal versparen. dagegen waren einige anmerkungen zu den viten des Antigonos nicht zu schreiben, ohne dass die auffassung von der wechselbeziehung von philosophengeschichte und politik und religion ausgeführt wurde, welche ich mir aus den quellen gebildet habe, im gegensatze zu der herkömmlichen meinung, die sich wol verletzt fühlen wird; an dem urteil von solchen, die ἀπὸ κρήνης πίνουσι liegt mir aber auch gar nichts. das also wollen die drei ersten excurse geben, die wol ein existenzrecht haben, auch wenn sie mit der untersuchung über Antigonos nicht viel, mit Diogenes nichts zu tun haben. mit absicht ist die darstellung eine andere: *Persium curo legere.*

Ich war auf Antigonos geraten, weil mir bei aufmerksamer Diogeneslectüre in der Akademie, der Stoa und dem Menedem derselbe autor vorzuliegen schien; was dann Athenaeus sofort bestätigte, Philodem weiter führte. die fragmente waren ja mit leichtester mühe zusammengebracht. erst dann kümmerte ich mich um etwaige moderne litteratur. dabei fand ich aber die dissertation von Reinhold Köpke (Berlin 1862, de Antigono Carystio), welche wegen ihrer sorgfalt und umsicht ein hervorragendes lob verdient. konnte die fragmentsammlung mir auch nicht eben viel helfen, so habe ich doch gern die einzelnen punkte, wo Köpke schon mit gesundem urteil das richtige gesehen hat, hervorgehoben. es wäre unbillig gewesen, gegen anderes zu polemisieren, zumal für ihn der hauptaccent auf dem Wunderbuch lag, wo ich mich denn um seinetwillen breiter als ich vorhatte ausgelassen habe. übrigens hat er kein namentliches fragment, das ihm bekannt sein konnte, übersehen, oder wenigstens ich bin in dem gleichen fall.

Der weg der untersuchung, welche eine als ganzes völlig verschollene person wieder zusammenstellen will, ist vorgezeichnet. es müssen für die verschiedenen gestalten, unter denen der eine Antigonos von Karystos erscheint, zunächst gesondert die kriterien festgestellt werden (cap. I—III), aus denen sich dann die einheit leibhaftig wieder zusammenfindet (IV); fremdartiges oder zweifelhaftes macht den schluss (V).

Greifswald, 18. Januar 1881.

Ulrich v. Wilamowitz-Moellendorff.

ANTIGONOS DER KUNSTSCHRIFTSTELLER

Antigonus qui de toreutice scripsit wird von Plinius im quellenverzeichniss der bücher 33 und 34 genannt. ich finde nichts, was sich daraus auf ihn zurückführen liefse. er tritt mit einigen gleichartigen specialschriftstellern vereinigt auf, und die vermutung liegt nahe, dass er zusammen mit diesen aus Pasiteles herübergekommen ist, der ebenfalls genannt wird. dass er selbst bildhauer war, wo und wann er lebte, erhellt aus einer angabe 34, 84. *plures artifices fecere Attali et Eumenis adversus Gallos proelia, Isigonus Pyromachus Stratonicus Antigonus, qui volumina condidit de sua arte.* diese notiz ist ein nachtrag zu einer von Plinius nach den künstlern alphabetisch geordneten aufzählung berühmter werke, also muss er für diese angabe selbst einstehen: dass er aber die kenntniss besitzen konnte, welche zur identification des künstlers und des kunstschriftstellers erforderlich war, ist füglich nicht zu bestreiten. reste der ursprünglichen basis sind in Pergamon aufgefunden[1]) und sogar reste der inschriften, -γόνου ἔργα und -όνου ἐ- die freilich so gut wie von Antigonos auch von Isigonos herrühren können, und zwar gehören beide steine zu werken, welche Attalos I feiern, so dass dieser und nicht Eumenes in betracht kommt. ungefähr 239 hat Attalos die Galater im Kaikostale bezwungen. also für das letzte drittel des 3 jahrhunderts ist die beschäftigung des Antigonos in Pergamon bezeugt.

Plinius nennt nun auch einen Antigonos der über malerei schrieb, zwar nicht im quellenverzeichniss, wol aber innerhalb des

---

[1]) Ausgr. v. Pergam. 81. 83. auf einem privaten monumente erscheint auch ein künstler Epigonos s. 80.

35 buches. § 68 heifst es dass dem Parrhasios *Antigonus et Xenocrates qui de pictura scripsere* mit rühmender anerkennung den ersten preis in der malerei der umrisse zuerkannt haben. da Xenokrates als bildhauer und schüler des Lysippos bekannt ist und in den früheren quellenverzeichnissen seinen platz neben dem bildhauer Antigonos hat, so kann nicht bezweifelt werden, dass ein und derselbe künstler Antigonos über malerei und bildhauerkunst geschrieben hat. ob er sein urteil über Parrhasios seinem vorgänger Xenokrates entlehnte, muss dahingestellt bleiben, so lange man von diesem so wenig weifs.

Beide zusammen werden noch einmal angeführt, und zwar so, dass sich eine bedeutende wertschätzung des Antigonos offenbart, in einer gehässigen ausführung bei Diogenes Laertius (VII 187), über deren herkunft später eine allerdings noch sehr im allgemeinen gehaltene vermutung hervortreten wird. es handelt sich um die allegorisierende auslegung, die Chrysippos in dem buche περὶ τῶν ἀρχαίων φυσιολόγων mit einem obscönen gemälde aus einen Heratempel, sei es dem von Samos, sei es von Argos²), vorgenommen hatte. Chrysippos hätte diese geschichte erfunden οὐδὲ παρὰ τοῖς περὶ πινάκων γράψασι κατακεχωρισμένην· μήτε γὰρ παρὰ Πολέμωνι μήτε παρὰ Ξενοκράτει³) ἀλλὰ μηδὲ παρ' Ἀντιγόνῳ εἶναι. offenbar war das buch also nicht blofs eine geschichte der malerei, sondern auch eine statistik der gemälde, und sogar eine sehr vollständige. diese erwähnung führt nun ohne weiteres dazu, in dem in Pergamon tätigen

---

²) Argos nennt der Apion der Clementinen mit dem titel der ἐρωτικαὶ ἐπιστολαί (es steht selbst in einer solchen), Samos aber Celsus, denn aus dem hat es Origenes. die stellen bei Lobeck Agl. 606, der nachweist, dass der erbauliche gegenstand aus der orphischen theogonie stammt. natürlich ist der schluss aus der nichterwähnung auf die nichtexistenz torheit: solch muckerbild hat nicht in der ausführung, wie das entsprechende, das bei den Römern Parrhasios hiefs, sondern im gegenstand seinen wert. es kann sehr wol an beiden orten bestanden und die erwähnung beider bei Chrysippos richtig gewesen sein.

³) παρ' Ὑψικράτει ist überliefert. die verbesserung hat vor mir wenigstens Köpke (p. 25) gemacht, wahrscheinlich schon mancher, denn jeder der die tatsachen erwägt muss sie machen.

künstler und kunstschriftsteller Antigonos den zu sehen, welchem das umfangreiche werk des Polemon galt, das den titel πρὸς Ἀδαῖον καὶ Ἀντίγονον trug und, wie die bei Athenaeus erhaltenen bruchstücke zeigen, nachträge und berichtigungen zu dem werke des Antigonos, welches maler und bildhauer umfasste, und dem des Adaios, dessen titel περὶ ἀγαλματοποιῶν ebenfalls durch Athenaeus bekannt ist, enthielt [4]). Adaios zeit ist durchaus unbekannt [5]); der name führt auf einen Makedonen. Polemon hat im jahre 176 die delphische proxenie erhalten [6]), also einige seiner hauptwerke ohne zweifel schon verfasst gehabt. dass ein pergamenischer perieget in dieser zeit zunächst an den in Pergamon tätigen Antigonos und nicht etwa an Duris oder Kallixenos anknüpft, stimmt vortrefflich.

In den bei Diogenes vorliegenden homonymenlisten befinden sich zum teil auch künstler; wer sie hineingebracht haben kann, ist ganz fraglich, nur das ist klar, dass es Demetrios von Magnesia, welcher nach dem titel lediglich schriftsteller berücksich-

---

[4]) Preller Polemon p. 98. wenn dieser alle maler auf Antigonos, alle bildhauer auf Adaios bezieht, so schwebt diese sonderbare hypothese völlig in der luft.

[5]) Gemeiniglich wird nach Jacobs das buch über die bildhauer einem der beiden epigrammendichter mit dem namen Adaios zugewiesen, die Jacobs angenommen hat. allein dass es einen Mytilenaeer Adaios gar nicht gegeben hat, ist mit vollem rechte von Bergk *Lyr.* [3] 966 behauptet und A. P. VII 305 dem Alkaios von Mytilene gegeben. ein Ἀδαῖος Μακεδών war im kranze des Philippos, ein recht mittelmäfsiger poet, wie sie eben um Christi Geburt sind. ihm gehören sicher VI 228. 258. IX 544. X 20. es bleiben noch zwei gedichte, die gut sind, VII 51 auf Euripides und VII 238 auf könig Philippos den Vater Alexanders; 240 kann seinen autornamen lediglich der nähe von 238 danken. es ist willkür, die gedichte einem andern Adaios zu geben, oder aber mit den besten der andern zu vereinigen und IX 544 X 20 zu eliminieren. mit der nackten möglichkeit, dass der kunstschriftsteller Adaios auch verse gemacht und diese Meleager aufgenommen hätte, ist gar nichts gewonnen. übrigens hat schwerlich Meleager dichter des dritten jahrhunderts im prooemium nicht genannt, wenn er sie aufnahm.

[6]) Foucart Rev. de phil. II 215. es ist recht lehrreich, dass bei Suidas aus Milesios, der Polemons vater auf der inschrift ist, ein Κυνηγέτης geworden ist, weil Polemon ein guter perieget war. dass solche albernen erfindungen bei leuten so heller zeiten statt haben, konnte man wirklich kaum annehmen.

tigtc, nicht gewesen sein kann⁷). als zeugen für diese künstler wird ein par mal Polemon genannt, wie mit recht angenommen wird in dem buche πρὸς Ἀδαῖον καὶ Ἀντίγονον, zweimal, unter Ἀναξαγόρας (II 45)⁸) und Δημόκριτος (IX 49) auch Antigonos, und zwar bei einem ἀνδριαντοποιός, so dass sich bestätigt, dass er beide künste berücksichtigt hat. ebenfalls einen bild-hauer geht das letzte hierher gehörige citat an, durch welches wir zugleich erfahren, dass die uns hier beschäftigende person Antigonos von Karystos ist. Zenobius V 82 Ῥαμνουσία Νέμεσις: ἐν Ῥαμνοῦντι Νεμέσεως ἵδρυται ἄγαλμα δεκάπηχυ, ὁλόλιθον, ἔργον Φειδίου, ἔχει δὲ ἐν τῇ χειρὶ μηλέας κλάδον. ἐξ οὗ φησιν Ἀντί-γονος ὁ Καρύστιος πτύχιόν τι μικρὸν ἐξῃρῆσθαι τὴν ἐπιγραφὴν ἔχον "Ἀγοράκριτος Πάριος ἐποίησεν". οὐ θαυμαστὸν δέ· καὶ ἄλλοι γὰρ πολλοὶ ἐπὶ τῶν οἰκείων ἔργων ἕτερον ἐπιγεγράφασιν ὄνομα· εἰκὸς οὖν καὶ τὸν Φειδίαν τῷ Ἀγορακρίτῳ συγκεχωρηκέναι, ἦν γὰρ αὐτοῦ ἐρώμενος, καὶ ἄλλως ἐπτόητο (Finkh für ἐπτόηται) περὶ τὰ παιδικά. das ist kein sprüchwort, wie es denn auch in den anderen sammlungen nicht wiederkehrt, sondern eine inter-polation, übrigens eine alte, da Hesych s. v. den anfang bis κλάδον abgeschrieben hat⁹). ursprünglich ist dies ein artikel irgend eines wörterbuchs, wol eines rhetorischen, obwol sich darüber zur klarheit nicht gelangen lässt, da ein offenbar hiermit verwandter artikel bei Photius steht Ῥαμνουσία Νέμεσις: αὕτη πρῶτον ἀφίδρυτο ἐν Ἀφροδίτης σχήματι· διὸ καὶ κλάδον εἶχε μηλέας. ἱδρύσατο δ' αὐτὴν Ἐρεχθεὺς μητέρα ἑαυτοῦ οὖσαν, ὀνο-μαζομένην δὲ Νέμεσιν καὶ βασιλεύσασαν ἐν τῷ τόπῳ. τὸ δ' ἄγαλμα Φειδίας ἐποίησεν, οὗ τὴν ἐπιγραφὴν ἐχαρίσατο Ἀγορακρίτῳ τῷ

---

⁷) Maafs de biogr. p. 24. ebenda die übrigen stellen der homonymen-listen, welche auch maler umfassen. ob noch mehr antigonisches darin ist, muss dahingestellt bleiben.

⁸) Der künstler Anaxagoras findet sich in dem 'anakreontischen' d. h. altattischen epigramm Anth. Pal. VI 139.

⁹) Ich sage mit bedacht, Hesychius hat den Zenobius ausgeschrieben. denn das verhältniss geht durch das ganze buch, und die annahme der gleichen quellen ist eine ungeheuerlichkeit. übrigens steht es so auch mit andern büchern, die der lügenhafte Hesych in seinem briefe zwar verschweigt, aber darum grade benutzt hat, z. b. mit Sueton.

Παρίῳ, ἐρωμένῳ· ὃς καὶ Ὀλυμπίασι τῷ δακτύλῳ τοῦ Διὸς ἐπέγραψε
'*Πανταρκης καλός*'. *ἦν δὲ οὗτος Ἀργεῖος, ἐρώμενος αὐτοῦ*[10]).
Antigonos von Karystos hatte also die rhamnusische Nemesis genau beschrieben und aus der inschrift, die er mitteilte, erhärtet,
dass sie von Agorakritos war. der in unsern beiden quellen verschieden gebrochene bericht, dem das citat entstammt, sucht die
populäre urheberschaft des Pheidias gegenüber dem unbequemen
zeugniss zu entkräften. dazu bedient er sich der Pheidiaslegende;
und zwar ist es ersichtlich nur eine vermutung, dass Agorakritos
des Pheidias *ἐρώμενος* war, weil der ja überhaupt *ἐπτόητο περὶ
τὰ παιδικά*; was freilich seinen zeitgenossen, und namentlich den
vasenmalern, mit fug und recht nachgesagt wird. sodann ist der
anfang der Photiusglosse zwar in dieser gestalt unverständlich[11]),
aber in verbindung mit der (aus Varro, wie es scheint) von Plinius (36, 17) erzählten anekdote verliert er alles auffällige.
danach war die Nemesis von Agorakritos zuerst als Aphrodite
gearbeitet und ward nur umgetauft, als sie der *ἐν κήποις* von
Alkamenes gegenüber unterlag. diese sage, die bekanntlich
auch noch weiter ausgesponnen ist, stammt ersichtlich daher,
dass die spätere zeit, an andere bildungen der Nemesis gewöhnt,
die localgöttin von Rhamnus eher Aphrodite hätte nennen
mögen[12]). übrigens bemerkt Plinius ebenfalls, dass Agorakritos
des Pheidias schüler war *et aetate gratus, itaque e suis operibus
pleraque nomini eius donasse fertur,* wenn er das auch von der
Nemesis nicht gelten lässt. danach sind wir berechtigt, die quelle
dieser polemik gegen Antigonos, welche zugleich die quelle Varros
oder wenigstens des Plinius war, ziemlich hoch hinauf zu rücken.

[10]) Es ist vielleicht nicht überflüssig zu bemerken, dass Suidas und das
schol. Bavaricum zu Demosthenes p. 78 Sauppe den Photius ausgeschrieben
haben.

[11]) Für den rationalismus, der Nemesis zu einer königin (zur zeit der
zwölf städte) und mutter des (von Erichthonios natürlich gesonderten) Erechtheus macht, habe ich keine parallele.

[12]) Andere dichter mochten sie deshalb der Artemis gleichstellen, so
Catullus 64, 394 und Marcellus, der leibpoet des Herodes Atticus, 1046, 61
Kaibel. des Pomponius Mela (II 3 46) *Phidiaca Nemesis* gibt Solin (66, 9)
mit *Phidiaca Diana* wieder.

dasselbe ist notwendig für die geschichte von der inschrift am
finger des Zeus, denn sie kehrt wieder bei Clemens im protreptikos
p. 47, allerdings ohne citat, aber in einer umgebung der aller-
erlesensten gelehrsamkeit, von der man sie nicht trennen darf[13]).

Bei Pausanias (I 33), ist eine beschreibung des bildes und der
basis, steht auch die artige sage vom marmorblock, den die Perser
mitgebracht hatten, und den sich die Nemesis nun zum bilde
gewählt, wird auch das erörtert, dass die bildung hier wie an
alten smyrnäischen statuen von der späteren sehr verschieden sei,
aber daran, dass Pheidias die statue gearbeitet, ist kein zweifel.
nun ist es eigentlich nicht erst nötig zu beweisen, dass Pausanias die beschreibung nicht selbst gemacht hat, zumal er mit
den worten οὔτε ἀπεδεχόμην τῶν συνιέναι πειθομένων eine schriftliche quelle selbst bezeichnet, die er auch VII 5 2 benutzt. es folgt
aber hier auch aus dem inhalt. denn wenn zwei jünglinge vorhanden
waren, einer Epochos (?) genannt, und ein namenloser, von denen
er annahm ἀδελφοὺς εἶναι σφᾶς Οἰνόης ἀφ' ἧς ἐστι τὸ ὄνομα τῷ
δήμῳ, so ist das ihm so nicht in Rhamnus erzählt. Rhamnus
ist selbst ein demos, das eine Oinoe war nicht weit weg; was ein
demos war, wusste bekanntlich Pausanias nicht[14]). und wenn
die Rhamnusier wussten, dass der dargestellte ein bruder der
Oinoe war, so wussten sie auch seinen namen. ferner steht da,
neben Agamemnon und Menelaos befände sich Πύρρος ὁ Ἀχιλλέως
πρῶτος οὗτος Ἑρμιόνην τὴν Ἑλένης γυναῖκα λαβών· Ὀρέστης δὲ
διὰ τὸ ἐς τὴν μητέρα τόλμημα παρείθη, παραμεινάσης τε ἐς ἅπαν
Ἑρμιόνης αὐτῷ καὶ τεκούσης παῖδα. das ist so ein unverständiges
geschwätz: war nun Hermione, Helenes tochter, da oder nicht
da? ich weifs es nicht: aber das weifs ich, dass nicht Pausanias,
sondern seine quelle den frevel des Orestes herangezogen hat,
um zu motivieren, entweder dass er fehlte oder dass um seinetwillen auch Hermione fehlte. schliefslich aber ist die scene,
wenn sie nicht blofs die darstellung der tochter vor der mutter

---

[13]) Dass spätere unklar redend den Zeus mit der Athene verwechseln,
kann nicht in betracht kommen: Clemens ist aus sich selbst zu beurteilen.

[14]) Kerameikos bedeutet bei ihm 'markt', δῆμος 'dorf' oder 'landstadt',
so dass Brauron so heifsen kann.

enthielt, unverständlich; die figuren reichen weder zu einer noch zu mehreren scenen aus. was etwa dargestellt war, hat Kekulé (Bonner Festschrift für das Archaeol. Inst.) sehr hübsch angedeutet[15]): aber das ist um nichts geringeres feil, als den glauben an die infallibilität des Pausanias. nun, ich folgere ruhig weiter, dass die beschreibung der statue und ihre zurückführung auf Pheidias bei Pausanias ganz vortrefflich zu der den Antigonos bei seite werfenden darstellung stimmt, womit natürlich noch keineswegs gesagt ist, dass beide unmittelbar gleichen ursprung haben. die sage von Pantarkes hat bei Pausanias eine andere form; hier ist er ein Eleer, von welchem es eine siegerstatue gibt (VI 10), zur ehre eines sieges, den er als knabe 436, also während Pheidias anwesenheit, errungen hat, und es gleicht ihm nur eine der figuren an den querleisten der sesselfüfse (V 11 3). es ist klar, dass diese sage, entsprungen aus der vergleichung zweier monumente und mit einer historischen notiz in richtiger weise combiniert nahe lag und, gesetzt die ähnlichkeit war vorhanden, sogar die wahrheit treffen kann. die andere, von der inschrift am finger, ist erst nach ihr und aus ihr entstanden, und zwar keinesfalls in Elis noch aus elischer kenntniss.

Ich habe das dargelegt, damit man die tatsachen überschaue. es kann mir nicht einfallen, all das was zumal bei Photius steht dem Polemon zu vindiciren. dennoch hat sich ergeben: die traditionen sind vorchristlich mindestens; die anschauung, dass Pheidias der meister der Nemesis wäre, hat sich überwiegend behauptet; sie steht bei Pausanias, welcher einer genauen beschreibung des bildes folgt. nun folgt aber Pausanias in anderen

---

15) Aber ich begreife nicht, wie Kekulé die autorschaft des Pheidias gegenüber Antigonos halten will, und mit der "ausführung nach einem modell des Pheidias" zu retten glaubt. dann hätte mindestens Diodotos (Strab. 396, wahrscheinlich aus Artemidoros; die statue gehört zu den stehenden requisiten der erdbeschreibung) gleichen anspruch. aber die ateliercopieen und meistermodelle werden bei einer sichtung der künstlergeschichte überhaupt verschwinden. und hier hat natürlich Pausanias schweigen von der inschrift kein gewicht gegenüber der tatsache, dass man das volksgerede von dem 'echten Pheidias' auch trotz der inschrift nicht hat fahren lassen.

teilen der periegese nachgewiesenermafsen dem Polemon, Polemon hat gegen Antigonos geschrieben, und hier wird gegen
Antigonos polemisiert: danach halte ich es als vermutung auszusprechen nicht für gewagt, dass der grammatiker, auf welchen
die glosse Ῥαμνουσία Νέμεσις zurückgeht, den Polemon und durch
diesen den Antigonos benutzt hat. und ich hätte die darlegung
wol auch damit beginnen können, dass nach unserer kenntniss
schwerlich ein anderer als Polemon auf die urheberschaft einer
statuenbeschreibung bei einem lexicographen anspruch haben kann.

Für den hauptgegenstand dieser untersuchung ist schliefslich
die herleitung der Antigonoscitats aus Polemon zwar erwünscht,
allein zur sicherung des ergebnisses nicht nötig: es ist einfach
überliefert, dass Antigonos von Karystos ein bildhauer war, der
unter Attalos I in Pergamon gearbeitet und im übrigen ein ge-
schätztes werk über sculptur und malerei verfasst hat.

Nach den davon erhaltenen resten, nach dem berufe des
mannes und dem charakter des gegen ihn verfassten werkes von
Polemon ist nicht daran zu denken, dass sein werk eine periegese war. es liegt somit durchaus keine veranlassung vor,
Antigonos den verfasser einer Μακεδονικὴ περιήγησις für identisch
mit dem kunstschriftsteller aus Karystos zu halten. die stelle
befindet sich bei Stephanus s. v. Ἀβαντίς; es handelt sich um die
stadt oder landschaft Ἀμαντία, für welche hier als urform Ἀβαν-
τία angesetzt wird ὅπερ κατὰ βαρβαρικὴν τροπὴν τοῦ β εἰς μ
Ἀμαντία ἐλέχθη παρὰ Ἀντιγόνῳ ἐν Μακεδονίας περιηγήσει. also
lediglich die nationale namensform, nicht der lautwandel stand
bei Antigonos, die quelle des Stephanus aber ist hier eine gram-
matisch-technische, und es ist sehr wol möglich, dass in diesem
falle Lentz mit der zurückführung auf Herodian (I 287) recht
hat. die verbindung von Amantia mit den Abanten von Euboia
gehört in eine reihe von sagenhaften verbindungen der illyrischen
epirotischen akarnanischen küste mit Euboia, welche einen sehr
historischen hintergrund hat; vor der ausbreitung der Korinther
haben nämlich die Chalkidier auch hier fuſs gefasst: wie das
denn in der natur der sache liegt, da sie der etappen für die
colonisation der italischen westküste bedurften. die merkwürdigen

belege dieser tatsache habe ich aber nur zum teil beisammen,
so dass ich sie noch nicht vorlegen mag; hier genügt die verweisung auf Lykophron 1024 und Apollonios IV 1175 ff. mit
den (aus den grammatikern zu vervollständigenden) scholien,
zum beweise, dass die identification am anfange des dritten
jahrhunderts, bei Timaios und Proxenos dem Epeiroten, gemacht
war, so dass sich auch daraus, dass ein illyrischer mit einem
euboeischen stamme gleichgesetzt wird, auf den Karystier als
verfasser in keiner weise schliefsen lässt.

ANTIGONOS DER PARADOXOGRAPH

Die mit recht berühmte Pfälzer handschrift 398, der wir so viele unica verdanken, hat auch ein buch erhalten, das darin den titel führt Ἀντιγόνου ἱστοριῶν παραδόξων συναγωγή. da Stephanus von Byzanz *s. v.* Γύαρος eine stelle daraus citiert und den verfasser Ἀντίγονος ὁ Καρύστιος nennt, so hat man sich seit Xylander gewöhnt, das ethnikon dem namen beizufügen, und wer 'Antigonos von Karystos' hört, denkt zunächst an dies Wunderbuch. excerpte daraus sind ziemlich häufig, namentlich ist schon in sehr früher zeit die unterscheidung von κηρύλος und ἀλκυων in ein wörterbuch übergegangen, das unserer Aristophanes- und Theokritoserklärung ebenso wie diversen glossaren zu grunde liegt[1]); auch andere paradoxographen citieren das buch, allein nirgend heißt der verfasser anders als Antigonos. gleichwol reicht das citat des Stephanus aus, ihn für einen Karystier halten zu dürfen.

Der schluss des buches ist durch blattverlust in der hand-

---

[1]) Die stellen in der neuesten ausgabe (Keller, *rerum nat. script.* I p. 8), um Holders collation willen muss man dieses machwerk ja doch benutzen, da ich also nicht vermeiden konnte es zu citieren, so hat es auch einige streiflichter in den anmerkungen abbekommen. — es wäre wissenschaftlich das angemessenste, wenn man eine solche handschrift einfach als solche herausgäbe, die bücher die darin sind, wenigstens soweit sie unica sind, hinter einander. ihre vereinigung ist ja kein zufall. — Köpke hat daraus, dass die citate auf einen andern wortlaut führen als jetzt cap. 23 hat, geschlossen, dass sie eine andere fassung desselben voraussetzten: aber sie gehn offenbar auf eine abgeleitete quelle zurück; inhaltlich stimmen sie.

schrift verstümmelt; einen anfang hat sie auch nicht mehr, wie
Leopardi mit fug und recht ausgesprochen hat, auch sonst sind
kürzungen und entstellungen der sprache ohne zweifel anzunehmen[2]). solche lediglich um ihres inhaltes willen fortgepflanzte
bücher werden anders behandelt als classiker. die kriegs-
schriftsteller, die mathematiker, die historikerexcerpte, die ganze
grammatik sollten doch jedem den mafsstab, den er hier anzu-
legen hat, ohne weiteres an die hand geben. gleichwol bleibt
des individuellen genug, um über zeit und art des schriftstellers
zu urteilen. nur muss man auch hier nicht mit aprioristischen
forderungen herangehen. ein urteil wie *liber vix mediocriter
docto dignus*, oder Antigonos "ein trockener compilator", ist
sehr billig: wer aber einen gelehrten von heute, der ein buch
aus citaten zusammensetzt, mit solchen kritiken abtun wollte,
dem würde es schlecht ergehen. übrigens gestehe ich, dass mir
die trockenen compilationen sehr viel lieber sind als die piquanten,
und wenn die quellen genannt sind, so habe ich sogar etwas für
sie übrig: ich wollte, Aelian hätte eine trockene compilation
statt der tiergeschichte geschrieben, die von parfum trieft, aber
der quellenuntersuchung gewaltige schwierigkeiten bereitet. con-
sequenterweise muss ein so beschränktes urteil zur athetese des
buches oder wenigstens dazu führen, dass man an der zeit und
person des verfassers rüttelt[3]). grade weil er die quellen und
die composition des buches genauer und scharfsinniger als Westermann und seine vorgänger untersucht hat, ist Köpke zu der
hypothese gedrängt worden, nur einen kern als antigonisch, und
diesen auch als ziemlich entstellt, gelten zu lassen. die richtige

---

[2]) μάχεσθαι μετὰ τοῦ ὅπεως (41) hat Antigonos gewiss nicht verbrochen,
und der tadel Tycho Mommsens (σύν und μετά bei den epikern p. 24) trifft
nur einen schreiber.

[3]) Woher Keller in erfahrung gebracht hat, dass Antigonos um 150 gelebt habe, weifs ich nicht, ist auch gleichgiltig. er schreibt in einem deutsch,
das seines griechisch und lateinisch würdig ist (Öster. Gymnas.-Zeit. 1874,
127) 'des Antigonos wahrscheinlicher zeitgenosse Nikander'. übrigens ist es
hübsch, dass Keller auch in erfahrung gebracht hat, wie Nikandros und Antigonos den accent von ἴκτις geschrieben haben. dass man die παράδοσις der
accentuation bei Herodian zu suchen habe, geht dagegen über seinen horizont.

litterargeschichtliche würdigung lässt seinen schluss ohne weiteres
hinfällig erscheinen: die beobachtungen verlieren darum nichts
von ihrem werte.

Mit recht unterscheidet Köpke fünf teile des buches, von
denen die drei umfangreichsten einfach zusammenhängende excerpte sind. cap. 26 sagt Antigonos, dass man über die eigentümlichkeiten des tierlebens am besten durch die συναγωγή des
Aristoteles unterrichtet werde, ἐξ ἧς ἡμεῖς πρῶτον ποιησόμεθα
τὴν ἐκλογήν. es folgt ein auszug aus dem selbständig verfassten
und von Antigonos noch so gelesenen, jetzt als neunten gezählten
buche der tiergeschichte [1]). zuerst stehen zwei mitten aus dem
werke gezogene geschichten (27. 28 = IX 132. 131), dann geht
es in der ordnung bis 55 (IX 239); nach einem als ganz besonders mythisch bezeichneten stück, das wir jetzt nur im sechsten
buche des Aristoteles (183) lesen, werden noch einige punkte
aus dem anfang des buches nachgetragen (57—60 = IX 10. 14.
20. 31 die beiden letzten nicht ohne starken irrtum). darauf
wird zu einem neuen teile, der aber auch lediglich aristotelisches
gibt, der übergang gemacht. πλὴν ὅ γε Ἀριστοτέλης χωρὶς τῆς
περὶ τοὺς βίους τῶν ζώων ἐντρεχείας (d. h. das jetzige neunte
buch) καὶ τοιαῦτά τινα διεξέρχεται, πάνυ πολλὴν ἐπιμέλειαν
πεποιημένος ἐν τοῖς πλείστοις αὐτῶν καὶ οἷον ἔργῳ οὐ παρέργῳ
χρώμενος τῇ περὶ τούτων ἐξηγήσει· τὰ γοῦν πάντα σχεδὸν ἑβ-
δομήκοντα περὶ αὐτῶν καταβέβληται βιβλία, καὶ πεπείραται ἐξηγη-
τικώτερον καὶ (ῆ cod.) ἱστορικώτερον ἐν ἑκάστοις ἀνασιρέφεσθαι
⟨ῆ⟩ πρὸς τὴν ἡμετέραν ἐκλογήν, ἐπιπολῆς (Emperius: ἐπιπυιεῖν cod.)
προηρημένων αὐτὸ (Emperius: αὐτῷ cod.) τὸ ξένον καὶ παράδοξον
ἔκ τε τούτων καὶ τῶν ἄλλων ἐπιδραμεῖν. der sehr dürftige aus-

---

[1]) Sobald man die selbständige stellung zugibt, die ja auch Athenaeus
bestätigt, und im übrigen die autorschaft in dem bedingten mafse fasst, welches für die meisten aristotelischen werke gilt, dürften die bedenken, welche
Aubert-Wimmer zur athetese des buches getrieben haben, gegenstandslos
werden, wie sie Zeller auch nicht überzeugt haben. übrigens ist aus der
paradoxographenlitteratur und den sonstigen excerpten, voran Aristophanes
von Byzanz, die geschichte der zoologischen bücher des Aristoteles ganz von
neuem erst zu erbauen.

zug, der also entschuldigt ist, reicht bis 115, wo er mit den worten abgeschlossen wird *πολλῶν δὲ ὄντων ὧν καταγέγραφεν Ἀριστοτέλης ἐπὶ τοσοῦτον ἠδυνήθημεν ἡμεῖς ἐπὶ τοῦ παρόντος τὰ μὲν ἐκλέξαι τὰ δὲ ἀναμνησθῆναι.* Köpke[5]) hat ganz richtig bemerkt, dass Antigonos die excerpte der bücher in folgender reihenfolge gibt I—V VIII VI IX VII; das heifst aber genau so, wie unsere handschriften sie stellen, mit ausnahme der vertauschten VIII und VI. es kann nun freilich kein zweifel sein, dass VI und V zusammengehören: aber aus dieser unordnung ist doch nichts gegen Antigonos autorschaft zu gewinnen. Köpke stöfst sich ferner daran, dass hier das neunte buch wieder excerpiert ist: aber ist es denn so gar undenkbar, dass dasselbe sowol selbständig, wie im zusammenhange des werkes, zu dem es inhaltlich gehört, existiert hat und excerpiert worden sei?[6]) wenn nun Antigonos einmal flüchtig das grofse, damals in viel mehr bänden ihm vorliegende werk durchflog und sich die reihe kleinigkeiten notierte, die in diesen capiteln vorliegen, durfte er dann nicht das in der tat für seinen zweck viel reichere sonderbuch

---

[5]) Er wird also wol den unsinn durchschaut haben, den die herausgeber cap. 96 nicht blofs fortpflanzen, sondern mit citaten belegen zu können meinen, weil sie nicht einmal die Tiergeschichte, wo sie quelle ist, anders als mit halbem auge angesehn haben. überliefert ist folgendes *τῶν ζῴων τὰ μακρὰ ἄρσενα εἶναι τὰ δεύτερα θήλεα. καὶ ἐν Αἰγύπτῳ κατορύττοντας εἰς κόπρον νεοττοὺς ποιεῖν.* wer auch nur ein auge ganz aufmacht, muss sehen, dass in *ζῴων ᾠῶν* steckt, auch wenn er nicht weifs, dass der zweite satz bei Aristoteles VI 6 steht. ebenso versteht sich von selbst, dass *δεύτερα* verdorben und *δὲ* davon abzuziehen ist. die stelle VI 6 wird nun citiert: zwei zeilen vorher aber steht *ἔστι δὲ τὰ μὲν μακρὰ καὶ ὀξέα τῶν ᾠῶν θήλεα, τὰ δὲ στρογγύλα καὶ περιφέρειαν ἔχοντα κατὰ τὸ ὀξὺ ἄρρενα.* Schneider hat zu dieser stelle den Antigonos, wie es gebührte, herangezogen, mit unrecht bei Aristoteles männlich und weiblich vertauscht, obwol die andern zeugen mit Antigonos stimmen. auch ich habe als kind von meiner mutter und dem gesinde die runden eier hähnchen nennen hören, grade wie es Albertus Magnus sagt, dem ein falsch corrigierter text vorlag. bei Antigonos wird *τὰ δὲ ⟨πλατ⟩ύτερα* zu schreiben sein.

[6]) Oder vielmehr notorisch hat beides neben einander bestanden. denn es giebt selbständige citate aus buch IX, und doch zählt Hermippos im schriftenkatalog *περὶ ζῴων* 1—9. die 70 bände des Antigonos werden rollen sein; die bücher sind zum teil recht umfänglich.

περὶ ζώων ἠϑῶν noch gesondert excerpieren?[7]) das beweist doch nichts anderes als flüchtigkeit und planlosigkeit: von der rettet den verfasser der sammlung wie der einzelnen teile doch niemand. die dritte compacte masse bilden die capitel von 129 an, die in ähnlicher weise eingeleitet und alle aus den ϑαυμάσια des Kallimachos herüber genommen sind[8]); jedoch mit leidlich sorgfältiger angabe der auch bei Kallimachos citierten quellenschriftsteller. somit bleiben als eigene excerpte nur die capitel 1—32 und 116—128, d. h. hier sind die auszüge nicht so umfangreich als bei jenen beiden schriftstellern. denn excerpte sind es auch nur, und die versuche einer art anordnung sind höchst kümmerlich[9]). es ist also eine ungleichartigkeit der quellen, aber nicht der behandlung zu constatieren, und somit zu einer teilung keine veranlassung. dass in den aus Kallimachos entlehnten partieen mehrfach Ktesias vorkommt, während Antigonos selbst (15) diesem nur mit starker reserve etwas entlehnt, spricht zwar dagegen, dass der in cap. 116 ausgefallene name Ktesias gewesen sei, aber eine instanz gegen die zusammengehörigkeit der excerpte aus Kallimachos mit den übrigen kann es nicht sein. ist doch selbst Aristoteles auch durch Kallimachos benutzt (144) und ein citat aus Hellanikos, das im Kallimachos gestanden hatte

---

[7]) Wenigstens ein excerpt (22 = Ar. III 102) hat er sich für andern zusammenhang bei seite gelegt. die mit VIII cap. 28 stimmenden notizen in 3, 10, 11 sind nicht aus Aristoteles genommen, die sonstigen citate aus verlornen büchern wie den νόμιμα βαρβαρικά u. a.

[8]) Dass Antigonos nur einen auszug aus Kallimachos benutzt hätte, ist einer der vielen haltlosen einfälle O. Schneiders, Callimachea II p. 15.

[9]) Cap. 6 ππποι δ' ἂν τὸ γένος τῆς ἐκλογῆς κτί. womit analoges angeknüpft wird. 20 οὐχ ἧττον δὲ τούτων θαυμάσια τὰ ϕϑονερὰ τῶν ὠϕελούντων· vor allem 121 Ἵππων δὲ ὁ Ῥηγῖνος περὶ τῶν λεγομένων τόπων ϕϑείρειν τὰ ἐμπίπτοντα τοιοῦτόν τι γράφει, wo es so aussieht, als schreibe Hippon über schädliche örter, während Antigonos gleich selbst noch ein beispiel bringt. dann (123) geht es, von den herausgebern durch sinnlose interpunction entstellt, weiter καὶ πολλαχοῦ δὲ ἔοικεν τό τε τῶν βαράϑρων καλουμένων καὶ Χαρωνείων εἶναι γένος (οἷον... folgen belege) καὶ τὰ τῇ σελήνῃ συναυξανόμενα... wie die mauseleber und die eier des seeigels (ἴδιον δὲ καὶ bis zum schluss von 124 einlage über etwas anderes merkwürdiges am sceigel) und die meerenge von Rhegion u. s. w.

(bei Steph. Byz. *s. v.* Θήβη), um des gegenstandes willen in einen andern teil (126) verschlagen. die einheit der behandlung zeigt sich am besten in den einlagen, die der verfasser sorgfältig als solche kennzeichnet und die über das ganze buch sich erstrecken. diese stammen in seltenen fällen aus historikern (Lykos 60, Timaios 140), welche dann auch bei Kallimachos (134. 139 u. ö.) wie in den eigenen excerpten des Antigonos (1¹⁰)) wiederkehren. auch Theopomp war ihm öfters bei Kallimachos begegnet, und so hat er aus seinem wunderbuche selbst mehreres entnommen (14. 15. 119)¹¹). dreimal sind dichter in den einlagen herangezogen, und hier ist die zusammengehörigkeit mit den andern teilen nicht blofs einleuchtend, sondern durch directe verweisung gesichert. cap. 89 *καί τινι καὶ ἐπιγραμματίῳ περιπεπτώκαμεν Ἀρχελάου, οὗ καὶ πρότερον ἐμνήσθημεν.* das war 19, wo *Ἀρχέλαός τις Αἰγύπτιος τῶν ἐν ἐπιγράμμασιν ἐξηγουμένων τὰ παράδοξα τῷ Πτολεμαίῳ* genannt ist. cap. 45 wird Kallimachos mit der charakteristik *περίτρανος εἶναι βουλόμενος* herangezogen, um sich einen fehler nachweisen zu lassen; 115 aus Aischylos ein beleg genommen. dies ist nun ganz die weise, wie Antigonos 8 und 19 den Philetas¹²), *ἱκανῶς ὢν περίεργος,* 23 den Alk-

---

¹⁰) Timaios gilt wol auch für 2. cap. 3 aber zersprengt den zusammenhang, so dass οἱ μὲν in 4 beziehungslos wird, da es den Rheginern in 2 gilt. deshalb ist gleichwol keine corruptel anzunehmen; Antigonos hat nur die excerpte unvermittelt neben einander gerückt. denn cap. 3 (= Arist. Tierg. VIII 156) gehört mit 9 10 11 in ein buch, das sich inhaltlich zum teil mit jener aristotelischen partie deckt, ohne ihr entlehnt zu sein.

¹¹) Auch hier ist 14 15 die anordnung ungeschickt, aber durch die unbehilfliche manier des Antigonos verständlich. die beiden Theopompischen erzählungen rückt er von einander, weil er für die raben von Krannon eine minder merkwürdige variante dem Theopomp vorausschicken will. bei der erwähnung des stadtwappens kommt er aber auf den wagen darin zu reden, und nun macht er eine neue einlage, die ein verständiger herausgeber in parenthese zu setzen hätte (ἡ δὲ ἅμαξα — φασὶ γίνεσθαι); mit dem satze ξένον γὰρ ἴσως ἂν καὶ τοῦτο φανείη bittet er übrigens für die abschweifung um entschuldigung.

¹²) Die Stelle über κάκτος ist ohne nennung des Antigonos ausgeschrieben bei Hesych *s. v.* und war mit dem distichon des Philetas und gewiss auch

man [13]), 127 Philoxenos, 21 Hesiod, 7, 24, 25 Homer *πολυπράγμονα
πανταχοῦ καὶ περιττόν* oder *ἱκανῶς περὶ* (*παρὰ* cod.) *πάντων
ἐπιμελὴς καὶ πολυπράγμων* herbeiholt: diese capitel haben zumeist
gar keinen weiteren zweck als die dichter zu illustrieren, sie
haben auch keine quelle, sind aber eben deshalb von den lexiko-
graphen, die von der dichterexegese ausgehen, besonders berücksichtigt. weitaus am häufigsten aber macht Antigonos einlagen
aus eigener anschauung oder erkundung (78 [14]), 84, 161, 167, 169,
171), welche für einen teil der angaben in den andern particen
ebenfalls anzunehmen ist. diese einlagen sind nun alle als solche
kenntlich gemacht, zum teil durch den blofsen eintritt der directen rede (78, 140, 152, 161, 167, 169, 171), welcher namentlich
in dem kallimacheischen teile ausreichend war, da ja die namen
der eigentlichen gewährsmänner alle im accusativ stehen, und
der vermittelnde autor durch ein *φησί* immer wieder aufgenommen
wird. wo das nicht zureichte, ist jedoch der name des schriftstellers, zu welchem zurückgekehrt wird, mit sorgfalt wiederholt
(46, 60, 90, 115), und das hilft zu der erkenntniss, dass dasjenige aus anderer quelle eingelegt sein muss, was zwischen 35
(= Arist. IX 47) und 37 (= Ar. IX 51) steht, denn dieses capitel
beginnt mit *ὁ δ' οὖν Ἀριστοτέλης*. das ist für den so wie so

---

dem vollen citat bei Athenaeus II 71ᵃ vorhanden: aber der epitomator hat
alles bis auf den vers weg geschnitten.

13) cap. 23 nennt Antigonos den Alkman mit dieser epichorischen form;
88 steht bei ihm *Ἀλκμάωνι τῷ φυσικῷ*, wo bei Aristoteles V 138 *Ἀλκμᾶνα
τὸν ποιητήν* steht, gesichert durch andere excerpte. gleichwol ist die variante
in der person, d. h. wol ein irrtum des Antigonos, nicht zu beseitigen; es
kann auch eine variante im Aristoteles gewesen sein, wie die anm. 5 erwähnte.
die roheste interpolation ist es, *Ἀλκμᾶνι τῷ ποιητῇ* dem Antigonos zu octroyieren. Keller ist aber damit nicht zufrieden, sondern imputiert einem
manne wie Emperius die einsetzung der lakonischen form *Ἀλκμᾶνι*. Emperius (op. 229) hat natürlich über die identität der namen kein wort
verloren.

14) Schneider hat dies verhältniss übersehen, sonst hätte er nicht die
euböische geschichte, die den schluss dieses capitels bildet, bei Aristoteles
Tierg. III 78 einsetzen wollen. das *παράδοξον* hat eingang in die aristotelischen *θαυμάσια* gefunden, auch bei Strabon 449, ungewisser herkunft. mit
anderer localisirung Plin. 31, 13.

sich aussondernden rest des capitels 35 ohne belang, wichtig aber für 36, welches unzweifelhaft ähnlich dem aristotelischen § 48 ist, aber grade in dem namen des tieres abweicht. Antigonos bietet also für diesen punkt weder eine controlle noch ein heilmittel für die aristotelische stelle. nur einmal (84 = Ar. V 106) hat Antigonos eine kleinigkeit so eingelegt, dass ohne heranziehung der quelle eine täuschung kaum zu vermeiden wäre[15]); doch ist hier bei der verderbniss der stelle das urteil nicht einmal ganz sicher: für seine und seines buches beurteilung wird man daraus kein capital schlagen können.

Nun ist die einheitlichkeit und art des buches wol genug beleuchtet. die zeit des verfassers ergibt sich sehr einfach aus cap. 169, wo er sich auf mündliche mitteilung des Timon, eines schülers des kitharoden Aristokles, beruft: dieser Aristokles war nach der Angabe des Antigonos von Karystos im leben Zenons (Diogen. VII 13) ἐρώμενος des königs Antigonos etwa 290. also um 240 wird das buch geschrieben sein, oder auch später. benutzt ist Kallimachos Wundersammlung und Archelaos epigramme, das besagt aber nicht viel: da jedoch Archelaos genannt wird als einer τῶν τῷ Πτολεμαίῳ τὰ παράδοξα ἐξηγουμένων, so muss das buch wol zu lebzeiten dieses Ptolemaios verfasst sein. man wird dabei zunächst geneigt sein, an den grofsen beschützer der naturwissenschaften Philadelphos zu denken; es kann aber eben so gut Euergetes sein: das epigramm des Kallimachos auf ein solches naturspiel (5 Mein.) ist nach dem tode und der vergötterung der Arsinoe verfasst, und an Euergetes hof leben Philostephanos Poseidippos Eratosthenes Konon. unter den büchern,

---

15) εἶναι δὲ καὶ ἐν χιόνι ζῷα σκωληκοειδῆ δασία, ἐν Κύπρῳ δ᾽ οὗ ἡ χαλκῖτις λίθος καίεται [καὶ γίνεται] θηρίον μικρῷ μεῖζον μυιῶν (τὸ αὐτὸ δὲ καὶ ἐν τοῖς Καρυστίων θηρίοις) ἀποθνήσκειν δὲ τὰ μὲν τῆς χιόνος τὰ δὲ τοῦ πυρὸς χωριζόμενα; die parenthese mit dem corrupten θηρίοις, wofür Saumaise σιδηρίοις vermutet hat, ist einlage. vorher ist ἐν κύπρῳ γ᾽ οὖν überliefert, woraus Saumaise γ᾽ οὖ ἡ sehr schön gemacht hat; die partikel hat Keller (Östr. Gymn.-Zeit. 1874, 124, wo er jenes namen verschweigt) hergestellt; in der ausgabe ist er davon wieder zurückgegangen. γοῦν hat dann die interpolation zur folge gehabt.

die Antigonos sonst nennt, ist von chronologischer bedeutung
nur Myrsilos von Lesbos, den Kallimachos für seine arbeiten noch
nicht heranziehen konnte; hier ist er ausgiebig benutzt (5, 15,
117, 118). ziemlich gleichzeitig findet er sich dann bei Eratosthenes in den sternkatalogen[16]). den andern citaten ist nichts
abzugewinnen[17]). wol aber ergibt sich nicht unwesentliches aus
den bemerkungen eigener erkundung. vor allem, dass Antigonos
wirklich aus Karystos ist, denn aus dieser stadt und ihrer nächsten umgebung stammen die berichte 18, 78, 84. ferner hat er
Delphoi (127), Kos (161), und Pitane in Aeolis (181) besucht.
dagegen über den westen ist er auf hörensagen (125) und geschenk eines gastfreundes (167) angewiesen. die mysische bekanntschaft entfernt denn wol den letzten zweifel daran, dass
dieser Karystier Antigonos kein anderer ist als der künstler
Antigonos von Karystos, der in Mysien geschrieben hat und ganz
genau derselben zeit angehört.

---

[16]) Das zeitalter des Myrsilos hat Müllenhoff (Deutsch. Alt. 456) fein ermittelt, der nur nicht, ich weifs nicht woher, dem Antigonos sein buch hätte
absprechen sollen. die zeit des Myrsilos findet man auch durch die erwägung,
dass er die sterne, welche Aratos als namenlos so herausfordernd bezeichnet
hatte, benannte und unabhängig von Konons apotheose der Berenikelocke
benannte (Robert, Eratosth. p. 5 31).

[17]) Die atthis des Amelesagoras (12) scheint mir ein pseudonymes auf
den namen eines eleusinischen propheten (Maxim. Tyr. 38, 3) geschmiedetes
buch zu sein. die samische chronik citiert Antigonos verständigermafsen
anonym (120); es gab sie unter mehreren namen. Hippon von Rhegion (121)
gibt eine datierung, mit welcher nichts anzufangen ist. ich glaube, dass es
Hippys ist: Antigonos konnte die hypokoristika vertauschen und er konnte
auch irren, wie er den tyrannen von Herakleia 119 Ἀγάθαρχος statt
Κλέαρχος nennt: so etwas ändern ist waghalsigkeit (aber Diog. V 89 ist
Herakleides gewiss τὸν Κλέαρχον, nicht τὸν μόναρχον κτίνας genannt).
nichts besseres ist es, wenn man die datierung nach einem unbekannten
attischen könig und einem unbekannten olympischen siege herauswirft. grade
weil beides den allgemeinen fasten, die ja doch zurecht gemacht sind, widerspricht, kann es keine interpolation sein. woher weifs man, dass Hippys
nicht die olympischen siege erwähnte? tut es etwa Thukydides nicht? nur
nach einem attischen könig hat er wol schwerlich datiert, da wird ein für
uns unheilbarer fehler stecken: denn Antigonos konnte das citat doch auch
einem so datierenden buche entnehmen.

Was nun dies mit wenig mühe und wenig sorgfalt zusammengestoppelte buch hier anlangt, das etwa ξένων ἱστοριῶν ἐκλογαί geheifsen haben mag[18]), so steht es ja einem jeden frei, es zu verachten, seines verfassers und seiner zeit für unwürdig zu halten. aber wie es sich erhalten hat, während die unendlich wertvolleren sonstigen schriftlichen werke des Antigonos das geschick seiner statuen geteilt haben, so dürfte eine etwas umfassendere kenntniss der zeit und ihrer bedürfnisse dies absprechende urteil beschränken oder, wenn man das vorzieht, verallgemeinern. was waren denn die unzählbaren ὑπομνήματα und συναγωγαί anderes als citatensammlungen? vor allem die vorlage des Antigonos, Kallimachos θαυμάσια? gelehrsamkeit und umfang geben nur quantitativen unterschied. und den macht auch die rücksicht auf das publicum. nicht alle die, welche dicke bücher nicht lesen mochten, wollten auf die blüten der erudition verzichten. Ephoros hat schwerlich seine εὑρήματα und schwerlich Theopompos seine θαυμάσια selbst ausgezogen, keinesfalls Aristoteles: aber diese auszüge hatten einen allseitigen zuspruch. compilationen, so dürftig sie sind, kommen einem allseitig gefühlten bedürfniss entgegen, wenn die allgemeine bildung grassiert. diese compilation ist eine recht dürftige, aber um so weiter war der kreis, der für sie empfänglich war: wäre sie reicher gewesen, so würden wir sie nicht besitzen. als vertreter ihrer gattung ist sie für die litteratur des dritten jahrhunderts sehr wertvoll, wenn ein gelehrter sie damals auch unmutig in die ecke geworfen haben wird. wenn wir aber dem Kallimachos seine dicken bände excerpte verzeihen, so hat ein mann weitaus geringeren schlages, der noch

---

18) ἐκλέγειν und ἐκλογή gebraucht er constant, ξένον steht so, dass es wo nicht im titel, doch in der vorrede gewesen sein muss 15 und 60. an unserm titel kann, zumal da der anfang und das ende fehlt, nichts liegen. Hesych *s. v. ἐλιοί* citiert den auch nur sehr partiell zutreffenden titel περὶ ζῴων. das fragment, das nur hierher gehören kann, wenn es Keller auch weggelassen hat, lautet *Α. ὁ Κ. ἐν τῷ περὶ ζῴων τὸν καλούμενον μῦν ἐλιόν* (sc. *ἐλιὸν καλεῖ*). *ἐλιός* ist der siebenschläfer, der bei Aristoteles viel vorkommt. was die andere namenform bei Antigonos sollte, ist nicht zu sehen.

dazu gar nicht einmal schriftsteller von beruf ist, erst recht anspruch, nicht nach einem mafsstab gemessen zu werden, der an
und für sich berechtigt, gleichwol unwissenschaftlich, weil un-
historisch ist. den absoluten mafsstab wollen wir auch anwenden:
aber an unserer zeit, und erbarmungslos mögen bücher, die vor
ihm so schlecht bestehen wie dies Wunderbuch, in die ecke
fliegen.

III.

ANTIGONOS DER BIOGRAPH.

Sueton hat in der vorrede zu seinen lebensbeschreibungen berühmter schriftsteller als griechische muster dieser gattung neben Hermippos Satyros und Aristoxenos auch Antigonos von Karystos genannt[1]. das ethnikon wird auch bei Athenaeus und Diogenes und wo sonst der name genannt ist so oft beigefügt, dass an der identität der person innerhalb dieser biographieen ein zweifel ausgeschlossen ist. dass er ein zeitgenosse der männer war, die er schilderte, wird sofort der erste zeuge aussagen, den wir zu vernehmen haben. hier aber handelt es sich zunächst um die reconstruction der werke, erst in zweiter linie um ihren verfasser. und so wollen wir ohne weitere praeliminarien an dieses geschäft gehn. erst nach langen und verschlungenen wegen werden wir, dann aber hoffentlich klüger, zu der person des Antigonos zurückkehren.

a. Die Skeptiker.

Eusebius hat (*praep. evang.* XIV 756 ff.) eine umfängliche widerlegung der pyrrhonischen skepsis erhalten, die der peripatetiker Aristokles[1] nicht um Pyrrhons, sondern um der skep-

---

[1] Man muss Sueton, an den ausdrücklich appelliert wird, ohne weiteres an die stelle des heiligen Hieronymus (de script. eccles. praef.) setzen.

[1] Es wird nötig sein, auf aristokleisches gut bei den späteren biographen zu achten, zumal davon notorisch im Hesychius (Suid. *s. v. Σωτάδας*) gewesen ist. Zeller (III² 786) erwähnt das citat der Timaioserklärung eines Aristokles (Proclus p. 7) nicht; ich kann es aber schlechterdings keinem namensvetter zuschreiben. Ptolemaios und Derkyllides werden dort zugleich genannt. das be-

tiker seiner zeit willen mit mehr leidenschaft als schärfe versucht hat. als letzten trumpf spielt er aus, dass Pyrrhon und seine anhänger nicht blofs tief im τῦφος befangen, sondern gradezu wahnsinnig gewesen wären, das zeige ihr leben. folgen zwei anekdoten, die er aus Ἀντίγονος ὁ Καρύστιος κατὰ τοὺς αὐτοὺς γενόμενος χρόνους καὶ ἀναγράψας αὐτῶν τὸν βίον entnimmt. danach geht es weiter ὀρθῶς δ' ἔχει μαθεῖν καὶ τίνες οἱ ζηλώσαντες αὐτὸν (den Pyrrhon) ἐγένοντο καὶ τίνας ἐζήλωσεν αὐτός, folgt eine knappe vita Pyrrhons und Timons. es ist alles in die tendenz des schriftgewandten feindes umgesetzt, allein man vermag wol die entstellungen abzustreifen: dass auch hiefür Antigonos die quelle sei, wird wol niemand bezweifeln.

Der Pyrrhon des Diogenes IX 61—69 sondert sich leicht. zuerst steht eine kurze vita, abschliefsend ὁ δὲ πρὸς τὰ q' ἔτη κατεβίω (62). dann folgt, an der spitze das citat, Ἀντίγονος δέ φησιν ὁ Καρύστιος, eine schilderung des lebens und charakters Pyrrhons. zuerst durch die form als ein zusammenhängendes excerpt bezeichnet, da die indirecte rede mit der directen wechselt. dann folgen (65) belege der schilderung aus schriften Timons. ferner zwei von Diogenes eingelegte geschichten, aus Diokles und Eratosthenes [2]); dass sie von ihm eingelegt sind, folgt für die erste aus der verkehrten einfügung und seinem notorischen verhältniss zu Diokles (ep. ad Maaß. 155), für die zweite daraus, dass sie eine parallele zu dem nun folgenden mit λέγεται eingeleiteten verhältniss des Pyrrhon zu seiner schwester ist, das, wie durch

---

nutze ich also die ansicht, welche Zeller II[b] 54 ablehnt, aber, wie ich sehe, V. Rose vor mir (phil. unters. III index) aufgestellt hat, zu stützen, dass 'Ptolemaios der fremde' der Aristotelesbiograph, identisch sei mit dem hier erwähnten, von Iamblich περὶ ψυχῆς (Stob. phys. 41, 39) ὁ πλατωνικὸς genannten· denn der von Zeller hierher bezogne kritiker der dionysischen τέχνη ist doch gewiss Ptolemaios von Askalon, der bekannte grammatiker.

[2]) Eratosthenes philosophische schriften begegnen noch, abgesehen von dem sehr bekannten wort über Bion (IV 52) in dem leben des Krates (VI 88); die quelle kenne ich nicht. das buch πρὸς Βάτωνα (VIII 89) galt dem Sinopeer und war also geographisch-historischen inhalts, wozu stimmt, dass es für Eudoxos citiert wird, auch hängt da das citat mit dem schriftenkatalog zusammen.

Aristokles sich ohne weiteres ergibt, aus Antigonos stammt. ein φασί leitet (67) einen weiteren charakterzug ein, den wieder Timon und zwar dieselbe schon oben citierte prosaische schrift desselben bezeugt; ein bericht über die lieblingslectüre Pyrrhons auf grund von mündlichen mitteilungen eines Pyrrhoneers Philon aus Athen macht den schluss. hier deckt sich wieder das verhältniss zu Demokritos mit dem berichte des Aristokles, und es ist müfsig darüber noch ein wort zu verlieren, dass dieser ganze abschnitt, einschliefslich der Timoncitate, aus Antigonos stammt. eine notiz aus Poseidonios, eine zweite aus dem schüler Pyrrhons Numenios, und eine schülertafel, die sich von Antigonos scharf abheben, machen den schluss. denn die darstellung der skeptischen lehre hat mit dem biographischen nichts zu tun, selbst wenn sich herausstellen sollte, dass Diogenes die Antigonosstücke aus derselben quelle wie die skeptische lehre hat.

Für den eigentlichen βίος haben wir nun an dem Suidasartikel, d. h. Hesychius eine controlle[3]). als zusatz des Diogenes erweist sich erstens die bemerkung, dass Diokles ebenfalls Pleistarchos als vater Pyrrhons angegeben habe; weshalb das hier steht, würden wir nicht begreifen, wenn nicht im Pausanias (VI 24 5) der vater Πιστοκράτης, d. h. wol Πλειστοκράτης, hiefse. es ist eine variante wie Ἡγησίβουλος und Εὔβουλος, Τηλεκλείδης und Τηλέκλυτος u. s. w. wer an die infallibilität des Pausanias glaubt, wird ihm folgen, denn er bezieht sich auf eine ehrenstatue und auf das grab Pyrrhons; wer dem zeitgenossen Antigonos lieber folgt, kann einen abschreibefehler des Pausanias nicht wol glauben, denn Diogenes beweist, dass eine variante auch sonst vorkam. einlage ist ferner eine notiz über die lehre Pyrrhons aus Ainesidemos, welche den doxographischen vorlagen zuzuweisen ist. So bleibt Apollodors chronik; aus ihr hat Hesych die zeitangabe[4]), Diogenes das malerstudium. dieses behandelt

---

[3]) Dass er sich völlig mit Diogenes decke oder gar aus ihm abgeschrieben sei, wie Zeller meint, ist irrig. die ἀκμή steht nur hier.

[4]) Ol. 111 καὶ ἐπέκεινα, d. h. der Alexanderzug. es wird uns für Antigonos, die quelle Apollodors, bezeichnend werden, dass für Pyrrhon eben nur dieses ganz allgemeine datum zur verfügung stand.

Antigonos unten ausführlich, mit angabe des gemäldes: also
Apollodor hat aus ihm geschöpft. dann Alexander Polyistor,
der die lehrer Bryson und Anaxarchos gibt, welchen Pyrrhon bis
Indien begleitet. diesen nennt auch Antigonos, und den zug nach
Indien setzt sein bericht gleichfalls voraus[5]). der lehrer Bryson[6])
unterliegt dem verdachte die skepsis an die megarische eristik
anknüpfen zu sollen und also um der διαδοχή willen erfunden zu
sein. Askanios von Abdera gibt eine kurze darstellung der
pyrrhonischen lehre; der name ist fremdartig, wahrscheinlich verdorben, wenigstens ist mit dem zeugen nichts anzufangen. dann
Antigonos selbst als zeuge für die lebensweise, wie eine confrontation lehrt, plump aus dem unten folgenden erweitert. er
darf für die absurdität zu der seine erzählung übertrieben ist
nicht verantwortlich gemacht werden. die neunzig lebensjahre
werden vielleicht direct aus Apollodor, indirect aus Antigonos
sein. aus der einleitung des Diogenes (16) können wir schliefslich
die durch Aristokles als antigonisch gesicherte notiz hinzufügen,
dass Pyrrhon nichts geschrieben hat.

---

[5]) Dies tut auch die zur zeit auf keinen auctor zurückzuführende anekdote, dass Pyrrhon ein gut bezahltes gedicht auf Alexander verfasst habe,
Sextus Emp. p. 664. Plutarch *de fort. Al.* I 10 hat die bezahlung ohne das
gedicht. dass auch diese anekdote antigonisch sei, ist allerdings das wahrscheinlichste.

[6]) Von Zeller bereits mit recht verurteilt. Diogenes nennt Βρύσων
Στίλπωνος, Suidas Κλεινομάχου. diese differenz hängt mit der durchgehenden
in betreff der megarischen schule zusammen, die ich *ep. ad Maafs* 152 angemerkt habe und nicht zu lösen weifs. auszugehen ist wol von der *s. v.*
Σωκράτης gegebenen schultafel. leute wie die eristiker liefsen sich schlecht
einordnen; ich glaube auch nicht an Diels umstellungen in der einleitung
der galenischen hist. phil. (Doxogr. p. 610). es lag nahe, den Eleer Pyrrhon
mit der elischen schule zu verknüpfen. dazu kommt, dass der διάδοχος
des Phaidon bei Diogenes (II 105) Πλείστανος heifst; das ist kein name, und
wenn auch Πλείσταινος am nächsten liegt, so ist doch Πλείσταρχος, wie
Pyrrhons vater hiefs, bedenklich ähnlich. und in der διαδοχή bei Suidas *s. v.*
Σωκράτης ist Pyrrhon wirklich von Phaidon abgeleitet Φαίδωνά τ' Ἠλεῖον,
καὶ αὐτὸν ἰδίαν συστήσαντα σχολὴν τὴν Ἠλειακὴν ἀπ' αὐτοῦ κληθεῖσαν (ὕστερον
δ' αὕτη Ἐρετριακὴ ἐκλήθη Μενεδήμου εἰς Ἐρέτριαν διδάξαντος). ἐκ τούτου δὲ τοῦ
διδασκαλείου (Westermann: διδασκάλου codd.) καὶ ὁ Πύρρων γέγονε. denn so
ist offenbar zu verbinden.

Mit anderen worten, alles wesentliche was wir von Pyrrhons leben glaubhaftes wissen verdanken wir dem Antigonos.

Im Timon fehlt für Diogenes die controlle durch Hesych; im Suidas steht nichts als der name und die Sillen[7]. dies stimmt dazu, dass Diogenes seine vita offenbar nicht seinem gewöhnlichen 'biographen' entnehmen konnte, da er vielmehr selbst angibt, sie stamme aus dem Sillencommentar des Apollonides von Nikaia; woher es sich denn auch schreibt, dass eine hypothesis dieses gedichtes den schluss macht. denn es liegt auf der hand, dass hier dasselbe verhältniss obwaltet wie im Pyrrhon, dass nach einer in sich zusammenhängenden vita ein nachtrag aus anderweitiger lecture kommt. wenn nun auch hier Antigonos an der spitze dieses nachtrags steht, auch hier charakterzüge, und speciell solche die das litterarische interesse der helden angehn, noch dazu personen, welche uns noch in weiteren antigonischen biographieen begegnen werden, auftreten, und wenn schliefslich das verhältniss zu Arkesilaos, dessen leben Antigonos gleichfalls erzählt hat, beleuchtet wird, mit dem citat aus einer sonst verschollenen prosaischen schrift Timons (118), so darf die vermutung, dass eben dies alles antigonisch ist, wol als unzweifelhaft bezeichnet werden. doch sind auch hier einige lesefrüchte des Diogenes noch auszuscheiden. nach dem tode des helden folgt mit betonung eigener erkundung (τοῦτον ἐγὼ καὶ ἑτερόφθαλμον ἤκουσα), des Timon einäugigkeit, und mit dieser spielt eine anekdote, welche sammt einer gleich zu besprechenden die beziehung zu Arkesilaos unterbricht (119). es erweckt eben diese eigene erkundung des Diogenes, welche uns zwingt die geschichte von Apollonides und Antigonos zu sondern, den verdacht der fiction; möglich dass die bezeichnung Κύκλωψ, die Timon in mehr als einem sinne von sich gebrauchen mochte, ihre veranlassung ist, wie sie hier als begründung auftritt. aufserdem wird man den ὁμώνυμος Τίμων, den misanthropen, dem gedächtniss des Diogenes selbst zutraun

---

[7] Somit hatte der 'biograph', den Diogenes und Hesych ausschrieben, überhaupt keine vita Timons. denn Hesych konnte diese zwei zeilen, wenn nicht aus seinem gedächtniss, aus seiner quelle Philon dem Byblier nehmen, vgl. Stephan. Byz. *s. v.* Φλιοῦς.

dürfen. es ist aber gänzlich irrelevant, wenn ihn einer lieber
mit zu Apollonides rechnet. auch die schon oben erwähnte
anekdote, welche später das verhältniss zu Arkesilaos unterbricht, muss um so mehr auf die skeptischen quellen des Dio_
genes geschoben werden, als sie ihr salz erst durch die beziehung
auf einem schüler des Pyrrhon Numenios erhält, von dem in den
beiden sonstigen gewährsmännern keine spur ist[8]). diesen späteren
skeptikern gehört notorisch die den schluss des buches bildende
διαδοχή. freilich ist hier zu betonen, dass gehören im sinne von
ursprung haben zu nehmen ist. denn selbst die vita entnahm Diogenes keineswegs dem Sillencommentare des Apollonides selbst[9]),
da die bezeichnung 'Απολλωνίδης ὁ παρ' ἡμῶν doch wol nur
'auch wie ich ein skeptiker' bezeichnen kann. Apollonides nun,
nach löblicher grammatikersitte, hat seine quellen nicht ver-
heimlicht. es sind zwei, die βίοι des Sotion und eben wieder

---

[8]) συνεχὲς τ' ἐπιλέγειν εἰώθει πρὸς τοὺς τὰς αἰσθήσεις μετ' ἐπιμαρτυροῦντος
τοῦ νοῦ ἐγκρίνοντας 'συνῆλθον ἀτταγᾶς τε καὶ νουμήνιος'. den vers erklärt man
nach Diogenian (in verschiedenen brechungen Par. Gr. I 307 II 16. 212), als ·
'die beiden hauptdiebe der Thessaler Attagas und der Korinther Numenios
kamen zusammen'; so soll ein weib in Epidauros gesagt haben. also die
beiden lügner αἴσθησις und νοῦς verbinden sich. das reicht aus; allein den
witz gibt erst die beziehung auf den mitschüler Numenios, von dem wir
hören, dass er allein von Pyrrhon behauptet habe, auch er δογματίζοι. er
wird also eine wahrheit zugegeben haben, wenn wahrnehmung und verstand
stimmten. der zweifel den Zeller III² 483 an dem alter des Numenios äufsert,
müsste sich dann wenigstens auch auf diese anekdote ausdehnen. beiläufig, den
bericht des Diogenian in ehren, das alte weib und die verschmitzten diebe tun
zur erklärung des sprüchworts gar nichts. dies heifst etwa 'da haben sich reb-
huhn und haselhuhn getroffen'. denn νουμήνιος als ὄρνεον ὅμοιον ἀτταγᾷ
werden wir dem Hesych glauben. es sind zwei στικτὰ ὄρνεα, zwei στιγματίαι.

[9]) Unbedingt widerlegen kann ich freilich hier noch nicht, dass er etwa, wie
Athenaeus, selbst noch den Timon gehabt hätte. es ist aber an sich unwahrscheinlich. Athenaeus citiert auch eine specialschrift des Sotion über die
Sillen (VIII 336ᵈ), in welcher er ein mit seinen mitteln nicht zu verificieren-
des komikercitat fand; Apollonides nennt er, gemäfs seiner abneigung gegen
'junge schriftsteller' gar nicht. sonderbar, dass dieser aus den βίοι und
nicht der specialschrift geschöpft hat. sonderbar auch, dass Athenaeus wieder
den Sotion sonst nicht kennt, denn von seinen citaten sind zwei (IV 162ᵉ.
XI 505ᵉ) aus Nikias von Nikaia, das dritte (VIII 343ᵉ) aus Hegesandros.

Antigonos. dass er beide selbst eingesehen hat, ergibt sich aus dem schriftenverzeichniss, das, wie Wachsmuth (*de Timone* p. 9) bemerkt hat, contaminiert ist. direct ist aus beiden die übereinstimmung über das lebensalter bezeugt; aus Sotion nur, dass der sohn Timons sich in seinem berufe einen namen gemacht hätte, was Antigonos vielleicht überhaupt nicht erlebt hat. auf diesen wird die charakterschilderung und litterarische beschäftigung (sehr bezeichnender weise) direct zurückgeführt. es fragt sich, wie weit die eigentlichen lebensumstände ihn angehn. hier ergibt der knappe auszug des Aristokles mehrfache berührung: aber die tatsachen werden in so allgemeinen umrissen gegeben, dass, gesetzt sie sind wahr und die berichterstatter wahrheitsliebend, übereinstimmung selbstverständlich ist. die frage ist vielmehr so zu formulieren: hat schon Sotion (im ersten drittel des zweiten jahrhunderts) den Antigonos ausgeschrieben? wir vermögen das nicht zu entscheiden, denn in den andern biographien des Antigonos stehen uns keine berichte des Sotion zu gebote; ich persönlich glaube an seine abhängigkeit, und immerhin wird es nicht verwegen sein, dass ich auch diese biographica unter die reste des Antigonos aufgenommen habe.

Es lassen sich nun hieraus schon einige wesentliche züge für das bild von Antigonos schriftstellerischer persönlichkeit gewinnen. er kümmert sich nicht um die lehren der philosophen; auch die äussern ereignisse ihres lebens sind ihm nebensache. dagegen ist die charakteristik das hauptsächliche; diese wird in der weise gegeben, dass die einzelnen eigenschaften vorangestellt werden, und dann bezeichnende züge, eigene äufserungen oder zeugnisse zur begründung beigebracht werden. ein besonderes interesse ist auf die litterarischen beziehungen und neigungen verwandt. der berichterstatter selbst kritisiert nicht; seine stellung ist eine wolwollende, aber nicht leidenschaftlich parteiliche; milde menschliche züge werden mit vorliebe aufgesucht. der bericht macht den eindruck der wahrhaftigkeit; schriften der nächstbeteiligten werden mit wörtlichen entlehnungen, sonst auch mündliche mitteilungen unter nennung der gewährsmänner, wie Nausiphanes (der freilich nur mittelbar in betracht kommen kann) und Philon

angeführt. ob die charakteristik sonst auf eigener beobachtung,
ob auf einem φασί beruht, ist bei der art der erhaltenen auszüge nicht festzustellen. diese machen den eindruck zwar die
worte der quelle zu bewahren, aber doch so zu kürzen dass
über deren stilistischen charakter nicht zu urteilen ist.

Sodann ergeben sich auch für Diogenes einige tatsachen von
belang. zunächst dass in den skeptikern (auch Anaxarchos) von
Hermippos keine spur ist; demgemäfs keinerlei abenteuerliche
todesart und kein epigramm: denn das allbekannte πτίσσε τὸν
Ἀναξάρχου θύλακον steht aufserhalb solcher betrachtung. Hermippos mochte in seinem lügenpamphlet die bissigen feinde der
δογματικοί verschonen wollen. sodann haben wir hier zusammenhängende, nicht dem 'biographus' entlehnte, wenn auch zuweilen
sich deckende excerpte aus Antigonos. hat Diogenes ihn etwa
gehabt? gewiss nicht; auch dem Aristokles standen dieselben
zur verfügung, beiden, so viel wir sehen, nur für die skepsis,
und es ist demnach zu schliefsen, dass beide in der skeptischen
litteratur ihrer oder jüngst vergangener zeit diese vortrefflichen
stücke vorfanden. auf die nämliche sorte von quellen werden
dann auch mit notwendigkeit die einlagen des Diogenes zurückgeführt, welche das antigonische unterbrechen; dazu kommt natürlich noch sein Diokles. und will einer auch jene herrenlosen
anekdoten anderweitiger lecture des Diogenes zuschreiben, so
kann man dagegen nichts durchschlagendes vorbringen.

Schliefslich ist für die tatsächliche beurteilung dessen,
was wir über die beiden skeptiker wissen, sicherer boden geschaffen. gewiss vermochte Zeller durch wahrscheinlichkeits-
erwägungen so gut wie immer das rechte zu treffen. allein es
ist doch ein ander ding, wenn man einem zeitgenössischen berichte und einer zuverlässigen person gegenübersteht. wir sind
berechtigt, alles was Antigonos erzählt, für historisch zu halten,
cum grano salis natürlich bei anekdoten, welche sich seiner eigenen zuverlässigen erkundung zeitlich oder örtlich entziehen, erkennen aber, dass fast alles nicht ihm gehörige teils erschlossen,
teils erträumt ist. über die lebenszeit des Pyrrhon wissen auch
wir nichts anderes, als dass er den zug Alexanders, doch wol als

soldat, mitmachte, später bis zum höchsten greisenalter in Elis in
geachteter stellung lebte; über Timon, dass er, um 300 etwa, in
Megara studierte, dann, schon als verheirateter mann, nach Elis
übersiedelte und zu dem greisen Pyrrhon in ein schülerverhältniss
trat, aber später, mit zurücklassung seiner familie, ein wandern-
des litteratenleben um die Propontis führte, schliefslich in Athen,
beschäftigt mit seinen Sillen, in vielfachem verkehre, jedoch nicht·
als schulhaupt, gleichfalls bis zum höchsten greisenalter lebte.
die Sillen, sein umfassendstes und wol sicherlich letztes werk,
sind in den dreifsiger jahren verfasst.

Ich lasse nun die reste der beiden biographien folgen; und
so am schlusse jeder untersuchung. freilich hat mich das einige
überwindung gekostet, denn ich weifs, dass im Diogenes der
text ein gänzlich unzuverlässiger ist, da er auf der didotschen
vulgata beruht. einiges hätte ich freilich aus den alten ausgaben
bessern können, und ich bin auch einzeln, z. b. wo Wachsmuth
in seinem·Timon handschriftliches mitgeteilt hatte, von der vulgata oder wenigstens von Cobet abgewichen, aber da doch nur
unzureichendes zu beschaffen gewesen wäre, habe ich mich dieser
arbeit meist entzogen. dass der schwerpunkt dieses buches nicht
in der textkritik beruht, wird für jeden, dem nicht böswilligkeit
den sinn berückt, wol klar sein. sicherer war bei andern schriftstellern, namentlich Eusebius, zu urteilen: wo dem nachprüfenden
wol klar werden wird, dass ich die neueren abschätzungen der
handschriften mit eigenem urteil genutzt habe.

ΠΕΡΙ ΠΥΡΡΩΝΟΣ ΒΙΟΥ

Diogen. IX 62 Ἀντίγονος
δέ φησιν ὁ Καρύστιος ἐν
τῷ περὶ Πύρρωνος τάδε περὶ
αὐτοῦ, ὅτι τὴν ἀρχὴν ἄδοξός τ'
ἦν καὶ πένης καὶ ζωγράφος· 5
σώζεσθαί τ' αὐτοῦ ἐν Ἤλιδι ἐν

Aristocles (Euseb. pr. ev.
XIV p. 763. III 505, 5 Gaisf.)
Πύρρων Ἀναξάρχου τινὸς ἐγένετο
μαθητής. ὃς τὸ μὲν πρῶτον ἦν
ζωγράφος, οὐδ' οὗτος εὐτυχής.
Diog. IX 61 Πύρρων Ἠλεῖος

b. 5 οὗτος habe ich aus οὕτως gemacht. den schlechten maler hat Aristokles sich wegen der λαμπαδισταὶ μετρίως ἔχοντες erlaubt.

τῷ γυμνασίῳ λαμπαδιστὰς μετρίως ἔχοντας.

(63) ἐκπατεῖν τ' αὐτὸν καὶ
ἐρημάζειν, σπανίως ποτ' ἐπι-
φαινόμενον τοῖς οἴκοι.

τοῦτο δὲ ποιεῖν ἀκούσαντα
Ἰνδοῦ τινος ὀνειδίζοντος Ἀνα-
ξάρχῳ ὡς οὐκ ἂν ἕτερόν τινα
διδάξαι οὗτος ἀγαθόν, αὐτὸς
αὐλὰς βασιλικὰς θεραπεύων.

ἀεί τ' εἶναι ἐν τῷ αὐτῷ κα-
ταστήματι, ὥστ' εἰ καί τις αὐτὸν καταλίποι μεταξὺ λέγοντα,
αὐτῷ διαπεραίνειν τὸν λόγον,
καίτοι † κεκινημένον ὄντα ἐν
νεότητι.

πολλάκις, φησί, καὶ ἀπεδή-
μει μηδενὶ προειπών, καὶ συ-
νερρέμβετο οἷστισιν ἔτυχεν. καὶ
ποτ' Ἀναξάρχου εἰς τέλμα ἐμ-
πεσόντος παρῆλθεν οὐ βοηθή-
σας· τινῶν δ' αἰτιωμένων αὐτὸς
Ἀνάξαρχος ἐπῄνει τὸ ἀδιάφορον
καὶ ἄστοργον αὐτοῦ.

(64) καταληφθεὶς δέ ποθ'
ἑαυτῷ λαλῶν καὶ ἐρωτηθεὶς τὴν
αἰτίαν ἔφη μελετᾶν χρηστὸς
εἶναι. ἔν τε ταῖς ζητήσεσιν ὑπ'
οὐδενὸς κατεφρονεῖτο διὰ τὸ
⟨καὶ⟩ διεξοδικῶς λέγειν καὶ πρὸς 30

Πλειστάρχου μὲν ἦν υἱός, ‖ καθὰ καὶ Διοκλῆς ἱστορεῖ ‖, ὡς
φησὶ δ' Ἀπολλόδωρος ἐν
Χρονικοῖς, πρότερον ἦν ζωγράφος.

Hesychius (Suid. s. v.) Πύρρων Πλειστάρχου Ἠλεῖος, φιλόσοφος, ὃς ἦν ἐπὶ Φιλίππου
τοῦ Μακεδόνος κατὰ τὴν ρια'
ὀλυμπιάδα καὶ ἐπέκεινα, καὶ
πρότερον μὲν ἦν ζωγράφος.

ALEXANDER (Diogen. IX 61)
ἐπ' Ἀναξάρχου (ἤκουσε) ξυν-
ακολουθῶν πανταχοῦ, ὡς καὶ
τοῖς γυμνοσοφισταῖς ἐν Ἰνδίᾳ
συμμῖξαι καὶ τοῖς μάγοις.

Diogen. 62 ἀκόλουθος δ' ἦν
καὶ τῷ βίῳ μηδὲν ἐκτρεπόμενος
μηδὲ φυλαττόμενος, ἅπαντα
ὑφιστάμενος, ἁμάξας, εἰ τύχοι,
καὶ κρημνοὺς καὶ κύνας καὶ ὅλως
μηδὲν ταῖς αἰσθήσεσιν ἐπιτρέ-
πων· σῴζεσθαι μέντοι, καθ' ἃ
φασιν οἱ περὶ τὸν Καρύστιον
Ἀντίγονον, ὑπὸ τῶν γνωρίμων
παρακολουθούντων.

---

a. 15 ich weifs die sinnlosigkeit nicht zu entfernen. 30 καὶ habe ich
eingefügt. — Nausiphanes war als er mit Pyrrhon verkehrte gewiss an jahren

b. 4 hierher gehört auch das gericht bei Lucian bis accus. 13 γρα-
φικὴ κατὰ Πύρρωνος λιποταξίου vgl. 25. 13 die διαδοχή auch bei Aristokles
p. 754, und tatsächlich befolgt sie Diogenes. 23 für die übertreibung wird
überhaupt Antigonos nicht direct als gewährsmann angeführt.

ἐρώτησιν· ὅϑεν καὶ Ναυσιφάνην
ἤδη νεανίσκον ὄντα ϑηραϑῆναι·
ἔφασκε γοῦν γίνεσϑαι δεῖν τῆς
μὲν διαϑέσεως τῆς Πυρρωνείου,
τῶν δὲ λόγων τῶν ἑαυτοῦ. ἔλεγέ 5
τε πολλάκις καὶ Ἐπίκουρον
ϑαυμάζοντα τὴν Πύρρωνος ἀνα-
στροφὴν συνεχὲς αὐτοῦ πυνϑά-
νεσϑαι περὶ αὐτοῦ.

οὕτω δ' αὐτὸν ὑπὸ τῆς 10
πατρίδος τιμηϑῆναι ὥστε καὶ
ἀρχιερέα καταστῆσαι αὐτὸν καὶ
δι' ἐκεῖνον πᾶσι τοῖς φιλοσόφοις
ἀτέλειαν ψηφίσασϑαι.

καὶ δὴ καὶ ζηλωτὰς εἶχε 15
πολλοὺς τῆς ἀπραγμοσύνης· ὅϑεν
καὶ ὁ Τίμων περὶ αὐτοῦ φησιν οὕτως ἐν τῷ Πύϑωνι * * *
καὶ ἐν τοῖς Σίλλοις· (38 Wachsmuth).

(65) Ὦ γέρον, ὦ Πύρρων, πῶς ἢ πόϑεν
ἔκδυσιν εὗρες
λατρείης δοξῶν κενοφροσύνης τε
σοφιστῶν,
καὶ πάσης ἀπάτης πειϑοῦς τ' ἀπε- 25
λύσαο δεσμά;

Aʀɪꜱᴛᴏᴄʟ. p. 761. Τίμων ἐν τῷ
Πύϑωνι διηγεῖται μακρόν τινα κατα-
20 τείνας λόγον ὡς ἐντύχοι τῷ Πύρρωνι
βαδίζοντι Πυϑῶδε παρὰ τὸ ἱερὸν τὸ
τοῦ Ἀμφιαράου καὶ τίνα διαλεχϑεῖεν
ἀλλήλοις· ἆρ' οὖν οὐκ εὐλόγως ἄν τις
αὐτῷ ταῦτα συγγράφοντι παραστὰς εἴποι
"τί, ὦ πονηρέ, ἐνοχλεῖς σεαυτῷ ταῦτα
συγγράφων καὶ ἃ μὴ οἶσϑα διηγού-

---

kein νεανίσκος mehr, wie der excerptor verstanden hat; bei Antigonos stand
es wol in dem sinne, wie es im Menedem vorkommt und im zweiten excurs
erläutert wird 'schüler'. lediglich auf diesem zeugniss beruht es, wenn Epikur in die διαδοχή eingereiht wird, Clemens strom. I 353, wonach auch Diogenes disponiert hat.

a. 13 allen philosophen, d. h. natürlich den schülern Pyrrhons. die
mafsregel war vermutlich nicht sowol zu Pyrrhons ehre, als weil sie praktisch war, ersonnen. z. b. Timon, dem es kümmerlich ging, ist aus Phlius
nach Elis verzogen. 18 das citat ist ausgefallen und ebenso unten s. 39 * 22.
ich habe gegenüber gestellt, was Aristokles aus dem dialoge persönliches erhalten hat, nicht weil es aus Antigonos wäre, sondern weil es von dem verlornen ungefähr eine idee geben kann. 23 κενοφρ. Usener für τε κενοφρ.

οὐδὲ μέλει σοι ταῦτα μεταλλῆσαι,
　　τίνες αὖραι
Ἑλλάδ' ἔχουσι, πόθεν τι καὶ εἰς ὃ
　　τι κύρει ἑκάστη.

καὶ πάλιν ἐν τοῖς Ἰνδαλμοῖς· 5
Τοῦτό μοι, ὦ Πύρρων, ἱμείρεται ἦτορ
　　ἀκοῦσαι,
πῶς ποτ' ἀνὴρ ἔτ' ἄγεις ῥᾶστα μεθ'
　　ἡσυχίης
αἰεὶ ἀφροντίστως καὶ ἀκινήτως κατὰ 10
　　ταὐτά,
μὴ προσέχων λήροις ἡδυλόγου σο-
　　φίης·
μοῦνος δ' ἀνθρώποισι θεοῦ τρόπον
　　ἡγεμονεύεις, 15
ὃς περὶ πᾶσαν ἰὼν γαῖαν ἀνα-
　　στρέφεται
δεικνὺς εὐτόρνου σφαίρης πυρικαύτορα
　　κύκλον.

μενος· τί γὰρ μᾶλλον ἐνέτυχες αὐτῷ
ἢ οὐκ ἐνέτυχες καὶ διελέχθης ἢ οὐ διελέχθης; αὐτός τε ἐκεῖνος ὁ θαυμαστὸς
Πύρρων ἆρά γε ᾔδει τὸ διότι βαδίζοι
Πύθια θεασόμενος; ἢ καθάπερ οἱ
μεμηνότες ἐπλανᾶτο κατὰ τὴν ὁδόν;
ἡνίκα δὲ ἤρξατο κατηγορεῖν τῶν ἀνθρώπων καὶ τῆς ἀνοίας (ἀγνοίας codd.)
αὐτῶν, ἆρά γε φῶμεν αὐτὸν ἀληθῆ
λέγειν ἢ μή, καὶ τὸν Τίμωνα παθεῖν
τι καὶ συγκαταθέσθαι τοῖς λόγοις ἢ μὴ
προσέχειν;

a. 1 μεταλλῆσαι Wachsmuth: μεταλλῆσειν oder noch schlechter. 2 τίνες Cobet: τινός. 4 ἕκαστα habe ich verbessert. 5 von dem schönen bruchstück der timonischen 'Phantasieen' hat Diogenes nur die beiden ersten und den fünften vers (in der entstellung μοῦνος ἐν ἀνθρώποισι — ἡγεμονεύων); 2 (von ῥῆστα ab) —4 gibt Sextus eth. s. 545, und derselbe gramm. 670 die verse 5—7. Bergk hat in der anth. lyr. s. 138 die Diogenesstelle übersehen. im vierten vers hat Bekker λήροις aus δειλοῖς gemacht, nicht sicher, aber wahrscheinlich. — es folgen nun die zwei s. 28 berührten geschichten, zunächst dass die Athener dem Python (denn den meint Diogenes) das bürgerrecht verliehen hätten, weil er Kotys den Thraker ermordet hätte, aus Diokles, der es aus Demosthen. Aristokr. 118 nahm. dass Timon etwa jenen Ainier Python in seinem dialoge eingeführt hätte, also als geist, ist nicht glaublich. Diokles wird durch homonymie getäuscht sein.

b. der inhalt ist also der. im heiligtum des Amphiaraos, also in Oropos, begegnen sich Pyrrhon und Timon, ersterer auf dem wege zu den Pythien; wenn er von Elis kam, war es jedenfalls ein umweg. aus Diogenes worten (39ᵃ 22) ἐν οἷς πρὸς Πύθωνα διέξεισι folgt ferner eine verhandlung mit dieser, vielleicht um der Pythien willen fingierten, person. aufserdem ward Timon durch die predigt Pyrrhons über die torheit der menschen (vgl. die homerischen verse in seinem munde unten) zur skepsis bekehrt. es kann dies wol nur ein dialog gewesen sein. — übrigens hellt der hämische ausdruck des Aristokles, ἢ καθάπερ οἱ μεμηνότες ἐπλανᾶτο κατὰ τὴν ὁδόν die tendenz auf, in welcher der antigonische bericht über die spaziergänge Pyrrhons bei Diogenes entstellt ist.

λέγεται δὲ καὶ δέλφακα λούειν
αὐτὸς ὑπ' ἀδιαφορίας. καὶ χο-
λήσας τι ὑπὲρ τῆς ἀδελφῆς
(Φιλίστα δ' ἐκαλεῖτο) πρὸς τὸν
ἐπιλαβόμενον εἰπεῖν ὡς οὐκ ἐν 5
γυναίῳ ἡ ἐπίδειξις τῆς ἀδιαφορίας.

καὶ κυνός ποτ' ἐπενεχθέντος
διασοβηθέντα εἰπεῖν πρὸς τὸν
αἰτιασάμενον ὡς χαλεπὸν εἴη 10
ὁλοσχερῶς ἐκδῦναι τὸν ἄνθρω-
πον· διαγωνίζεσθαι δ' ὡς οἷόν
τε πρῶτον μὲν τοῖς ἔργοις πρὸς
τὰ πράγματα, εἰ δὲ μή, τῷ γε
λόγῳ.

(67) φασὶ δὲ καὶ σηπτικῶν
φαρμάκων καὶ τομῶν καὶ καύ-
σεων ἐπί τινος ἕλκους αὐτῷ
προςενεχθέντων ἀλλὰ μηδὲ τὰς
ὀφρῦς συναγαγεῖν. καὶ ὁ Τίμων 20
δὲ διασαφεῖ τὴν διάθεσιν αὐτοῦ ἐν οἷς πρὸς Πύθωνα
διέξεισιν. ἀλλὰ καὶ Φίλων ὁ
Ἀθηναῖος, γνώριμος αὐτοῦ γε-

ARISTOCLES p. 763 (p. 504
16) Ἀντίγονος γοῦν ὁ Καρύστιος κατὰ τοὺς αὐτοὺς γενόμενος χρόνους καὶ ἀναγράψας
αὐτῶν τὸν βίον, φησὶ τὸν Πύρρωνα διωκόμενον ὑπὸ κυνὸς
ἀναφυγεῖν ἐπί τι δένδρον, σκωπ-
τόμενον δ' ὑπὸ τῶν παρόντων
εἰπεῖν ὡς χαλεπὸν εἴη ⟨τὸν⟩
ἄνθρωπον ἐκδῦναι. Φιλίστας
δὲ τῆς ἀδελφῆς αὐτοῦ θνούσης,
ἔπειτα τῶν φίλων τινὸς ὑπο-
σχομένου τὰ πρὸς τὴν θυσίαν
καὶ μὴ παρασχομένου, τοῦ μέντοι Πύρρωνος πριαμένου καὶ
ἀγανακτοῦντος, ἐπειδήπερ ὁ φίλος ἔλεγεν ὡς οὐ ποιοῖ σύμφωνα
τοῖς λόγοις οὐδ' ἄξια τῆς ἀπα-
θείας, εἰπεῖν αὐτόν, ἐν γοῦν
γυναικὶ ⟨τί⟩ δεῖ τὴν ἀπόδει-
ξιν αὐτῆς ποιεῖσθαι;

· Die zweite einlage ist der parallelbericht des Eratosthenes, dass Pyrrhon mit seiner schwester, die hebamme gewesen sei, pietätsvoll gelebt
habe, und für sie hühner und ferkel auf den markt gebracht und das haus
gekehrt habe. offenbar hat Eratosthenes, der gleichzeitig mit Antigonos in
Athen studiert hat, dieselben geschichten dort erzählen hören. 23 von
Philon mehr § 69 mit einem Timoncitat; das lässt sich aber nicht sicher auf
Antigonos zurückführen, obwol aus s. 37 ª 15 folgt, dass er von mehreren
schülern geredet hatte.

b. 7 Das klettern kann übertreibung des Aristokles sein. 9 der artikel war aus Diogenes einzusetzen. 17 auf ποιοῖ führt die überlieferung
ποιῶ, die in einzelnen handschriften in ποιησαίμην πονήσαιτο geändert ist.
20 τί habe ich statt des gewöhnlich ergänzten οὐ eingesetzt und den satz als
frage gefasst, weil dies die leichteste änderung ist.

γονώς, ἔλεγεν ὡς ἐμέμνητο μάλιστα μὲν Δημοκρίτου, εἶτα δὲ
καὶ Ὁμήρου, θαυμάζων αὐτὸν
καὶ συνεχὲς λέγων, "Οἵη περ
φύλλων γενεή, τοιήδε καὶ ἀν- 5
δρῶν", καὶ ὅτι σφηξὶ καὶ μυίαις
καὶ ὀρνέοις εἴκαζε τοὺς ἀνθρώπους. προφέρεσθαι δὲ καὶ τάδε·
"Ἀλλὰ, φίλος, θάνε καὶ σύ·
τίη ὀλοφύρεαι αὕτως; κάτθανε 10
καὶ Πάτροκλος, ὅπερ σέο πολλὸν
ἀμείνων", καὶ ὅσα συντείνει εἰς
τὸ ἀβέβαιον καὶ κενόσπουδον
ἅμα καὶ παιδαριῶδες τῶν ἀνθρώπων.

Diogen. *praef.* 16 οἳ δ' ὅλως
οὐδὲν συνέγραψαν ... Πύρρων ...

Sextus *adv. gramm.* p. 661 6
Πύρρων ἱστορεῖται τὴν Ὁμηρικὴν διὰ παντὸς ποίησιν ἀνα-
γινώσκειν.

ARISTOCLES p. 505 7 ἔπειτα
τοῖς Δημοκρίτου βιβλίοις ἐν-
τυχών χρηστὸν μὲν οὐδὲν οὔτε
εὗρεν οὔτε συνεγράψατο, κακῶς
δὲ πάντας εἶπε καὶ θεοὺς καὶ
ἀνθρώπους, αὐτὸς δ' ὕστερον
τοῦτον τὸν τῦφον περιβαλλόμε-
νος καὶ καλῶν ἄτυφον αὑτὸν
οὐδὲν ἐν γραφῇ κατέλιπεν.

b. Aristokles verzerrt die verse des Timon, die er selbst p. 762
angeführt hat und die ich nicht anstehe, dem Antigonos zu vindicieren
ἀλλ' οἷον τὸν ἄτυφον ἐγὼ ἴδον ἠδ' ἀδάμαστον πᾶσιν ὅσοις δαμνᾶσθε, βροτῶν
ἄφατοί τε φάτοι τε λαῶν, ἔθνεα κοῦφα βαρυνόμεν' ἔνθα καὶ ἔνθα ἐκ πα-
θέων δόξης τε καὶ εἰκαίης νομοθήκης (32 Wachsm.). hier habe ich mit Gaisford im zweiten verse ὅσοις aus ὅσα und selbst δαμνᾶσθε aus δάμνανται gemacht; vor Wachmuths gewaltsamerer änderung schützt die interpunktion.
ἄφατοι und φάτοι ist ein spiel mit dem homerischen Ἄρηι φατός 'die lebenden
und die toten der sterblichen völker'; die scene ist ja im Hades. übrigens
wird nun, nachdem die anrede erkannt ist, fgm. 33, das wir sogleich im Timon citiert finden werden, an 32 unmittelbar anzuschliefsen sein. — die
stelle des Sextus steht in gelehrter begründung des wertes der grammatik
und gibt sich selbst als einem bericht über Pyrrhons leben entlehnt. schwach
ist die widerlegung 664 13 Πύρρων παρ' ἕκαστα τὴν Ὁμηρικὴν διετύλισσε ποίησιν
οὐ πάντως διὰ τὴν εἰρημένην αἰτίαν (weil er daraus gelernt hätte), ἀλλὰ τάχα
μὲν ψυχαγωγίας χάριν καὶ ὡς εἰ κωμῳδῶν ἠκροᾶτο, τάχα δὲ καὶ τοὺς ποιητι-
κοὺς παρατηρῶν τρόπους καὶ χαρακτῆρας. folgt die oben s. 30 berührte anekdote von dem gedicht auf Alexander. zu merken auch das im Sextus
einzige διατυλίσσω, das an dem antigonischen ἐπιτυλίττω im Timon seine
parallele hat.

ΠΕΡΙ ΤΙΜΩΝΟΣ ΒΙΟΥ

Apollonides (Diogenes IX 109) τὸν Τίμωνα εἶναι μὲν Τιμάρχου, Φλιάσιον δὲ τὸ γένος· νέον δὲ καταλειφθέντα χορεύειν, ἔπειτα καταγνόντα ἀποδημῆσαι 5 εἰς Μέγαρα πρὸς Στίλπωνα· κἀκείνῳ συνδιατρίψαντα αὖθις ἐπανελθεῖν οἴκαδε καὶ γῆμαι· εἶτα πρὸς Πύρρωνα εἰς Ἦλιν ἀποδημῆσαι μετὰ τῆς γυναικὸς 10 κἀκεῖ διατρίβειν ἕως αὐτῷ παῖ- δες ἐγένοντο, ὧν τὸν μὲν πρεσ- βύτερον Ξάνθον ἐκάλεσε καὶ ἰατρικὴν ἐδίδαξε καὶ διάδοχον τοῦ βίου κατέλιπε. (110) ‖ ὁ δ' 15 ἐλλόγιμος ἦν, ὡς καὶ Σωτίων ἐν τῷ ἑνδεκάτῳ φησίν ‖ ἀπορῶν μέντοι τροφῶν ἀπῆρεν εἰς τὸν Ἑλλήσποντον καὶ τὴν Προπον- τίδα· ἐν Χαλκηδόνι τε σοφι- 20 στεύων ἐπὶ πλέον ἀποδοχῆς ἠξιώθη· ἐντεῦθέν τε πορισάμε- νος ἀπῆρεν εἰς Ἀθήνας, κἀκεῖ διέτριβε μέχρι καὶ τελευτῆς, ὀλί- γον χρόνον εἰς Θήβας διαδρα- 25

Aristocles p. 505 12 Gaisf. ἐγένετο δὲ μαθητὴς αὐτοῦ Τίμων Φλιάσιος, ὃς τὸ μὲν πρῶτον ἐχόρευεν ἐν τοῖς θεά- τροις 5

---

a. 13 was den jüngeren betraf, hat Diogenes ausgelassen, wenn Cobets lesart überlieferung ist; steht das ehedem gewöhnliche ὃ δὲ, Τίμων, ἐλλόγιμος ἦν in den handschriften, so ist es so zu interpungieren. 25 der aufenthalt in Theben wird unten in einem anderweitig als antigonisch erkannten excerpt vorausgesetzt.

b. 4 auch 761ᵇ setzt Aristokles die tänzervergangenheit voraus πῶς ἀντὶ χορευτοῦ φιλόσοφος ἐγένετο καὶ τὸν Πύρρωνα διετίλεσε θαυμάζων; Wachsmuths vermutung, dass Timon seine eigenen κίναιδοι vorgetragen hätte, entbehrt aller wahrscheinlichkeit: ist denn das chorische poesie? er hat sich im dienst einer schauspielertruppe sein brot verdient. beste parallelen liefern die delphischen Soterieninschriften.

μῶν. ἐγνώσϑη δὲ καὶ Ἀντι-
γόνῳ τῷ βασιλεῖ καὶ Πτολεμαίῳ
τῷ Φιλαδέλφῳ, ὡς αὐτὸς ἐν τοῖς
ἰνδαλμοῖς αὐτῷ μαρτυρεῖ. ἦν
δέ, φησὶν ὁ Ἀντίγονος, καὶ 5
φιλοπότης.

καὶ ἀπὸ τῶν φιλοσόφων
ἐσχόλαζε.

καὶ γὰρ ποιήματα συνέγραψε,
καὶ ἔπη καὶ τραγῳδίας καὶ σα- 10
τύρους ‖ καὶ δράματα κωμικὰ
τριάκοντα, τραγικὰ δ' ἑξήκον-
τα ‖ σίλλοις τε καὶ κιναίδους.
(111) φέρεται δ' αὐτοῦ καὶ κα-
ταλογάδην βιβλία ‖ εἰς ἐπῶν τεί- 15
νοντα μυριάδας δύο ‖ ὧν καὶ
Ἀντίγονος ὁ Καρύστιος
μέμνηται, ἀναγεγραφὼς αὐτοῦ
καὶ αὐτὸς τὸν βίον. τῶν δὲ
σίλλων τρία ἐστίν, ἐν οἷς ὡς 20
ἂν σκεπτικὸς ὢν πάντας λοιδο-
ρεῖ καὶ σιλλαίνει τοὺς δογματι-
κοὺς ἐν παρῳδίας εἴδει.

ἔπειτα δ' ἐντυχὼν αὐτῷ συνέγραψεν ἀργαλέας παρῳδίας
καὶ βωμολοχίας ἐν αἷς βεβλα-
σφήμηκε πάντας τοὺς πώποτε
φιλοσοφήσαντας· οὗτος γὰρ ἦν
ὁ τοὺς σίλλους γράψας καὶ λέγων
(33 Wachsm.).

σχέτλιοι ἄνϑρωποι, κάκ' ἐλέγχεα, γα-
στέρες οἶον,
ποίων ἔκ τ' ἐρίδων ἔκ τε στοναχῶν
πέπλασϑε

καὶ (34)

ἄνϑρωποι, κενεῆς οἰήσιος ἔμπλεοι
ἀσκοί.

--- --- ---

a. 4 ἰνδαλμοῖς habe ich aus ἰάμβοις gemacht, die unbezeugt sind; die
elegischen Indalmen gehn natürlich unter ἔπη. 5 hier haben die excerptoren
gleichsam nur die capitelüberschriften stehen lassen. für das σχολάζειν von
φιλόσοφα folgen in dem nächsten excerpt die belege; einen zug von φιλοποσία
hat Athenaeus X 438, allein schwerlich aus Antigonos, da Timons widerpart
Lakydes ist, von dem nirgend bei Antigonos die rede ist. 16 die pinako-
graphische angabe war hier eben so dem Sotion zuzuweisen wie 11, wo
Wachsmuth gesondert hat. 20 Aristokles zeigt, dass selbst diese einleitung
zu der Sillenhypothesis, welche nach εἴδει 23 im Diogenes folgt, in ihren
grundzügen antigonisch ist.

b. 22 Theodoret, der die stelle des Eusebius abgeschrieben hat (Graec.
aff. cur. 24, 25), führt auf die lesart, welche Wachsmuth vorgezogen hat ποίων
ἔκ τ' ἐρίδων ἔκ (d. h. καὶ) λεσχομαχῶν πεπλάνησϑε. allein das scheint interpolation, vielleicht weil der dreisylbige spondiacus bei positio debilis an-

(112) ἐτελεύτησε δ᾽ ἐγγὺς ἐτῶν ἐνενήκοντα, ὥς φησιν ὁ Ἀντίγονος ‖ καὶ Σωτίων ἐν τῷ ια᾽ ‖ .

Diogenes IX 112 Ὁ δ᾽ οὖν φιλόσοφος καὶ φιλόκηπος ἦν σφόδρα καὶ ἰδιοπράγμων, ὡς καὶ Ἀντίγονός φησι. λόγος γοῦν εἰπεῖν Ἱερώνυμον τὸν περιπατητικὸν ἐπ᾽ αὐτοῦ, "ὡς παρὰ τοῖς 5 Σκύθαις καὶ οἱ φεύγοντες τοξεύουσι καὶ οἱ διώκοντες, οὕτω τῶν φιλοσόφων οἱ μὲν διώκοντες θηρῶσι τοὺς μαθητάς, οἱ δὲ φεύγοντες, καθάπερ καὶ ὁ Τίμων".

(113) Ἦν δὲ καὶ ὀξὺς νοῆσαι καὶ διαμυκτηρίσαι· φιλογράμματός τε καὶ τοῖς ποιηταῖς μύθους γράψαι ἱκανὸς καὶ δράματα 10 συνδιατιθέναι. μετεδίδου δὲ τῶν τραγῳδιῶν Ἀλεξάνδρῳ καὶ Ὁμήρῳ.

θορυβούμενός θ᾽ ὑπὸ τῶν θεραπαινῶν καὶ κυνῶν ἐποίει μηδέν, σπουδάζων περὶ τὸ ἐρημάζειν.

φασὶ δὲ καὶ Ἄρατον πυθέσθαι αὐτοῦ πῶς τὴν Ὁμήρου ποίησιν ἀσφαλῆ κτήσαιτο, τὸν δὲ εἰπεῖν, εἰ τοῖς ἀρχαίοις ἀν- 15 τιγράφοις ἐντυγχάνοι καὶ μὴ τοῖς ἤδη διωρθωμένοις.

εἰκῆ τ᾽ αὐτῷ ἔκειτο τὰ ποιήματα, ἐνίοτε ἡμίβρωτα· (114) ὥστε καὶ Ζωπύρῳ τῷ ῥήτορι ἀναγινώσκοντά τι ἐπιτυλίττειν καὶ κατὰ τὸ ἐπελθὸν διεξιέναι, ἐλθόντα τ᾽ ἐφ᾽ ἡμισείας οὕτως εὑρεῖν τὸ ἀπόσπασμα τέως ἀγνοοῦντα. τοσοῦτον ἦν ἀδιάφορος. 20

---

stofs erregte. doch den muss man hinnehmen, während λεσχομάχη für λεσχομαχια unmöglich ist. dass die menschen 'ein gemächte sind aus streit und seufzen' ist wirklich zu hübsch, als dass es ein schreibfehler sein sollte.

13 ἐρημάζειν habe ich für ἠρίμα ζῆν geschrieben, was schwerlich griechisch ist für ἠρεμεῖν, und auch das wäre nicht *tranquille vivere;* auch an Pyrrhon wird oben das ἐρημάζειν hervorgehoben. 'im häuslichen lärm producierte er nicht; dazu brauchte er einsamkeit'. 14 dazu stimmt Suid. *s. v.* Ἄρατος, ἀκουστὴς .... Τίμωνος. der verkehr mag am makedonischen hofe statt gefunden haben. vor 276, wo Aratos in Athen studierte, war Timon schwerlich schon da. natürlich bezieht sich der tadel auch auf die ausgaben etwa von Zenodotos und Rhianos, von welchen ebenfalls keine schon vor 276 erschienen sein kann. 18 Zopyros ist der erfinder der στάσις Quint. III 6 3, aus Klazomenai. sollte er etwa identisch mit dem Kolophonier sein, der dem Menippos seine schriften untergeschoben haben sollte? (Diog. VI 100) — die geschichte erklärt Wachsmuth nach Ambrogio Traversari richtig dahin, dass Timon den abgerissenen anfang seiner schrift beim aufwickeln der rolle findet. aber schwerlich darf man die worte des Diogenes durch ändern verständiger machen.

ἀλλὰ καὶ † εὔρους ὡς μηδ᾽ ἀριστᾶν συγχρονεῖν.

φασὶ δ᾽ αὐτὸν Ἀρκεσίλαον θεασάμενον διὰ τῶν Κερκώπων
ἰόντα εἰπεῖν "τί σὺ δεῦρο ἔνθαπερ ἡμεῖς οἱ ἐλεύθεροι;"
(115) ἐρωτηθεὶς δέ ποθ᾽ ὑπὸ τοῦ Ἀρκεσιλάου, διὰ τί παρείη
5 ἐκ Θηβῶν, ἔφη "ἵν᾽ ὑμᾶς ἀναπεπταμένους ὁρῶν γελῶ." ὅμως
δὲ καθαπτόμενος Ἀρκεσιλάου ἐν τοῖς σίλλοις ἐπήνεκεν αὐτὸν ἐν
τῷ ἐπιγραφομένῳ Ἀρκεσιλάου περιδείπνῳ.

---

1 συγχρονεῖν; v. l. συγχωρεῖν, das ganze ist mir gleich rätselhaft wie
Wachsmuth. 3 der witz liegt darin 'auf der Κερκώπων ἀγορᾷ habe nur ich,
der ächte Σίλλος, der wirklich von λατρεία δοξῶν freie, nicht du halber skeptiker das recht zu sein'. hierauf folgen die oben s. 32 ausgesonderten
anekdoten.

b. Die Akademiker.

Die biographieen des Platon und des Aristoteles haben jede ihre sonderexistenz. geschichte und legende hat fast noch zu lebzeiten beide in ihre kreise gezogen, und da der unmittelbare verkehr mit ihren werken nie aufgehört hat, so ist auch ihre geschichte oder legende in stetem flusse geblieben. wie die diogenischen viten beider nur indem sie mit gleichartigem materiale confrontiert werden zu benutzen sind, zeigen die zusammenstellungen von Maaſs deutlich. damit ist aber nur der anfang gemacht; von den primären quellen wissen wir noch gar zu wenig. und ein wirkliches bild werden wir hier immer genötigt sein, uns ohne biographische hilfe aus den werken der groſsen männer selbst zu gewinnen; wenig anders stehn sie darin als Pindaros und Euripides. wer dann Akademie und Lykeion bei Diogenes sich auch nur flüchtig ansieht, wird einen bedeutenden abstand wahrnehmen zwischen den fünf uns hier angehenden Polemon, Krates, Krantor, Arkesilaos, Lykon und ihren vorgängern. offenbar fand Diogenes dies misverhältniss vor, und er ist bestrebt gewesen es auszugleichen; dass er nur dürftigen ersatz fand, war nicht seine schuld. so ist im Xenokrates über die hälfte der vita aus Myronian (*ep. ad Maaſs* 161), im Theophrastos treten auſser diesem noch Pamphila und Favorin auf. auch der autorlos überlieferte process und die mit einem (wer weiſs ob ächten) briefcitat geschmückte bemerkung, dass bei ihm sich das wort σχολαστικός zuerst gefunden habe[1]), sieht sehr nach Favorin aus (vgl. *epist. ad Maaſs* 144). im Speusippos begegnet wieder Favorin, und jung ist doch auch das (nebenher falsche) Plutarchcitat. Straton hat überhaupt nur ein par zeilen.

---

[1]) Ich habe, so viel mir erinnerlich, das wort zuerst bei Chrysippos περὶ βίων (Plutarch. *Stoic. rep.* 2) gefunden, danach kann es aber sehr gut theophrastisch sein.

Demetrios[2]) und Herakleides[3]) (den Diogenes verkehrterweise an das ende des fünften statt in das vierte buch gestellt hat) treten aus der διαδοχή heraus und stehn für sich; hier begegnen als gewährmänner Herakleides Lembos und Demetrios Magnes. alle diese biographien aber haben vor den folgenden den grofsen vorzug der schriftenverzeichnisse, denen dort dürftiges und ungleichartiges gegenüber steht. es mag eben schon ein älterer biograph der Akademie und des Lykeion das misverhältniss auf diese art auszugleichen bestrebt gewesen sein, wie auch in der vorlage des Philodem zwar für Speusippos nichts als ein weihepigramm aus dem Musenheiligtum der Akademie zu gebote stand[4]), dagegen für Xenokrates zwei historiker, der welchem Plutarch im Phokion (27) folgt und Timaios, excerpiert sind.

Für die folgenden reicheren biographien, deren einheitlicher charakter auch dem flüchtigen leser deutlich sein muss, gebricht

---

[2]) Hier ist Favorin sehr stark benutzt, so dass er sogar ursprüngliches gut des 'biographen' verdrängt hat, wie Suidas zeigt (*ep. ed Mafs* 150). einlage sind auch Didymos Symposiaka. dem Favorin möchte ich auch den ganzen § 77 zuweisen: denn es war doch wol ein geschmackloser rhetor, der, weil Demetrios später an natterbiss sterben sollte, die Athener, denen er entkommt, 'ihr gift gegen die bronze speien' d. h. seine bildsäulen einschmelzen liefs. in dem verdorbenen § 76 war wol nicht das geschlecht des Konon, sondern sein schönes haus in Melite gemeint, von dem Antigonos unten im Lykon erzählt.

[3]) Hier ist, ähnlich dem Demetrios, am anfang gekürzt, wie Suidas zeigt. die stellung des schriftenverzeichnisses in der mitte macht contamination wahrscheinlich. in dem nachtrage sind die gewährsmänner Demetrios Magnes, Hippobotos, sogar ταντὰ ἱστορεῖ καὶ Ἰ, Hermippos genannt. nur für den letzten wertvollsten und gelehrtesten teil (die κλοπαί) fehlt ein autor, den man besonders wünschte. diese vita hat schliefslich das besondre, dass nicht die hermippische, auch mitgeteilte, sondern die demetrische todesart versificiert ist. es liegt das daran, dass Hermippos hier nicht eine kurze veranlassung erlügt, sondern eine grofse rührsame geschichte erzählt, und wir wissen sogar, dass dieselbe in einem ganz speciellen buch ἐν τοῖς βίοις τῶν ἀπὸ φιλοσοφίας εἰς τυραννίδας καὶ δυναστείας μεθεστηκότων stand. (Philodem *ind. acad.* col. 11).

[4]) So viel ist Büchelers im übrigen ganz unsicherer restitution von Philodem *ind. acad.* 6 zuzugeben. derselbe hat im Xenokrates die nötigen parallelen vortrefflich nachgewiesen.

mit ausnahme des Polemon die controlle des Hesych; sei es dass er, sei es dass Suidas gekürzt hat[5]). ohne zweifel sind gleichwol diese biographien grade wie die älteren von Diogenes dem 'biographen' entnommen. denn einige zusätze, die nicht etwa erst von Diogenes stammen, ziehen sich durch alle. so steht bei Lykon aus Ariston, jedenfalls seinem nachfolger, das testament wie bei Theophrast und Straton; bei demselben (69) und bei Krates (IV 23) ein homonymenverzeichniss, welches allerdings wenigstens bei letzterem von Diogenes hierher gerückt sein könnte, weil in seinem werke der Akademiker dem ungleich bekannteren Kyniker vorangeht. dem Diogenes selbst werden wir wol mit überwiegender wahrscheinlichkeit die todesarten zuweisen, welche, geschmückt mit einem epigramm, hier wie bei den ältern philosophen auftreten. für die gröbste lüge, des Arkesilaos delirium tremens, ist Hermippos citiert (45): ihm auch des Polemon schwindsucht (20), des Krantor wassersucht (27), des Lykon podagra (V 68) zuzuweisen ist jedenfalls das sicherste, obwol dies ja alles an sich allerdings auch passiert sein könnte[6]). fest steht dagegen, dass nicht erst durch Diogenes sondern weit früher die aristippische gemeinheit in diese biographien eingang gehalten hat. ich glaube über jenes buch jetzt zu einem ergebniss gekommen zu sein, und das will ich denn hier im zusammenhange erledigen; es wird auch für die sonderung dieser diogenischen viten frucht bringen.

---

[5]) Suid. *s. v.* Ξενοκράτης steht Krantor fälschlich als διάδοχος. Arkesilaos ist überhaupt unterschlagen. dass mit Lakydes Karneades die übereinstimmung zwischen Diogenes und Hesych ein ende hat, habe ich *epist. ad Maaß.* 141 bemerkt.

[6]) Aus Hermippos ist gewiss noch die παράλυσις ἐκ πολυποσίας bei Lakydes, † 215. das buch des Hermippos ist bald nach 204 (Chrysippos tod, Diogen. VII 114) erschienen. so ist denn Karneades (Diog. IV 64) nicht mehr dahin zu beziehen: allein da ist auch deutlich, wie Diogenes eine umfängliche anekdote als ersatz einer kurzen Hermipposangabe versificieren muss; ganz so steht es VIII 91, wo eine rührende geschichte aus Favorin in ioniker gebracht ist; bei Epicharm Archytas Alkmaion Hippasos hat sich Diogenes nicht zu versen aufgeschwungen. Philolaos hat sein epigramm: da ist aber auch sofort Hermippos citiert.

Citate aus Aristippos περὶ παλαιᾶς τρυφῆς gibt es, so viel ich weiſs, nur im Diogenes. nur eines (I 96) gehört dem ersten buch des Aristipp an. es ist die alte tyrannenfabel, das μητράσι μίγνυσθαι, von Periandros mit novellistischem detail erzählt. wir werden anzunehmen haben, dass Periandros hier nicht als einer der sieben weisen sondern vielmehr als tyrann vorkam. denn alle sonstigen citate, die nur philosophen angehen, stammen aus dem vierten buche: V 3, bei Aristoteles, werden wir unbedenklich α΄ in δ΄ ändern. die auswahl der angegriffenen ist bezeichnend, es sind nur solche, bei denen es sich verlohnte zu lügen, und kräftig zu lügen: denn es sind lauter gestalten von unantastbarer sittlicher reinheit. Sokrates und Alkibiades (II 23), Xenophon und Kleinias (II 49, sehr töricht aus dem symposion und dem ersten buch der denkwürdigkeiten erfunden), können noch als leidlich harmlos hingehen. ärger schon sind Aristoteles[7]) (V 3) und Theophrastos[8]) (V 39). aber der bitterste grimm gilt der Akademie; war sie doch, wenn sie auch wissenschaftlich herunterkam, sittlich auf der höhe ihres stifters geblieben. Platon selbst zu verunglimpfen werden seine poesien herbeigezogen, die wir nicht wegen sondern trotz Aristippos zum teil für ächt zu halten haben. bei Speusippos fehlt eine angabe. wenn dann aber die διαδοχή der Akademie nach sehr einfachem aber eben demselben recepte als vom ἐραστής auf den ἐρώμενος übergehend dargestellt wird, so würde schon um des, noch dazu durch rückverweisung verbundenen, inhaltes willen schwerlich etwas dagegen einzuwenden sein, dass man alles dem bei dem ersten pare genannten Aristippos zuwiese. volle bestätigung erwächst daraus, dass diese einlagen noch bei Diogenes einen

---

[7]) Aristippos macht die Pythias zur kebse des Hermias. eben dahin wird aber auch der zug gehören, dass Hermias selbst παιδικά des Aristoteles gewesen sei. aus dem verhältniss des Aristippos zu dem berichte des Pythagoreers Lykon bei Aristokles weiſs ich noch nichts zu gewinnen.

[8]) Theophrastos ist liebhaber seines mündels Nikomachos. diesen bericht hat aus dem 'biographen' auch Hesychius, was ganz sicher stellen würde, dass nicht erst Diogenes den Aristipp herangezogen hat, auch wenn es nicht durch das vorkommen platonischer gedichte bei Gellius und Appuleius bewiesen wäre.

vernünftigen zusammenhang unterbrechen und in sein gegenteil
verkehren. IV 19 ἐῴκει δὲ ὁ Πολέμων κατὰ πάντα ἐζηλωκέναι
τὸν Ξενοκράτην ‖ καὶ ἐρασθῆναι αὐτοῦ φησὶν Ἀρίστιππος ἐν τῷ
δ' περὶ παλαιᾶς τρυφῆς⁹) ‖. ἀεὶ γοῦν ἐμέμνητο ὁ Πολέμων αὐτοῦ
κτέ. die einlage ist so ungeschickt, dass man streng genommen
Polemon als den liebhaber verstehen müsste; die unklarheit zu
heben ist dann der eigenname stilwidrig wiederholt. 21 Κράτης
ἀκροατὴς ‖ἅμα καὶ ἐρώμενος‖ Πολέμωνος. 22 ἦν δέ, φασιν (denn
φησίν, was auf Antigonos gehn würde, ist undenkbar), ἐρώμενος,
Κράτης μὲν Πολέμωνος, ὡς προείρηται, Ἀρκεσίλαος δὲ Κράντορος.
24 Arkesilaos will dem Polemon zugeführt werden vermittelst
Krantors καίπερ ἐρῶντος, ὥσπερ ἐν τοῖς περὶ Ἀρκεσιλάου λέξομεν. 29 Moireus will seinen bruder Arkesilaos der rhetorik zu-
führen: ὁ δὲ φιλοσοφίας ἤρα·

καὶ αὐτοῦ Κράντωρ ἐρωτικῶς διατεθεὶς ἐπύθετο τὰ ἐξ Ἀν-
δρομέδας Εὐριπίδου προενεγκάμενος "ὦ παρθέν' εἰ σώσαιμί σ' εἴσῃ
μοι χάριν;" καὶ ὃς τὰ ἐχόμενα "ἄγου μ', ὦ ξένε, εἴτε δμωΐδ'
ἐθέλεις εἴτε ἄλοχον". ἐκ τούτου συνήστην ἀλλήλοις· ἵνα καὶ τὸν
Θεόφραστον κνιζόμενόν φασιν εἰπεῖν ὡς εὐφυὴς καὶ εὐεπιχείρητος
ἀπεληλυθὼς τῆς διατριβῆς εἴη νεανίσκος.

καὶ γὰρ ἐν τοῖς λόγοις ἐμβριθέστατος καὶ φιλογράμματος
ἱκανῶς γενόμενος κτέ¹⁰). es springt wol in die augen, wie erst

---

⁹) Diese geschichte scheint gegen ende des zweiten jahrhunderts ihren
weg in eine satire des Lucilius (XXVIII 684) gefunden zu haben, in der unter
anderen philosophengeschichtlichen auch folgende zwei verse gestanden haben
adde eodem, tristis ac severus philosophus und *Polemona amavit, morte huic
transmisit suam scholen quam dicunt.*

¹⁰) Diese aristippische geschichte fand auch Numenius in der geschichte
der Akademie, die er in seiner weise aufstutzt (Euseb. XIV 731). ἦν οὖν
ἀκουόμενος καὶ βλεπόμενος ἥδιστος, ἐπεί τοι προσειθίσθησαν ἀποδέχεσθαι αὐτοῦ
τοὺς λόγους ἰόντας ἀπὸ καλοῦ προσώπου τι καὶ στόματος οὐκ ἄνευ τῆς ἐκ τοῖς
ὄμμασι φιλοφροσύνης. δεῖ δὲ ταῦτα ἀκοῦσαι μὴ ἁπλῶς (d. h. seine schönheit)
ἀλλ' ἔσχεν ὧδε ἐξ ἀρχῆς. συμβαλὼν γὰρ ἐν παισὶ Θεοφράστῳ ἀνδρὶ πρᾴῳ καὶ
οὐκ ἀφυεῖ (εὐφυεῖ CG) τὰ ἐρωτικὰ διὰ τὸ καλὸς εἶναι, ἔτι ὢν ὡραῖος τυχών
ἐραστοῦ Κράντορος τοῦ Ἀκαδημαικοῦ προσεχώρησε μὲν τούτῳ, οἷα δὲ τὴν φύσιν
οὐκ ἀφυὴς τρεχούσῃ χρησάμενος αὐτῇ [ῥᾳδίᾳ] θερμουργῶς ὑπὸ φιλονεικίας, με-
τασχὼν μὲν Διοδώρου εἰς τὰ πεπανουργημένα πιθάνια ταῦτα τὰ κομψά, ὡμιληκὼς
δὲ Πύρρωνι (ὁ δὲ Πύρρων ἐκ Δημοκρίτου ὥρμητο ὁπόθεν γέ ποθεν) οὕτως

durch die entfernung des aristippischen berichtes sinn und verstand in die beiden von einander gerissenen sätze kommt. der verfasser der vita hat an dem einzigen ἦρα in lächerlicher weise einen haken für seine schmutzgeschichte gefunden. übrigens stimmt das Euripidescitat sehr wohl zu dem charakter des Aristipp, der platonische epigramme citiert, und den Theophrast hat eben auch er zum liebhaber des Nikomachos gemacht. ich gehe nun noch weiter und vindiciere ein anderes grofses stück des diogenischen Arkesilaos der lügenschrift des Aristippos. dafür habe ich freilich nur den anhalt, dass es sich inhaltlich völlig unvereinbar von dem ganzen übrigen tone der vita absondert und äufserlich den zusammenhang unterbricht. in der wolzusammenhängenden darlegung, wie Arkesilaos sich zu den machthabern verhalten habe, hören wir § 40, dass er sich gut mit dem platzcommandanten Hierokles von Munichia stand, ἐφ᾽ ᾧ καὶ πρός τινων διεβάλλετο. dies erhält seine fortsetzung am ende von § 41, wo wir hören, dass Hieronymos ihm arg zusetzte, wenn er im auftrage und mit unterstützung des Königs Antigonos 'das gedächtnissfest des früh gefallenen prinzen Halkyoneus ausrichtete, wobei die meisten philosophen und so auch Arkesilaos zugegen waren. dazwischen aber drängt sich folgendes ein.

Πολιτελὴς δὲ ἄγαν ὢν καὶ — τί γὰρ ἄλλο ἢ ἕτερος Ἀρίστιππος; — ἐπὶ τὰ δεῖπνα πρὸς τοὺς ὁμοιοτρόπους μὲν πλὴν ἀλλ᾽ ἀπήντα. καὶ Θεοδότῃ τε καὶ Φίλᾳ ταῖς Ἠλείαις ἑταίραις συνῴκει φανερῶς καὶ πρὸς τοὺς διασύροντας προεφέρετο τὰς Ἀριστίππου χρείας. φιλομειράκιός τε ἦν καὶ καταφερής. ὅθεν οἱ περὶ Ἀρίστωνα τὸν Χῖον στωικὸν ἐπεκάλουν αὐτῷ φθορέα τῶν νέων καὶ κιναιδολόγον καὶ θρασὺν ἀποκαλοῦντες. καὶ γὰρ δὴ καὶ Δημητρίου τοῦ πλεύσαντος εἰς Κυρήνην ἐπὶ πλέον ἐρασθῆναι λέγεται καὶ Κλεοχά-

(Kiefsling οὗτος codd.) μὲν δὴ ἔνθεν ⟨χάνθεν⟩ καταρινθεὶς πλὴν τῆς προσρήσεως ἐνέμεινε Πυρρωνείως (Πύρρωνι ὡς codd.) τῇ πάντων ἀναιρέσει. Μνασίας γοῦν καὶ Φιλόμηλος καὶ Τίμων οἱ σκεπτικοὶ (ἐπισχ. CG.) σκεπτικὸν αὐτὸν προσονομάζουσιν, ὥσπερ καὶ αὐτοὶ [ἦσαν] ἀναιροῦντα καὶ αὐτὸ τὸ ἀληθὲς καὶ τὸ ψεῦδος καὶ τὸ πιθανόν. λεχθεὶς οὖν ἂν ἐπ᾽ αἰτίᾳ (ἀναίτια codd. ἂν αἰτίᾳ Dindorf, ἂν ἐπὶ Usener) τῶν Πυρρωνείων Πυρρώνειος αἰδοῖ τοῦ ἐραστοῦ ὑπέμεινε λέγεσθαι Ἀκαδημαικὸς ἔτι.

ϱοὺς τοῦ Μυϱλεανοῖ· ἐφ᾽ ᾧ καὶ πϱὸς τοὺς κωμάσαντας εἰπεῖν αὐτὸς μὲν ϑέλειν ἀνοῖξαι, ἐκεῖνον δὲ διακωλύειν. τούτου δὲ ἤϱων καὶ Δημοχάϱης ὁ Λάχητος καὶ Πυϑοκλῆς ὁ Βουσέλου, οὓς καταλαβὼν ὑπ᾽ ἀνεξικακίας παϱαχωϱεῖν ἔφη. διὰ ταῦτα δὴ οὖν ἔδακνόν τε αὐτὸν οἱ πϱοειϱημένοι ‖ καὶ ἐπέσκωπτον ὡς φίλοχλον καὶ φιλόδοξον. hier verrät der letzte satz die contamination. denn die δάκνοντες sind doch οἱ πεϱὶ Ἀϱίστωνα, diese können aber nicht die σκώπτοντες auch sein, denn von popularitätshascherei und sucht nach anerkennung steckt doch nichts in dem angeführten beispiel von ἀνεξικακία noch auch in den unzüchtigen verhältnissen. die σκώπτοντες sind identisch mit den τινές, πϱὸς ὧν διεβάλλετο § 40. und wirklich kehrt das stichwort des vorwurfes, das διαβαλλόμενον φίλοχλον, § 42 wieder. die aussonderung dieses stückes bliebe also auch dann bestehen, wenn es nicht aristippisch wäre. aber ist die vergleichung τί γὰϱ ἄλλο ἢ ἕτεϱος Ἀϱίστιππος nicht so gut wie ein citat? man muss sich klar machen, was jener wahlname wollte. dem alten Kyrenaeer konnte ein buch, das von Polemon und Theophrast erzählte, doch wol nicht untergeschoben sein. Ἀϱίστιππος und τϱυφή findet sich andrerseits auch nicht zufällig in einem titel zusammen[11]). es bietet sich die erklärung dass all die, welche im glauben der welt als muster der σωφϱοσύνη dastanden, in wahrheit an τϱυφή οὐδὲν ἄλλο ἢ ἕτεϱοι Ἀϱίστιπποι waren. dass der alte Kyrenaeer redend eingeführt und sonst kein verfasser genannt war, ist sehr wol denkbar, doch nützt es nichts darüber zu grübeln, wie die citate Ἀϱίστιππος ἐν τῷ πεϱὶ παλ. τϱ. entstanden sind; ist doch ein irrtum sogar bei ihrem einzigen gewährsmann möglich. man wird nun sofort einen einwand machen. ein angriff, wie der hier gegen Arkesilaos gerichtete, ist nur denkbar, so lange dem angegriffenen noch eine reale bedeutung innewohnte. die malice, welche den schönen Demetrios dem Arkesilaos plausibel zu verkuppeln glaubt, weil dieser zum makedonischen hofe notorische beziehungen hatte, und welche dem erben der demosthenischen stellung den asiani-

---

[11]) Es gehört ein starker grad von unreife des urteils dazu, den akademiker Aristippos hierher zu ziehen, der im Diogenischen homonymenverzeichniss ist, und von Numenius erwähnt wird.

schen rhetor gesellt, der in der theorie gleichfalls demostheniker
ist[12]), kann nur in der zeit und für die zeit ersonnen sein, welcher jene bald vergessenen verhältnisse geläufig waren. dies ist
zuzugeben. konnte dann aber das buch "vom luxus der alten"
heifsen? zwingt dieser titel nicht zu sehr viel späterer ansetzung?
ich will nicht die möglichkeiten diesem einwand zu begegnen
erschöpfen, sondern beschränke mich darauf, dass wir hier eben
nur einen bruchteil des letzten von vier büchern überschauen; denn
schweigen muss der einwand so wie so. das buch ist tatsächlich in
der zweiten hälfte des dritten jahrhunderts verfasst[13]), denn Satyros hat es im leben des Empedokles benutzt. ich habe die stelle,
welche auch in der verwendung epigrammatischer poesie dem
angriff auf Platon verwandt ist, absichtlich bis hierher aufgespart;
sie bringt unzweideutige entscheidung. Diogen. VIII 60

ἦν δ' ὁ Παυσανίας, ὥς φησιν Ἀρίστιππος καὶ Σάτυρος, ἐρώμενος αὐτοῦ, ᾧ δὴ καὶ τὰ περὶ φύσεως προσπεφώνηκεν οὕτως,
    (61) Παυσανίη, σὺ δὲ κλῦθι, δαΐφρονος Ἀγχίτεω υἱέ.
ἀλλὰ καὶ ἐπίγραμμα εἰς αὐτὸν ἐποίησε·

    Παυσανίην ἰητρὸν ἐπώνυμον Ἀγχίτεω υἱόν
      φῶτ' Ἀσκληπιάδην πατρὶς ἔθρεψε Γέλα,
    ὃς πολλοὺς μογεροῖσι μαραινομένους καμάτοισι
      φῶτας ἀπέστρεψεν Φερσεφόνης ἀδύτων.

Die probe auf solch ein litterarisches exempel, wie es die
fixierung eines zeitlos und autorlos überlieferten buches oder
eines inhaltlosen schriftstellernamens ist, scheint mir überhaupt

---

12) Vgl. Photius bibl. cod. 176. Ruhnken (zu Rutil. Lup. I 2) hat das gedächtniss des Kleochares erneuert. ·seitdem ist ein bezeichnendes bruchstück
hinzugekommen, bei Herodian περὶ σχημάτων III 97 Spengel, d. h. bei Alexander Numenius, denn die definition deckt sich mit III 34 (man muss nur das
sinnlose ὀνομασίας mit ἀντωνυμίας vertauschen), und der eine auszug hat
πολύπτωτα ἐξ ἀντωνυμιῶν, der andere ἐξ ὀνομάτων erhalten; im original mussten beide stehn.

13) Von den quellenschriften, durch die es in den Diogenes gelangt
ist, also die Platon-, die Aristotelesvita, die 'sieben Weisen' und die Akademie, ist wenigstens so viel zu sagen, dass wir in das erste vorchristliche
jahrhundert auf alle fälle für Aristipp kämen. die quelle Philodems hat ihn
wol absichtlich verschmäht.

darin zu liegen, dass man erkennt, wie die ermittelten merkmale des fraglichen buches, tendenz und manier, sich in der zeit ausnehmen, in welche man es verweist. und dass die probe stimmt, wird keiner, der das dritte jahrhundert kennt, bestreiten. ein lügenhaftes libell gegen die sittliche integrität der geistigen heroen der nation und derer die ihr erbe wahren passt allezeit für ein geschlecht, dem gröfse und sittlichkeit unbequem geworden sind, und steht also auch dem sinkenden dritten jahrhundert gut zu gesichte. dieser Aristipp ist, so weit wir ihn kennen, so weit er die philosophen angeht, ein rechter bruder des Hermippos. und die $\tau\rho\nu\varphi\acute{\eta}$ andrer $\pi\alpha\lambda\alpha\iota o\acute{\iota}$, der grofsen staatsmänner und dichter verarbeiteten von geistesverwandten eben damals der peripatetiker Hieronymos und der epikureer Idomeneus. auch der grad litterarischer bildung, der immerhin dem gelehrten jahrhundert keine schande macht, ist jenen beiden etwa entsprechend. hatte doch mit aufwand viel höherer kenntniss Aristoxenos die Akademie mit lug und trug angegriffen um ihr seinen schwindelheiligen Pythagoras entgegen zu stellen: der denn verdientermafsen seinen Hermippos fand. und, wenn die individuellen neigungen des Athenaeus und ähnlicher herren, die nach ihrem geschmack excerpierten, unser urteil vielleicht zu ungünstig stimmen, so wird man doch angesichts von peripatetikern wie Klearchos und wenigstens peripatetischen büchern wie des Chamaileon oder Theophrastos $\pi\epsilon\rho\grave{\iota}$ $\dot{\eta}\delta o\nu\tilde{\eta}\varsigma$ oder auch des ähnlichen des Pontikers Herakleides zugeben müssen, dass ein obscurer und unehrlicher anhänger des unverstandnen Epikureismus, oder der lehre des Dionysios von Herakleia, oder selbst des Eudoxos, Dikaiarchos, Hieronymos, wenn er gift spritzen wollte, dasselbe häufig nicht einmal aus eigenen mitteln zu brauen nötig hatte: in dem Athen der jahre 250—30, wo entschieden die durch Arkesilaos kräftig und vor allem streitbar gemachte Akademie vor der welt die erste stelle einnahm, ist ein solches libell vollkommen verständlich. und so hoffe ich, haben wir wieder ein zwar höchst niederträchtiges, höchst unglaubwürdiges, aber als beleg für die stimmung seiner zeit höchst schätzbares schriftstück verstanden.

Von diesem excurse denn zurück zu den diogenischen viten
der Akademiker, die wir nun auf den bestand reduciert haben,
der zunächst keine weitere analyse zulässt. genannt werden nur
noch Antigonos zweimal (17 und 22) und Apollodoros (23), im
ganzen Arkesilaos niemand ausfer Apollodor für eine abweichende
namensform 28. diesen beiden aber zu rechte zu verhelfen
müssen wir uns noch versparen. doch mag, wer der untersuchung
keine vorläufige latitude lassen mag, den paragraph Apollodor
sich gesondert denken. denn vorab gilt es zu constatieren, dass
die viten praeter propter in diesem bestande aus dem ende des
dritten nachchristlichen in das ende des zweiten vorchristlichen
jahrhunderts zu rücken sind. dies erhärtet die philodemische
geschichte der Akademie, welche Bücheler im Greifswalder index
lectionum 69/70 meisterlich wieder hergestellt hat. Bücheler
hat beim Polemon sein erstaunen über den nahen zusammenhang
mit Diogenes nicht verhehlt; aber für seinen zweck galt es nur
die übereinstimmung zur herstellung Philodems zu verwenden.
Maafs s. 137 hat dieselbe tatsache mit gleicher verwunderung
und dem geständniss, dass er hier keinen rat wisse, constatiert.
das richtige, dass Antigonos der vater dieser berichte ist, hat
Zeller mehrfach bei einzelnem angemerkt. aber so ganz einfach
ist es doch nicht. zunächst versteht es sich von selbst, dass
Philodem hier nur ein sehr stark streichender compilator ist, und
dass er die berichte durchweg aus zweiter hand hat. sein gewährsmann gehörte der zweiten hälfte des zweiten jahrhunderts
an, denn er reichte nur bis Metrodoros von Stratonikeia, und
war gegen ende (offenbar weil er von zeitgenossen berichtete)
schon ganz dürftig. von da ab (col. XXVI) hat Philodem sich
die ergänzung durch einfaches abschreiben (oder vielmehr abschreiben lassen) der bezüglichen stücke der apollodorischen
chronik leicht gemacht. der gewährsmann Philodems ist aber
noch nicht identisch mit dem biographen der Akademie bei
Diogenes, denn weder bei den vorhergehenden noch den nach-
folgenden philosophen ist die übereinstimmung, die wir bei den
vier hier in betracht kommenden mit händen greifen, vorhanden
oder vorhanden gewesen. sie gilt also erst im zweiten gliede

vor Philodem und (frühestens) im zweiten vor Diogenes. es wird
sich ergeben, dass selbst so noch nicht die archetypa erreicht
sind, vielmehr noch weiter zu sondern ist; doch gibt es dafür
nur innere gründe und zwar keineswegs gänzlich zwingende, so
dass ich es für geratener halte, nunmehr die viten als ganzes
zu behandeln. auf die ausgesonderten hermippischen und aristippischen stücke nehme ich aber nun keine rücksicht mehr.

Im Polemon deckt sich Philodem mit den § 17—19; der
letzte satz dieses paragraphen hat freilich nicht seine unmittelbare parallele, muss aber gleicher .herkunft sein, denn erstens
ziehen sich musikalische vergleiche durch diese gesammte partie,
und hier speciell hat der verfasser dem Xenokrates ein dorisches
βάϱος τῆς ἁϱμονίας im anschluss an das auch bei Philodem erhaltene urteil des Krantor über Polemon zugeschrieben, welches
an Xenokrates (dessen wesen wir mit ἄχαϱι nach Platon bezeichnen können) milderem schüler das παναϱμόνιον τῆς φωνῆς zu
rühmen hat. ferner ergibt sich, dass die charakterzüge aus dem
lüderlichen vorleben des Polemon § 16 ebenfalls bei Philodem wiederkehren. so bleiben nur noch zwei stücke, die berühmte geschichte
von Polemons bekehrung § 16 und der schluss, welcher die litterarischen neigungen und urteile des helden behandelt. dass
dieser erst von Philodem selbst weggelassen ist, würde man
wahrscheinlich machen können, dass er, gesetzt das andere ist
von Antigonos, diesem gleichfalls zukommt, wird jeder, der die
skeptiker gelesen hat, ohne weiteres behaupten. doch seien wir
vorsichtig: bleibe es zunächst in suspenso. dass aber die ganze
masse, welche Philodem und Diogenes gemeinsam ist, auf Antigonos zurückgeht, ist eine tatsache, auf die mit fundamentaler
sicherheit gebaut werden darf und muss. denn Diogenes bezeichnet den § 17 als antigonisch, und wenn dann die directe statt
der indirecten rede eintritt, so ist doch der abschluss καὶ ὅλως
ἦν τοιοῦτος κτέ. mit seiner begründung inhaltlich eben nur die
apodosis der vorhergehenden einzelnen bestimmungen, und das
folgende, das auf die schilderung des Polemon als φιλογενναῖος
hinausläuft, hängt sowol in sich wie mit dem vorhergehenden
bezeugt antigonischen unlöslich zusammen. darüber noch worte

zu verlieren, verlohnt sich wirklich nicht.   dies lässt uns dann
einen weiteren schritt mit sicherheit tun.   wer so erzählte
wie Antigonos, der kannte die schöne vielerzählte durch
Horaz und Herder populäre bekehrungsgeschichte in ihrer
dramatisch zugespitzten gestalt nicht; wie sie denn auch im
Philodem fehlt.   und nun erkennen wir, weshalb bei Diogenes
des Antigonos name an jener stelle erscheint, wo von der bekehrungsgeschichte in die bahnen derselben vita, der schon vorher einzelnes entlehnt war, eingelenkt wird.   es war eben vorher eine einlage gemacht.   zur beurteilung ihrer herkunft haben
wir den anhalt, dass nach olympiadenrechnung das datum des
scholarchats angegeben wird.   dass der wirkungsvolle gegensatz
des tänienumwundenen berauschten jünglings und des greisen
tugendpredigers auf dem katheder nicht der wirklichkeit, sondern
bestenfalls der sage, wahrscheinlicher aber der tendenzdichtung
angehöre, zumal er den schluss des platonischen Symposions in
das philisterhafte umsetzt, wird jeder der weifs, dass gute geschichten nun einmal nicht wahre geschichten sind, wol von selbst
sich gesagt haben.   das tut dem ja keinerlei eintrag, dass Polemon und Xenokrates eigentlich nur noch durch diese geschichte
leben, und dass sie typisch wahr und darum ungleich bezeichnender ist als all das wahre, was Antigonos berichtet.   den wert
des griechischen apophthegma, das φιλοσοφικώτερον ist als die
historie, weil es die poetische wahrheit gibt, bin ich weit entfernt zu unterschätzen: aber die nakte tatsächlichkeit hat doch
auch was für sich, und da ist es gewiss keine kleinigkeit, wenn
Antigonos in diesem falle nachweislich das bescheidenere teil erwählt hat.   den erfinder jener dichtung habe ich vergeblich zu
ermitteln versucht.

Im Krates feiert Diogenes zunächst dessen liebe zu Polemon
und begründet sie mit einem gedichte des Antagoras und einem
dictum des Arkesilaos.   das letztere kehrt bei Philodem wieder.
zur charakteristik wird ein vergleich herbeigezogen, und zwar
aus dem bereiche der musik, wie oben.   dass dieses unteilbar
zusammenhängt, wird sich nicht bestreiten lassen; doch mag man
zunächst noch sich so helfen, dass wie bei Polemon zu dem mit

Philodem gemeinsamen autor, also zu dem als Antigonos bewie-
senen, ein zweiter, der poesie beflissener, trete. Antigonos selbst
wird darauf für die art des wohnens und speisens angeführt; ausdrücklich genannt, weil zuvor auf das urteil des Antagoras und
Arkesilaos bezug genommen war. er bezeugt die ὁμόνοια zwischen
Krates Krantor Arkesilaos: wird er es nicht auch gewesen sein,
der die ὁμόνοια zwischen Krates und Polemon erzählt hat? nach
Aristipp folgt eine angabe über den nachlass des Krates, für
welche Apollodor citiert ist. sie hat bei Philodem keine parallele.
dort steht außer unverständlichem noch eine anekdote, leider auch
sie nicht ganz verständlich; sie folgt dem gesammturteil über
seine quelle.

Was über Krantor bei Philodem lesbar ist, allerdings nur
die hälfte, deckt sich mit dem eingang des Diogenes vollkommen,
und dessen zweite notiz war im Philodem schon bei Krates, an
passenderer stelle, vorgekommen. dass sie antigonisch ist, steht
fest, da sie mit dem durch Diogenes namentlich bezeugten stück
der Polemonvita (17) inhaltlich zusammenhängt. der rest der
diogenischen vita gibt zweierlei, schilderung des verhältnisses zu
Arkesilaos und Polemon, und schilderung der litterarischen beziehungen des Krantor; auch hier wieder epigrammatische belege
und Antagoras. also das letzte sicher von dem, welcher uns
anonym noch in den beiden vorigen viten vorliegt, das erstere
zusammenhängend mit nachweislich antigonischem.

Im Arkesilaos steht bei Philodem ausführliches über die
jugend und die häuslichen verhältnisse des helden. hier ist es
recht deutlich, wie stark Philodem kürzt, denn es ist ein unding
solche bagatellen ausführlich zu erörtern und das eigentliche leben
des philosophen mit ein par worten abzutun. offenbar hat er
den anfang seiner vorlage ziemlich genau abgeschrieben, dann
aber müde und ängstlich vor der allerdings beträchtlichen länge
des berichtes kurzweg die feder fortgeworfen. glücklicherweise
hat Diogenes ausgehalten, und· so erkennen wir, dass das leben
des Arkesilaos von einem manne geschrieben ist, der in Pitane
genau bescheid weiß, und zwar als er schrieb, dort und nicht in
Athen verbindungen hatte. denn am schluss (43. 44) wird auf

grund eines in extenso mitgeteilten privatbriefes an einen Pitanaeer
der letzte wille des Arkesilaos erzählt, nicht auf grund des in
Athen publicierten testaments, wie denn auch von schülern und
nachfolger nirgend die rede ist. auch die beziehungen zu Eumenes, dem landesherrn von Pitane, werden mehrfach berührt (38)
und zwar so, dass der erfolg der empfehlung zweier männer an
Eumenes bekannt ist; selbst in dem berichte über das verhältniss des Arkesilaos zu Makedonien und seiner verwendung für
Pitane wird des erfolges derselben gedacht. dies alles, geschrieben von einem in Mysien bekannten manne, weist sich somit als
einheitlich aus. und hier lässt sich denn, in folge des umfanges
der vita, zur evidenz bringen, dass dieser mann, wie er einerseits
mit dem biographen des Philodem (d. h. Antigonos) identisch ist,
andererseits eben derselbe ist, welcher in den drei andern viten
die litterarischen bezüge so sorgfältig und gescheidt beurteilt
hat: denn hier schliefst sich (nachdem wir Aristipp ausgeschieden
haben) unmittelbar an die abneigung des Arkesilaos wider die
rhetorik seine neigung für poesie, und diese wird mit gedichten
belegt, von denen wieder eines dem Attalos gilt (30). das geht
dann weiter (31. 32 neigung für Platon. 33) und zwar werden
hier, wie oben verse des Antagoras, so verse des Timon und
Ariston zur charakteristik gebraucht (33. 42), und wer diese wieder ansieht, bemerkt leicht, dass sie unlösbar mit der zwar salopp
aber doch kenntlich disponierten vita zusammenhängen, 42 mit
der frage nach dem φίλοχλον des Arkesilaos, welches das corollar
der beziehungen zu den fürsten ist (von 38 ab), und mit dem
hasse des Hieronymos. zu dieser rubrik (dem φίλοχλον 42) bildet
die anekdote der folgenden (dass er ἄτυφος war) wirkungsvollen
und beabsichtigten gegensatz, welcher in dem mit vielen einzelnen
anekdoten belegten παρρησιαστὴς καὶ ἐπικόπτης (34), den ein
Timoncitat einleitet, und seinem ebenfalls mehrfach (und mit attalischen beziehungen) belegten widerspiele ἀγαθὸς σφόδρα καὶ ἐν
τῷ βίῳ κοινωνικώτατος (27) die vollkommenste parallele erkennen
lässt, so dass kein zweifel sein kann, dass wir in allem dem die
bestimmte eigenart eines schriftstellers zu erkennen haben. hiervon ist nichts mehr auszuscheiden, und dieser schriftsteller, der

das interesse des Arkesilaos an Homer Pindar Ion Platon hervorhebt, ist derselbe, der Krantors neigung für Homer und Euripides,
Polemons für Homer und Sophokles berichtete — derselbe, der
die homerischen reminiscenzen des Pyrrhon und die poetische
versatilität Timons geschildert hat. derjenige der davon erzählte,
dass einige verse des Antagoras dem Krantor zugeschrieben würden, ist derselbe, der Timons beihilfe in den dramen der Pleias
spürte. der welcher von Arkesilaos erzählt, dass er in der Akademie lebte τὸν πολιτισμὸν ἐκτοπίζων (39) ist derselbe, der von
Polemon sagt (19) ἐκπεπατηκὼς ἦν — und von Pyrrhon ἐκπατεῖν αὐτὸν καὶ ἐρημάζειν. derjenige welcher die charakterschilderung des Arkesilaos nach den rubriken seiner haupteigen-
schaften (hier, bei dem widerspruchsvollen manne, in gegensätzen)
disponierte, ist derselbe, der den Polemon nach einander als ἀναλλοίωτος ἀσόλοικος γενναῖος, den Timon als φιλοπότης φιλόκηπος
ὀξὺς νοῆσαι u. s. w. schilderte. es sind auch hier der worte wol
schon zu viel. ich betrachte es als evident, dass dies alles einheitlich, d. h. antigonisch ist.

Ich wünschte wol, die sonderung wäre hier zu ende. indess
ist schon vorher darauf hingewiesen, dass schwerlich die philodemischen viten, wie es bis jetzt scheinen kann, rein antigonisch
sind. die succession des Arkesilaos, mit welcher ein bericht über
die verschiedenen meinungen, ob derselbe wissenschaftliche werke
verfasst habe, zusammenhängen, steht ebenso bei Philodem wie
bei Diogenes § 32. sie hängt zusammen mit dem gleichartigen
bericht über Krantor 24, der ebenfalls bei Philodem erhalten
ist. aber ist es an sich unwahrscheinlich, dass sich der zeitgenosse Antigonos über solchen gegenstand auf widersprechendes
gerede berufen haben sollte, so muss man hier gradezu, wie
schon von Bahnsch bemerkt ist, einen widerspruch constatieren:
denn § 38 heifst es dass Arkesilaos Εὐμένει μόνῳ τῶν ἄλλων
βασιλέων προσεφώνει. es ist leicht begreiflich, dass Antigonos
in Pergamon von wissenschaftlichen zuschriften des Arkesilaos
an den pergamenischen fürsten kunde hatte, wenn auch diese
schriften weder in den buchhandel gegeben wurden noch auf die
nachwelt kamen: dann konnte er aber § 32 nicht als zweifelhaft

hinstellen, ob Arkesilaos überhaupt geschrieben hätte. das ganze
gehört aber auch nicht hierher, zu den litterarischen studien des
Arkesilaos; bei gelegenheit seiner mathematischen, schon von
jugend auf gepflegten, beschäftigungen ist nur das menschliche
verhältniss zu Hipponikos mit erörtert, um in ächt antigoni-
scher weise das scharfe wissenschaftliche urteil bei hilfsbereiter
menschenfreundlichkeit, wie wir im Timon gesehen haben, zu
illustrieren.

Wie hier sich einiges findet, was wir Antigonos nicht zutraun können, so bei Krantor. denn die zählung seiner schriften
nach στίχοι (24) will für Antigonos gar nicht passen, und im
Timon hat sich diese zählung als sotionischer zusatz ergeben.
und wie bei Arkesilaos die διαδοχή dem Antigonos fremd ist,
so ist sie es im Polemon, denn da klebt die zeitangabe
an der bekehrungsgeschichte; die schriftentafel des Krates (23)
ist als apollodorisch direct bezeugt. es wird noch ein schritt
weiter zu tun sein. bei Polemon und Krates stehen unmittelbar am eingang die demotika; diese genauigkeit schickt
sich für einen athenischen schriftsteller, Apollodor hat sie notorisch gehabt; bei dem in Mysien schreibenden Karystier hat
sie keinen sinn: und bei Arkesilaos ist für eine variante des
vatersnamens Apollodor citiert (28). an dieser stelle steht zudem, dass Arkesilaos die mittlere akademie gründete; selbstverständlich ist also dieses sammt seiner umgebung nicht antigonisch. wir gewinnen somit eine anzahl angaben, welche aus
dem antigonischen bestande auszusondern, indess der gemeinsamen
quelle des Diogenes und Philodem zuzuschreiben sind. es liegt
mir fern zu behaupten, dass es alles apollodorische seien, obwol
er allein darin citiert ist und sehr viel auf ihn zurückgeht. es
ist darin lediglich der biograph der Akademie, der zeitgenosse
Apollodors, zu erkennen, welcher von den hier in betracht kommenden schriftstellern allein den Antigonos gelesen hat. aus
ihm mittelbar oder einer parallelen schrift ist antigonisches versetzt mit aristippischem in die schrift des Numenius περὶ τῆς
τῶν Ἀκαδημαικῶν πρὸς Πλάτωνα διαστάσεως gekommen. einzelnes wenige hat direct aus Antigonos Athenaeus erhalten.

anderes mag sich jetzt noch verbergen, wie auf der anderen
seite die möglichkeit offen liegt, dass auf dem langen wege, den
die excerpte zwischen dem origalen buche und der compilation
des Diogenes zurückgelegt haben, das eine oder andere fremd-
artige beigemischt ist. im allgemeinen aber machen die berichte
den eindruck der einheitlichkeit, und fortschreitende kenntniss
wird den gesammtcharakter schwerlich wesentlich modificieren.

Ich bringe nun zunächst das als 'dem benutzer Apollodors',
dem biographen der Akademie gehörig ausgesonderte, lediglich
der übersichtlichkeit wegen, zum abdruck.

(16) *Πολέμων Φιλοστράτου μὲν ἦν υἱὸς Ἀθηναῖος τῶν δήμων
Οἴηθεν.*

*καὶ ποτε συνθέμενος τοῖς νέοις μεθύων καὶ ἐστεφανω-
μένος εἰς τὴν Ξενοκράτους ᾖξε σχολήν· ὁ δὲ οὐδὲν διατραπεὶς
εἶρε τὸν λόγον ὁμοίως· ἦν δὲ περὶ σωφροσύνης. ἀκοῦον δὴ τὸ
μειράκιον κατ᾽ ὀλίγον ἐθηράθη, καὶ οὕτως ἐγένετο φιλόπονος ὡς
ὑπερβάλλεσθαι τοὺς ἄλλους καὶ αὐτὸς διαδέξασθαι τὴν σχολήν,
ἀρξάμενος ἀπὸ τῆς ἕκτης καὶ δεκάτης καὶ ἑκατοστῆς Ὀλυμπιάδος.*

21 *Κράτης πατρὸς μὲν ἦν Ἀντιγένους, Θριάσιος δὲ τῶν
δήμων, ἀκροατὴς ‖ ἅμα καὶ ἐρώμενος ‖ Πολέμωνος· ἀλλὰ καὶ διεδέξατο τὴν σχολὴν αὐτοῦ.*

23 *τελευτῶν δὲ ὁ Κράτης, καθά φησιν Ἀπολλόδωρος ἐν
τρίτῳ τῶν χρονικῶν, ἀπέλιπε βιβλία τὰ μὲν φιλοσοφούμενα, τὰ
δὲ περὶ κωμῳδίας, τὰ δὲ λόγους δημηγορικοὺς καὶ πρεσβευτικούς.
ἀλλὰ καὶ μαθητὰς ἐλλογίμους· ὧν Ἀρχεσίλαον περὶ οὗ λέξομεν
(διήκουσε γὰρ καὶ τούτου) καὶ Βίωνα τὸν Βορυσθενίτην, ὕστερον
δὲ Θεοδώρειον ἀπὸ τῆς αἱρέσεως ἐπικαλούμενον, περὶ οὗ καὶ
αὐτοῦ λέξομεν ἐχομένως Ἀρχεσιλάου.*

Wie hier in § 21 Aristipp mit diesem diadochenschriftsteller
verarbeitet ist, so steht er unmittelbar vor § 23. dass aber der
verfasser derselbe ist, welcher überhaupt in der Akademie des
Diogenes quelle ist, folgt aus der verweisung auf Bion — indess
könnte diesen allerdings auch Diogenes selbst eingelegt haben[14]).

24 *Κράντωρ Σολεύς — Καὶ κατέλιπεν ὑπομνήματα εἰς μυριάδας στίχων τρεῖς, ὧν τινά τινες Ἀρχεσιλάῳ προσάπτουσι.*

Hierher gehört Philodem col. XVI, 12 wo im Krantor nach

---

[14]) Über die gesandtschaftsrede des Krates vgl. Excurs 1.

zerstörten zeilen kenntlich ist [γεγραφέ]ναι τρ[εῖς μυρ]ιάδ[ας στίχ]ων ἔνι[α δ ᾿Αρχε]σιλά(ῳ) ...., was Bücheler wol nicht nur zweifelnd zu ergänzen brauchte. ein wahrscheinlich gleichfalls hierher gehöriges stückchen unten zu Antigonos Krantor § 27.

28 Ἀρχεσίλαος Σεύθου (ἢ Σκύθου, ὡς Ἀπολλόδωρος ἐν τρίτῳ χρονικῶν), Πιτάνης τῆς Αἰολίδος. οὗτός ἐστιν ὁ τῆς μέσης Ἀκαδημείας κατάρξας, πρῶτος ἐπισχὼν τὰς ἀποφάσεις διὰ τὰς ἐναντιότητας τῶν λόγων. πρῶτος δὲ καὶ εἰς ἑκάτερον ἐπεχείρησε, καὶ πρῶτος τὸν λόγον ἐκίνησε τὸν ὑπὸ Πλάτωνος παραδεδομένον καὶ ἐποίησε δι᾿ ἐρωτήσεως καὶ ἀποκρίσεως ἐριστικώτερον.

32 Κράτητος δὲ ἐκλιπόντος κατέσχε τὴν σχολήν, ἐκχωρήσαντος αὐτῷ Σωκρατίδου τινός. διὰ δὲ τὸ περὶ πάντων ἐπέχειν οὐδὲ βιβλίον, φασί τινες, συνέγραψεν, οἱ δέ, ὅτι ἐφωράθη ⟨Κράντορος⟩ τινὰ διορθῶν, ἃ φασιν οἱ μὲν ἐκδοῦναι, οἱ δὲ κατακαῦσαι.

Philod. col. XVIII. τὸν βίον ἐγλιπόντος (nämlich Κράτητος) καὶ καθ᾿ αὑτὸν ἐκχωρήσαντος αὐτῷ τῆς διατριβῆς Σωκρατίδου τινός, ὃν διὰ τὸ πρεσβύτατον εἶναι προεστήσανθ᾿ ἑαυτῶν οἱ νεανίσκοι συνελθόντες, καὶ τὸ μὲν πρῶτον εἰπεῖν θέσιν ἐπεχείρει κατὰ τὴν ὑπὸ Πλάτωνός τε (10) καὶ Σπευσίππου ⟨δια⟩μεί⟨ν⟩ασαν ἕως Πολέμωνος αἵρεσιν, ⟨εἶτ⟩α με⟨τάγων τὸν λόγ⟩ον πα⟨ρεξ⟩έβη τ⟨ῆς Ἀκα⟩δημεικῆς ἀγωγῆς. es fehlen etwa zwanzig zeilen. (ἐκ τοῦ ....) (8 v. u.) καταλειφθέντα ὑπὸ Κράντορος ὑπομνήματά τινα διὰ χειρὸς ἔχειν καὶ μετατιθέναι τινὲς αὐτὸν ἔφασαν ταῦτα γεγραφέναι, τινὲς δ᾿ ἃ ἔγραψε κατακεκαυκέναι. δόγμα δ᾿ οὔ φασιν οὐδ᾿ αἵρεσιν αὐτὸν τιθέναι. folgt schülerverzeichniss.

a. § 28 über die variante im vatersnamen vgl. Kiefsling *Anal. Catull.* p. 7, der die apollodorische Form bei Porphyrios nachweist. § 32 habe ich mit dem zusatz Κράντορος vielleicht die flüchtigkeit des Diogenes verbessert.

b. Die columne ist verhältnissmässig gut erhalten und die Büchelerschen ergänzungen der ersten zehn zeilen selbstverständlich. dann ist mit διαμείνασαν der satz in seine fugen gerückt, den ich dann weiter zu gewinnen versucht habe. danach ist ησχη ματηι.εθη φ.—απ. überliefert, τρόπον ἰσχημάτισεν ἑαυτόν Bücheler. den unteren teil hat dieser so schlagend hergestellt, dass ich die fehlenden buchstaben nicht bezeichne; γράμματα für ὑπομνήματα, das der raum fordert, ist wol nur schreibfehler. in der letzten zeile war nur noch αὐτόν zuzusetzen.

So folge denn nun Antigonos.

ΠΕΡΙ ΠΟΛΕΜΩΝΟΣ ΒΙΟΥ

Diogenes IV 17. *Φησὶ δὲ Ἀντίγονος ὁ Καρύστιος ἐν τοῖς βίοις τὸν πατέρα αὐτοῦ πρῶτόν τε εἶναι τῶν πολιτῶν καὶ ἁρμαιοτροφῆσαι.*

φυγεῖν δὲ τὸν Πολέμωνα καὶ δίκην κακώσεως ὑπὸ τῆς γυναικός, ὡς μειρακίοις συνόντα.

(16) νέος δ' ὢν ἀκόλαστός τε καὶ διακεχυμένος ἦν οὕτως, ὥστε καὶ περιφέρειν ἀργύριον πρὸς τὰς ἑτοίμους λύσεις τῶν ἐπιθυμιῶν· ἀλλὰ καὶ ἐν τοῖς στενωποῖς διέκρυπτεν. καὶ ἐν Ἀκαδημείᾳ πρὸς κίονί τινι τριώβολον εὑρέθη προςπεπλασμένον αὐτοῦ διὰ [τὴν] ὁμοίαν τῇ προειρημένῃ πρόφασιν.

Philodem col. XIII. — *ἅμα Γλ)υκέρᾳ ⟨τῇ ψαλτρίᾳ μεθύ⟩ οντα ⟨κωμάσαι⟩ μετ' ἡμέραν· φυγεῖν δὲ δίκην αἰσχρὰν κακώσεως ὑπὸ τῆς γυναικός, εἶναι γὰρ φιλόπαιδα καὶ φιλομειράκιον, ὥστε περιέφερε νόμισμα παντοδαπὸν ἵνα τῷ συναντήσαντι χρῆσθαι προχείρως ἔχῃ. θηραθεὶς δ' ὑπὸ Ξενοκράτους καὶ συσταθεὶς αὐτῷ τοσοῦτο μετήλλαξε κατὰ τὸν βίον ὥστε μηδέποτε μήτε τὴν τοῦ προσώπου φαντασίαν ἀλλοιῶσαι ....*

---

a. 9 der § 16 war entsprechend Philodem hieher zurückzuziehen. 14 *διέκρυπτεν* muss bedeuten dass der jüngling, den auf diesen pfaden kein sclave begleitete, sich an passenden orten depots anlegte für den fall, dass er kein geld bei sich führte.

b. die ersten drei zeilen, welche Bücheler unberührt gelassen hat, ergänzen sich durch Lukian *Δὶς κατήγ.* 16. derselbe lässt *Μέθη* und *Ἀκαδήμεια* sich um Polemon streiten und hat aus einer vita desselben geschöpft, welche freilich die bekehrungsgeschichte hatte, aber sonst auch antigonisches. er hat das tatsächliche rhetorisch verarbeitet; die hieher gehörigen wichtigsten sätze sind *μεθ' ἡμέραν ἐκώμαζε διὰ τῆς ἀγορᾶς μέσην ψάλτριαν* (der plural hat keinen sinn; überliefert ist beides) *ἔχων καὶ κατᾳδόμενος ἔωθεν ἐς ἑσπέραι μεθύων ἀεὶ* κτλ. ähnlich in der gegenrede 17. auf den eigennamen führt die überlieferung v. 1. die mangelnde aspiration von *ἡμέρα* stammt vielleicht nur daher, dass der schreiber die zeichen *με* zuerst ausgelassen hatte. — der rest ist von Bücheler absolut schlagend ergänzt; nur schien mir *συσταθεὶς* leichter als *σχολάσας* aus · *υσκαι ....* zu machen; *μήτε* hat der schreiber selbst nachgetragen.

(17) τοσοῦτον δὲ ἐπιτεῖναι
τὸ ἦθος ἀρξάμενον φιλοσοφεῖν,
ὥστ' ἐπὶ ταὐτοῦ σχήματος τῆς
μορφῆς πάντοτε μένειν. ἀλλὰ
καὶ τὴν φωνὴν ἀναλλοίωτος ἦν· 5
διὸ καὶ θηραθῆναι Κράντορα
ὑπ' αὐτοῦ. κυνὸς γοῦν λυττῶν-
τος [καὶ] τὴν ἰγνύαν διασπά-
σαντος μόνον μὴ ὠχριᾶσαι· καὶ
ταραχῆς γενομένης ἐπὶ τῆς πό- 10
λεως πυθομένων τὸ γεγονὸς
ἄτρεπτον μεῖναι.

ἔν τε τοῖς θεάτροις ἀσυμ-
παθέστατος ἦν. (18) Νικοστρά-
του γοῦν ποτε τοῦ ἐπικαλουμέ- 15
νου Κλυταιμνήστρα ἀναγινώ-
σκοντός τι τοῦ ποιητοῦ αὐτῷ τε
καὶ Κράτητι, τὸν μὲν συνδια-
τίθεσθαι, τὸν δ' ἴσα καὶ μὴ
ἀκοῦσαι. καὶ ὅλως ἦν τοιοῦτος 20
οἷόν φησι Μελάνθιος ὁ ζωγράφος ἐν τοῖς περὶ ζωγραφικῆς·
φησὶ γὰρ δεῖν αὐθάδειάν τινα
καὶ σκληρότητα τοῖς ἔργοις ἐπιτρέχειν, ὁμοίως δὲ καὶ τοῖς ἤθε- 25
σιν. ἔφασκε δὲ ὁ Πολέμων δεῖν
ἐν τοῖς πράγμασι γυμνάζεσθαι
καὶ μὴ ἐν τοῖς διαλεκτικοῖς θεω-
ρήμασι, καθάπερ ἁρμονικόν τι
τέχνιον καταπιόντα καὶ μὴ με- 30
λετήσαντα, ὡς κατὰ μὲν τὴν

23 ἰγνύαν αὐτοῦ

37 — τοὺς ἐναντίους ὁρῶν
κρατοῦντας. ἔν τε τοῖς θεάτροις
ἀπαθῶς θεᾶσθαι τῶν ἄλλων
⟨συμπερι⟩φερομένων τοῖς ⟨λε⟩-
γ⟨ο⟩μένοις. φαίνεται δὲ καὶ .....
ε .. εν. ε .. ατ ... πο. ⟨βαρὺ⟩ς
μὲν ἔχων δὲ γενναῖον καὶ τα⟨ῖς
τόλμ⟩αν καὶ ⟨σκληρ⟩ότητα
⟨γρ⟩αφαῖς ἐμφαιν⟨ού⟩ (col. XIV 1)
σαις ⟨ὅμοιον ἦθ⟩ος —

3 ἔφασκ⟩ε δὲ κα⟨ὶ τ⟩οῖ⟨ς εἰς
μελέτη⟩ν ἀνάγουσι τὰς ἐρωτήσεις,
δεῖν ἐν τοῖς πράγμασιν γυμνάζεσθαι, διὸ καὶ κατὰ τὴν ἐπι-
χείρησιν ἀσόλοικος ἦν —

---

a. 23 δὲ κπὶ ich für δὲ κάν.

b. 10 ergänzt von Bücheler, und zwar mit evidenz alles, wo ich nicht
klammern gesetzt habe. συναποφερ. τοῖς εἰρημ. Büch. — ιτοφερ. τοῖς .. γιμ
pap. 17 auf diese ergänzung führen die schriftzüge; die wortstellung ist
freilich geschraubt. 26 Ιφασκε fordert der sinn, Ιφαινε Büch... φαινε pap. bei
eindringender beschäftigung muss fast die ganze columne lesbar werden.

ἐρώτησιν θαυμάζεσθαι, κατὰ δὲ
τὴν διάθεσιν ἑαυτοῖς μάχεσθαι.

ἦν οὖν ἀσόλοικός τις καὶ γενναῖος, παρητημένος ἃ φησιν
Ἀριστοφάνης περὶ Εὐριπίδου, 5
(Alter 16) "ὀξωτὰ καὶ σιλφιωτά",
(19) ἅπερ, ὡς ὁ αὐτός φησι,
"καταπυγοσύνη ταῦτ' ἐστὶ πρὸς
κρέας μέγα".

ἀλλὰ μὴν οὐδὲ καθίζων ἔλεγε 10   25 — τῇ πολι. αιθετ ..
πρὸς τὰς θέσεις, φασί, περι-   . ει θαυμαζόμενος κα⟨ὶ τιμώμ⟩ε-
πατῶν δὲ ἐπεχείρει. διὰ δὴ οὖν   νος ἐπὶ ⟨γενναιό⟩τητι καὶ σω-
τὸ φιλογένναῖον ἐτιμᾶτο ἐν τῇ   φροσύνῃ —
πόλει.

οὐ μὴν ἀλλὰ καὶ ἐκπεπατη- 15   38 — τοῦ μουσείου ποιησα-
κὼς ἦν διατρίβων ἐν τῷ κήπῳ,   μέ⟨νους⟩ ἐν τῷ κήπῳ καλύβια
παρ' ὃν οἱ μαθηταὶ μικρὰ κα-   μένειν αὐτοῦ —
λύβια ποιησάμενοι κατῴκουν
πλησίον τοῦ μουσείου καὶ τῆς
ἐξέδρας.   20

ἐῴκει δὴ ὁ Πολέμων κατὰ
πάντα ἐζηλωκέναι τὸν Ξενοκρά-
την· — ἀεὶ γοῦν ἐμέμνητο αὐτοῦ
τήν τ' ἀκακίαν καὶ τὸν αὐχμὸν
ἐνεδέδυτο τἀνδρὸς καὶ τὸ βάρος 25
οἱονεὶ τῆς Δωριστὶ ἁρμονίας.

(20) Ἦν δὲ καὶ φιλοσοφο-   Hesychius (Suid. s. v.) καὶ
κλῆς, καὶ μάλιστα ἐν ἐκείνοις   πολλὰ μὲν συνέγραψε βιβλία,
ὅπου κατὰ τὸν κωμικὸν τὰ ποι-   οὐδὲν δ' αὐτοῦ φέρεται. ἔχαιρε
ήματα αὐτῷ "χύων τις ἐδόκει 30   δ' Ὁμήρῳ τε καὶ Σοφοκλεῖ καὶ
συμποιεῖν Μολοττικός", καὶ   ἴσως ἔχειν ἑκάτερον αὐτῶν σο-
ἔνθα ἦν κατὰ τὸν Φρύνιχον   φίας ἔλεγεν ὥστε καὶ φάσκειν
"οὐ γλύξις οὐδ' ὑπόχυτος, ἀλλὰ   Ὅμηρον μὲν Σοφοκλέα ἐπικόν,
Πράμνιος". ἔλεγεν οὖν τὸν μὲν   Σοφοκλέα δ' Ὅμηρον τραγικόν.

a. 3 ἀσόλοικος habe ich aus Philodem für ἀστεῖος eingesetzt. alles
andere war Polemon als ἀστεῖος. 23 hier stand die einlage aus Aristipp oben
s. 49.

Ὅμηρον ἐπικὸν εἶναι Σοφοκλέα,
τὸν δὲ Σοφοκλέα Ὅμηρον τραγικόν.

Ἐτελεύτησε δὲ γηραιὸς ἤδη
‖ ὑπὸ φθίσεως ‖ ἱκανὰ συγ- 5
γράμματα καταλιπών. —

a. 5 ὑπὸ φθίσεως aus Hermipp s. 47. ob die angabe über die bücher
hier wie bei Krantor am schluss antigonisch sei, ist mehr als fraglich. bei
Krates und Arkesilaos steht ja das gegenteil fest. dazu kommt dass der,
der gemeinsamen vorlage doch wol zuzuweisende, zusatz des Hesych natürlich sehr viel späterer zeit entstammt. — folgt das epigramm des Diogenes.

Epitom. Athenaei II 44° *Πολέμων ὁ Ἀκαδημαικός ἀρξάμενος
ἀπὸ τριάκοντα ἐτῶν ὑδροπότησε μέχρι θανάτου, ὡς ἔφη Ἀντίγονος ὁ Καρύστιος.*

ΠΕΡΙ ΚΡΑΤΗΤΟΣ ΒΙΟΥ

Diogenes (24) *Φασὶ δὲ αὐτὸν*
(Krantor) *ἐρωτηθέντα τίνι θη-
ραθείη ὑπὸ Πολέμωνος, εἰπεῖν
τῷ μήτ' ὀξύτερον μήτε βαρύτε-
ρον ἀκοῦσαι φθεγγομένου.* 5
21 *Καὶ οὕτως ἀλλήλω ἐφι-
λείτην* (Krantor und Polemon)
*ὥστε καὶ ζῶντε οὐ μόνον τῶν
αὐτῶν ἤστην ἐπιτηδευμάτων,
ἀλλὰ καὶ μέχρι σχεδὸν ἀναπνοῆς* 10
*ἐξωμοιώσθην ἀλλήλοιν καὶ θα-
νόντε τῆς αὐτῆς ταφῆς ἐκοινω-*

Philodem col. XV. *μά⟩λιστα
τὸ πα⟨ν⟩α⟨ρμόνιον⟩ τῆς φωνῆς
καὶ πάν⟨ρυθμον ἀ⟩ποδέχεσθαι.*

a. 1—3 dies giebt Diogenes im leben Krantors; hieher gerückt um der
parallele Philodems willen.

b. alles was nicht in klammern steht entweder erhalten oder von Bücheler mit voller evidenz ergänzt; das eingeklammerte habe ich zugefügt.
ich habe so viel mitgeteilt, obgleich oder vielmehr weil ich weder den zer-
rissenen zusammenhang der mitte noch die letzte geschichte zu verstehen
vermag. — zeile 8 des papyrus steht fälschlich ἐκείνων καὶ τῶν ἐκ τοῦ χρ.

νείτην. ὅθεν Ἀνταγόρας εἰς ἄμ-
φω τοῦτον ἐποίησε τὸν τρόπον·

Μνήματι τῷδε Κράτητα Θεουδέα καὶ
Πολέμωνα
ἔννεπε κρύπτεσθαι, ξεῖνε, παρερ- 5
χόμενος,
ἄνδρας ὁμοφροσύνῃ μεγαλήτορας, ὧν
ἄπο μῦθος
ἱερὸς ᾔσσεν δαιμονίου στόματος,
καὶ βίοτος καθαρὸς σοφίας ἐπὶ θεῖον 10
ἐκόσμει
αἰῶν', ἀστρέπτοις δόγμασι πειθό-
μενος.

(22) ἔνθεν καὶ Ἀρκεσίλαον με-
τελθόντα παρὰ Θεοφράστου πρὸς 15
αὐτοὺς λέγειν ὡς εἶεν θεοί τινες
ἢ λείψανα τῶν ἐκ τοῦ χρυσοῦ
γένους. καὶ γὰρ ἤστην οὐ φιλο-
δημώδεε· ἀλλ' οἷον Διονυσόδω-
ρόν ποτέ φασι τὸν αὐλητὴν 20
εἰπεῖν, σεμνυνόμενον ἐπὶ τῷ
μηδένα τῶν κρουμάτων αὑτοῦ
μήτ' ἐπὶ τριήρους μήτ' ἐπὶ κρήνης ἀκηκοέναι, καθάπερ Ἰσμη-
νίου. 25

Συσσίτιον δέ φησιν αὐτῷ
ὁ Ἀντίγονος εἶναι παρὰ
Κράντορι, ὁμονόως συμβιούν-
των τούτων τε καὶ Ἀρκεσιλάου.
τὴν δὲ οἴκησιν Ἀρκεσίλαον μὲν 30
ἔχειν μετὰ Κράντορος, Πολέμωνα
δὲ σὺν Κράτητι μετὰ Λυσι-
κλέους τινὸς τῶν πολιτῶν. —

ἔφη δ' Ἀρκεσίλαος ὅτι αὐτῷ
παρὰ Θεοφράστου μετελθόντι
φανείησαν οἱ περὶ τὸν Πολέμωνα
θεοί τινες ἢ λείψανα τῶν ἀρχαίων ἐκείνων καὶ ἐκ τοῦ χρυσοῦ
γένους διαπεπλασμένων ἀνθρώπων. fehlen fünf zeilen.

16 μάλιστα Πλάτων —
17 πιν δὲ καὶ Ξενοκρά —
20 — ἔφη δὲ νασ —
29 — ιας ἐγίνοντο καὶ
30 — ον μετὰ ταῦ —
31 — ν Κράτητο
35 — ηγου] μένων τη. ακαν
δημια . . . . κειν . . τῷ σώ-
ματι ἐ⟨γγύϊα⟩ια διακεῖσθαι
τῶν ἐγλυομένων καὶ τῶν ἱκανῶς
βεβιωκότων εἶναι περισπῶντος
τὸ μειράκιον μήτ' εἶξαι μήτε
καταπλαγῆναι, μέχρι δὲ τούτου
πολεμῆσαι καὶ διαπαλαῖσαι πρὸς
αὐτὸν ἕως ἐξηργάσατο καὶ μετή-
γαγε τὸν Κράτητα πρὸς ἑαυτόν.

---

a. 3 das gedicht ist von Kephalas in die Anth. Pal. VII 103 aufgenommen;
dort ist ἀστρέπτοις erhalten, in unseren Diogeneshandschriften τρεπτοῖς, wie
es scheint.

Ohne zweifel hatte Antigonos eine charakteristik des stiles gegeben
und die lieblingsautoren genannt (Philod. 16?) dies ist durch Apollodor, homonymenkatalog, Hermipp, Diogenes verdrängt.

ΠΕΡΙ ΚΡΑΝΤΟΡΟΣ ΒΙΟΥ

24. Κράντωρ Σολεὺς ϑαυμα-
ζόμενος ἐν τῇ ἑαυτοῦ πατρίδι
ἀπῆρεν εἰς Ἀϑήνας καὶ Ξενοκράτους διήκουσε Πολέμωνι συσχο-
5 λάζων. — οὗτος νοσήσας εἰς τὸ
Ἀσκληπιεῖον ἀνεχώρησε κἀκεῖ
περιεπάτει· οἱ δὲ πανταχόϑεν
προσῄεσαν αὐτῷ, νομίζοντες οὐ
διὰ νόσον, ἀλλὰ βούλεσϑαι αὐ-
10 τόϑι σχολὴν συστήσασϑαι. ὧν
ἦν καὶ Ἀρκεσίλαος ϑέλων ὑπ'
αὐτοῦ συσταϑῆναι Πολέμωνι. —

Philodem col. XVI, 1. — δὲ
Σολεὺς — ϑαυμαζόμενος αὐτοῦ
κατέλιπε τὴν εὐημερίαν καὶ
παραγενόμενος Ἀϑήναζε πρῶτον
μὲν Ξενοκράτους ἤκουεν, ὕστερον
δὲ μετὰ Πολέμωνος ἐσχόλαζεν
καίτοι πολὺ διαφέρων ἐν οἷς
ἔγραψεν —

ergänzt von Bücheler. die ganze
columne handelt von Krantor; es ist
aber nirgend möglich einen zusammenhang herzustellen.

(25) ἀλλὰ καὶ αὐτὸν ὑγιάναντα διακούειν Πολέμωνος, ἐφ' ᾧ
καὶ ·μάλιστα ϑαυμασϑῆναι. λέγεται δὲ καὶ τὴν οὐσίαν καταλιπεῖν
15 Ἀρκεσιλάῳ, ταλάντων οὖσαν δυοκαίδεκα. καὶ ἐρωτηϑέντα πρὸς
αὐτοῦ ποῦ βούλεται ταφῆναι, εἰπεῖν (adesp. 104) "ἐν Γῆς φίλης
μυχοῖσι κρυφϑῆναι καλόν". λέγεται δὲ καὶ ποιήματα γράψαι καὶ
ἐν τῇ πατρίδι ἐν τῷ τῆς Ἀϑηνᾶς ἱερῷ σφραγισάμενος ἀναϑεῖναι.
καί φησι Θεαίτητος ὁ ποιητὴς περὶ αὐτοῦ οὑτωσί·
20   ἥνδανεν ἀνϑρώποις, ὃ δ' ἐπὶ πλέον ἥνδανε Μούσαις
      Κράντωρ, καὶ γήρως ἤλυϑεν οὔτι πρόσω.
      Γῆ, σὺ δὲ τεϑνηῶτα τὸν ἱερὸν ἄνδρ' ὑπόδεξαι
      ἠρέμα· καὶ κεῖϑι ζώῃ ἐν εὐϑενίῃ.

5 folgt die einlage, oben s. 61.   6 in der zum Asklepieion gehörigen
stoa. 12 folgt καίπερ ἐρῶντος, ὡς ἐν τῷ περὶ Ἀρκεσιλάου λέξομεν aus Aristipp.
oben s. 49. 16 die pointe wird deutlich durch die vergleichung mit dem vortrag
des Teles περὶ φυγῆς (Stob. II 69 Mein.). dort wird der vers als sprichwörtlich
für die sehnsucht im vaterland begraben zu liegen angeführt: Krantor ist die
Γῆ als solche lieb, obwol er in der fremde stirbt. darauf bezieht sich auch
Theaitetos. der vers ist gewiss euripideisch; ehemals ward er, weil man Teles
überhaupt missverstand, in die Phoenissen interpoliert. Teles mag ihn aus
Krantor entlehnt haben. 18 ἀναϑεῖναι habe ich für αὐτὰ ϑεῖναι geschrieben.
Platon verbrennt seine poesieen, Krantor entäufsert sich ihrer minder radi-
cal, aber mit gleichem erfolg und in gleicher absicht. doch haben sich wie
von Platon die epigramme, so von Krantor ein par moralische iamben, so
unbedeutend wie die des Kleanthes, bei Stobaeus erhalten, vgl. Meineke Com. I
praef. 23 ἠρέμα für ἢ ῥ' ὅγε bringt erst zusammenhang in das feine gedicht.

(26) ἐθαύμαζε δὲ ὁ Κράντωρ πάντων δὴ μᾶλλον Ὅμηρον καὶ
Εὐριπίδην, λέγων ἐργῶδες εἶναι ἐν τῷ κυρίῳ τραγικῶς ἅμα καὶ
συμπαθῶς γράψαι. καὶ προεφέρετο τὸν στίχον τὸν ἐκ τοῦ Βελλε
ροφόντου (302) "οἴμοι· τί δ' οἴμοι; θνητά τοι πεπόνθαμεν".
λέγεται δὲ καὶ Ἀνταγόρα τοῦ ποιητοῦ ὡς Κράντορος εἰς Ἔρωτα 5
πεποιημένα φέρεσθαι ταυτί·

Ἐν δοιῇ μοι θυμός, ἐπεὶ γένος ἀμφήριστον,
ἦ σε θεῶν τὸν πρῶτον ἀειγενέων, Ἔρος, εἴπω,
τῶν ὅσσους Ἔρεβός τε πάλαι βασίλειά τε παῖδας
γείνατο Νὺξ πελάγεσσιν ὑπ' εὐρέος Ὠκεανοῖο·   10
(27) ἦ σέ γε Κύπριδος υἷα περίφρονος, ἠέ σε Γαίης,
ἦ Ἀνέμων· τοῖος σὺ κακὰ φρονέων ἀλάλησαι
ἀνθρώποις ἠδ' ἐσθλά· τὸ καὶ σέο σῶμα δίφυιον.

ἦν δὲ καὶ δεινὸς ὀνοματοποιῆσαι. τραγῳδὸν γοῦν ἀπελέκητον
εἶπεν ἔχειν φωνὴν καὶ φλοιοῦ μεστήν· καί τινος ποιητοῦ (?) σκίφης 15
μεστοὺς εἶναι τοὺς στίχους· καὶ τὰς Θεοφράστου θέσεις ὀστρέῳ
γεγράφθαι. θαυμάζεται δὲ αὐτοῦ βιβλίον μάλιστα τὸ περὶ πέν
θους. Καὶ κατέστρεψε πρὸ Πολέμωνος καὶ Κράτητος. —

Antigonos liebt die Akademiker; so kritisiert er den Krantor, der trotz aller anmut, wie er sich im inhalt nicht über das
moralische das sich immer von selbst versteht erhob, so in der
form von dem halb gespreizten halb banalen asianismus nur zu
viel an sich hat (die reste der trostschrift und das grofse bruchstück bei Sextus s. 556 sinken manchmal fast bis auf Teles),
durch einen glänzenden gegensatz. theoretisch erkennt Krantor
(im anschluss an Aristoteles) dass die höchste kunst in der
κυρία λέξις sich hält; er selbst ist δεινὸς ὀνοματοποιῆσαι.
die verse des Antagoras müssen hochberühmt gewesen sein,
denn wie Kallimachos den ersten in geistvoller weise übertrumpft, so hat Theokrit im eingang des Hylas darauf bezug

_____

1 vgl. Aristoteles rhet. III 2. 4 auch dieser vers später sprichwörtlich.
7 ὅ τοι γίνος ἀμφιβόητον, das erste von Meineke (del. 149) verbessert, sonderbarer weise nicht das zweite, da doch Kallimachos (an Zeus 5 ἐν δοιῇ μάλα
θυμὸς ἐπεὶ γίνος ἀμφήριστον) den ganzen vers, mit der steigerung die den nachahmer zeigt, entlehnt hat. 17 dies ist schwerlich noch von Antigonos; es
folgt der tod nach der version des Hermippos.

genommen οὐκ ἄμμιν τὸν Ἔρωτα μόνοις ἔτεχ', ὡς ἐδοκεῦμες, Νικία, ᾧ τινι τοῦτο θεῶν ποκα τέκνον ἔγεντο. zu dieser stelle und fast gleichlautend zu Apollon. 3, 26 (also von Theon dem sohne des Artemidoros) ist ein scholion erhalten, das ersichtlich entweder ursprünglich zu den versen des Antagoras bestimmt war, oder aber eine zusammenstellung gibt, welche schon Antagoras berücksichtigt hat (und so wird es doch wol sein, und diese dann von Krantor herrühren) ἀμφιβάλλουσι, τίνος υἱὸν τὸν Ἔρωτα ⟨χρὴ νομίζειν⟩· Ἡσίοδος μὲν ἐκ Χάους καὶ Γῆς (mit leicht verzeihlichem irrtum) Σιμωνίδης Ἄρεως καὶ Ἀφροδίτης (belegstelle zum Apollon.), Ἀκουσίλαος Νυκτὸς καὶ Αἰθέρος (stimmt nicht genau zu dem bericht des Eudemos bei Damascius s. 383), Ἀλκαῖος Ἴριδος καὶ Ζεφύρου (fgm. 13, öfter erwähnt) Σαπφὼ Ἀφροδίτης ⟨ἢ Γῆς ist aus schol. Apollon. einzufügen; beides kam bei Sappho vor⟩ καὶ Οὐρανοῦ. aus schol. Apollon. kommt noch hinzu Ἴβυκος, aber die genealogie ist ausgefallen, und τὰ εἰς Ὀρφέα ⟨ἀναφερόμενα⟩ "αὐτὰρ Ἔρωτα Χρόνος (Zoega: Κρόνος L) καὶ πνεύματα πάντ' ἐτέκνωσε. Antagoras bezieht sich auf Akusilaos, und zwar in der fassung, die Eudemos bezeugt, Simonides, Sappho, Alkaios. die veranlassung für Krantor lag natürlich in Platons symposion 178ᵇ. zugleich sehen wir hier das thema angeschlagen, das schliefslich zu Properz führt *quicunque ille fuit puerum qui pinxit Amorem — idem non frustra ventosas addidit alas* (III 12): und das geht auf den Πτέρως des platonischen Phaidros im grunde zurück. auch Polemon hatte über Eros philosophiert, in ächt sokratischem sinne, denn er nannte ihn θεῶν ὑπηρεσίαν εἰς νέων ἐπιμέλειαν. Plutarch *ad princ. incrud.* 3.

ΠΕΡΙ ΑΡΚΕΣΙΛΑΟΥ ΒΙΟΥ

Diogenes IV 28. Παρέβαλε δὲ Κράντορι τοῦτον τὸν τρόπον. τέταρτος ἀδελφὸς ἦν ὢν εἶχε δύο μὲν ὁμοπατρίοις δύο δὲ ὁμομητρίοις, καὶ τῶν μὲν ὁμομητρίων πρεσβύτερον Πυλάδην

Philodem XVII, 1. — δυεῖν ὁμομητρίων καὶ ὁμοπατρίων, τετάρτου δὲ Μοιρέως τοῦ καὶ ἐπιτροπεύσαντος αὐτόν. τῷ δ' εἴδει, γενόμενος ἀσι(τ)ῖος, εὐσχημόνως κεχρῆσθαι λέγεται καὶ,

τῶν δὲ ὁμοπατρίων Μοιρέαν, ὃς ἦν αὐτῷ ἐπίτροπος. (29) ἤκουσε δὲ κατ' ἀρχὰς μὲν Αὐτολύκου τοῦ μαθηματικοῦ πολίτου τυγχάνοντος, πρὶν ἀπαίρειν εἰς Ἀθήνας, μεθ' οὗ καὶ εἰς Σάρδεις ἀπεδήμησεν· ἔπειτα Ξάνθου τοῦ Ἀθηναίου μουσικοῦ· μεθ' ὃν Θεοφράστου διήκουσεν. ἔπειτα μετῆλθεν εἰς Ἀκαδήμειαν πρὸς Κράντορα· Μοιρέας μὲν γὰρ ὁ προειρημένος ἀδελφὸς

πάσης ἀγωγῆς τυχών, ἔτι δὲ ζε ... ων | επ ...... ενι ὁρμηθῆναι ὑπὸ τοῦ Μοιρέως ἐπὶ ῥητορικῆς διοσ .... ν | ἀντιπράττοντος συνεργὸν καρ ....., τῶν ὁμομητρίων τὸν πρεσβύτατον Πυλάδην—

Vortrefflich ergänzt von Bücheler, nur ἀστίος war statt ἀκμαῖος aus ασυιος zu machen. es fehlt vor dem s. 62 abgedruckten der ganze rest von col. 17.

ἦγεν αὐτὸν ἐπὶ ῥητορικήν· ὁ δὲ φιλοσοφίας ἤρα. — (30) καὶ γὰρ ἐν τοῖς λόγοις ἐμβριθέστατος καὶ φιλογράμματος ἱκανῶς γενόμενος ἥπτειο καὶ ποιητικῆς. καὶ αὐτοῦ φέρεται ἐπίγραμμα εἰς Ἄτταλον ἔχον οὕτω·

Πέργαμος οὐχ ὅπλοις κλεινὴ μόνον, ἀλλὰ καὶ ἵπποις
πολλάκις αὐδᾶται Πῖσαν ἀνὰ ζαθέην.
εἰ δὲ τὸν ἐκ Διόθεν θεμιτὸν θνητῷ νόον εἰπεῖν,
ἔσσεται εἰσαῦτις πολλὸν ἀοιδοτέρη.

ἀλλὰ καὶ εἰς Μηνόδωρον τὸν Εὐγάμου ἑνὸς τῶν συσχολαστῶν ἐρώμενον·

(31) Τηλοῦ μὲν Φρυγίη, τηλοῦ δ' ἱερὴ Θυάτειρα·
ὦ Μηνόδωρε, σὴ πατρίς, Καδανάδη.
ἀλλὰ γὰρ εἰς Ἀχέροντα τὸν οὐ φαιὸν ἴσα κέλευθα,
ὡς αἶνος ἀνδρῶν, πάντοθεν μετρεύμενα.
σῆμα δέ τοι τόδ' ἔρεξεν ἀρίφραδὲς Εὔγαμος, ᾧ σὺ
πολλῶν πενεστέων ἦσθα προσφιλέστατος.

§ 29 dass Autolykos der astronom ist, bemerke ich nur, weil Zeller ihn 'einen mathematiker' nennt. hinter ἤρα— die aristippische einlage s. 49. § 30 von dem epigramm ist gleichsam nur die πρότασις erhalten. übrigens war es wirklich eine prophezeiung; den die macht des hauses erst begründenden Galatersieg hat Arkesilaos nicht mehr erlebt. 31 der herr des Menodoros hiefs in den codd. Εὔγαμος, was mit kurzem α trotz Hippodamos schwerlich ein name ist. Εὔγαμος hat als den namen eines attischen archon Bücheler in Apollodors chronik (Philod. col. 26) richtig erkannt, wie der vers, den er nicht merkte, bestätigt. zu vers 4 vgl. Teles περὶ φυγῆς (Stob. II 69 Mein.) οὐ πανταχόθεν, φησὶν ὁ Ἀρίστιππος, ἴση καὶ ὁμοία ἡ εἰς Ἅιδου ὁδός;

ἀπεδέχετο δὲ πάντων μᾶλλον Ὅμηρον, οὗ καὶ εἰς ὕπνον ἰὼν πάντως τι ἀνεγίνωσκεν, ἀλλὰ καὶ ὄρθρου, λέγων ἐπὶ τὸν ἐρώμενον
ἀπιέναι ὁπότε βούλοιτο ἀναγνῶναι. τόν τε Πίνδαρον ἔφασκε
δεινὸν εἶναι φωνῆς ἐμπλῆσαι καὶ ὀνομάτων καὶ ῥημάτων εὐπο-
ρίαν παρασχεῖν. Ἴωνα δὲ καὶ ἐχαρακτήριζε νέος ὤν.

(32) διήκουσε δὲ καὶ Ἱππονίκου τοῦ γεωμέτρου· ὃν καὶ ἔσκωψε
τὰ μὲν ἄλλα νωθρὸν ὄντα καὶ χασμώδη, ἐν δὲ τῇ τέχνῃ τεθεωρη-
μένον, εἰπὼν τὴν γεωμετρίαν αὐτοῦ χάσκοντος εἰς τὸ στόμα ἐμ-
πιπῆναι. τοῦτον καὶ παρακόψαντα ἀναλαβὼν οἴκοι ἐς τοσοῦτον
ἐθεράπευσεν, ἐς ὅσον ἀποκαταστῆσαι. —

ἐῴκει δὴ θαυμάζειν καὶ τὸν Πλάτωνα καὶ τὰ βιβλία ἐκέκτητο
αὐτοῦ.

(33) ἀλλὰ καὶ τὸν Πύρρωνα
κατά τινας ἐζηλώκει. καὶ τῆς
διαλεκτικῆς εἴχετο καὶ τῶν Ἐρετρικῶν ἥπτετο λόγων· ὅθεν καὶ
ἐλέγετο ἐπ' αὐτοῦ ὑπ' Ἀρίστω-
νος·

"πρόσθε Πλάτων ὄπιθεν Πύρρων
        μέσσος Διόδωρος".

NUMENIUS (Euseb. XIV 7 29ᶜ).
ὁ δ' Ἀρκεσίλαος Θεόφραστον † Ἴσχει
καὶ Κράντορα τὸν Πλατωνικὸν καὶ Διόδωρον εἶτα Πύρρωνα, ὧν ὑπὸ μὲν
5 Κράντορος πιθανουργικὸς ὑπὸ Διοδώρου δὲ σοφιστὴς ὑπὸ δὲ Πύρρωνος
ἐγένετο παντοδαπὸς καὶ ἴτης καὶ οὐ-
δενός· καὶ ἐλέγετο περὶ αὐτοῦ ᾀδόμε-
νόν τι ἔπος παραγωγὸν καὶ ὑβριστι-
10 κὸν "πρόσθε Πλάτων ὄπιθεν Πύρρων

---

31 ὁπότ' ἂν βούλοιτο vulgo. ἐχαρακτήριζε d. h. er hatte sich sammlungen
über sprache und stil des Ion angelegt. vgl. Suid. Διονυσιάδης, γέγραπται
αὐτῷ χαρακτῆρες ἢ Φιλοκωμῳδός, ἐν ᾧ τοὺς χαρακτῆρας ἀπαγγέλλει τῶν ποιητῶν. 32 nach ἀποκαταστῆσαι die einlage s. 62. 33 die τινὲς sind die im folgenden genannten, nicht etwa die bei Numen. oben s. 50.

Timon 17 (s. 73) ἕξομαι ist zwar die lesart der ältesten Diogenes-
handschrift, aber eine interpolation. Arkesilaos ist einem schiffe verglichen,
das zeigt 16, wo er durch den ballast, die skeptischen lehren der dialektiker
und skeptiker, vor dem ἄστατος καὶ ἀνερμάτιστος φέρεσθαι bewahrt wird.
vielleicht war auch nicht sowol ein schiff als irgend ein schwimmvogel verglichen, von dem ähnliches geglaubt ward wie Aristoteles (hist. an. VIII 111)
von den kranichen erzählt. Timon 18. überliefert ist καὶ νέον μὴ λήσῃς oder
λήσησε. es ist nicht glaublich dass im anfang etwas anderes stecke als καὶ
νόον, wie schon Casaubonus gesehn hat. ich nehme an dass ἐμυλιοισ den
anlass zur verderbniss gab, in dem das ε als correctur von νόον benutzt ward.

Numen. 7 οὐδενός Usener: οὐδὲν ὃ codd. 9 ob dies in ordnung ist, ist
mir sehr zweifelhaft.

καὶ ὁ Τίμων ἐπ' αὐτοῦ φησιν
οὕτως· (16 W.)

τῇ γὰρ ἔχων Μενέδημον ὑπὸ στέρνοισι μόλιβδον
θεύσεται ἢ Πύρρωνα τὸ πᾶν κρέας
ἢ Διόδωρον.

καὶ διαλιπὼν αὐτὸν ποιεῖ λέ-
γοντα· (17 W.)

νήξομαι εἰς Πύρρωνα καὶ εἰς σκο-
λιὸν Διόδωρον.

ἦν δὲ καὶ ἀξιωματικώτατος
καὶ συνηγμένος καὶ ἐν τῇ λαλιᾷ
διασταλτικὸς τῶν ὀνομάτων.
ἐπικόπτης θ' ἱκανῶς καὶ παρ-
ρησιασίης· (34) διὸ καὶ πάλιν
ὁ Τίμων οὑτωσὶ περὶ αὐτοῦ·
(18 W.)

καὶ νόον αἱμυλίοις ἐπιπλήξεσιν
ἐγκαταμιγνύς.

ὅθεν καὶ πρὸς τὸν θρασύτερον
διαλεγόμενον νεανίσκον, "οὐ
λήψεταί τις, ἔφη, τοῦτον ἀστρα-
γάλῳ;" πρὸς δὲ τὸν αἰτίαν
ἔχοντα περαίνεσθαι, ὡς ἀνή-
νεγκεν αὐτῷ ὅτι οὐ δοκεῖ ἕτερον
ἑτέρου μεῖζον εἶναι, ἠρώτησεν
εἰ οὐδὲ τὸ δεκαδάκτυλον τοῦ

μέσσος Διόδωρος." Τίμων δὲ καὶ ὑπο
Μενεδήμου τὸ ἐριστικὸν φησι λαβόντα
ἐξαρτυθῆναι, εἴπερ γε δή φησι περὶ
αὐτοῦ "τῇ μὲν ἔχων Μενεδήμου ὑπὸ
5 στέρνοισι μόλιβδον θεύσεται, ἢ Πύρρωνα τὸ πᾶν κρέης ἢ Διόδωρον." ταῖς
οὖν Διοδώρου διαλεκτικοῦ ὄντος λεπ-
τολογίαις τοὺς λογισμοὺς τοὺς Πύρρωνος καὶ τὸ σκεπτικὸν καταπλέξας
10 διεκόσμησε λόγου δεινότητι τῇ Πλάτωνος φληναφόν τινα κατεστωμυλμένον
καὶ ἔλεγε καὶ ἀντέλεγε καὶ μετεκυλιν-
δεῖτο κἀκεῖθεν κἀντεῦθεν, ὁποτέρωθεν
τύχοι παλινάγρετος καὶ δύσκριτος, καὶ
15 παλίμβολός θ' ἅμα καὶ παρακεκινδυ-
νευμένος· οὐδέν τι εἰδώς, ὡς αὐτὸς
ἔφη γενναῖος ὤν. εἶτά πως ἐξέβαινεν
ὅμοιος τοῖς εἰδόσιν ὑπὸ σκιαγραφίας
τῶν λόγων παντοδαπὸς πεφαντασμένος.
20 τοῦ τε Ὁμηρικοῦ Τυδείδου ὁποτέροις
μετείη ἀγνοουμένου [οὔτε εἰ Τρωσὶν
ὁμιλέοι οὔτε εἰ καὶ Ἀχαιοῖς] οὐδὲν
ἧττον Ἀρχεσίλαος ἠγνοεῖτο. τὸ γὰρ
ἕνα τε λόγον καὶ ταὐτόν ποτ' εἰπεῖν
25 οὐκ ἐνῆν ἐν αὐτῷ, οὐδέ γ' ἠξίου ἀνδρὸς εἶναι [πω] τὸ τοιοῦτο δεξιοῦ οὐ-
δαμῶς· ὠνομάζετο οὖν (Eur. Hik. 903)
"δεινὸς σοφιστὴς τῶν ἀγυμνάστων
σφαγεύς" κτέ.

εἰ οὐδὲ τὸ δεκαδάκτυλον τοῦ ἑξαδακτύλου. Ἤμονος δέ τινος
Χίου ἀειδοῦς ὄντος καὶ ὑπολαμβάνοντος εἶναι καλοῦ καὶ ἐν
χλανίσιν ἀεὶ ἀναστρεφομένου εἰπόντος ὅτι οὐ δοκεῖ αὐτῷ ⟨ὁ⟩
σοφὸς ἐρασθήσεσθαι, ἔφη "πότερον οὐδ' ἐὰν οὕτω καλὸς ᾖ
τις ὥσπερ σὺ οὐδ' ἐὰν οὕτω καλὰ ἱμάτια ἔχῃ;" ἐπεὶ δὲ καὶ πα-
ρακίναιδος ὢν ὡς εἰς βαρὺν τὸν Ἀρχεσίλαον ἔφη· (adesp. 105)

Numen. 13 ὁποτέρωθεν ich aus ἑκατέρωθεν ὁπόθεν. 16 der gute witz
"er wusste von gar nichts, so sagte er selbst, und das war brav von ihm",
erforderte eine andere interpunction, und οὐδέν τι wie CG die besten codd.
lesen. 23 dass diese anekdote antigonisch ist, wird man wol glauben, wenn
man bedenkt, wie alt die interpolation ist, die in unserm Euripides an stelle
der glänzenden antithese steht. vgl. Herm. XL. 303.

(35) "ἔξεστ' ἐρωτᾶν πότνιά σ' ἢ σιγὴν ἔχω;" ὑπολαβὼν ἔφη·
(adesp. 106) "γύναι, τί μοι τραχεῖα κοὺκ εἰθισμένως" λαλεῖς;
στωμύλου δὲ ἀγεννοῖς πράγματα αὐτῷ παρέχοντος ἔφη· (Eurip.
fgm. 966) "Ἀκόλασθ' ὁμιλεῖν γίγνεται δούλων τέκνα". ἄλλου
δὲ πολλὰ φλυαροῦντος οὐδὲ τίτθης αὐτὸν χαλεπῆς τετυχηκέναι
ἔφη· τισὶ δὲ οὐδὲ ἀπεκρίνετο. πρὸς δὲ τὸν δανειστικὸν καὶ φι-
λόλογον εἰπόντα τι ἀγνοεῖν, ἔφη· "λήθουσι γάρ τοι κἀνέμων
διέξοδοι θήλειαν ὄρνιν, πλὴν ὅταν τόκος παρῇ". ἔστι δὲ ταῦτα
ἐκ τοῦ Οἰνομάου τοῦ Σοφοκλέους. (36) πρὸς Ἀλεξίνειόν τινα
διαλεκτικὸν μὴ δυνάμενον κατ' ἀξίαν τῶν Ἀλεξίνου τι διηγήσα-
σθαι τὸ Φιλοξένῳ πρὸς τοὺς πλινθιακοὺς πραχθὲν εἶπεν· ἐκεῖνος γὰρ τὰ αὑτοῦ κακῶς ᾄδοντας τούτους καταλαβὼν αὐτὸς τὰς
πλίνθους αὐτῶν συνεπάτησεν εἰπών, "ὡς ὑμεῖς τὰ ἐμὰ δια-
φθείρετε, οὕτω κἀγὼ τὰ ὑμέτερα". ἤχθετο οὖν δὴ τοῖς μὴ καθ'
ὥραν τὰ μαθήματα ἀνειληφόσι.

φυσικῶς δέ πως ἐν τῷ διαλέγεσθαι ἐχρῆτο τῷ "φήμ' ἐγώ",
καὶ "οὐ συγκαταθήσεται τούτοις ὁ δεῖνα", εἰπὼν τοὔνομα· ὃ
καὶ πολλοὶ τῶν μαθητῶν ἐζήλουν ⟨ὡς⟩ καὶ τὴν ῥητορείαν καὶ
πᾶν τὸ σχῆμα.

(37) ἦν δὲ καὶ εὑρεσιλογώτατος ἀπαντῆσαι εὐστόχως καὶ ἐπὶ
τὸ προκείμενον ἀνενεγκεῖν τὴν περίοδον τῶν λόγων καὶ ἅπαντι
συναρμόσασθαι καιρῷ. πειστικός τε ὑπὲρ πάνθ' ὁντινοῦν· παρὸ
καὶ πλείους πρὸς αὐτὸν ἀπήντων εἰς τὴν σχολὴν καίπερ ὑπ'
ὀξύτητος αὐτοῦ ἐπιπληττόμενοι. ἀλλ' ἔφερον ἡδέως· καὶ γὰρ ἦν
ἀγαθὸς σφόδρα καὶ ἐλπίδων ὑποπιμπλὰς τοὺς ἀκούοντας.

ἔν τε τῷ βίῳ κοινωνικώτατος ἐγένετο καὶ εὐεργετῆσαι πρό-
χειρος ἦν καὶ λαθεῖν τὴν χάριν ἀτυφότατος. εἰσελθὼν γοῦν ποτὲ
πρὸς Κτησίβιον νοσοῦντα καὶ ἰδὼν ἀπορίᾳ θλιβόμενον, κρύφα
βαλλάντιον ὑπέθηκε τῷ προσκεφαλαίῳ· καὶ ὃς εὑρών, "Ἀρκεσιλάου, φησί, τὸ παίγνιον." ἀλλὰ καὶ ἄλλοτε χιλίας ἀπέστειλεν.
(38) Ἀρχίαν τε τὸν Ἀρκάδα Εὐμένει συστήσας πολλῆς ἐποίησε
τυχεῖν τῆς ἀξίας.

---

35 im verse ἔχω Nauck für ἔχειν. im folgenden wird λαλεῖς ohne grund
und wahrscheinlichkeit zum citat gezogen. von dem dritten verse steht durch
Plutarch fest, dass Euripides sein verfasser ist und ἀκόλαστα πάντῃ schrieb.
37 über Ktesibios vgl. den Menedemos des Antigonos.

ἐλευθέριός τε ὢν καὶ ἀφιλαργυρώτατος εἰς τὰς ἀργυρικὰς
δείξεις ἀπήντα πρῶτος καὶ ἐπὶ τὴν Ἀρχεκράτους καὶ Καλλικρά-
τους τὰς χρυσιαίας παντὸς ἔσπευδε μᾶλλον. συχνοῖς τε ἐπήρκει
καὶ συνηράνιζε· καὶ ποτέ τινος ἀργυρώματα λαβόντος εἰς ὑποδο-
χὴν φίλων καὶ ἀποστεροῦντος οὐκ ἀπήτησεν οὐδὲ προςεποιήθη.
οἳ δέ φασιν ἐπίτηδες χρῆσαι καὶ ἀποδιδόντος, ἐπεὶ πένης ἦν,
χαρίσασθαι.

ἦν μὲν οὖν αὐτῷ καὶ ἐν Πιτάνῃ περιουσία, ἀφ᾽ ἧς ἀπέστειλεν αὐτῷ Πυλάδης ὁ ἀδελφός, ἀλλὰ καὶ ἐχορήγει αὐτῷ πολλὰ
Εὐμένης ὁ τοῦ Φιλεταίρου· διὸ καὶ τούτῳ μόνῳ τῶν ἄλλων βασιλέων προςεφώνει. (39) πολλῶν δὲ καὶ τὸν Ἀντίγονον θεραπευόν-
των καὶ ὁπότε ἥκοι ἀπαντώντων αὐτὸς ἡσύχαζε, μὴ βουλόμενος
προεμπίπτειν εἰς γνῶσιν. φίλος τε ἦν μάλιστα Ἱεροκλεῖ τῷ τὴν
Μουνιχίαν ἔχοντι καὶ τὸν Πειραιᾶ· ἔν τε ταῖς ἑορταῖς κατήει
πρὸς αὐτὸν ἑκάστοτε. καὶ δὴ καὶ πολλὰ ἐκείνου συμπείθοντος
ὡςτ᾽ ἀσπάσασθαι τὸν Ἀντίγονον, οὐκ ἐπείσθη, ἀλλ᾽ ἕως πυλῶν
ἐλθὼν ἀνέστρεψε. μετά τε τὴν Ἀντιγόνου ναυμαχίαν πολλῶν
προςιόντων καὶ ἐπιστόλια παρακλητικὰ γραφόντων αὐτὸς ἐσιώ-
πησεν. ἀλλ᾽ οὖν ὅμως ὑπὲρ τῆς πατρίδος ἐπρέσβευσεν εἰς Δημη-
τριάδα πρὸς Ἀντίγονον καὶ οὐκ ἐπέτυχε.

τὸ πᾶν δὴ διέτριβεν ἐν τῇ Ἀκαδημείᾳ τὸν πολιτισμὸν ἐκτοπίζων. (40) καὶ ποτε δὴ καὶ Ἀθήνησιν * * * ἐν τῷ Πειραιεῖ
πρὸς τὰς θέσεις λέγων ἐχρόνισεν, οἰκείως ἔχων πρὸς Ἱεροκλέα·
ἐφ᾽ ᾧ καὶ πρός τινων διεβάλλετο ⟨ὡς φίλοχλος καὶ φιλόδοξος⟩.
μάλιστα δὲ ἐπείθεντο αὐτῷ οἱ περὶ Ἱερώνυμον τὸν περιπατη-
τικόν, ὁπότε συνάγοι τοὺς φίλους εἰς τὴν Ἀλκυονέως τοῦ Ἀντιγόνου υἱοῦ ἡμέραν, εἰς ἣν ἱκανὰ χρήματα ἀπέστελλεν Ἀντίγονος
πρὸς ἀπόλαυσιν. (42) ἔνθα καὶ παραιτούμενος ἑκάστοτε τὰς
ἐπικυλικείους ἐξηγήσεις πρὸς Ἀριδείκην προτείνοντά τι θεώρημα
καὶ ἀξιοῦντα εἰς αὐτὸ λέγειν, εἶπεν "ἀλλ᾽ αὐτὸ τοῦτο μάλιστα
φιλοσοφίας ἴδιον, τὸ τὸν καιρὸν ἑκάστων ἐπίστασθαι". εἰς δὲ
τὸ διαβαλλόμενον αὐτοῦ φίλοχλον καὶ Τίμων τά τ᾽ ἄλλα φησίν,
ἀτὰρ δὴ καὶ τοῦτον τὸν τρόπον· (29 W.)

---

38 die leute sind mir alle unbekannt, und welcher art die δείξεις waren,
weifs ich auch nicht. 39 einen historischen commentar liefert der erste
excurs. 40 die aristippische einlage oben s. 50. 42 Ἀριδείκην ich für Ἀριδη-
λον, über ihn vgl. Bücheler zu Philodem col. 20.

ὡς εἰπὼν ὄχλοιο περίστασιν εἰςκατέδυνεν.
οἳ δέ μιν ἠΰτε γλαῦκα περὶ σπίζαι τερατοῦντο
ἠλέματον δεικνύντες, ὁθούνεκεν ὀχλοαρέσκης.

οὐ μέγα πρῆγμα, τάλας· τί πλατύνεαι, ἠλίθιος ὥς;

οὐ μὴν ἀλλ' οὕτως ἄτυφος ἦν ὥστε τοῖς μαθηταῖς παρῄνει
καὶ ἄλλων ἀκούειν. καί τινος Χίου νεανίσκου μὴ εὐαρεστουμένου
τῇ διατριβῇ αὐτοῦ, ἀλλ' Ἱερωνύμου τοῦ προειρημένου, αὐτὸς
ἀπαγαγὼν συνέστησε τῷ φιλοσόφῳ παραινέσας εὐτακτεῖν. (43) χά-
ριεν δ' αὐτοῦ φέρεται κἀκεῖνο· πρὸς τὸν πυθόμενον διὰ τί ἐκ
μὲν τῶν ἄλλων μεταβαίνουσιν εἰς τὴν Ἐπικούρειον, ἐκ δὲ τῶν
Ἐπικουρείων οὐδέποτε, ἔφη, "ἐκ μὲν γὰρ ἀνδρῶν γάλλοι γίνονται,
ἐκ δὲ γάλλων ἄνδρες οὐ γίνονται".

λοιπὸν δὲ πρὸς τῷ τέλει γενόμενος ἅπαντα καταλέλοιπε
Πυλάδῃ τἀδελφῷ τὰ αὐτοῦ, ἀνθ' ὧν ἐς Χίον αὐτὸν προήγαγε
τὸν Μοιρέαν λανθάνων, κἀκεῖθεν εἰς Ἀθήνας ἀπήγαγε. † περιιὼν δὲ οὔτε γύναιον ἐπηγάγετο οὔτ' ἐπαιδοποιήσατο. τρεῖς τε
διαθήκας ποιησάμενος ἔθετο τὴν μὲν ἐν Ἐρετρίᾳ παρὰ Ἀμφί-
κριτον, τὴν δ' Ἀθήνησι παρά τινας τῶν φίλων, τὴν δὲ τρίτην
ἀπέστειλεν εἰς οἶκον πρὸς Θαυμασίαν ἕνα τινὰ τῶν ἀναγκαίων
ἀξιώσας διατηρῆσαι· πρὸς ὃν καὶ γράφει ταυτί·

Ἀρκεσίλαος Θαυμασίᾳ χαίρειν· 44. δέδωκα Διογένει διαθήκας ἐμαυτοῦ κομίσαι πρὸς σέ· διὰ γὰρ τὸ πολλάκις ἀρρωστεῖν
καὶ τὸ σῶμα ἀσθενῶς ἔχειν ἔδοξέ μοι διαθέσθαι, ἵν' εἴ τι γέ-
νοιτο ἀλλοῖον, μήτι σε ἠδικηκὼς ἀπίω τὸν εἰς ἔμ' ἐκτενῶς οὕτω
πεφιλοτιμημένον. καὶ ἀξιοπιστότατος δ' εἰ τῶν ἐνθάδε σύ μοι
τηρῶν αὐτὰς διά τε τὴν ἡλικίαν καὶ τὴν πρὸς ἡμᾶς οἰκειότητα.
πειρῶ οὖν, μεμνημένος διότι σοι πίστιν τὴν ἀναγκαιοτάτην πα-
ρακατατίθεμαι, δίκαιος ἡμῖν εἶναι, ὅπως ὅσον ἐπὶ σοὶ τὰ κατ'
ἐμὲ εὐσχημόνως ᾖ μοι διῳκημένα. κεῖνται δὲ Ἀθήνησιν αὗται
παρά τισι τῶν γνωρίμων καὶ ἐν Ἐρετρίᾳ παρ' Ἀμφικρίτῳ.

Folgt der tod aus Hermippos und die homonymenliste.

---

42 Timon 29 σπίζαι Casaub. für σπίζα. der vorwurf πλατύνεαι bedeutet
'weshalb bleibst du Platoniker'. vgl. Timon 7 τῶν πάντων δ' ἡγεῖτο πλατίστατος
ἀλλαγορήτης. 43 dies ist neben dem nicht näher zeitlich zu fixierenden galli-
ambus des Kallimachos (Herm. XIV 194) die älteste erwähnung der γάλλοι.
aber die Ποταμογαλλῖται hatte gleichzeitig oder früher auch Timosthenes erwähnt, der bei Steph. Byz. s. v. Γάλλος (d. h. Alexandros Polyistor) aus Τιμό-
θεος zu emendieren ist. — ich habe vor περιιὼν oder περιὼν ein kreuz gesetzt; es ist aber wol noch mehr corrupt.

Ich glaubte noch vor kurzem (*comm. gramm.* II 10) ein beträchtliches stück dieser vita aus Athenaeus X 420 hinzufügen zu können. denn die beiden dort von Arkesilaos erzählten geschichten folgen unmittelbar auf ein namentliches excerpt aus Antigonos' Menedemos, und da bei Diogenes eine schilderung der symposien des Arkesilaos im zusammenhange nicht vorkommt, wol aber Arideikes hier wie dort genannt ist, so lag der schluss nahe. aber dass er nicht sicher ist zeigt schon Athenaeus. denn der kramt hier sammlungen über philosophensymposia sehr verschiedener herkunft aus, so dass die nachbarschaft nichts beweist, Hegesander (419) Sosikrates (422) und auch anonymes, wie dies, daneben. sodann ist die erste anekdote besser bei Plutarch (*de cohib. ira* 13) berichtet, die zweite aber hat schwerlich Antigonos erzählt: Arkesilaos lässt seinen Freund Apelles den wein durchseihen, und da der das nicht versteht, wirft er sich vor, einen zu dem geschäft bestellt zu haben, der wie er μηδὲν ἀγαθὸν ἑώρακεν, d. h. nichts rechts verstände und zugleich 'kein ἀγαθόν wahrgenommen hätte', einen skeptiker. 'also steh du auf Arideikes, du, Apelles geh weg und klaube an den ἑκτά'. das hat Meineke für corrupt gehalten. es ist aber ein kunstwort. die Akademie unterscheidet nach Diogenes III 105 die ἀγαθά in ἑκτὰ μεθεκτὰ ὑπαρκτά. vielleicht war ein witz dabei, dass hier die erste classe genannt wird, vielleicht auch nicht. jedenfalls ist nichts zu ändern. aber dann ist auch klar, dass der durchaus unphilosophische Antigonos nicht der berichterstatter ist. somit habe ich die stellen nicht abgedruckt. ob die plutarchische fassung des ersten apophthegma, ob überhaupt auch andere gute worte des Arkesilaos bei ihm antigonisch sind (nachweisungen bei Zeller), das muss dahingestellt bleiben. gelesen hat er Antigonos auf keinen fall; im übrigen sind seine philosophischen schriften bisher noch so trostlos wenig angebaut, dass man von der ausdehnung seiner lecture ein ganz unzureichendes bild hat. es ist aber bei der grofsen persönlichen bedeutung des Arkesilaos sehr natürlich, dass sich spuren davon in manchen zeitgenössischen berichten niederschlagen mussten.

c. Lykon.

Von dem ursprung der vier peripatetikerviten, welche dem
Aristoteles folgen, habe ich keine vorstellung. das wissen wir ja
wol, dass die schriftencataloge hier auf Hermippos zurückgehn,
und dass demgemäfs diesem wol gröfsere bedeutung als sonst
beizumessen ist. auch werden die testamente der älteren schwerlich andere herkunft haben als das des Lykon, das aus Ariston
ist. nur hilft dies noch nicht viel weiter. doch scheint zu constatieren zu sein, dass die diodochenschriftsteller überhaupt diese
schule nicht weiter hinunterführten, meist wol schon bei Theophrast
stehen blieben. die Doxographen brechen mit Straton ab, um
dann allenfalls noch Kritolaos zu berücksichtigen. Hesychius bezeugt uns, dass die schüler des Aristoteles in Diogenes vorlage
breiter behandelt waren, als es bei diesem der fall ist (*epist. ad
Maafs.* 151). auf die verschiedenheit, welche die biographie
Lykons von ihrer umgebung trennt und an sich schon auf Antigonos weisen würde, wird man glücklicherweise leicht aufmerksam, und ihm kann das seine ohne schwierigkeit gegeben werden.
doch ist festzuhalten, dass wir dadurch wol eine der primärquellen
kennen lernen, von den mittelgliedern dagegen gar keine vorstellung haben.

Hinter dem scholarchate in § 68, welches apollodorisch ist,
kommt natürlich nichts mehr in betracht. Antigonos ist § 67
genannt für die gymnastischen neigungen des Lykon; er bezieht
sich auf leistungen in Lykons heimat Troas: also wieder mysische
bekanntschaft. die am anfang von § 68 berichtete geschichte
über hass gegen Hieronymos müsste man schon, weil die beiden
parallelen im Timon und Arkesilaos antigonisch sind, diesem zuschreiben: nun wird gar direct auf das leben des Arkesilaos verwiesen.
dazwischen steht, also schon durch die stellung antigonisch, Lykons verhältniss zu den pergamenischen königen. vor Antigonos
steht eine hermippische notiz über die kleidung Lykons. dies

zeigt, weshalb der name 67 genannt ist; es ist somit diese nennung höchstens dafür, sicherlich nicht dagegen eine instanz,
dass der erste abschnitt antigonisch ist. derselbe ist in sich unteilbar (65. 66), eine mit vielen bezeichnenden beispielen begrün-
dete kritik des stiles Lykons in rede und schrift. der verfasser
ist dem Lykon nicht günstig gesonnen, aber er hat allerdings
durchaus recht. es ist eine blumenlese asianischer, d. h. barocker
floskeln. dass diese kritik von Antigonos herrührt, macht die ganz
entsprechende schilderung Krantors mehr als wahrscheinlich. es
wird nun innerhalb derselben auf eine witzige beurteilung Lykons
von 'Antigonos' bezug genommen. darunter hat Diogenes zweifelsohne Gonatas verstanden, und dieser hat den Lykon gekannt,
der um 270 schulhaupt geworden sein muss, und nach ausweis
der officiellen liste CIA II 334 hat *Λύκων φιλόσοφος* im chremonideischen kriege 200 drachmen freiwillige beiträge gezahlt.
er gehörte also zur volkspartei, wie wir denn auch § 67 am ende
hören, dass er im interesse des staates Athen tätig gewesen ist.
da also die möglichkeit vorliegt, dass könig Antigonos wirklich
so über Lykon geurteilt hat, und es an der darstellung des
Diogenes liegen kann, dass er von Lykon im praeteritum redet
(Lykon hat den könig fast um 20 jahre überlebt), so muss
man sich dabei beruhigen. ich persönlich bin allerdings minder geneigt, dem stoischen könig diesen witz zuzutrauen, als
dem Diogenes eine verwirrung, so dass eigentlich der Karystier
die vergleichung gemacht hätte. glücklicherweise hat dies aber
auf die beantwortung der frage nach der herkunft der ganzen
charakteristik keinen einfluss. dafür reicht die analogie aus:
derlei stilistische urteile gibt es sonst nirgend im Diogenes.

Eine sehr beträchtliche bereicherung erhält aber diese vita
durch Athenaeus, welcher XII 548 die schilderung der symposien
des Lykon mit Antigonos eigenen worten erhalten hat; er bricht
bei der schilderung seiner turnerischen neigungen ab, also grade
wo das namentliche excerpt bei Diogenes anhebt. hier zuerst
können wir also ein urteil über den stil der biographien gewinnen; der Menedemos wird dasselbe wol vervollständigen, aber
nichts wesentlich neues lehren. der eindruck wird nicht nur

den der von dem Wunderbuch kommt überraschen; auch die excerpte bei Diogenes geben nur ein höchst unvollkommenes bild.
freilich ist bei diesem (und ähnlich muss es in seinen vorlagen
gewesen sein), die fähigkeit weder vorhanden noch beansprucht
einen eigenen stil zu haben und also die originalschriftsteller
von grund aus umzuschreiben; Philodem ist viel freier verfahren.
es bleibt also im wesentlichen der wortschatz wie er war, und
man wird bei der lecture der hier vereinigten reste des Antigonos
unter sich übereinstimmung finden; wenn man dann aber etwa
den Pythagoras oder die Sieben weisen im Diogenes list, einen
sehr starken abstand. dies ist eben eine sprache die weder attisch
im echten sinne noch in dem der kaiserzeit ist. namentlich im
wortschatz ist von der atticistischen reaction mit immer steigen-
dem erfolge das ausgerottet worden, was in den drei jahrhunderten von Aristoteles bis Caecilius nachgewachsen war; in
excerpten hält sich so etwas länger als syntax und periodenbau.
um so wertvoller sind die fragmente bei Athenaeus, obgleich
selbst dieser, wie seine Polybiosauszüge zeigen, hie und da das
was der atticistischen zeit störend war geglättet hat. und hier
zeigt sich denn freilich ein anderes bild als die brockenhafte ad-
versarienrede des Wunderbuches und die im satzbau auf das aller-
dürftigste zusammengeschrumpften Diogenesexcerpte. diese darstellung will etwas vorstellen, und sie kann es. hier gibt es
perioden, die sätze fliefsen, und eher könnte man an der fülle
als an magerkeit anstofsen. die rede ist fast hiatusfrei, aber die
rücksicht auf den wolklang ist nicht zur marotte geworden. die
wörter sind desselben schlages wie im Diogenes, z. b. ἐπιχειρεῖν,
philosophische disputierübung halten, ganz wie im Polemon (s. 63),
ἐπιχειροῦντες 'die studierenden', φυσικῶς 'natürlich, ungezwungen'
wie im Arkesilaos (s. 74). dabei ist eine gewisse nonchalance, die dem
memoirenton angemessen ist, mit absicht beibehalten oder fingiert;
denn es ist sogar gezwungen, dass das τε hinter ἄρξαι 547^C erst in
ἱεροποιῆσαί τε des folgenden abschnittes sein correlat findet, acht
zeilen später[1]). und, was wichtiger ist als das sprachliche, aber

---

[1]) Einen ähnlich gebauten satz des Wunderbuches s. oben s. 20 anm. 9.

damit zusammenhängt, der ton ist durchaus subjectiv, der berichterstatter redet nicht mit jener teilnahmlosen langweiligkeit, welche
die philister allezeit für sachlich genommen haben, weil es ihnen
versagt ist für eine sache sich zu erwärmen, sondern aus eigenem
wissen mit eigenem gefühle. das merkt man ja auch in den
diogenischen viten durch, die alle eine ganz kenntliche färbung
haben, aber nur zu sehr teils abgeblasst teils vergröbert. von
den durch sorgfältiges abwägen der schattierung plastisch hervor-
gehobenen portraits sind nur die markantesten züge der zeich-
nung und hie und da ein besonders grelles licht stehen geblieben.
ähnlich ist das gemälde noch, aber das kunstwerk ist verloren,
und was es dereinst war, ermisst man nur an den geringen resten,
die die hand des meisters ohne übermalung oder gar nur durch
eine copie, ja sudelcopie durchschimmernd, enthalten.

Nun hat die subjective färbung aber grade bei diesem bruchstück des Lykon dem Antigonos von keinem geringeren als Zeller
den vorwurf der übertreibung eingetragen. so wird dies der ort
sein, von seiner glaubwürdigkeit zu reden. dass Zeller so ur-
teilte, war zunächst einfach in der ordnung. Antigonos ist bisher einer von vielen gewesen, einer aus der gattung von bericht-
erstattern, die pikantes, individuelles, sonderbares von dem leben
der philosophen berichten. die gattung verdient es dass man
ihre berichte als parteiisch, übertrieben, oft gradezu als erlogen
bezeichnet. und in erster linie, wo sie ungünstiges berichten.
jetzt erscheint mir, und wird hoffentlich überhaupt in zukunft
Antigonos als ein durchaus kenntliches individuum erscheinen,
das lediglich aus sich beurteilt zu werden ein recht hat. und
wahrheitsliebe darf ihm nicht abgesprochen werden. was er aus
eigener erfahrung berichtet, und das ist das meiste, wenigstens
wie es uns erscheint, garantiert dass er gewillt war das wahre
zu sagen. selbst wo er auf anderer berichten fußt, erwächst
mindestens dadurch für ihn das lob der wahrhaftigkeit, dass er
seine gewährsmänner nennt. sehr vieles von dem was er berichtet ist anekdotenhaft und gehört unter die kategorie der
'guten geschichte' und des 'bon mot'. indess darf nicht vergessen werden dass eine zeit, welche darin schwelgt für die

gröfsen der vergangenheit solche geschichten und worte zu finden
oder zu erfinden, in ihren geistigen vertretern eben so wol die
neigung wie die fähigkeit erzeugen wird, das zu liefern was man
bei den heroen der vergangenheit so gern hat, und gleichermafsen in der umgebung der leitenden personen eine für andere
verhältnisse und zeiten unbegreifliche fähigkeit und neigung zeitigt
witze und pointen zu bemerken, zu behalten und zu colportieren.
es ist das auch eine äufserung der sucht nach dem charakteristischen,
welche überhaupt zu den eigentümlichkeiten der barockzeit gehört, und in der barockzeit der hellenischen cultur ja ganz besonders hervortritt. aus der römischen barockzeit (welche sich,
der beschränkten bedeutung der römischen kunst entsprechend
nur in der *eloquentia* äufsern kann) steht uns ein ganz verwand-
tes beispiel in dem vater Seneca vor augen. mich dünkt, an
mehr als einem punkte wird der leser des Antigonos an diesen
erinnert werden. mit all dem ist wol die wahrheitsliebe des Antigonos begründet: das schliefst aber keineswegs aus dass die
subjectivität seiner berichte unwillkürlich licht und schatten un-
gerecht verteilt hat. es ist ganz handgreiflich, und auch das
bruchstück seines Lykon bestätigt es, dass er mit seiner neigung
bei den Akademikern ist, dem Zenon und noch mehr dem Lykon
nicht günstig gesinnt, feindlich dem Hieronymos, der aber
auch ein erbärmlicher geselle war. diese gesinnung ist, so weit
sie unwillkürlich die berichte färbt, in abzug zu bringen: aber
dass er wissentlich irgend etwas falsches irgendwo behauptet
hätte, kann ich nicht zugeben. dass Lykon gern turnte und gut
ball spielte, daran ist doch kein anstofs, zudem belegt Antigonos
ersteres durch einen sieg in öffentlichem kampfspiel. und dass
er dann ἀθλητικῆς ὦζεν (das ist doch etwa auf xenophontisch
das antigonische ἐμπινής) und pankratiastenohren hatte, war doch
lediglich eine unvermeidliche folge dieser seiner neigung. ferner
berichtet Antigonos von lockrem leben in Lykons athenischer studentenzeit; auch das dürfte nicht schwer in die wagschale fallen, das
vorleben Polemons wird viel drastischer geschildert. man denke
an Theophrastos, sowol die χαρακτῆρες wie den bericht des Hermippos über seine vorträge, der in jenem buch die bestätigung

findet, um solche detailmalerei zwar κακόζηλον aber eben im stil der zeit zu finden. aus seiner vorstandschaft aber wird dem Lykon luxus und grofstuerei zum vorwurf gemacht und mit tatsachen belegt. die tatsachen kann man nicht bezweifeln; den schluss daraus bestreite wer will, an Antigonos glaubwürdigkeit ändert das nichts. für diese fällt aber das sehr schwer in die wagschale dass Antigonos ausdrücklich sagt, es hätten das die späteren (nach Platon und Speusippos) alle nicht viel besser getrieben, Lykon nur besonders auffallend. ich meinesteils aber muss sogar ganz entschieden aussprechen dass mich dies urteil eher zu milde als übertrieben dünkt. was wissen wir denn von Lykon? dass unter seinem langen scholarchate der Peripatos vollständig heruntergekommen ist, dass mit ihm der zwei jahrhundert lange totenschlaf der aristotelischen philosophie beginnt. und wenn es ein zufall ist, dass wir von Lykon nichts zusammenhängendes besitzen²) als eine höchst sachkundige und behagliche schilderung des katzenjammers (Rutil. Lup. II 7), so ist dieser zufall dennoch die beste illustration zu der schilderung des Antigonos.

²) Ein par worte hat Meineke (Steph. Byz. 721) bei Herodian (II 716) nachgewiesen.

ΠΕΡΙ ΛΥΚΩΝΟΣ ΒΙΟΥ

Diogenes V 65 Λύκων Ἀστυάνακτος Τρωαδεύς, φραστικὸς ἀνὴρ καὶ περὶ παίδων ἀγωγὴν ἄκρως συντεταγμένος. ἔφασκε γὰρ δεῖν παρεζεῦχθαι τοῖς παισὶ τὴν αἰδῶ καὶ φιλοτιμίαν ὡς τοῖς ἵπποις μύωπα καὶ χαλινόν. τὸ δ' ἐκφραστικὸν αὐτοῦ καὶ περιγεγωνὸς ἐν τῇ ἑρμηνείᾳ φαίνεται κἀνθένδε· φησὶ γὰρ τοῦτον τὸν 5 τρόπον ἐπὶ παρθένου πενιχρᾶς· "βαρὺ γὰρ φορτίον πατρὶ κόρη διὰ σπάνιν προικὸς ἐκτρέχουσα τὸν ἀκμαῖον τῆς ἡλικίας καιρόν". διὸ δὴ καὶ φασὶν Ἀντίγονον ἐπ' αὐτοῦ τοῦτο εἰπεῖν, ὡς οὐκ ἦν ὥσπερ μήλου τὴν εὐωδίαν καὶ χάριν ἄλλοθί που μετενεγκεῖν, ἀλλ' ἐπ' αὐτοῦ τοῦ ἀνθρώπου καθάπερ ἐπὶ τοῦ δένδρου τῶν λεγομέ- 10 νων ἕκαστον ἔδει θεωρεῖσθαι. (66) τοῦτο δὲ ὅτι ἐν μὲν τῷ λέγειν γλυκύτατος ἦν· παρὸ καὶ τινες τὸ γάμμα αὐτοῦ τῷ ὀνόματι προσετίθεσαν. ἐν δὲ τῷ γράφειν ἀνόμοιος αὐτῷ. ἀμέλει γοῦν

1 die eingangsworte τοῦτον διεδέξατο waren natürlich zu entfernen.

καὶ ἐπὶ τῶν μεταγινωσκόντων ἐπειδὴ μὴ ἔμαθον ὅτε καιρὸς καὶ
εὐχομένων τοῦτον ἐκαλλιλέκτει τὸν τρόπον· ἔλεγεν "αὐτῶν κατηγορεῖν, ἀδυνάτῳ μηνύοντας εὐχῇ μετάνοιαν ἀργίας ἀδιορθώτου".
τούς τε βουλευομένους οὐκ ὀρθῶς "διαπίπτειν ἔφασκε τῷ λογισμῷ,
5 οἱονεὶ στρεβλῷ κανόνι βασανίζοντας εὐθεῖαν φύσιν ἢ πρόςωπον
ὕδατι κλυδαττομένῳ ἢ κατόπτρῳ διεστραμμένῳ" καὶ "ἐπὶ μὲν
τὸν ἐν τῇ ἀγορᾷ στέφανον πολλοὺς ἀπιέναι, ἐπὶ δὲ τὸν Ὀλυμ-
πίασιν ἢ ὀλίγους ἢ οὐδένα".

πολλάκις τε πολλὰ συμβουλεύσας Ἀθηναίοις, τὰ μέγιστα
10 αὐτοὺς ὠφέλησεν.

ATHENAEVS XII 547ᵈ καὶ Λύκων δὲ ὁ Περιπαιητικός, ὡς φησιν
Ἀντίγονος ὁ Καρύστιος, κατ' ἀρχὰς ἐπιδημήσας παιδείας
ἕνεκα ταῖς Ἀθήναις περὶ συμβολικοῦ κώθωνος καὶ πόσον ἑκάστη
τῶν ἑταιρουσῶν ἐπράττετο μίσθωμα ἀκριβῶς ἠπίσιατο. ὕστερον
15 δὲ καὶ τοῦ περιπάτου προστὰς ἐδείπνιζε τοὺς φίλους ἀλαζονείᾳ
καὶ πολυτελείᾳ πολλῇ χρώμενος. χωρὶς γὰρ τῶν παραλαμβανο-
μένων εἰς αὐτὰ ἀκροαμάτων καὶ ἀργυρωμάτων καὶ στρωμνῆς ἡ
λοιπὴ παρασκευὴ καὶ ἡ τῶν δείπνων περιεργία καὶ ὁ τῶν τραπεζοποιῶν καὶ μαγείρων ὄχλος τοσοῦτος ἦν ὥστε καὶ πολλοὺς ὀρρω-
20 δεῖν καὶ βουλομένους προσιέναι πρὸς τὴν διατριβὴν ἀνακόπτεσθαι,
[καὶ] καθάπερ εἰς πολίτευμα πονηρὸν καὶ χορηγιῶν καὶ λειτουρ-
γιῶν πλῆρες εὐλαβουμένους προσάγειν. ἔδει γὰρ ἄρξαι τε τὴν
νομιζομένην ἐν τῷ περιπάτῳ ἀρχήν (αὕτη δ' ἦν ἐπὶ τῆς εὐκοσμίας
τῶν ἐπιχειρούντων) τριάκονθ' ἡμέρας, εἶτα τῇ ἕνῃ καὶ νέᾳ λα-
25 βόντα ἀφ' ἑκάστου τῶν ἐπιχειρούντων ἐννέα ὀβολοὺς ὑποδέξασθαι
μὴ μόνον αὐτοὺς τοὺς τὴν συμβολὴν εἰσενεγκόντας ἀλλὰ καὶ οὓς
παρακαλέσειεν ὁ Λύκων, ἔτι δὲ καὶ τοὺς ἐπιμελῶς συναντῶντας
τῶν πρεσβυτέρων εἰς τὴν σχολήν, ὥστε γίνεσθαι μηδὲ εἰς τὸν
μυρισμὸν καὶ τοὺς στεφάνους ἱκανὸν τὸ ἐκλεγόμενον ἀργύριον·

---

7 ἐκ τῆς ἀγορᾶς vulgo. das geht nicht, denn στέφανος hat locale bedeutung, gemeint ist der teil des bazars, wo man die kränze zu den symposien
kauft: Ὀλυμπίαθεν könnte stehen, wie ἐκ τῆς ἀγορᾶς στεφάνους oder ῥόδα ἐκ
τοῦ στεφάνου, aber das steht nicht da.   18 τραπεζοποιῶν Meineke: τρα-
πεζῶν.   21 [καὶ] Schweighäuser.   27 παρακαλεῖν hat Meineke mit unrecht
beanstandet; es heißt natürlich 'hinzu einladen': es kehrt bei Antigonos
wieder in dem Ktesibios betreffenden bruchstück des Menedemos.

ἱεροποιῆσαί τε καὶ τῶν Μουσῶν ἐπιμελητὴν γενέσθαι· ἃ δὴ πάντα
ἐφαίνετο λόγου μὲν ἀλλότρια καὶ φιλοσοφίας εἶναι, τρυφῆς δὲ
καὶ περιστάσεως οἰκειότερα. καὶ γὰρ εἰ παρίεντό τινες τῶν μὴ
δυναμένων εἰς ταῦτα ἀναλίσκειν ἀπὸ βραχείας καὶ τῆς τυχούσης
ὁρμώμενοι χορηγίας, ὅ γ᾽ ἐθισμὸς ἱκανῶς ἦν ἄτοπος. οὐ γὰρ 5
ἵνα συρρυέντες ἐπὶ ταὐτὸ τῆς ἕως τοὐρθρίου γενομένης τραπέζης
ἀπολαύσωσιν ἢ χάριν ἐξοινίας ἐποιήσαντο τὰς συνόδους ταύτας
οἱ περὶ Πλάτωνα καὶ Σπεύσιππον, ἀλλ᾽ ἵνα φαίνωνται καὶ τὸ
θεῖον τιμῶντες καὶ φυσικῶς ἀλλήλοις συμπεριφερόμενοι, καὶ τὸ
πλεῖστον ἕνεκεν ἀνέσεως καὶ φιλολογίας. ἃ δὴ πάντα γέγονε 10
δεύτερα παρὰ τοῖς ὕστερον τῶν τε χλανίδων καὶ τῆς πολυτελείας
τῆς εἰρημένης. οὐ γὰρ ἔγωγε τοὺς λοιποὺς ὑπεξαιροῦμαι. ὁ δὲ
Λύκων ὑπ᾽ ἀλαζονείας καὶ ἐν τῷ ἐπιφανεστάτῳ τῆς πόλεως τόπῳ,
ἐν τῇ Κόνωνος οἰκίᾳ, εἶχεν εἰκοσίκλινον οἶκον, ὃς ἦν ἐπιτήδειος
αὐτῷ πρὸς τὰς ὑποδοχάς. 15
ἦν δὲ ὁ Λύκων καὶ σφαιριστὴς ἀγαθὸς καὶ ἐπιδέξιος.

---

1 Μουσῶν: über diese stelle, an der Meineke θυσιῶν conjiciert hat,
vgl. excurs 2. 5 ὅ γ᾽ ἐθισμός ich für ὅ γε μισθός. damit ist der anstofs, der
schon Casaubonus zur annahme einer lücke trieb, entfernt. 11 παρὰ τοῖς
Schweighäuser: παρ᾽ αὐτοῖς.

Diogenes V 67 ἀλλὰ καὶ γυμναστικώτατος ἐγένετο καὶ εὐέκτης
τὸ σῶμα τήν τε πᾶσαν σχέσιν ἀθλητικὴν ἐπιφαίνων, ὠτοθλαδίας
καὶ ἐμπινὴς ὤν, καθά φησιν Ἀντίγονος ὁ Καρύστιος. διὰ
τοῦτο δὲ καὶ παλαῖσαι λέγεται τά τ᾽ ἐν τῇ πατρίδι Ἰλίεια καὶ
σφαιρίσαι.

ὡς οὐκ ἄλλος τ᾽ ἦν φίλος τοῖς περὶ Εὐμένη καὶ Ἄτταλον, οἳ
καὶ πλεῖστα ἐπεχορήγουν αὐτῷ. ἐπειράθη δ᾽ αὐτὸν σχεῖν καὶ
Ἀντίοχος, ἀλλ᾽ οὐκ ἔτυχεν.

(68) οὕτω δ᾽ ἦν ἐχθρὸς Ἱερωνύμῳ τῷ περιπατητικῷ, ὡς μό-
νος μὴ ἀπαντᾶν πρὸς αὐτὸν εἰς τὴν ἐτήσιον ἡμέραν. περὶ ἧς ἐν
τῷ Ἀρχεσιλάου βίῳ διειλέγμεθα.

d. Menedemos.

Wie bei Lykon steht hier ein excerpt des Athenaeus (X 419) zu gebote, welches die symposien des Menedemos schildert. dadurch erkennen wir die herkunft zunächst des oft wörtlich stimmenden parallelberichtes bei Diogenes (II 139. 40), wo Antigonos nicht genannt ist, sodann aber auch noch eines zweiten stückes (133. 134), welches dieselben sachen und namentlich auch die beziehung zu dem dichter Lykophron berührt. damit hängt unlöslich zusammen alles was sich auf Menedemos dichterische freunde, auf seine lectüre und das verhältniss zu seinen lehrern bezieht. es würde sich schon allein durch die gleichartigkeit mit den stücken in Skeptikern und Akademikern als antigonisch ausweisen. Diogenes selber nennt den Antigonos § 136, und was hier steht, dass er nichts geschrieben hatte, höchst energisch in der disputation war, aber selbst gegen die welche er am rückhaltlosesten bekämpfte von zuvorkommendster hilfbereitschaft war, ist so recht in der art, wie die scharfen polemiker Pyrrhon und Arkesilaos charakterisirt sind.

Nun heifst es kriterien finden, wie weit das antigonische sich noch erstrecke. die nennung in § 136 zeigt deutlich, dass das unmittelbar vorhergehende ihm fremd ist. und wirklich, am ende von § 134 steht Antisthenes; dem gehört der zuverlässige bericht über Menedemos logik; 135 Herakleides; der hat auf den rest anspruch. scheidet man dies aber aus, so schliefsen die beiden sicher antigonischen bestandteile gut an einander. aufserdem ergibt sich für Herakleides etwas von belang. nach ihm war die dialektik für Menedemos nebensache, und im grunde war er Platoniker. dem widerspricht nicht blofs Antisthenes, sondern auch die §§ 134 136, nach denen Menedemos von Platon geringschätzig redete und mit leib und seele dialektiker war. also ein hinweis darauf, dass Herakleides die am eingang der vita berührte fabel colportiert hat, welche Platon zu Menedemos lehrer machte: eigentlich nur durch eine verwechselung mit Menedemos aus Pyrrha[1]).

---

[1] Das athenische studium steht im eingang der vita (125) sehr ungeschickt eingelegt, denn wenn Menedemos mit einer eretrischen garnison nach

Noch könnte es scheinen, als wäre die schon erprobte
und bei den Stoikern wieder anzuwendende methode auch hier
probat, dass sich das antigonische einfach durch ausscheiden gewinnen liefse; aber schon der schluss, von dem antigonischen
stücke über die syssitien (140) ab, zeigt ein ganz anderes verhältniss. es ist eine zusammenhängende darstellung der beziehungen des Menedemos zu den königen, welche sehr passend
ans ende gerückt ist, da der tod am hofe des Antigonos
stattfindet. über diesen wird erst der hermippische bericht
gegeben[2]), dem aber sofort die wahrheit aus Herakleides entgegengesetzt wird, mit dem bemerken, dass hierzu Antigonos
stimme. nach einem corollar über die stellung Menedems zu
Persaios, die eben in die letzten tage desselben fällt, kehrt Herakleides wieder; ein epigramm der Pammetros macht den schluss.
es ist eine kleinigkeit, dass jenes corollar (144), gestellt zwischen
zwei namentliche anführungen des Herakleides unmittelbar hinter
Antigonos, diesem zufällt. weit mehr von belang ist, dass der bericht aus Hermippos, wie ein denkender leser sofort sehen muss,
durch Herakleides hierher gelangt ist; dann ist aber auch der
ganze abschnitt, einschliefslich eines citates aus dem seltenen
Euphantos[3]), herakleidisch. nun ist dieser aber in keiner

Megara geht, und ihn dort Asklepiades der schüler Stilpons trifft, was soll
dazwischen eine studentenzeit bei Platon? ganz abgesehen davon dass all
dies chronologisch unmöglich ist. dass Antigonos den Platon auch unter
Menedemos lehrern nennt (134), beweist in diesem zusammenhange keine
persönliche beziehung. Menedemos von Pyrrha war sowol nach dem urteil
der komoedie (Epikrates *inc.* 1) wie dem der *νεανίσκοι*, von denen er beinahe zu Speusippos nachfolger gewählt wäre (Philodem ind. Acad. 7), einer
von Platons bedeutendsten schülern. natürlich erstreckt sich die verwechselung nur auf die genesis des athenischen aufenthalts für den Eretrier.
weiter ausgemalt ist dieser in der anekdote unbekannter herkunft bei Athenaeus IV 168, dass der Areopag sich um den erwerb der jünglinge Menedemos und Asklepiades kümmert. es ist eine geschichte, die mit verschiedenen namen erzählt wird. eine dublette (Demokrit) steht gleich dahin-
ter am selben orte.

²) Natürlich aus dem s. 46 anm. 3 citierten buche.

³) Es gibt zu denken, dass Euphantos in der *διαδοχή* der Megariker
eine vita bei Diogenes hat (II 110), die offenbar, da der mann bald verschol-

weise von der schilderung der syssitien zu sondern, die doch antigonisch ist. somit säfse die untersuchung fest. freilich wol, wenn jede quellenuntersuchung sich mit der scheere machen liefse: die wird Herakleides und Antigonos allerdings nicht von einander sondern.

Wir wissen jetzt durch Usener und Diels von der philosophen-geschichte der Oxyrynchiten Herakleides Lembos wenigstens grade so viel um hier uns auszufinden. ἐπιτομή hiefs das weitschich-tige buch, und als darin epitomiert kennen wir Sotion und Satyros, welche aber niemals zusammen genannt werden; hier erscheint keiner von beiden. und dass wol Herakleides, aber nicht Sotion der cretrischen schule einen platz angewiesen hat, zeigt die schultafel beider bei Diels Doxogr. 147. 149. Satyros hat, so viel sich beurteilen lässt, zwar mancher philosophen leben, aber keine geschichte der philosophie geschrieben. ist nun von Herak-leides ein blofses excerpieren zweier quellen anzunehmen? das

---

len ist, alter herkunft sein muss. danach war er ein schüler des Eubulides, lehrer Ἀντιγόνου τοῦ βασιλέως, was bekanntlich nur Gonatas sein kann, schrieb eine geschichte seiner zeit, führte tragödien auf und starb γήρᾳ. also war er um 290 ein mann und mag allerdings noch funfzig jahre gelebt haben. das einzige citat, das es aufser diesen gibt, aus seinem vierten buche, steht in Athenaeus sammlungen über κόλακες (VI 251), welche zwar zum gröfsten teile originalexcerpte sind, aber doch auch entlehntes enthalten, wie z. b. dieses. denn irgend etwas was auch der böseste wille für schmeichelei ausgeben könnte, steckt nicht in dem erzählten. man hat aber aufserdem bezweifelt, ob auch nur so viel richtig wäre, dass 'Kallikrates schmeichler des dritten Ptolemaios' von Euphantos hätte genannt werden können. nun ist ja ein irrtum in der zahl nicht onerhört, aber Euphantos wird wol auch so lange gelebt haben können: Kallikrates hat es sicher getan. denn es ist hier natürlich Kallikrates des Boiskos sohn aus Samos gemeint, welcher unter Ptolemaios I in Kypros (Diodor XX 21) gegen Nikokles focht, unter Ptole-maios II admiral ward und nach dem tode der Arsinoe Philadelphos ihren cult als Aphrodite Zephyritis inaugurierte. er weihte bildsäulen von könig und königin in Olympia und erhielt selbst von dem κοινὸν νησιωτῶν in Delos eine ehrenstatue, wie es scheint unter Euergetes (Homolle im Bull. de Corr. Hell. IV 326). somit ist nicht nur die möglichkeit erwiesen, dass alles bei Euphantos in ordnung ist, sondern auch eine κολακεία des Kallikrates, wenig-stens was ein Athenaeus so auffasst, die apotheose der Arsinoe. dass diese noch unter ihrem gatten statt fand, ist gar nicht einmal nötig.

glaube ich von dem zeitgenossen Aristarchs um keinen preis; an
einer stelle habe ich auch schon gezeigt, dass er seiner quelle
einen anderswoher genommenen zusatz beigegeben hat (*epist.
ad Maaß.* 149). Herakleides schrieb auch eine vielbändige, wie
es scheint wenig gelesene, politische geschichte. sie wird ein
ähnliches epitomatorisches werk gewesen sein: aber wer so viel
liest, der behält auch etwas, das er gelegentlich zusetzt. hier ist
evident, dass er Hermippos, mehr als wahrscheinlich, dass er
Euphantos benutzt hat: mit Antigonos ist es nicht anders. wenn
er die Eretrier in seinen hauptquellen nicht fand und doch be-
handelte, wie sollte er es auch anders machen?[1]) wir haben die
untersuchung dieser Diogenesvita nicht zunächst auf Antigonos,
sondern auf Herakleides zu stellen, und dann ist das ergebniss
ein überaus einfaches. die ganze vita ist Herakleides. dass er
an einzelnen stellen genannt wird, hat jedesmal darin seinen
grund, dass ein abweichender bericht vorhergieng; mit nennung
des namens 135 und 143, dass 144 antigonisches vorhergieng,
haben wir schon gesehen, die discrepanzen in 138 werden sich
noch fühlbar machen. aber wie ist es zu erklären dass der gewährsmann des Diogenes das gut des Herakleides von dem seiner
vorlagen so weit sondern konnte, dass er ihm daneben auch
eigenes zuschrieb? das ist eben so zu erklären, wie dass bald
Herakleides in Sotions, bald in Satyros epitome angeführt wird,
oder dass wir Sotion aufserdem bei Nikias von Nikaia oder Hippobotos oder Hegesandros antreffen. die alexandrinischen gelehrten haben glücklicherweise auch schon gesammelt und epitomiert.
aber sie unterscheiden sich von ihren nachfahren im zweiten und
dritten nachchristlichen jahrhundert sehr zu ihrem vorteil durch
die solide art der quellenangabe. von den grofsen beispielen der
aristotelischen συναγωγὴ τεχνῶν und den φυσικαὶ δόξαι des Theophrastos führt auch zu diesen biographen der weg. und des
Kallimachos θαυμάσια, die ὑπομνήματα des Zenodotos und Kallimachos sind doch auch nichts anderes als eine schachtel citate.

---

[1]) Περὶ τῶν Ἐρετριακῶν φιλοσόφων schrieb Sphairos (Diog. VII 178); von
seiner benutzung zeigt sich nichts.

die zweite oekonomik, die aristotelischen ϑαυμάσια sind auch
nichts anderes: aber die citate sind weg gelassen; dafür sind die
bücher pseudonym. ein beispiel der art liegt uns endlich wol
nahe: das Wunderbuch des Antigonos von Karystos. wenn man
so die art des Herakleides auffasst (sie ist aber unabhängig von
dieser frage unbedingt so aufzufassen), so ist an seinem Menedemos
alles auffällige verschwunden. er wollte der eretrischen schule
einen platz gönnen: was konnte er besseres tun, als das leben des
Antigonos zu grunde zu legen, aus seiner historischen lectüre
und dem hermippischen buche, dem er übrigens mit kritik begegnete, einlegen, was ihm nur einschlägliches begegnete? ich zweifle
gar nicht, dass wir, wenn wir Herakleides selbst hätten, in folge
seiner citate genau das antigonische sondern könnten: jetzt aber
ist das ein aussichtsloser versuch. dennoch muss er gemacht
werden. den andern weg, zuzuschn wie weit etwa Herakleides
in den übrigen kleinen Sokratikern des Diogenes vorliege,
brauche ich hier nicht einzuschlagen[5]). da hilft auch die richtige beurteilung der Eretrier wenig; denn das war eine vernach-
lässigte schule, die mehr als ein diadochencompendium bei seite
liefs. Suidas hat keine vita Menedems, und es ist auch kein
zufall, dass kein homonymenverzeichniss im Diogenes steht, das
hier um so nötiger gewesen wäre, als ein kyniker Menedemos bei
Diogenes selbst eine vita, freilich auch ohne homonymenliste, hat,
und der Pyrrhaeer sogar bei Herakleides confusion gemacht hat.

Wenn Herakleides der berichtigten darstellung von Menedemos traurigem ausgange die bemerkung beigab, dass Antigonos
im wesentlichen so wie er berichtet hatte und aus diesem den
hass gegen den feind der demokratie Persaios zufügte, so folgt
ja freilich, dass er noch eine weitere quelle besafs[6]); wir wissen

---

[5]) Selbst das darf in suspenso bleiben, ob Diogenes ihn selber im Menedem excerpiert habe oder beim 'biographus' vorfand; ich glaube natürlich
letzteres, aber der 'biographus' ist hier besonders fragwürdig.

[6]) Köpke denkt sich dass Herakleides aus Sotion, dieser dann wieder
aus Antigonos geschöpft hätte; das ist sehr verständig, allein Sotion hat,
so viel wir urteilen können, die Eretrische schule nicht behandelt.

es ja auch von Euphantos und Antisthenes[7]). für die vorhergehende geschichte gestattet aber eine beobachtung, die ähnlich
bei Arkesilaos nutzbringend gewesen ist, weiter zu kommen.
quellen sind hier ein brief Menedems an Demetrios und ein
psephisma, das er bei rat und volk von Eretria durchsetzte.
wem das zu gebote stand, der arbeitete aus genauester eretrischer
kenntniss. derselben können allein die namen obscurer Eretrier,
wie der politischen gegner des Menedemos, entstammen. diese
kenntniss erweist sich aber an anderen stellen als eine zeit-
genössische. der welcher das standbild Menedems in Eretria
beschreibt (132), schreibt aus persönlicher kenntniss Menedems,
und zwar hat er ihn offenbar nur als greis gekannt. und aus
persönlicher kenntniss schildert offenbar Antigonos die lebensweise des Menedemos in allen ihren äufserungen. es ist also
nicht nur dasjenige was speciell eretrische localkenntniss voraussetzt, sondern eben alles was speciell die lebensart des Menedemos angeht antigonisch. das ist wieder so ziemlich die hauptmasse; wie das denn auch bei Herakleides nicht befremden kann.
und bestätigung bleibt nicht aus. die schilderung nach einzelnen
hervorstechenden charakterismen ist wie bei Arkesilaos und Timon § 126 φαίνεται σεμνὸς γενέσθαι 127 ἦν ἐπικόπτης καὶ παρρησιαστής (dieselben worte, Arkesilaos s. 73). 130 ἦν ἐκκλίτης καὶ τὰ
τῆς σχολῆς ἀδιάφορος (vgl. Zenon § 14 ἐξέκλινε τὸ πολυδημῶδες)
u. s. f. doch hat Herakleides sich, wie die einlage 134 ἦν δὲ
καὶ δυσκατανόητος beweist, derselben form bedient, wie das ja auch
am bequemsten war, so dass nicht jede solche rubrik ohne weiteres
antigonisch ist. sodann begegnet § 127 Ἱεροκλῆς ὁ ἐπὶ τοῦ Πειραιῶς. der spätere platzcommandant von Munichia trifft in Oropos mit Menedemos zusammen, zu einer zeit, wo in Athen eine
garnison überhaupt nicht war. aber zur zeit, wo Antigonos daselbst mit Arkesilaos verkehrte, war Hierokles in jener stellung

[7]) Dies ist nur mit der ansicht vereinbar, dass Antisthenes wirklich der
rhodische historiker war; allein diese meinung scheint mir überhaupt notwendig. in ihm den träger der Menedem feindlichen tradition zu sehen ist
zunächst eben so müfsig, wie wenn man Sphairos dafür in anspruch nehmen
wollte.

und kommt so bei Antigonos vor (Arkes. s. 75 vgl. excurs 1): die
von Herakleides oder seinem bearbeiter leichtsinnig herüber-
geschriebene stelle zeugt so nachdrücklich von ihrem ersten urheber.

So gut steht es aber nicht immer. von den vier hinter einander gestellten geschichten, die alle mehr oder wenig verhüllt
und mehr oder weniger witzig den vorwurf des περαίνεσθαι enthalten (127. 128), wird man kaum denselben antigonischen ursprung annehmen; obgleich Zenon und Arkesilaos auch genug
ähnliches bieten. die erste anekdote in § 129 ist gewiss nicht
antigonisch, denn nur die lehre Menedems, dass das gut nur eines
ist, gibt ihr salz. am eingang § 126 deutet der doppelte anfang
φαίνεται σεμνὸς γενέσθαι und οὕτω δ' ἦν σεμνός darauf, dass
zwei hände gearbeitet haben; somit ist wahrscheinlich, dass Timon und Krates erst von Herakleides herangezogen sind. bei
anderen partien, wie dem rencontre mit Krates (131), scheint mir
die wage für und gegen Antigonos gleich zu schweben.

In mehreren geschichten, wie dem kyprischen abenteuer (130),
der jugendgeschichte (131), dem anfall von aberglauben, oder
besser von berechtigtem ekel (132), ist die tendenz deutlich, den
Asklepiades auf kosten des Menedemos zu erheben[8]). dies wird
in einem späteren teile gradezu ausgesprochen, wo ein widerstreit
der berichte klar zu tage tritt, 137 φίλος τε ἦν μάλιστα, ὡς δῆλον ἐκ τῆς πρὸς Ἀσκληπιάδην συμπνοίας, οὐδέν τι διαφεροῦσης
τῆς Πυλάδου φιλοστοργίας. ἀλλὰ πρεσβύτερος Ἀσκληπιάδης ὡς
λέγεσθαι ποιητὴν μὲν αὐτὸν εἶναι, ὑποκριτὴν δὲ Μενέδημον. es
folgt eine geschichte, die nur die heroische σύμπνοια belegt. die
eingeschobene redensart ist eine triviale, die mir grade aus Plutarch (reip. ger. praec. 11), von Laelius und Scipio gesagt, im
gedächtniss ist, aber gewiss öfter vorkommt. dass dem Antigonos die günstigere auffassung angehört, ergibt der zusammenhang,
ergibt auch seine von solchen hämischen andeutungen sehr ent-
fernte sinnesart; ganz ähnlich hat er das freundespar Polemon
und Krates geschildert[9]). und hinzu kommt sehr gewichtig, dass

---

8) Schliefslich musste natürlich auch diese freundschaft in den kot gezogen werden, so Diokles in der vita des Krates VII 91.

9) Man feiert mit recht an den Epikureern den cultus der freundschaft.

die von gleicher gesinnung getragenen geschichten des ersten
teils der vita die jugend Menedems angehen, welche Antigonos
nicht erlebt hatte, der doch aus eigener erfahrung zu reden
pflegt. somit erachte ich dieses alles auch als zu beseitigen.
peinlich aber ist mir, in dem berichte über die ehen Menedems
(137. 138) zu keiner entscheidung zu gelangen. gesichert ist
nur, dass Herakleides dem Menedemos drei töchter von einer wol-
habenden oropischen frau zuschrieb. somit war er es nicht, der erzählte dass ein geschenk von je einem halben talent die beiden freunde
ἐσωματοποίησεν, wozu dann noch 2000 drachmen an Menedemos
als aussteuer der tochter kamen. dagegen kann er sehr wol den
etwas abenteuerlichen bericht von den heiraten in § 137 gegeben
haben, vorausgesetzt dass Menedemos töchter vor der zweiten
ehe ihres vaters verheiratet wurden. jedenfalls ist dies stück
von dem folgenden getrennt, wo es sehr einfach heifst dass Asklepiades als greis starb, συζήσας τῷ Μενεδήμῳ σφόδρα εὐτελῶς
ἀπὸ μεγάλων; daran wird eine geschichte geknüpft, welche sehr
apokryph aussicht: ein ἐρώμενος des Asklepiades nach dessen
tode noch als komast auftretend, ist nicht recht glaublich, und
gemäfs einer plutarchischen geschichte möchte man eher einen
sohn erwarten [10]. Asklepiades sich einfach als bemittelten mann
zu denken, Menedemos in anständiger dürftigkeit, das stimmt
aber zu dem antigonischen bilde, und ich bin ihm um so mehr

---

aber Epikuros kommt darin nur einem in seiner zeit besonders stark em-
pfundenen gefühle entgegen. treu und glauben ist so wenig in der welt,
verwandtschaftsbande halten nicht mehr, weil die familie selbst machtlos geworden ist und ihre religiöse weihe nicht mehr so stark wirkt. da schliefsen
sich die menschen auf gleichem boden des denkens und empfindens zusammen, und die religion wird auch hier von der philosophie abgelöst. der alte
sokratische Eros aber ist dahin. die empfindsamkeit und rührseligkeit, in
der auch Epikuros so stark ist, spielt denn auch mit. da sind die epigrammatiker glänzende belege.

[10] *de adulat. et amic.* 11 Μενέδημος Ἀσκληπιάδου τοῦ φίλου τὸν υἱὸν
ἄσωτον ὄντα καὶ ἄτακτον ἀποκλείων ἐσωφρόνισε, καὶ Βάτωνι τὴν σχολὴν ἀπεῖπεν
Ἀρκεσίλαος ὅτι πρὸς Κλεάνθην στίχον ἐποίησεν ἐν κωμῳδίᾳ, πείσαντος δὲ τὸν
Κλεάνθην καὶ μεταμελομένου διηλλάγη. ich habe auch dieses abgeschrieben,
weil es dem tone nach in das reich gehört, in dem wir uns bewegen.

geneigt, weil es die romantischen geschichten von der tage-
löhnerarbeit ihrer jugend ausschliefst. auch würde sich damit
wol eine geldunterstützung, wie sie mit nennung von obscuren
persönlichkeiten nachher steht, vertragen. dennoch ist es eine
gewaltsamkeit, und soll nur als exemplification dessen gelten,
was mir am probabelsten erscheint, wenn ich in dem abdrucke
antigonisches und fremdes hier gesondert habe. auch ist es
durchaus unaufgeklärt, wo denn nur Herakleides die angaben
hernahm, die nicht antigonisch sind und doch auch keinerlei
quellennachweis tragen.

Als corollar rechne ich dieser vita dasjenige zu, was Antigonos über Ktesibios von Chalkis erzählt hat. denn Athenaeus
bezeichnet diesen an der einzigen stelle, wo Antigonos name erhalten ist (an der andern hat ihn der epitomator gestrichen),
als Μενεδήμου γνώριμος, was deutlich macht, dass eben Menedemos biographie die quelle ist. man könnte sonst auch an das
leben des Arkesilaos denken, wo eine erwähnung des Ktesibios
§ 37 bei Antigonos noch vorliegt.   Apollodor (bei Phlegon (2)
und dem falschen Lukian (22) in den Μακρόβιοι) nennt ihn einen
historiker und lässt ihn, recht kynisch, mit 104 jahren ἐν περιπάτῳ sterben. sonst ist sein gedächtniss nur durch Hermippos
leben des Demosthenes (bei Plutarch 5 und Pseudoplutarch p. 281
West.) bewahrt. sein buch wird an der letzten stelle περὶ φιλοσοφίας genannt; der inhalt des berichtes stimmt eher zu der
apollodorischen bezeichnung ἱστορικός; wie beides bei so vielen
geistern niedern ranges durch einander geht. er erzählt nämlich,
dass Demosthenes sich die schriften des Zoilos (der als kyniker
dem Ktesibios nahe lag) und des Alkidamas unter der hand
verschafft habe. wenn Plutarch statt des Zoilos die τέχναι des
Isokrates nennt, so ist das um so unglaublicher, als die isokra-
tische τέχνη unächt war, Ktesibios mindestens aber noch zu lebzeiten desselben geboren ist. interessant sind auch die mittels-
männer, der historiker Kallias von Syrakus (der doch erst an
Agathokles hof zu bedeutung kam), und ein Karystier Charikles,
an dem eben die herkunft uns in diesem zusammenhange

interessieren kann. übrigens bedarf es keiner worte darüber, dass Ktesibios leeren klatsch berichtet.

Beim abdruck konnte ich nun hier nicht so wie sonst verfahren; wie die contamination verhindert die einzelnen bestandteile scharf von einander zu scheiden, so kann auch Antigonos nicht rein vorgelegt werden. ich rücke deshalb die ganze diogenische vita ein (nur zu seinem epigramm konnte ich mich nicht entschliefsen), und zwar so, dass ich alles was ich nicht für gesichert antigonisch halte petit setzen lasse, aber nur in dem falle dass es gesichert nicht antigonisch ist aufserdem zwischen doppelstriche schliefse. das gefühl mangelnder befriedigung und den wunsch, dass ein anderer mit glücklicherem scharfsinn und reicherer belesenheit das meinige möglichst bald überflügele, empfinde ich hier begreiflicherweise noch stärker als bei den anderen viten.

ΠΕΡΙ ΜΕΝΕΔΗΜΟΥ ΒΙΟΥ

· Diogenes II 125 Οὗτος τῶν ἀπὸ Φαίδωνος, Κλεισθένους τοῦ τῶν Θεοπροπιδῶν καλουμένων υἱός, ἀνδρὸς εὐγενοῦς μέν, ἀρχιτέκτονος δὲ καὶ πένητος.

‖ οἳ δὲ καὶ σκηνογράφον αὐτὸν εἶναί φασι καὶ μαθεῖν ἑκάτερα τὸν Μενέδημον· ὅθεν γράψαντος αὐτοῦ ψήφισμά τι καθήψατό τις Ἀλεξίνειος εἰπὼν ὡς οὔτε σκηνὴν οὔτε ψήφισμα προσήκει τῷ σοφῷ γράφειν. πεμφθεὶς δὲ φρουρὸς ὁ Μενέδημος ὑπὸ τῶν Ἐρετριέων εἰς Μέγαρα ἀνῆλθεν εἰς Ἀκαδήμειαν πρὸς Πλάτωνα καὶ θηραθεὶς κατέλιπε τὴν στρατείαν. (126) Ἀσκληπιάδου δὲ τοῦ Φλειασίου περισπάσαντος αὐτὸν ἐγένετο ἐν Μεγάροις παρὰ Στίλπωνι, οὗπερ ἀμφότεροι διήκουσαν· κἀκεῖθεν πλεύσαντες εἰς Ἦλιν Ἀγχιπύλῳ καὶ Μόσχῳ τοῖς ἀπὸ Φαίδωνος παρέβαλον. καὶ μέχρι μὲν τούτων, ὡς προείρηται ἐν τῷ περὶ Φαίδωνος, Ἠλιακοὶ προσηγορεύοντο· Ἐρετρικοὶ δ' ἐκλήθησαν ἀπὸ τῆς πατρίδος τοῦ περὶ οὗ ὁ λόγος.

§ 126 Hegesandros in der epitome des Athenaeus 44 °, in dem katalog der wassertrinker, nennt Ἀγχίμολον καὶ Μόσχον τοὺς ἐν Ἤλιδι σοφιστεύσαντας, welche namensform glaubwürdiger sei, kann ich nicht entscheiden. im capitel über Phaidon (II 105) wird Πλείστανος (vgl. oben s. 30) als mittler zwischen Phaidon und Menedemos genannt. es ist also weder auf dies citat im Menedem noch darauf etwas zu bauen, dass die überleitung der elischen in die eretrische schule auch bei Hesych (Suid. s. v. Φαίδων) vorliegt.

Φαίνεται δὴ ὁ Μενέδημος σεμνὸς ἱκανῶς γενέσθαι· ὅθεν αὐτὸν Κράτης παρῳδῶν φησι· (5 Bergk). *"Φλειάσιόν τ' Ἀσκληπιάδην καὶ ταῦρον Ἐρετρῆ".* ὁ δὲ Τίμων οὕτω· (28 W.) *"Λῆρον ἀναστήσας ὠφρυωμένος ἀφροσιβόμβαξ".* ‖

(127) οὕτω δ' ἦν σεμνὸς ὡς Εὐρύλοχον τὸν Κασανδρέα μετὰ Κλειππίδου Κυζικηνοῦ μειρακίου κληθέντα ὑπ' Ἀντιγόνου ἀπειπεῖν· φοβεῖσθαι γὰρ μὴ Μενέδημος αἴσθοιτο.

ἦν γὰρ καὶ ἐπικόπτης καὶ παρρησιαστής. μειρακίου γοῦν καταθρασυνομένου εἶπε μὲν οὐδέν· λαβὼν δὲ κάρφος διέγραφεν εἰς τοὔδαφος περαινομένου σχῆμα· ἕως ὁρώντων πάντων συνὲν τὸ μειράκιον τὴν ὕβριν ἀπηλλάγη. Ἱεροκλέους δὲ τοῦ ἐπὶ τοῦ Πειραιῶς συνανακάμπτοντος αὐτῷ ἐν Ἀμφιαράου καὶ πολλὰ λέγοντος περὶ τῆς ἁλώσεως τῆς Ἐρετρίας, ἄλλο μὲν οὐδὲν εἶπεν, ἠρώτησε δὲ εἰς τί αὐτὸν Ἀντίγονος περαίνει.

(128) πρὸς δὲ τὸν θρασυνόμενον μοιχὸν, "ἀγνοεῖς, ἔφη, ὅτι οὐ μόνον κράμβη χυλὸν ἔχει χρηστόν, ἀλλὰ καὶ ῥαφανίς;" πρὸς δὲ τὸν νεώτερον κεκραγότα, "σκέψαι, ἔφη, μή τι ὄπισθεν ἔχων λέληθας." Ἀντιγόνου δὲ συμβουλευομένου εἰ ἐπὶ κῶμον ἀφίκοιτο, σιωπήσας τἆλλα μόνον ἐκέλευσεν ἀπαγγεῖλαι ὅτι βασιλέως υἱός ἐστι. πρὸς δὲ τὸν ἀναίσθητον ἀναφέροντά τι αὐτῷ εἰκαίως, ἠρώτησεν εἰ ἀγρὸν ἔχοι· φήσαντος δὲ καὶ πάμπλειστα κτήματα, "πορεύου τοίνυν, ἔφη, κἀκείνων ἐπιμελοῦ, μὴ συμβῇ σοι καὶ ταῦτα καταφθεῖραι καὶ κομψὸν ἰδιώτην ἀποβαλεῖν." πρὸς δὲ τὸν πυθόμενον εἰ γήμαι ὁ σπουδαῖος, ἔφη, "πότερον ἐγώ σοι σπουδαῖος δοκῶ ἢ οὔ;" φήσαντος δ' εἶναι, "ἐγὼ τοίνυν, εἶπε, γεγάμηκα." (129) ‖ πρὸς δὲ τὸν εἰπόντα πολλὰ τὰ ἀγαθὰ ἐπύθετο πόσα τὸν ἀριθμὸν καὶ εἰ νομίζοι πλείω τῶν ἑκατόν. μὴ δυνάμενος δὲ τῶν καλούντων ἐπὶ δεῖπνόν τινος περιελεῖν τὴν πολυτέλειαν, κληθείς ποτε οὐδὲν μὲν εἶπε· σιωπῶν δ' αὐτὸν ἐνουθέτησε μόνας ἐλαίας προσενεγκάμενος. διὰ δὴ οὖν τὸ παρρησιαστικὸν τοῦτο μικροῦ καὶ ἐκινδύνευσεν ἐν Κύπρῳ παρὰ Νικοκρέοντι σὺν Ἀσκληπιάδῃ τῷ φίλῳ. τοῦ γάρ τοι βασιλέως ἐπιμήνιον ἑορτὴν τελοῦντος καὶ καλέσαντος καὶ τούτους ὥσπερ τοὺς ἄλλους φιλοσόφους, τὸν Μενέδημον εἰπεῖν ὡς εἰ καλὸν ἦν ἡ τῶν τοιούτων ἀνδρῶν συναγωγή, καθ' ἑκάστην ἡμέραν ἔδει

§ 126 bei Krates hat Bergk Ἐρετρῆν für Κρέτην hergestellt; die unrichtige Verkürzung in Φλειάσιος wie die unerlaubte Synaloephe bei Timon sind nur Belege dafür dass diese Dichter den Hexameter nicht besser behandeln wie ihr Zeitgenosse Rhinthon den Iambus.

§ 127 ἀπειπεῖν ich für ἀντειπεῖν.

§ 128 dies Apophthegma und das Sprichwort δὶς κράμβη θάνατος hätten alte und neue Commentare zu Aristophanes urteil über seinen Vorgänger Krates beischreiben sollen Ritt. 529 ἀπὸ κραμβοτάτου στόματος μᾶττων ἀστειοτάτας ἐπινοίας. es ist 'süfs' mit dem beigeschmack des faden. sonst vgl. Apollodoros von Karystos inc. 1. das wort an Antigonos ist gefallen etwa 292—288, während Antigonos in Hellas, Demetrios in Makedonien war. das nächste verstehe ich nicht.

γίνεσθαι τὴν ἑορτήν· εἰ δ' οὔ, περιττῶς καὶ νῦν. (130) πρὸς δὲ τοῦτο ἀπαν-
τήσαντος τοῦ τυράννου καὶ εἰπόντος ὡς ταύτην τὴν ἡμέραν ἔχοι σχολάζουσαν
πρὸς τὸ διακούειν φιλοσόφων, ἔτι καὶ μᾶλλον αὐστηρότερον ἐνέκειτο, δεικνὺς
ἐπὶ τῆς θυσίας ὡς χρὴ πάντα καιρὸν φιλοσόφων ἀκούειν· ὥστ' εἰ μή τις αὐλη-
τῆς αὐτοῖς διεπέμψατο, κἂν ἀπώλοντο. ὅθεν χειμαζομένων ἐν τῷ πλοίῳ τὸν
Ἀσκληπιάδην φασὶν εἰπεῖν ὡς ἡ μὲν τοῦ αὐλητοῦ εὐμουσία σέσωκεν αὐτούς, ἡ
δὲ τοῦ Μενεδήμου παρρησία ἀπολώλεκεν. |

ἦν δέ, φασί, καὶ ἐκκλίτης καὶ τὰ τῆς σχολῆς ἀδιάφορος, οὔτε
τάξιν γοῦν τινα ἦν παρ' αὐτῷ βλέπειν οὔτε βάθρα κύκλῳ δίέκειτο,
ἀλλ' οὗ ἂν ἕκαστος ἔτυχε περιπατῶν ἢ καθήμενος ἤκουε, καὶ αὐτοῦ τοῦτον τὸν τρόπον διακειμένου.

(131) ‖ ἀγωνιάτης μέντοι, φασίν, ἦν ἄλλως καὶ φιλόδοξος· ὥστε τὸ πρότερον τέκτονι συνοικοδομοῦντες αὐτός τε καὶ ὁ Ἀσκληπιάδης, ὁ μὲν Ἀσκληπιάδης
ἐφαίνετο γυμνὸς ἐπὶ τοῦ τέγους τὸν πηλὸν παραφέρων, ὁ δὲ εἴ τιν' ἴδοι ἐρχό-
μενον, παρεκρύπτετο |. ἐπεὶ δ' ἥψατο τῆς πολιτείας, οὕτως ἦν ἀγωνιάτης ὥστε
καὶ τὸν λιβανωτὸν τιθεὶς διήμαρτε τοῦ θυμιατηρίου. καί ποτε Κράτητος περι-
ισταμένου αὐτὸν καὶ καθαπτομένου εἰς τὸ ὅτι πολιτεύεται, ἐκέλευσέ τισιν εἰς
τὸ δεσμωτήριον αὐτὸν ἐμβαλεῖν· τὸν δὲ μηδὲν ἧττον τηρεῖν παριόντα καὶ ὑπερ-
κύπτοντα Ἀγαμεμνόνειόν τε καὶ Ἡγησίπολιν ἀποκαλεῖν. (132) ‖ ἦν δέ πως
ἠρέμα καὶ δεισιδαιμονέστερος. σὺν γοῦν Ἀσκληπιάδῃ κατ' ἄγνοιαν ἐν πανδο-
κείῳ ποτὲ κρεάτων ῥιπτουμένων φαγών, ἐπειδὴ μάθοι, ἐναντία τε καὶ ὠχρία·
ἕως Ἀσκληπιάδης ἐπετίμησεν αὐτῷ ὡς οὐδὲν [εἰπὼν] ἠνώχλησεν αὐτὸν τὰ κρέα,
ἀλλ' ἡ περὶ τούτων ὑπόνοια. τὰ δ' ἄλλα μεγαλόψυχος ἀνὴρ ἦν καὶ ἐλευθέριος.‖

Κατά τε τὴν ἕξιν τὴν σωματικὴν ἤδη καὶ πρεσβύτης ὑπάρχων οὐδὲν ἧττον ἀθλητοῦ στερεός τε καὶ ἐπικεκαυμένος τὸ εἶδος,
πίων τε καὶ τετριμμένος· τὸ δὲ μέγεθος σύμμετρος, ὡς δῆλον ἐκ
τοῦ εἰκονίου τοῦ ἐν Ἐρετρίᾳ ἐν τῷ ἀρχαίῳ σταδίῳ. ἔστι γὰρ ὡς
ἐπίτηδες παράγυμνον, τὰ πλεῖστα μέρη φαῖνον τοῦ σώματος.
(133) ἦν δὲ καὶ φιλυπόδοχος καὶ διὰ τὸ νοσῶδες τῆς Ἐρετρίας
πλείω συνάγων συμπόσια· ἐν οἷς καὶ ποιητῶν καὶ μουσικῶν.
ἠσπάζετο δὲ καὶ Ἄρατον καὶ Λυκόφρονα τὸν τῆς τραγῳδίας
ποιητὴν καὶ τὸν Ῥόδιον Ἀνταγόραν· μάλιστα δὲ πάντων Ὁμήρῳ
προσεῖχεν· εἶτα καὶ τοῖς μελικοῖς· ἔπειτα Σοφοκλεῖ, καὶ δὴ καὶ
Ἀχαιῷ, ᾧπερ καὶ τὸ δευτερεῖον ἐν τοῖς σατύροις, Αἰσχύλῳ δὲ τὸ
πρωτεῖον ἀπεδίδου. ὅθεν καὶ πρὸς τοὺς ἀντιπολιτευομένους ταῦτα,
φασί, προεφέρετο· (fgm. 32 N.) "ἡλίσκει ἄρα καὶ πρὸς ἀσθενῶν
ταχύς, καὶ πρὸς χελώνης ἀετὸς βραχεῖ χρόνῳ." (134) ταῦτα
δ' ἐστὶν Ἀχαιοῦ ἐκ τῆς σατυρικῆς Ὀμφάλης· ὥστε πταίον-

---

§ 133 Suid. s. v. Ἄρατος. ἀκουστὴς — Μενεδήμου.

σιν οἱ λέγοντες μηδὲν αὐτὸν ἀνεγνωκέναι πλὴν τῆς Μηδείας
τῆς Εὐριπίδου, ἣν ἔνιοι Νεόφρονος εἶναι τοῦ Σικυωνίου
φασί. τῶν δὲ διδασκάλων τῶν περὶ Πλάτωνα καὶ Ξενοκράτην,
ἔτι τε Παραιβάτην τὸν Κυρηναῖον κατεφρόνει, Στίλπωνα δ' ἐτε-
θαυμάκει· καὶ ποτε ἐρωτηθεὶς περὶ αὐτοῦ ἄλλο μὲν οὐδὲν εἶπε
πλὴν ὅτι ἐλευθέριος.

‖ ἦν δὲ καὶ δυςκατανόητος ὁ Μενέδημος καὶ ἐν τῷ συνθέσθαι δυςαντα-
γώνιστος· ἐστρέφετό τε πρὸς πάντα καὶ εὑρεσιλόγει· ἐριστικώτατός τε, καθά
φησιν Ἀντισθένης ἐν διαδοχαῖς, ἦν. καὶ δὴ καὶ τόδε ἐρωτᾶν εἰώθει· "τὸ ἕτερον τοῦ ἑτέρου ἕτερόν ἐστι;" "ναί." "ἕτερον δέ ἐστι τὸ ὠφελεῖν τοῦ ἀγαθοῦ;"
"ναί." "οὐκ ἄρα τὸ ὠφελεῖν ἀγαθόν ἐστιν." (135) ἀνῄρει δέ, φασί, καὶ τὰ
ἀποφατικὰ τῶν ἀξιωμάτων, καταφατικὰ τιθείς· καὶ τούτων τὰ ἁπλᾶ προςδε-
χόμενος τὰ οὐχ ἁπλᾶ ἀνῄρει, λέγω δὲ συνημμένα καὶ συμπεπλεγμένα. φησὶ δ'
Ἡρακλείδης ἐν μὲν τοῖς δόγμασι Πλατωνικὸν εἶναι αὐτόν, διαπαίζειν δὲ τὰ δια-
λεκτικά· ὥστε Ἀλεξίνου ποτὲ ἐρωτήσαντος εἰ πέπαυται τὸν πατέρα τύπτων, "ἀλλ'
οὔτ' ἔτυπτον, φάναι, οὔτε πέπαυμαι." πάλιν τ' ἐκείνου λέγοντος ὡς ἐχρῆν εἰπόντα ναί ἢ οὔ λῦσαι τὴν ἀμφιβολίαν, "γελοῖον, εἶπε, τοῖς ὑμετέροις νόμοις
ἀκολουθεῖν, ἐξὸν ἐν πύλαις ἀντιβῆναι." Βίωνός τε ἐπιμελῶς καταιρέχοντος τῶν
μάντεων, νεκροὺς αὐτὸν ἐπισφάττειν ἔλεγε. (136) καὶ ποτέ τινος ἀκούσας ὡς
μέγιστον ἀγαθὸν εἴη τὸ πάντων ἐπιτυγχάνειν ὧν τις ἐπιθυμεῖ, εἶπε, "πολὺ δὲ
μεῖζον τὸ ἐπιθυμεῖν ὧν δεῖ." ‖ φησὶ δ' Ἀντίγονος ὁ Καρύστιος
γράψαι αὐτὸν μηδὲν μηδὲ συντάξαι, ὥστε μηδ' ἐπὶ δόγματός τινος
στηρίζειν. ἐν δὲ ταῖς ζητήσεσι, φησίν, ὧδε μάχιμος ἦν ὥστ' ὑπώ-
πια φέρων ἀπῄει. ὅμως δ' οὖν τοιοῦτος ἐν τοῖς λόγοις ὑπάρχων
ἐν τοῖς ἔργοις πρᾷότατος ἦν. Ἀλεξῖνον γοῦν πολλὰ καταπαίζων
καὶ σκληρῶς ἐπισκώπτων, ὅμως αὐτὸν εὖ ἐποίησε τὴν γυναῖκα
παραπέμψας ἐκ Δελφῶν ἕως Χαλκίδος, εὐλαβουμένην τὰς κλω-
πείας τε καὶ τὰς καθ' ὁδὸν λῃστείας.

(137) Φίλος τε ἦν μάλιστα, ὡς δῆλον ἐκ τῆς πρὸς Ἀσκληπιάδην συμπνοίας,
οὐδέν τι διαφερούσης τῆς Πυλάδου φιλοστοργίας. ‖ ἀλλὰ πρεσβύτερος Ἀσκληπιάδης, ὡς λέγεσθαι ποιητὴν μὲν αὐτὸν εἶναι, ὑποκριτὴν δὲ Μενέδημον ‖. καί
ποτέ φασιν Ἀρχεπόλιδος τρισχιλίας αὐτοῖς διαγράψαντος στηριζομένους περὶ
τοῦ τίς δεύτερος ἀρεῖ μηδέτερον λαβεῖν. ‖ λέγεται δὲ καὶ γυναῖκας ἀγνύεσθαι

---

§ 134 zu Neophron vgl. Herm. XV 437.

§ 136 ein beispiel des auftretens gegen Alexinos Plutarch de vitios. pud. 13.
wunderbar dass man dem Menedemos oder dem Antigonos deswegen etwas
anhaben will, weil die gegner, wenn sie keine argumente hatten, die fäuste
brauchten.

§ 137 ἀρεῖ ich für ἄρῃ.

αὐτούς· ὧν τὴν μὲν θυγατέρα Ἀσκληπιάδην, τὴν δὲ μητέρα Μενέδημον. κἀπειδὴ ἐτελεύτησε τῷ Ἀσκληπιάδη τὸ γύναιον, λαβεῖν τὸ τοῦ Μενεδήμου· ἐκεῖνόν τε, ἐπειδὴ προὔστη τῆς πολιτείας, πλουσίαν γῆμαι· οὐδὲν μέντοι ἧττον μιᾶς οὔσης οἰκίας ἐπιτρέψαι τὸν Μενέδημον τὴν διοίκησιν τῇ προτέρᾳ γυναικί ‖. (138) ὁ μέντοι Ἀσκληπιάδης προκατέστρεψεν ἐν Ἐρετρίᾳ γηραιὸς ἤδη, συζήσας τῷ Μενεδήμῳ σφόδρα εὐτελῶς ἀπὸ μεγάλων· ὅτε καὶ μετὰ χρόνον ἐλθόντος ἐπὶ κῶμον ἐρωμένου τοῦ Ἀσκληπιάδου καὶ τῶν νεανίσκων ἀποκλειόντων αὐτόν, ὁ Μενέδημος ἐκέλευσεν εἰσδέξασθαι, εἰπὼν ὅτι Ἀσκληπιάδης αὐτῷ καὶ κατὰ γῆς ὢν τὰς θύρας ἀνοίγει. ἦσαν δ' οἱ σωματοποιήσαντες αὐτοὺς Ἱππόνικός τε ὁ Μακεδὼν καὶ Ἁγήτωρ ὁ Λαμιεύς· ὁ μὲν ἑκατέρῳ δοὺς τριάκοντα μνᾶς, ὁ δ' Ἱππόνικος Μενεδήμῳ εἰς ἔκδοσιν τῶν θυγατέρων δισχιλίας δραχμάς.

‖ ἦσαν δὲ τρεῖς, καθά φησιν Ἡρακλείδης, ἐξ Ὠρωπίας αὐτῷ γυναικὸς γεγεννημέναι. ‖

(139) Τὰ δὲ συμπόσια τοῦτον ἐποιεῖτο τὸν τρόπον· προηρίστα μετὰ δυοῖν ἢ τριῶν ἕως βραδέως ἦν τῆς ἡμέρας· ἔπειτά τις ἐκάλει τοὺς παραγενομένους καὶ αὐτοὺς ἤδη δεδειπνηκότας· ὥστ' εἴ τις ἔλθοι θᾶττον, ἀνακάμπτων ἐπυνθάνετο τῶν ἐξιόντων τί εἴη παρακείμενον καὶ πῶς ἔχοι τὸ τοῦ χρόνου· εἰ μὲν οὖν λαχάνιον ἢ ταρίχιον, ἀνεχώρουν· εἰ δὲ κρεάδιον, εἰσῄεσαν. ἦν δὲ τοῦ μὲν θέρους ψίαθος ἐπὶ τῶν κλινῶν, τοῦ δὲ χειμῶνος κῴδιον· προσκεφάλαιον αὐτῷ φέρειν ἔδει. τό τε περιαγόμενον ποτήριον οὐ μεῖζον ἦν κοτυλιαίου· τράγημα θέρμος ἢ κύαμος, ἔστι δ' ὅτε καὶ τῶν

ΑΤΗΕΝ. Χ 419ᶜ Ἀντίγονος δ' ὁ Καρύστιος ἐν τῷ Μενεδήμου βίῳ τὴν διάταξιν διηγούμενος τοῦ παρὰ τῷ φιλοσόφῳ συμποσίου φησὶν ὅτι ἠρίστα μὲν δεύτερος ἢ τρίτος καθ' αὑτόν· κᾆτ' ἔδει καὶ τοὺς λοιποὺς παρεῖναι δεδειπνηκότας, ἢν γὰρ τὸ τοῦ Μενεδήμου τοιοῦτον ἄριστον. μετὰ δὲ ταῦτα εἰσεκάλουν τοὺς παραγενομένους, ὧν, ὡς ἔοικεν, ὅτε προτερήσειαν ἔνιοι τῆς ὥρας, ἀνακάμπτοντες παρὰ τὰς θύρας ἀνεπυνθάνοντο τῶν ἐξιόντων παίδων τί τὸ παρακείμενον εἴη καὶ πῶς ἔχοι τῆς τοῦ χρόνου συμμετρίας τὸ ἄριστον. ὅτε μὲν οὖν ἀκούσειαν λάχανον ἢ τάριχος, ἀνεχώρουν,

Athen. 419ᵒ κᾆτ' ἴδει ich für καὶ ἴδει. den sinn hat Köpke richtig verstanden. die hörer kommen zum nachtisch, darum erkundigen sie sich, ob Menedemos beim ersten oder zweiten gange ist. sie müssen aber schon zu nacht gegessen haben, weil Menedems mittagsmahlzeit (seine einzige) sowol so spät fällt, dass er nicht noch einmal isst, wie auch der nachtisch so kärglich ist, dass sie davon nicht satt werden.

ὡρίων ἄπιος ἢ ῥοιὰ ἢ ὦχροι ἢ
νὴ Δἰ ἰσχάδες. (140) ἃ πάντα
φησὶν ὁ Λυκόφρων ἐν τοῖς πε-
ποιημένοις σατύροις αὐτῷ, οὓς
Μενέδημος ἐπέγραψεν, ἐγκώ-
μιον τοῦ φιλοσόφου ποιήσας τὸ
δρᾶμα· ὧν καί τινά ἐστι τοιαυτί·
Ὡς ἐκ βραχείας δαιτὸς ἡ βαιὰ
κύλιξ
αὐτοῖς κυκλεῖται πρὸς μέτρον,
τράγημα δὲ
ὁ σωφρονιστὴς τοῖς φιληκόοις
λόγος.
Τὰ μὲν οὖν πρῶτα κατεφρονεῖτο,
κύων καὶ λῆρος ὑπὸ τῶν Ἐρετριέων ἀκούων· ὕστερον δ' ἐθαυ-
μάσθη, ὥστε καὶ τὴν πόλιν ἐγ-
χειρίσασθαι. ἐπρέσβευσε δὲ καὶ
πρὸς Πτολεμαῖον καὶ Λυσίμαχον, τιμώμενος πανταχοῦ· οὐ
μὴν ἀλλὰ καὶ πρὸς Δημήτριον.
καὶ τῆς πόλεως διακόσια τάλαντα
τελούσης πρὸς ἔτος αὐτῷ, τὰ
πεντήκοντα ἀφεῖλε· πρὸς ὃν
διαβληθεὶς ὡς τὴν πόλιν ἐγχει-
ρίζων Πτολεμαίῳ, ἀπολογεῖται

ὅτε δ' ὅτι κρεάδιον, εἰσῄεσαν
εἰς τὸν ἐπὶ τοῦτο παρεσκευασ-
μένον οἶκον. ἦν δὲ τοῦ μὲν
θέρους ἡτοιμασμένη ψίαθος
ἐφ' ἑκάστης κλίνης, τοῦ δὲ χειμῶνος κώδιον· προσκεφάλαιον
δ' αὐτὸν φέρειν ἕκαστον ἔδει. τὸ
δὲ περιαγόμενον ποτήριον οὐ
μεῖζον ἦν κοτυλιαίον, τράγημα
δὲ θέρμος μὲν ἢ κύαμος συνε-
χῶς, ποτὲ δὲ καὶ τῶν ὡρίων
εἰσεφέρετό τι, τοῦ μὲν θέρους
ἄπιος ἢ ῥοά, τοῦ δὲ ἔαρος ὦχροι,
κατὰ δὲ τὴν χειμερινὴν ὥραν
ἰσχάδες. μαρτυρεῖ δὲ καὶ περὶ
τούτων Λυκόφρων ὁ Χαλκιδεὺς
γράψας σατύρους Μενέδημον,
ἐν οἷς φησιν ὁ Σιληνὸς πρὸς
τοὺς σατύρους
παῖδες κρατίστου πατρὸς ἐξα-
λέσιαιοι,
ἐγὼ μὲν ὑμῖν, ὡς ὁρᾶτε,
στρηνιῶ,
δεῖπνον γὰρ οὐτ' ἐν Καρίᾳ,
μὰ τοὺς θεούς,

Athen. aufser unwesentlichem, das aus Diogenes verbessert ist, hat im ersten verse des Lykophron πατρὸς Canter für παιδός der handschrift gesetzt. von der zweiten versgruppe sind die beiden letzten von Athenaeus auch im zweiten buche angeführt, wo die epitome 55ᶜ folgende nicht zutreffende erklärung gibt: Λυκόφρων ὁ Χαλκιδεὺς ἐν σατυρικῷ δράματι, ὃ ἐπὶ καταμωχήσει ἔγραψεν εἰς Μενέδημον τὸν φιλόσοφον, ἀφ' οὗ ἡ τῶν Ἐρετρικῶν ὠνομάσθη αἵρεσις, διασκώπτων τῶν φιλοσόφων τὰ δεῖπνά φησι "καὶ δημ—συμπότης". — δημόκοινος hat Casaubonus aus den corruptelen δημόνικος und δημόκριτος hergestellt. Athenaeus zieht jetzt mit kürzungen aus, wie Diogenes zeigt, aber seine lesarten verdienen den vorzug, schon weil er den Antigonos selbst benutzt. die interpolation bei Diogenes τοῖς φιληκόοις, die sententiöser ist, ist freilich stark. ἱστορεῖται d. h. in dem stücke. dies war also wol nicht mehr in der rede des Seilenos.

δι' ἐπιστολῆς ἧς ἡ ἀρχή· (141) "Μενέδημος βασιλεῖ Δημητρίῳ χαίρειν. ἀκούω πρός σὲ ἀνατεθῆναι περὶ ἡμῶν." λόγος δὲ διαβεβληκέναι αὐτὸν τῶν ἀντιπολιτευομένων τινὰ Αἰσχύλου.

‖ δοκεῖ δ' ἐμβριθέστατα πρεσβεῦσαι πρὸς Δημήτριον ὑπὲρ τοῦ Ὠρωποῦ, ὡς καὶ Εὔφαντος ἐν Ἱστορίαις μνημονεύει. ‖

ἠγάπα δὲ αὐτὸν καὶ Ἀντίγονος καὶ μαθητὴν ἀνεκήρυττεν αὐτόν. καὶ ἡνίκα ἐνίκα τοὺς βαρβάρους περὶ Λυσιμάχειαν, γράφει ψήφισμα αὐτῷ Μενέδημος ἁπλοῦν τε καὶ ἀκόλακον, οὗ ἡ ἀρχή· (142) "οἱ στρατηγοὶ καὶ οἱ πρόβουλοι εἶπον. ἐπειδὴ βασιλεὺς Ἀντίγονος μάχῃ νικήσας τοὺς βαρβάρους παραγίνεται εἰς τὴν ἰδίαν καὶ τὰ ἄλλα πάντα πράσσει κατὰ γνώμην· ἔδοξε τῇ βουλῇ καὶ τῷ δήμῳ." διὰ ταῦτα δὴ καὶ τὴν ἄλλην φιλίαν ὑποπτευθεὶς προδιδόναι τὴν πόλιν αὐτῷ, διαβάλλοντος Ἀριστοδήμου ὑπεξῆλθε· καὶ διέτριβεν ἐν Ὠρωπῷ ἐν τῷ τοῦ Ἀμφιάρεω ἱερῷ· ‖ ἔνθα χρυσῶν ποτηρίων ἀπολομένων, καθά φησιν Ἕρμιππος, δόγματι κοινῷ τῶν Βοιωτῶν ἐκελεύσθη μετελθεῖν. ἐντεῦθεν

οὔτ' ἐν Ῥόδῳ τοιοῦτον οὔτ' ἐν Λυδίᾳ

καὶ ἔχω δεδειπνηκώς. Ἄπολλον, ὡς καλόν.

καὶ προελθών

ἀλλὰ κυλίκιον ὑδαρὲς ὁ παῖς περιῆγε τοῦ πεντωβόλου ἀτρέμα παρεξεστηκός· ὅ τ' ἀλιτήριος καὶ δημόκοινος ἐπεχόρευε δαψιλῆς θέρμος, πενήτων καὶ τριχλίνου συμπότης.

ἐξῆς δέ φησιν ὅτι ζητήσεις ἦσαν παρὰ πότον

τράγημα γὰρ ὁ σωφρονιστὴς πᾶσιν ἐν μέσῳ λόγος·

ἱστορεῖται δὲ καὶ ὅτι πολλάκις συνόντας αὐτοὺς ἐπὶ πλεῖον ὁ "ὄρνις κατελάμβανε τὴν ἕω καλῶν· τοῖσι δ' οὐδέπω κόρος."

---

§ 141. von diesem Aischylos hat Kiriako wahrscheinlich eine erwähnung in der eretrischen inschrift CIG 2144 gerettet. ὁ ἱερεὺς τοῦ Διονύσου Θεόδοτος Θεοδώρου καὶ οἱ πολέμαρχοι Σωσίστρατος Πρωτομένου Αἰσχύλος Ἀντανδρίδου Ἰθαιγένης Αἰσχύλου εἶπον· ἐπειδὴ τῇ πομπῇ τῇ Διονύσου ἥ τε φρουρὰ ἀπῆλθεν ὅ τε δῆμος ἠλευθερώθη κατὰ τοὺς ὕμνους καὶ τὴν δημοκρατίαν ἐκομίσατο, soll ein gedächtnissfest eingeführt werden. Böckh bezieht das ohne grund auf die zeit Philippos IV. Flamininus brachte wol freiheit, aber nicht demokratie. im jahre 313 zog Polemaios aus den euboeischen städten die garnisonen: das ist die angemessene zeit. unter Menedems vorstandschaft ist die demokratie gemäfsigt, da probulen, denen er angehört, an der spitze stehen. somit ist es nur angemessen, dass sein gegner ein radicaler ist und zu Demetrios hält.

ἀθυμήσας λαθραίως παρεισδὺς εἰς τὴν πατρίδα καὶ τήν τε γυναῖκα καὶ τὰς θυγατέρας παραλαβών, πρὸς Ἀντίγονον ἐλθὼν ἀθυμίᾳ τὸν βίον κατέστρεψε. [(143) φησὶ δ', Ἡρακλείδης αὐτὸν πᾶν τοὐναντίον πρόβουλον γενόμενον τῶν Ἐρετριέων πολλάκις ἐλευθερῶσαι τὴν πόλιν ἀπὸ τῶν τυράννων ἐπαγόμενον Δημήτριον· οὐκ ἂν δὴ οὖν προδοῦναι αὐτὸν Ἀντιγόνῳ τὴν πόλιν, ἀλλὰ διαβολὴν ἀναλαβεῖν ψευδῆ· φοιτᾶν τε πρὸς τὸν Ἀντίγονον καὶ βούλεσθαι ἐλευθερῶσαι τὴν πατρίδα· τοῦ δὲ μὴ εἴκοντος ὑπ' ἀθυμίας ἀσιτήσαντα ἐπτὰ ἡμερῶν τὸν βίον μεταλλάξαι. τὰ ὅμοια τούτῳ καὶ Ἀντίγονος ὁ Καρύστιος ἱστορεῖ. μόνῳ δὲ Περσαίῳ διαπρύσιον εἶχε πόλεμον· ἐδόκει γὰρ Ἀντιγόνου βουλομένου τὴν δημοκρατίαν ἀποκαταστῆσαι τοῖς Ἐρετριεῦσι χάριν Μενεδήμου κωλῦσαι. (144) διὸ καὶ ποτε παρὰ πότον ὁ Μενέδημος ἐλέγξας αὐτὸν τοῖς λόγοις τά τε ἄλλα ἔφη καὶ δὴ καὶ "φιλόσοφος μέντοι τοιοῦτος, ἀνὴρ δὲ καὶ τῶν ὄντων καὶ τῶν γενησομένων κάκιστος." Ἐτελεύτα δὲ κατὰ τὸν Ἡρακλείδην τέταρτον καὶ ἑβδομηκοστὸν ἔτος βιούς.

ΑΤΗΕΝ. IV 162ᴮ Κτησίβιος ὁ Χαλκιδεὺς ὁ Μενεδήμου γνώριμος, ὥς φησιν Ἀντίγονος ὁ Καρύστιος ἐν τοῖς βίοις, ἐρωτηθεὶς ὑπό τινος τί περιγέγονεν ἐκ φιλοσοφίας αὐτῷ, ἔφη ἀσύμβολος δειπνεῖν· διὸ καὶ ὁ Τίμων που πρὸς αὐτὸν ἔφη (30 W.)

δειπνομανὲς νεκροῦ ὄμματ' ἔχων κραδίην δ' ἀκύλιστον.

ἦν δ' εὔστοχος ὁ Κτησίβιος καὶ χαρίεις περὶ τὸ γελοῖον, διὸ καὶ πάντες αὐτὸν ἐπὶ τὰ συμπόσια παρεκάλουν.

Epitome Athenaei I 15ᶜ ἐσφαίριζε δ' οὐκ ἀηδῶς καὶ Κτησίβιος ὁ Χαλκιδεὺς φιλόσοφος, καὶ πολλοὶ διὰ τὴν σφαιριστικὴν αὐτῷ συναπεδύοντο τῶν Ἀντιγόνου τοῦ βασιλέως φίλων.

e. Zenon.

Der index des Diogenes (Herm. I 370) stellt fest, dass seine
Stoa ursprünglich bis auf Cornutus gereicht hat. es wäre ja möglich, dass er für die jüngsten eine andere quelle gehabt hätte als
für den erhaltenen teil, der bis Chrysippos reicht; es ist aber
müfsig dem nachzugehen, denn das zeigt sich bald, dass er für das
erhaltene von einem sehr jungen compilator abhängt. auszusondern
ist zuvor die vortreffliche übersicht über die stoische lehre,
welche von einem sehr unterrichteten Stoiker etwa augusteischer
zeit verfasst sein wird; es werden noch schüler des Poseidonios
genannt. sie hat offenbar mit den biographieen nichts zu tun.
von Diogenes selbst finden sich aufser den epigrammen, eigenen
und fremden (29—31), und wahrscheinlich den todesarten des
Zenon (28), Ariston (164) und Kleanthes (176)[1] vornehmlich die
zutaten aus Diokles, der sogar im doxographischen teile auftritt
(49—83), und im Ariston (160. 162) sogar recht gut verarbeitet
ist (*epist. ad Maafs. p.* 155. 56). andere einlagen sind zwar als
solche sehr kenntlich, so dass man an sich berechtigt wäre, sie dem
Diogenes zuzuschreiben, müssen aber doch auf seine nächste vorlage
hinübergewiesen werden, weil sie aus schriftstellern sind, von denen
nicht nur an sich unwahrscheinlich ist, dass er sie je gelesen
hätte, sondern durch andere stellen, zumal wo Hesychius eine
controlle gestattet, feststeht, dass sie in ihrer gemeinsamen vorlage standen. der art ist Hippobotos. denn das verzeichniss der
schüler Zenons, welches aus diesem § 38 gegeben wird, ist ein
subsidiäres, welches auf die disposition keinerlei einfluss übt, und
wenn es der verfasser der vita gegeben hätte, so würde er auch

---

[1] Der tod des Chrysippos (184) könnte freilich als eine diogenische
einlage erscheinen, da er hermippisch ist und eine variante dazu vorliegt.
dass dem nicht so ist, zeigt Hesychius. dagegen wird für die drei oben
citierten todesarten durch die stellung diogenischer ursprung sehr wahrscheinlich.

gewufst haben, dass er Philonides § 9, Zenon § 16 selbst genannt
hätte. und wenn § 25 aus Hippobotos angeführt wird, dass der
dialektiker Diodoros Zenons lehrer war, so ist das weder von dem
geschehen, der dasselbe § 16 mitteilt, noch von dem, der im
eingang Zenons lehrer aufzählt, aber Diodoros nicht nennt[2]).
ebenso ist Demetrios Magnes erst als nachtrag hineingekommen.
aus ihm steht im Zenon eine geschichte § 31, durch inhalt wie
durch stellung als nachtrag gekennzeichnet. im Kleanthes (169)
unterbricht er in empfindlicher weise den zusammenhang; vorher
wie nachher ist von könig Antigonos die rede. ganz arg ist es im
Chrysippos (185), wo das verhältniss mit einem blicke übersehen
werden kann[3]).

a) δοκεῖ δ' ὑπερόπτης τις γεγονέναι· τοσαῦτα γοῦν συγγράψας
οὐδενὶ τῶν βασιλέων προσπεφώνηκεν.

b) ἠρκεῖτό τε γραδίῳ μόνῳ καθὰ καὶ Δημήτριος ἐν Ὁμωνύ-
μοις φησί.

a) Πτολεμαίου τε πρὸς Κλεάνθην ἐπιστείλαντος ἢ αὐτὸν
ἐλθεῖν ἢ πέμψαι τινά, Σφαῖρος μὲν ἀπῆλθε, Χρύσιππος δὲ περιεῖδε, μεταπεμψαμένου (μεταπεμψάμενος vulgo)
δὲ τοὺς τῆς ἀδελφῆς υἱοὺς Ἀριστοκρέοντα καὶ Φιλοκρά-
την συνεκρότησεν.

b) καὶ πρῶτος ἐθάρρησε σχολὴν ἔχειν ὕπαιθρον ἐν Λυκείῳ,
καθάπερ καὶ ὁ προειρημένος Δημήτριος ἱστορεῖ.

---

[2]) Da auch Polemon als lehrer Zenons bereits im eingang (2) genannt
ist, und hier unmittelbar hinter Hippobotos wieder vorkommt, so ist dieses
stück (25) noch demselben zuzuweisen; daran schliefst sich eine ganz törichte
anekdote, und mit φασί ein εὕρημα und ein apophthegma, welche auch am
chesten dem Hippobotos ziemen. das letzte apophthegma vor Hekatons
nennung ist antigonisch wenigstens im ursprung.

[3]) Hierauf folgt sogleich das homonymenverzeichniss; es sind hier wie
bei Zenon und Ariston durchaus nur schriftsteller genannt. so scheint denn
die herkunft dieser listen aus Demetrios wahrscheinlich. dennoch ist grade
der grammatiker Zenon von Myndos (35) zu jung für Demetrios (Maafs s. 36).
es gilt eben von den homonymen dieselbe überarbeitung wie von den viten;
vgl. excurs 4. damit dass Maafs erwiesen hat, dass nicht alles von Demetrios
ist, ist nur das erreicht, dass es nicht erlaubt ist alles über einen kamm zu
scheeren. dass sehr viel Demetrisches darin steckt ist selbstverständlich, und
hat natürlich auch Maafs gewusst.

die vita des Chrysippos zeigt überhaupt im gegensatze zu den
älteren, obwol der kern derselbe ist, einen ärmlichen charakter,
dem der compilator, der Diogenes vorlag, mit lappen aus sammel-
büchern wie Demetrios und die diadochenschriftsteller aufzuhelfen suchte. denn Sotion[4]) und Hermippos (183. 184) und wol
auch die apollodorische chronik (184) und Alexandros (179) gehören
aller wahrscheinlichkeit nach erst ihm an[5]). also die unmittelbare vorlage des Diogenes war eine junge compilation, welche
den zusammenhang der ursprünglichen viten durch die einfügung
unverarbeiteter excerpte zerrifs. demnach habe ich keine veranlassung mehr Cassius den skeptiker und Isidoros den rhetor als einen
nachtrag des Diogenes statt seiner vorlage anzusehen, wie ich es
epist. ad Maaſs. p. 161 mufste. dazu stimmt auf das beste, dass
ein gleichartiges stück auch im Chrysippos sich als einlage kennzeichnet; man lese nur § 187 *εἰσὶ δὲ οἱ κατηγοροῦσι* bis 189 *καὶ
ταῦτα μὲν ἐγκαλεῖται*. der ursprüngliche biograph hat von feind-
seligen beurteilungen seiner helden keine notiz genommen.

Mit der ermittelung dieser nächsten vorlage ist uns aber
noch wenig gedient, denn sie ist blofs compilatorisch. wenn sie
aber schriftsteller der Ciceronischen zeit, Demetrios und Isidoros,
nachgetragen hat, so ist es mindestens am natürlichsten, den
grundstock der viten für älter zu halten als ± 50 v. Chr. einen
terminus post quem gibt ziemlich sicher die benutzung von Hekatons *Χρεῖαι*. denn Hekaton ist als einer der ältesten schüler des
Panaitios und verfasser eines dem Q. Tubero gewidmeten buches
zeitlich genügend auf ± 120 v. Chr. bestimmt. hier ist er mehr-

---

4) Dabei ist zu bedenken, dass Sotion sehr wol durch Hippobotos hineingekommen sein kann, der ihn grade wie Nikias von Nikaia mit namentlicher
anführung benutzt hat, vgl. Diog. IX. 5. 115.
5) Man wird nicht einwenden, dass der compilator dann diese seine zusätze in allen viten hätte machen müssen. im Zenon hat er, wie wir sehen
werden, aus Antigonos ein viel wichtigeres supplement geben können, und
Hippobotos hat er ja da auch herangezogen. dass die chronologie so traurig
verwirrt geblieben ist, liegt freilich daran, dass der compilator oder Diogenes
nichts apollodorisches beigegeben hat. der ursprüngliche verfasser konnte,
wie im verfolg klar werden wird, Apollodoros überhaupt nicht benutzen,
weil er ihn durch, wie ihm schien, authentische documente widerlegt glaubte.

fach benutzt 26 172 181, und man möchte glauben, dass er
jedesmal nicht blofs für die nächste anekdote, sondern für ziemlich weite umgebung zeuge sei, so dass ihm die verscitate zu-
fielen, welche die popularität der philosophen bestätigen⁶). ja,
im Chrysippos könnte man sogar geneigt sein, ihm das gros der
vita zuzuschreiben, was aber im Kleanthes keinesfalls tunlich
ist⁷). ein buch mit dem titel Χρεῖαι reicht auch nicht für den
stamm einer biographie hin. durch den compilator aber ist er
nicht erst hereingekommen. die worte am eingang der vita des
Zenon (2) Ἑκάτων καὶ Ἀπολλώνιος ὁ Τύριος nennen ausdrücklich
den vermittler, zugleich den, welchem diese viten in ihrem kerne
entstammen: Ἀπολλώνιος ὁ τὸν πίνακα ἐκθεὶς τῶν ἀπὸ Ζήνωνος
φιλοσόφων καὶ τῶν βιβλίων, wie ihn Strabon (XVI 757) unter
den berühmten Tyriern nennt, mit der zeitangabe μικρὸν πρὸ
ἡμῶν, d. h. aus dem ersten drittel des ersten jahrhunderts, in
der postulierten zeit.

Zunächst das leben Zenons in seinem hauptteile dem Apollonios zuzuweisen, bedarf es eigentlich nur aufmerksamer lectüre.
§ 6 werden die ehren, welche Zenon von Athen und Antigonos
erhielt kurz erzählt. es folgen die belege, briefe des Antigonos,
Zenon, Epikuros, und ein attisches decret, (7—12). wenn Apollonios für das erste actenstück citiert wird, so läfst jeder urteils-

---

⁶) Die Χρεῖαι finden sich sonst noch in den Kynikern des Diogenes
VI 4 Antisthenes, 32 Diogenes, 95 Metrokles; von diesem (vgl. 33) hat Hekaton den titel entlehnt, denn das 'aristotelische' buch ist schwerlich auch
nur so alt. die χρεῖαι des Zenon (Diog. VII 31) sind, wie der schriftenkatalog
zeigt, eigentlich Ἀπομνημονεύματα Κράτητος. übrigens ist Hekaton an allen
diesen stellen schwerlich für eine ganze partie citiert.

⁷) Natürlich ist man berechtigt nach den quellen auch für den kern
dieser viten weiter zu fragen, mag er nun zunächst von Apollonios oder auch
Hekaton herrühren. denn mit der blofsen schultradition kommt man nicht
aus, wenigstens nicht bei Kleanthes. auf ein bestimmtes buch deutet die
bevorzugung von Euripides Orestes in den apophthegmen bei Kleanthes und
Chrysippos 172. 179. 182. es sieht so aus als hätte es ein leben des Kleanthes gegeben, geschrieben gegen 200 oder auch früher, so dass Chrysippos
mit berücksichtigt ward ohne die hauptrolle zu spielen, und zwar einigermafsen im antigonischen stile.

fähige von den folgenden dasselbe gelten. und wenn dann Epikurs briefe unmittelbar vorher (5) angeführt werden, so gilt für diesen abschnitt das gleiche wie für den folgenden. im eingang ist Apollonios für das äufsere des Zenon zugleich mit Chrysippos und Persaios namhaft gemacht (1), wie unmittelbar darauf mit Hekaton (2). dann folgt die berufung Zenons durch Krates und der schriftenkatalog. gewährsmänner treten nicht hervor, aber dafür wissen wir durch Strabon, dass Apollonios grade auch die schriften verzeichnete[8]), und die einzelnen diokleischen oder sonstigen zusätze, die man aussondern kann[9]), lassen die einheitlichkeit des zu grunde liegenden berichtes nur um so heller hervortreten. dasselbe verhältniss waltet dann wieder

---

[8]) Dass die stoischen schriftenkataloge auf Apollonios schliefslich zurückgiengen, hat V. Rose vermutet. aber er hat es nicht bewiesen, und konnte es, da er über die quellen des Diogenes erst ganz vage vorstellungen hatte, nicht beweisen.

[9]) Derart ist das stückchen Diokles § 4, das ich *epist. ad Maafs.* 156 abgesondert habe. wie wenig es zu seiner umgebung stimmt, welche geflissentlich die αἰδώς des Zenon hervorhebt, wird nun erst recht deutlich. derart werden auch mindestens einige der apophthegmen § 4. 5 sein, die Zenon nach dem bruch mit dem kynismus von sich gibt. ob Timotheos von Athen (§ 1) dem Apollonios oder dem compilator angehört, weifs ich nicht zu sagen. sein buch περὶ βίων erscheint für Platons schwache stimme (III 7), Speusippos aufgedunsenen leib (wenn das τὸ σῶμα διακεχυμένος IV 4 bedeutet; im folgenden satz ist φασί für den singular zu setzen); von Aristoteles gibt er eine ausführlichere personalbeschreibung (V 1), die ihm wenig günstig ist und bezeugt dass Nikomachos der sohn einer παλλακή war: rechtlich zutreffend. daraus ist auf zeit und art des Timotheos kein schluss zu ziehen, noch weniger auf die herkunft seiner citate. dazu kommt, dass ein eben so wenig bekannter Pergamener Timotheos mit einem buche περὶ φιλοσόφων ἀνδρείας bei Clemens strom. IV 589 auftritt. kann ich dies rätsel nicht lösen, so vermag ich doch dem von dem Pergamener dort namhaft gemachten freunde des Lakydes statt der corruptel Παῦλος zu seinem ehrlichen heidnischen namen zu verhelfen. es ist der skeptiker Πραῦλος aus Troas, von dessen standhaftem tode Phylarchos bei Diogen. IX 115 in der skeptischen διαδοχή ganz entsprechendes berichtet. Timotheos steht bei Clemens zusammen mit der ethik des peripatetikers Achaikos, welche bei Diogenes VI 99 citiert den beweis liefert, dass die kyniker desselben aus einer sehr jungen vorlage stammen. denn Achaikos ist aus dem ersten nachchristlichen jahrhundert (Zeller III · 779).

§ 24—28 ob, sobald man die einlage aus Hippobotos (25) entfernt. Apollonios ist am eingang genannt und am schlusse. dazwischen stehen Hekaton und Persaios, also schon bekannte gewährsmänner des Apollonios.

Aber so klar das verhältniss auch bei Zenon ist, um so
mehr wird man sich vielleicht sträuben, dasselbe bei den folgenden philosophen zuzugeben, wo Apollonios nirgend genannt ist,
zumal ausdrücklich nur sein leben Zenons als quelle bezeichnet
war. den beweis erbringt hier die zusammengehörigkeit. denn
36—37 wird eine schülertafel gegeben, welche zugleich die
disposition für den rest des buches ist. zuerst Persaios, der
nur als ein annex des Zenon behandelt wird[10]), aber gleichwol
ein schriftenverzeichniss erhält, dann die dissidenten Ariston,
Herillos, Dionysios, der rechtgläubige Kleanthes und Sphairos,
von dem ausdrücklich gesagt ist, dass er nur als annex zu
Kleanthes zu behandeln sei. genau dem entsprechend wird verfahren; mit ausnahme des Ariston, welchen Diogenes, wie wir
gesehen haben (s. 103), aus Diokles erweitert hat, und wo vielleicht auch die erwähnung des Sosikrates (§ 163) nicht zum ursprünglichen bestande gehört, sehen die viten der dissidenten der
des Persaios bis auf einzelne wendungen gleich. stände nicht
die umfangreiche doxographische einlage dazwischen, so würde
dies factum jedem leser auf den ersten blick klar sein. und um
diesen zusammenhang hervorzuheben, steht bei jedem dissidenten
seine abweichende lehrmeinung an der spitze, und ist die biographie des Kleanthes durchaus von der anerkennung seiner recht-

---

[10]) Die stiefmütterliche behandlung dieses lieblingsschülers Zenons ist
bezeichnend für die zeit des Apollonios, wo die Stoa schon längst die repu-
blikaner-, oder besser oligarchenphilosophie geworden war, die den fürsten-
knecht verdammte. übrigens lassen sich die οἱ δὲ, welche hier den Persaios
einen haussclaven des Zenon nennen noch nachweisen: es ist Sotion, nach
dem zeugnisse des Nikias (Athen. IV 162). so wird der zusatz durch den
compilator aus Sotion oder Hippobotos hineingekommen sein. dass der
Alexandriner dem platzcommandanten, der in Korinth wenigstens sein leben
für seine unachtsamkeit gelassen hatte, obwol ihm der klatsch auch diese
ehre bestritt, nicht gewogen war, liegt in der politischen stellung mit notwendigkeit.

gläubigkeit durchzogen[11]). ganz in demselben stile ist es, wenn
von Chrysippos hervorgehoben wird, dass ihm selbst bei seinen
widersprüchen gegen Kleanthes nicht wol geworden wäre (179).
Diogenes hat natürlich diese ordnung nicht selbst gemacht.
aber eben so wenig der compilator. denn wer den Hippobotos im Zenon, den Demetrios im Kleanthes und Chrysippos u. s. w. einfügte, der überarbeitete nur eine vorlage in gleicher weise; dass er im Chrysippos mehr beifügte,
hatte einfach seinen grund darin, dass dafür die vorlage dürftiger
war. man könnte also höchstens neben Apollonios, der vorlage
des Zenon, einen unbekannten einführen, welcher die erste
schülertafel und die folgenden viten verfasst hätte. allein dagegen spricht die völlig gleichartige benutzung des Hekaton bei
Apollonios im Zenon und bei dem verfasser des Kleanthes und Chrysippos, dagegen spricht am vernehmlichsten, dass doch Apollonios
nicht blofs ein leben Zenons, sondern ein verzeichniss τῶν ἀπὸ
Ζήνωνος φιλοσόφων und ihrer schriften verfasst hatte: grade das
schriftenverzeichniss fehlt bei keinem[12]). somit halte ich die oben
hingestellte zurückführung dieser partie des Diogenes auf den
Tyrier Apollonios für so wahrscheinlich, als überhaupt ein nicht
durch zeugnisse gestützter schluss sein kann.

Licht gibt und empfängt nun zugleich die tatsache, dass die
von Comparetti (Riv. di Fil. III) herausgegebene geschichte der Stoa
mit Diogenes nur solche berührungspunkte bietet, welche entweder
durch den gleichen stoff unvermeidlich, oder, ganz vereinzelt, durch
gleiche primärquellen zu erklären sind. ich halte es für sehr gut
möglich, dass die herkulanische Stoa ein weiterer band von dem
compendium des Philodemos ist. wir sind aber durch die ehrlich-
keit des verfassers in der glücklichen lage seine vorlage namhaft machen zu können: es ist Stratokles von Rhodos, ein schüler

---

[11] § 168 Ζήνωνι παραβαλὼν ἐφιλοσόφησε γενναιότατα καὶ ἐπὶ τῶν αὐτῶν
ἔμεινε δογμάτων· beginnt die vita, und sie schliefst 174 τοιοῦτος δ' ὢν ἐξίαχνσε,
πολλῶν καὶ ἄλλων ὄντων ἀξιολόγων ⟨τῶν⟩ Ζήνωνος μαθητῶν, αὐτὸς διαδέξασθαι
τὴν σχολήν, und darauf geht auch das eigentümliche selbstlob 170.

[12] Dass Persaios im schülerverzeichniss als γνώριμος Zenons im gegensatz zu den οἱ δέ (Sotion) bezeichnet wird, wie von Apollonios (6), stimmt gut;
kann aber nichts beweisen, da es nur die wahrheit ist.

des Panaitios[13]) und somit älterer zeitgenosse des Apollonios, den man vielleicht als einen schüler Hekatons bezeichnen kann. doch ist unsere kenntniss von beider leben zu unbestimmt, als dass wir nicht beide arbeiten, wie sie inhaltlich unabhängig von einander sind[14]), auch als unabhängig von einander entstandene concurrenzarbeiten betrachten dürften. nur ein weiterer beleg, wie grade nach historischer seite die lehre und das beispiel des Panaitios fruchtbringend gewesen sind.

Denn man darf dem Apollonios deshalb nicht grollen, weil er sich durch den gefälschten briefwechsel zwischen Antigonos und Zenon[15]) hat teuschen lassen, und in ganz consequenter weise demgemäfs die apollodorische chronologie für Zenon und Kleanthes[16]) verworfen hat. an anscheinend authentischen ur-

[13]) Col. 17 μάλιστα διαρχεῖ ἐπιδραμεῖν τοὺς νεωστὶ ὑπὸ Στρατοκλέους τοῦ 'Ροδίου διακηκοότος δὲ Παναιτίου γεγραμμένους φ — dem entsprechend schliefst das buch mit Stratokles und zweien seiner schüler, die als zeitgenossen Philodems bekannt sind.

[14]) Comparetti ergänzt allerdings 37, 2 den namen 'Ἀπολλώνιος und bezieht dies auf den Tyrier; es ist aber ergänzung und beziehung ganz unsicher. dass die biographie Zenons, welche Philodem 6, 6 ironisch ὕμνος nennt, die des Apollonios gewesen sei, ist eine vage möglichkeit. Stratokles hat mindestens den gleichen anspruch darauf.

[15]) Die fälschung ist evident; besonders lächerlich, wie könig Antigonos einen trivialen xenophontischen satz (z. b. am eingang der Πόροι) sich aneignet. allerdings hat die Stoa eine vorliebe für Xenophon: die Memorabilien rufen Zenon zur philosophie, und so schreibt er 'Ἀπομνημονεύματα des Krates, welche Teles (Stob. flor. III 201 Mein.) vor augen hat. durch Panaitios ist Africanus auf Xenophon geführt und noch Cicero hat ihn deshalb gelesen; so operiert denn auch dieser stoische fälscher mit xenophontischen phrasen. die ursache ist klar: Xenophon steht der Stoa in der tat nahe, und könig Antigonos übt in der tat seine βασιλικὴ τέχνη. da muss man denn heut erleben, dass man aus den Memorabilien den 'stoischen interpolator' herauswirft. so verdreht der unhistorische sinn, gepart mit dem unphilologischen, der die sprachgeschichte ignoriert, die tatsachen und die stile.

[16]) In die scheinbar unauflösliche verwirrung ist durch die genauen angaben über Kleanthes bei Philodem-Stratokles 28 ordnung gebracht und mit glücklichem scharfsinn haben Gomperz und Rohde Rh. M. 33, 622. 34, 154 die irrgänge der chronologie des Apollonios aufgedeckt. ich rechne also mit Rohde den archon Iason, unter dem Kleanthes starb 232, und 264 als todesjahr des Zenon, d. h. als das jahr des archon Arrhencides (so lautet der name). vgl. excurs 1.

kunden kritik zu üben, ist immer erst ein resultat dauernder beschäftigung damit. hier ward erst im gegensatze zu den compi-
lirenden diadochenschriftstellern Alexandreias, offenbar in perga-
menisch-panaitischem gegensatze, mit richtiger methode auf die
zeugen erster hand zurückgegriffen. Epikuros Persaios Timo-
krates[17]), briefe und psephismen, das sind die quellen. und wenn
für den namen Στωικοί Eratosthenes bücher περὶ κωμῳδίας nachgeschlagen werden[18]), so ist das doch auch nur zu loben, ebenso
wie die litterarische kritik, welche der aufstellung eines πίναξ
wie des chrysippischen zu grunde liegt. die ausgiebige benutzung einer anekdotensammlung des Hekaton wird dadurch
entschuldigt, dass sie ein berühmter stoiker gemacht hatte. aber
freilich, das leben des Zenon wird, beabsichtigt oder nicht, zu
einer ganz einseitigen verherrlichung, man sehe besonders die berufung durch den delphischen gott (2), und auch in den folgenden
viten ist die stoische orthodoxie herr geworden über die historische
objectivität; von solchen schatten ist ja selbst Panaitios nicht
frei. und die vereinzelten notizen glaubwürdiger oder doch ge-
glaubter documente reichen eben so wenig als die anekdoten
Hekatons aus um die geschilderten personen als wirklich lebendige
figuren hervortreten zu lassen. oder wer könnte sich nach
Diogenes-Apollonios ein bild von Ariston oder Herillos machen?
der compilator, des durchaus kein besonderes stoisches schulinteresse
hatte, suchte denn auch zunächst zu dem lichte den schatten zu geben,

---

[17]) Τιμοκράτης ἐν τῷ Δίωνι (2), wenn es der abgefallene Epikureer ist:
was freilich unsicher. was er berichtet, dass Zenon den Xenokrates gehört
hätte, ist nicht wahr, wenn er wirklich der Epikureer ist, ist es gelogen.

[18]) Diesem gehört gewiss auch die lokalhistorische notiz über die Ποι-
κίλη an § 5. von den diadochenschriftstellern ist sehr bezeichnender weise nur
der Rhodier Antisthenes von Apollonios berücksichtigt (168). Alexandros
Polyistor (179) fällt nun auch um der zeit willen dem compilator zu, wie er
denn einen zusatz macht. er nennt Chrysippos vaterland Tarsos statt Soloi.
das gleiche hat bei Aratos Asklepiades von Myrlea getan (Westerm. biogr. 52).
das muss in den Kilikischen verhältnissen der zeit, welcher beide angehören,
irgend welchen grund haben. — Apollodoros κηποτύραννος (181) wird wol
schon von Apollonios citiert sein. sein buch, grade weil es von einem Epikureer war, musste berücksichtigung fordern, und so findet sich denn auch
ein citat in Philodems Stoa col. 1.

und im übrigen einiges aus dem ihm (wahrscheinlich auch nur
auszugsweise) vorliegenden materiale der diadochenschriftsteller
nachzutragen. dadurch war freilich zumeist nicht viel aufzuhelfen: bei Zenon aber griff er glücklich nach einem zeitgenössischen bild, welches Apollonios, der doch, wie wir sehen werden,
bei Dionysios Metathemenos kein gleiches bedenken trug, verschmäht hatte, weil es kein heiligenbild war: nach der biographie
des Antigonos von Karystos. wahrheit wie menschlichkeit sind
erst so zu ihrem rechte gekommen, und wenn auch Zenon
nicht grade liebenswürdig geschildert ist (und auch schwerlich liebenswürdig war), auch nicht geistreich und vornehm
(μεγαλόφρων), wie Menedemos Timon Arkesilaos, so wird doch
erst durch Antigonos den Karystier die herbe größe und die
zielbewußte verständigkeit deutlich, welche dem könige Antigonos
und selbst dem pöbel von Athen imponiert hat. und wie viel
mehr ist es wert, den charakter zu kennen, um den sich legenden
bilden konnten, die bei Hekaton und dann weiter bei Seneca und
Epiktet vorliegen, als eben diese legenden.

Damit ist ausgesprochen, dass ich die bisher mit stillschweigen
übergangenen paragraphen 12—24 für im wesentlichen antigonisch
und von dem compilator, nicht von Apollonios eingelegt halte.

Dieses zunächst ergibt sich unabhängig von dem ursprunge der
geschichten wenigstens für bedeutende partien. denn unmöglich
konnte Apollonios das verhältniss Zenons zu könig Antigonos,
sein begräbniss und seine ehren noch einmal berichten, wie das
hier § 15. 16 geschieht. vielmehr ist hier das verhältniss genau
dasselbe wie in dem sicher antigonischen § 13, der seine parallele
in § 1 hat. das citat aus Timons[19] Sillen in § 16 ist nun aber
von demselben, der dann den Zenon grämlich, bitter, in un-
anständiger weise sparsam nennt und hervorhebt, dass er seinen
tadel auch nicht gradezu, sondern auf umwegen an den mann gebracht hätte: denn diese charakterzüge schliessen sich fest zu einem
bilde zusammen, sie werden aber zu anfang in indirecter rede

---

[19] Damit dass grade Antigonos gern den Timon citierte ist nicht zu
operieren, weil die Sillen auch bei Ariston und Kleanthes vorkommen, wo
man nicht beweisen kann, dass sie einlage des compilators seien.

an das Timoncitat angeschlossen. nun sind aber nicht nur die
ersten der folgenden anekdoten (§ 17) ein beleg für die allgemeine
charakteristik, sondern noch viel deutlicher die letzte in § 21 und
die erste in § 22, so dass sich zeigt, wie hier ein ursprünglicher
zusammenhang durch ein einseitig auf die geschichtchen ge-
richtetes excerpieren zerrissen ist. daraus ist so viel die un-
abweisbare folge, dass dieses alles von Apollonios fern zu halten
ist. dieser wird schliefslich § 24 genannt: doch im gegensatze
zu dem vorhergehenden, denn nur in dem falle wäre es denkbar, dass auch das vorige aus ihm stammte, wenn ein anderes
citat, also ein aus ihm entlehntes, dort gegeben wäre. aber
das letzte citat steht zwei seiten vorher. dabei habe ich den
inhalt des berichtes noch gänzlich bei seite gelassen: er sieht
aber doch auch durchaus nicht nach Apollonios aus.

Zur herleitung aus Antigonos verhelfen uns die namentlichen
citate bei Athenaeus, die leider nur zu kurz sind. indessen hat
Zeller doch bereits sowol erkannt, dass eine stelle der epitome
(II 55), wo der name Antigonos weggefallen ist, ihm angehört
(sie lehrt bedauerlicherweise nur die herkunft eines versprengten
apophthegma in § 26), als auch die vermutung ausgesprochen,
dass Antigonos eine hauptquelle des Diogenes sei. die namentlichen anführungen sichern indess nur die § 12 und 13 [20]) und
dann eine der geschichten in § 19, das heisst dem teile, über
den bisher noch gar nichts gesagt werden konnte. für das stück,
welches mit den Timoncitaten zusammenhängt (15—17), leistet aber
eine andere erwägung dasselbe. es wird nämlich als verehrer des
Philon und Diodoros Ζήνων ὁ νεώτερος genannt. dieser compara-
tiv konnte nur von einem schriftsteller des dritten jahrhunderts
angewandt werden, welcher neben Zenon von Kition nur seinen
schüler Zenon von Sidon kannte. seit Chrysippos tode traf das
nicht mehr zu, denn dem folgte Zenon von Tarsos, und dieser
war hinfort von weitaus gröfserer bedeutung als der selten erwähnte Sidonier [21]). die parallele zu diesem paragraphen, die ich

[20]) So weit ist denn auch R. Köpke gegangen (de Antig. Car. p. 44).
[21]) Es genügt der hinweis auf Zeller III* 39 3, 44 3. der Sidonier fehlt
sogar im homonymenverzeichniss, hat aber bei Hesychius eine vita, ebenso

aus Athenaeus zugeschrieben habe, will ich als beweis nicht
verwerten, weil der compilator hier gedankenlos ausgeschrieben
hat: eine bestätigung aber bleibt sie, auch wenn man bestreitet,
dass sie sich mit dem bei Diogenes vorliegenden unmittelbar
decke. ist nun die dublette der lehrer Zenons antigonisch, so
gilt das gleiche von der dublette seines verhältnisses zu könig
Antigonos, und so ist der anschluss an die bereits gesicherten partien in § 13 erreicht. und überhaupt, wer anders als Antigonos
sollte denn über die persönlichkeiten, Aristokles[22] Demochares
Chremonides, die ptolemaeische gesandtschaft (24)[23] berichtet
haben? die geschichte des chremonideischen krieges war bald in
das unerquickliche dunkel versunken, in dem sie jetzt begraben
liegt. wenn Zenon das wort eines flötenspielers aufnimmt, wenn
er über Polemon sich anerkennend äufsert, wenn seine stilistische
nachlässigkeit, wenn der gegensatz attischer und alexandrinischer
münze zu sprache kommt, wenn schliefslich in dieser ganzen
partie immer nur der alte Zenon, etwa der jahre 275—65, geschildert wird, sind das alles jetzt, wo zeit und art des Antigonos fest stehen, doch wol auch kriterien. so habe ich denn
diese partie ganz aufgenommen. indessen muss hier eine viel
entschiedenere reserve ausgesprochen werden, als bei den Akademikern. denn dass der compilator nicht eben so wie er ein

---

wie der von Tarsos, der sie natürlich auch bei Diogenes hatte. in dieser war
Alexandros benutzt: denn Chrysipp heifst Τ<i>αρσεύς</i> vgl. anm. 18.

[22] Einen schüler dieses Aristokles, Timon, nennt Antigonos im Wunderbuch 169 als seinen persönlichen bekannten, vgl. s. 23.

[23] Der compilator hat die pointe nicht verstanden: Ptolemaios sendet
die 'gesandtschaft' doch nicht an Zenon, sondern an die Athener, und die
demonstration ist nicht die des weisen, sondern des makedonisch gesinnten.
auch das folgende dictum ist verdorben: offenbar sagte Zenon, einen,
der mich beleidigt, lasse ich wie einen gesandten ohne antwort abziehen.
und nur die beziehung auf den concreten fall gab dem ausspruch, allerdings
vortreffliche, pointe. Ptolemaios hatte sich verrechnet, wenn er einen Zenon
sondieren liefs wie einen höfling oder demagogen. in der späteren zeit war
der könig mit dem Zenon zu tun hatte immer blofs Antigonos, und so ist
das schlecht erzählte apophthegma auf seine gesandten übertragen bei Stobaeus <i>flor.</i> 33, 10.

dictum aus Antigonos hinüberwarf in den § 26[24]), ein fremdes in diese partie sollte eingestellt haben, ist gar nicht abzusehen, ja mindestens die variante in § 23 zeigt dass dies geschehen ist.[25]) und grade wenn man die inhaltliche übereinstimmung empfindet, so wird nicht minder klar, dass anordnung und sprache des Antigonos in unverhältnissmässig stärkerer weise zerstört ist, als selbst durch Herakleides im Menedem. um so wahrscheinlicher ist, dass der compilator den Antigonos nur im auszug vor sich hatte.

Gleichwol reichen die excerpte hin um das sehr beherzigenswerte factum zu beweisen, dass Athenaeus beim excerpieren zwar nicht gefälscht, aber doch mit böswilligkeit so ausgezogen hat, dass der leser ein durchaus falsches urteil gewinnen muss[26]): ohne andere controlle würde man ohne zweifel urteilen, dass Antigonos verläumderisch und niedrig das andenken Zenons geschändet hätte, und mit der ehre wäre seine glaubwürdigkeit dahin. denn wenn man den Athenaeus gegen die Stoiker declamieren hört (563°) παιδοπίπαι ὄντες καὶ τοῦτο μόνον ἐζηλωκότες τὸν ἀρχηγὸν ὑμῶν τῆς σοφίας Ζήνωνα τὸν Φοίνικα, ὃς οὐδέποτε γυναικὶ ἐχρήσατο παιδικοῖς δ' ἀεί, ὡς Ἀντίγονος, wer kann ahnen dass dem die harmlose tatsache zu grunde liegt, dass Zenon sich meist „zur bedienung einen burschen hielt, und nur selten ein mädchen", damit man ihn nicht für einen weiberfeind ausgäbe. ebenso muss jeder der nur Athenaeus (603°) liest glauben, dass nach Antigonos Zenon mit dem könig Antigonos zum ἐρώμενος desselben im κῶμος gezogen sei: den schluss εἶτα μέντοι ὑποδῦναι hat Athenaeus nämlich weggelassen. diese unzweideutigen belege hat aber jeder zu beherzigen, der Athenaeus benutzt: mich dünkt, dass das von den beurteilern des Theopompos und Phylarchos z. b. nicht durchaus geschieht. auf der andern seite

---

[24]) Es bleibt die möglichkeit, dass dies mittelbar durch Hippobotos hineingekommen wäre, vgl. anm. 2. aber bei diesem kann ich benutzung des Antigonos nicht erweisen.

[25]) Dass § 14 eine schrift des Kleanthes citiert wird, kann nach den citaten aus Timons prosaischen schriften in den Skeptikern nicht befremden. im gegenteil, apollonisch kann das citat nicht wol sein, da die schrift περὶ χαλκοῦ in seinem kataloge der kleanthischen schriften nicht vorkommt.

[26]) Auch dies hat Köpke p. 41 ganz richtig beurteilt.

hat die geschichte mit der flötenspielerin, die Persaios sich vor
Zenon geniert mit in ihre gemeinschaftliche wohnung zu nehmen,
und die dieser dann selbst in Persaios kammer führt, nur so
wie sie bei Athenaeus steht, einen sinn: der compilator oder
Diogenes haben sie so misverstanden, dass Persaios das mädchen
seinem freund und lehrer heimlich in die kammer gebracht hat,
und dieser sich dadurch rächt, dass er sie vielmehr zu Persaios
bringt. dass diese züge, so wie Antigonos sie berichtet hat,
nichts weiter illustrieren und illustrieren sollen, als dass Zenon
nicht der sauertöpfische asket gewesen sei, als welcher der 'weise'
der Stoa nur zu leicht erscheint, sondern dem jungen schüler wie
dem jungen prinzen einiges durch die finger gesehen hat, ohne
der eignen würde zu nah zu tun, ist für jeden der griechische
dinge beurteilen kann selbstverständlich. die situation mit
Chremonides ist vollends im stil der xenophontischen Memorabilien I 3; dass der jüngling später führer der antimakedoni-
schen partei geworden ist, macht die sache piquanter, hat aber
nur den erfolg gehabt, dass Antigonos den namen behalten oder
wenigstens genannt hat: sonst hätte er sich mit einem *καλὸς
νεανίσκος* begnügt.

Die herkunft eines bruchstückes, das in den Platon des
Diogenes verschlagen ist, ist eben so unklar, wie der zusammenhang, in dem es sich etwa einmal befunden hat.

ΠΕΡΙ ΖΗΝΩΝΟΣ ΒΙΟΥ

Diogen. VII. 12 *Φησὶ δ' Ἀντίγονος ὁ Καρύστιος οὐκ ἀρ-
νεῖσθαι αὐτὸν εἶναι Κιτιέα· τῶν γὰρ εἰς τὴν ἐπισκευὴν τοῦ λου-
τρῶνος συμβαλλομένων εἷς ὢν καὶ ἀναγραφόμενος ἐν τῇ στήλῃ,
"Ζήνωνος τοῦ φιλοσόφου," ἠξίωσε καὶ τὸ Κιτιεὺς προστεθῆναι.
ποιήσας δέ ποτε κοῖλον ἐπίθημα τῇ ληκύθῳ περιέφερε νόμισμα,
λύσιν ἕτοιμον τῶν ἀναγκαίων ἵν' ἔχοι Κράτης ὁ διδάσκαλος.
(13) φασὶ δ' αὐτὸν ὑπὲρ τὰ χίλια τάλαντα ἔχοντα ἐλθεῖν εἰς τὴν
Ἑλλάδα καὶ ταῦτα δανείζειν ναυτικῶς. ἤσθιε δ' ἀρτίδια καὶ
μέλι καὶ ὀλίγον εὐώδους οἰναρίου ἐπέπινε.*

Diog. 12 die illustration liefert die inschrift mit dem beitrage *Λύκωνος
φιλοσόφου* oben s. 79.

παιδαρίοις δ' ἐχρῆτο σπα-
νίως, καὶ ἅπαξ ἢ δίς που παι-
δισκαρίῳ τινί, ἵνα μὴ δοκοίη
μισογύνης εἶναι. σύν τε Περσαίῳ τὴν αὐτὴν οἰκίαν ᾤκει·
καὶ αὐτοῦ αὐλητρίδιον εἰσαγα-
γόντος πρὸς αὐτόν, σπάσας πρὸς
τὸν Περσαῖον αὐτὸ ἀπήγαγεν.

ἦν τε, φασίν, εὐσυμπερίφο-
ρος, ὡς πολλάκις Ἀντίγονον τὸν
βασιλέα ἐπικωμάσαι αὐτῷ καὶ
πρὸς Ἀριστοκλέα τὸν κιθαρῳδὸν ἅμ' αὐτῷ ἐλθεῖν ἐπὶ κῶμον,
εἶτα μέντοι ὑποδῦναι.

(14) ἐξέκλινε δέ, φασί, καὶ
τὸ πολυδημῶδες, ὡς ἐπ' ἄκρου
καθίζεσθαι τοῦ βάθρου, κερ-
δαίνων τὸ γοῦν ἕτερον μέρος τῆς
ἐνοχλήσεως. οὐ μὴν οὐδὲ μετὰ
πλειόνων τῶν δύο ἢ τριῶν πε-
ριεπάτει, ἐνίοις δὲ καὶ χαλκὸν
εἰσέπραττε τῶν περιισταμένων,
ὥστε δεδιότας τὸ διδόναι μὴ
ἐνοχλεῖν, καθά φησι Κλεάνθης
ἐν τῷ περὶ χαλκοῦ· πλειόνων
τε περιστάντων αὐτόν, δείξας

Ζή-
νωνα τὸν Φοίνικα, ὃς οὐδέποτε
γυναικὶ ἐχρήσατο, παιδικοῖς δ'
ἀεί, ὡς Ἀντίγονος ὁ Καρύ-
στιος ἱστορεῖ ἐν τῷ περὶ τοῦ
βίου αὐτοῦ.

607ᶜ φησὶ γὰρ Ἀντίγονος
ὁ Καρύστιος ἐν τῷ περὶ Ζήνωνος γράφων ὧδε "Ζήνων ὁ
Κιτιεὺς Περσαίου παρὰ πότῳ
αὐλητρίδιον πριαμένου διοκ-
νοῦντος εἰσαγαγεῖν πρὸς αὐτὸν
διὰ τὸ τὴν αὐτὴν οἰκεῖν οἰκίαν
συναισθόμενος συνείλκυσε τὴν
παιδίσκην καὶ συγκατέκλεισε τῷ
Περσαίῳ."

603ᶜ Ἀντίγονος ὁ Κα-
ρύστιος ἐν τῷ Ζήνωνος βίῳ
γράφει οὕτως "Ἀντίγονος ὁ βασιλεὺς ἐπεκώμαζε τῷ Ζήνωνι.
καί ποτε καὶ μεθ' ἡμέραν ἐλθὼν
ἐκ τινος πότου καὶ ἀναπηδήσας
πρὸς τὸν Ζήνωνα ἔπεισεν αὐτὸν συγκωμάσαι αὐτῷ πρὸς
Ἀριστοκλέα τὸν κιθαρῳδὸν οὐ
σφόδρα ἤρα ὁ βασιλεύς.

ἐν τῇ στοᾷ κατ' ἄκρον τὸ ξύλινον περιφερὲς τοῦ βωμοῦ ἔφη,
"τοῦτό ποτ' ἐν μέσῳ ἔκειτο, διὰ δὲ τὸ ἐμποδίζειν ἰδίᾳ ἐτέθη·
καὶ ὑμεῖς οὖν ἐκ τοῦ μέσου βαστάσαντες αὐτοὺς ἧττον ἡμῖν ἐνο-
χλήσετε." Δημοχάρους δὲ τοῦ Λάχητος ἀσπαζομένου αὐτὸν καὶ
φάσκοντος λέγειν καὶ γράφειν ὧν ἂν χρείαν ἔχῃ πρὸς Ἀντίγονον,
ὡς ἐκείνου πάντα παρέξοντος, ἀκούσας οὐκέτ' αὐτῷ συνδιέτριψε.

Diog. 14 natürlich fordert Demochares den Zenon auf, sich bei Antigonos für ihn zu verwenden. das umgekehrte zu verstehen ist nach Diogenes
worten verzeihlich, aber nicht in anbetracht der stellung beider männer.

(15) λέγεται δὲ καὶ μετὰ τὴν τελευτὴν τοῦ Ζήνωνος εἰπεῖν τὸν
Ἀντίγονον, οἷον εἴη θέατρον ἀπολωλεκώς· ὅθεν καὶ διὰ Θράσωνος πρεσβευτοῦ παρὰ τῶν Ἀθηναίων ᾔτησεν αὐτῷ τὴν ἐν Κεραμεικῷ ταφήν. ἐρωτηθεὶς δὲ διὰ τί θαυμάζει αὐτόν, "ὅτι, ἔφη,
πολλῶν καὶ μεγάλων αὐτῷ διδομένων ὑπ' ἐμοῦ οὐδέποτ' ἐχαυνώθη
οὐδὲ ταπεινὸς ὤφθη."

ἦν δὲ καὶ ζητητικὸς καὶ περὶ πάντων ἀκριβολογούμενος· ὅθεν
καὶ ὁ Τίμων ἐν τοῖς Σίλλοις φησὶν οὕτω· (8 W.)

καὶ Φοίνισσαν ἴδον λιχνόγραυν σκιερῷ ἐνὶ τύφῳ
πάντων ἱμείρουσαν· ὁ δ' ἔρρει γύργαθος αὕτως
† μικρὸς ἰών, νοῦν δ' εἶχεν ἐλάσσονα κινδαψοῖο.

(16) ἐπιμελῶς δὲ καὶ πρὸς Φίλωνα τὸν διαλεκτικὸν διεκρίνετο
καὶ συνεσχόλαζεν αὐτῷ· ὅθεν καὶ θαυμασθῆναι ὑπὸ Ζήνωνος τοῦ
νεωτέρου οὐχ ἧττον Διοδώρου τοῦ διδασκάλου αὐτοῦ. ἦσαν δὲ
περὶ αὐτὸν καὶ γυμνορρύπαροί τινες, ὡς φησι καὶ ὁ Τίμων (20 W.)

ὄφρα πενεστάων σύναγεν νέφος,	ATHEN. XIII 565ᵈ Ζήνων, ὡς
οἳ περὶ πάντων	φησιν Ἀντίγονος ὁ Καρύ-
πτωχόιατοί τ' ἦσαν καὶ κουφό-	στιος — ἔφη ὡς οἱ παρακού-
τατοι ἀνθρώπων.	σαντες αὐτοῦ τῶν λόγων καὶ μὴ
αὐτὸν δὲ στυγνόν τ' εἶναι καὶ	συνιέντες ἔσονται ῥυπαροὶ καὶ
πικρὸν καὶ τὸ πρόσωπον συνε-	ἀνελεύθεροι καθάπερ οἱ τῆς
σπασμένον. ἦν εὐτελής τε σφό-	Ἀριστίππου παρενεχθέντες αἱ-
δρα καὶ βαρβαρικῆς ἐχόμενος	ρέσεως ἄσωτοι καὶ θρασεῖς.

---

15 einen gesandten hat Antigonos den Thrason natürlich nicht genannt.
eins der beiden worte ist von dem compilator fälschlich zugesetzt, der ja
das decret aus Apollonios kannte, in welchem Θράσων Θράσωνος Ἀναχαιεύς
antragsteller ist. vielleicht ist aber auch ein textverderbniss da, wenigstens
scheinen die handschriften Ἀθήνηθεν zu haben.

15 das erste wort kehrt wieder als letztes der apophthegmen des Antigonos bei Ps. Plutarch. herkunft unbekannt. über das historische vgl. excurs 1. Timon 8. das bild ist das pendant zum Tantalos der Nekyia. 'im
schatten des schwindelbaums safs eine alte „Semitin"; von allem hätte das
leckermaul gern etwas gehabt, aber der korb gieng ihr an der nase vorbei
— und sie hatte nicht mehr verstand als ein bimbam' sehr hübsch; nur
fehlt, was im korbe war, der am schwindelbaum hieng; dem sinne nach ζητήσεων,
der form nach ein genetiv pluralis; ob αἱρεσίων? v. 2. αὕτως Dobree: αὐτῆς.

16 Timon 20. ἀνθρώπων Meineke: ἀστῶν ἄνθρωποι Laurentianus, βροτοὶ
ἀστῶν vulgo. — man list οὐχ ᾄδην was ich nicht verstehe. χάδην ist durch

σμικρολογίας προσχήματι οἰκονομίας. εἰ δέ τινα ἐπικόπτοι, περιεσταλμένως καὶ οὐ χάδην ἀλλὰ πόρρωθεν· λέγω δὲ οἷον ἐπὶ τοῦ καλλωπιζομένου ποτὲ ἔφη. (17) ὀχέτιον γάρ τι ὀκνηρῶς αὐτοῦ ὑπερβαίνοντος "δικαίως, εἶπεν, ὑφορᾷ τὸν πηλόν· οὐ γάρ ἐστιν ἐν αὐτῷ κατοπτρίσασθαι." ὡς δὲ κυνικός τις οὐ φήσας ἔλαιον ἔχειν ἐν τῇ ληκύθῳ προσῄτησεν αὐτόν, οὐκ ἔφη δώσειν· ἀπελθόντα μέντοι ἐκέλευσε σκέψασθαι ὁπότερος εἴη ἀναιδέστερος.

ἐρωτικῶς δὲ διακείμενος Χρεμωνίδου, παρακαθιζόντων αὐτοῦ τε καὶ Κλεάνθους, ἀνέστη· θαυμάζοντος δὲ τοῦ Κλεάνθους ἔφη, "καὶ τῶν ἰατρῶν ἀκούω τῶν ἀγαθῶν, κράτιστον εἶναι φάρμακον πρὸς τὰ φλεγμαίνοντα ἡσυχίαν."

δυοῖν δ' ὑπανακειμένων ἐν πότῳ καὶ τοῦ ὑπ' αὐτὸν τὸν ὑφ' ἑαυτὸν σκιμαλίζοντος τῷ ποδί, αὐτὸς ἐκεῖνον τῷ γόνατι· ἐπιστραφέντος δέ, "τί οὖν, ἔφη, οἴει τὸν ὑποκάτω σου πάσχειν ὑπὸ σοῦ;"

(18) πρὸς δὲ τὸν φιλόπαιδα οὔτε τοὺς διδασκάλους ἔφη φρένας ἔχειν, ἀεὶ διατρίβοντας ἐν παιδαρίοις οὔτ' ἐκείνους.

ἔφασκε δὲ τοὺς μὲν τῶν ἀσολοίκων λόγους καὶ ἀπηρτισμένους ὁμοίους εἶναι τῷ ἀργυρίῳ τῷ Ἀλεξανδρηνῷ· εὐοφθάλμους μὲν καὶ περιγεγραμμένους καθὰ καὶ τὸ νόμισμα, οὐδὲν δὲ διὰ ταῦτα βελτίους. τοὺς δὲ τοὐναντίον ἀφωμοίου τοῖς Ἀττικοῖς τετραδράχμοις, εἰκῇ μὲν κεκομμένοις καὶ σολοίκως, καθέλκειν μέντοι πολλάκις τὰς κεχαλλιγραφημένας [λέξεις].

Ἀρίστωνος δὲ τοῦ μαθητοῦ πολλὰ διαλεγομένου οὐκ εὐφυῶς, ἔνια δὲ καὶ προπετῶς καὶ θρασέως, "ἀδύνατον, εἰπεῖν, εἰ μή σε ὁ πατὴρ μεθύων ἐγέννησεν·" ὅθεν αὐτὸν καὶ λάλον ἀπεκάλει, βραχυλόγος ὤν.

(19) πρὸς δὲ τὸν ὀψοφάγον μηδὲν τοῖς συμβιωταῖς καταλιπόντα, παρατεθέντος ποτὲ μεγάλου ἰχθύος, ἄρας οἷος ἦν κατεσθίειν· ἐμβλέψαντος δέ "τί

ATHENAEVS VIII 345ᵉ Ζήνων ὁ Κιτιεὺς ὁ τῆς στοᾶς κτίστης πρὸς τὸν ὀψοφάγον ᾧ συνέζη ἐπὶ πλείονα χρόνον, καθά φησιν Ἀντίγονος ὁ Καρύστιος ἐν

ein boeotisches verslein (Kaibel 1130), wie es scheint, bisher allein belegt, denn wenn man mit Dittenberger dort lesen wollte διδωτι-κότυλον ὡς χύδαν πίη so ist der sinn mir unverständlich; elision von κῖ unmöglich, krasis befremdlich.

18 φιλόπαις muss hier 'kinderlieb' bezeichnen. der verfasser der kynischen Πολιτεία hält das spielen mit kindern für kindisch. der Herakleitos der novelle (Diog. IX 3) denkt anders, vielleicht im gegensatze zu Zenon.

οὖν, ἔφη, τοὺς συμβιωτὰς οἴει πάσχειν καθ᾽ ἡμέραν, εἰ σὺ μίαν μὴ δύνασαι ἐνεγκεῖν τὴν ἐμὴν ὀψοφαγίαν;" μειρακίου δὲ περιεργότερον παρὰ τὴν ἡλικίαν ἐρωτῶντος ζήτημά τι, προσήγαγε πρὸς κάτοπτρον καὶ ἐκέλευσεν ἐμβλέψαι· ἔπειτ᾽ ἠρώτησεν εἰ δοκοίη αὐτῷ ἁρμόττοντα εἶναι ⟨τῇ⟩ ὄψει τὰ τοιαῦτα ζητήματα.

τῷ Ζήνωνος βίῳ, μεγάλου τινὸς κατὰ τύχην ἰχθύος παρατεθέντος ἄλλου δ᾽ οὐδενὸς παρεσκευασμένου, λαβὼν ὅλον ὁ Ζήνων οἷος ἦν κατεσθίειν. τοῦ δ᾽ ἐμβλέψαντος αὐτῷ, "τί οὖν, ἔφη, τοὺς συζῶντάς σοι οἴει πάσχειν, εἰ σὺ μίαν ἡμέραν μὴ δεδύνησαι ἐνεγκεῖν ὀψοφαγίαν".

πρὸς δὲ τὸν φάσκοντα ὡς τὰ πολλὰ αὐτῷ Ἀντισθένης οὐκ ἀρέσκοι, χρείαν Σοφοκλέους προενεγκάμενος ἠρώτησεν εἴ τινα καὶ καλὰ ἔχειν αὐτῷ δοκεῖ· τοῦ δ᾽ οὐκ εἰδέναι φήσαντος, "εἶτ᾽ οὐκ αἰσχύνῃ, ἔφη, εἰ μέν τι κακὸν εἴη εἰρημένον [ὑπ᾽ Ἀντισθένους], τοῦτ᾽ ἐκλεγόμενος καὶ μνημονεύων, εἰ δέ τι καλόν, οὐδ᾽ ἐπιβαλλόμενος κατέχειν;" (20) εἰπόντος δέ τινος ὅτι μικρὰ αὐτῷ δοκεῖ τὰ λογάρια τῶν φιλοσόφων, "λέγεις, εἶπε, τἀληθῆ· δεῖ μέντοι καὶ τὰς συλλαβὰς αὐτῶν βραχείας εἶναι, εἰ δυνατόν." λέγοντος δέ τινος αὐτῷ περὶ Πολέμωνος ὡς ἄλλα προθέμενος ἄλλα λέγει, σκυθρωπάσας ἔφη, "πόσου γὰρ ἠγάπας τὰ διδόμενα;" δεῖν δ᾽ ἔφη τὸν διαλεγόμενον ὥσπερ τοὺς ὑποκριτὰς τὴν μὲν φωνὴν καὶ τὴν δύναμιν μεγάλην ἔχειν, τὸ μέντοι στόμα μὴ διέλκειν· ὃ ποιεῖν τοὺς πολλὰ μὲν λαλοῦντας, ἀδύνατα δέ. τοῖς εὖ λεγομένοις οὐκ ἔφη δεῖν καταλείπεσθαι τόπον ὥσπερ τοῖς ἀγαθοῖς τεχνίταις εἰς τὸ θεάσασθαι, τοὐναντίον δὲ τὸν ἀκούοντα οὕτω πρὸς τοῖς λεγομένοις γίνεσθαι ὥστε μὴ λαμβάνειν χρόνον εἰς τὴν ἐπισημείωσιν. (21) νεανίσκου πολλὰ λαλοῦντος, ἔφη, "τὰ ὦτά σου εἰς τὴν γλῶτταν συνερρύηκε." πρὸς τὸν καλὸν εἰπόντα ὅτι οὐ δοκεῖ αὐτῷ ἐρασθήσεσθαι ὁ σοφός, "οὐδέν, ἔφη, ὑμῶν ἀθλιώτερον ἔσεσθαι τῶν καλῶν." ἔλεγε δὲ καὶ τῶν φιλοσόφων τοὺς πλείστους τὰ μὲν πολλὰ ἀσόφους εἶναι, τὰ δὲ μικρὰ καὶ τυχηρὰ ἀμαθεῖς, καὶ προεφέρετο τὸ τοῦ Καφισίου, ὃς ἐπιβαλομένου τινὸς τῶν μαθητῶν μεγάλα φυσᾶν, πατάξας εἶπεν ὡς

---

21 die philosophen sind in den meisten dingen ungeschickt, von den gewöhnlichen begreifen sie nichts: sie wissen nur das eine das not tut. ein schönes gegenstück zu dem 'stoischen weisen' der legende. das wort des Kaphisias gibt Athenaeus XIV 629 aus einer apologie der alten musik, deren verfasser ich noch nicht kenne.

οὐκ ἐν τῷ μεγάλῳ τὸ εὖ κείμενον εἴη, ἀλλ' ἐν τῷ εὖ τὸ μέγα.
νεανίσκου δέ τινος θρασύτερον διαλεγομένου, "οὐκ ἂν εἴποιμι,
ἔφη, μειράκιον, ἃ ἐπέρχεταί μοι." (22) Ῥοδίου δέ τινος καλοῦ
καὶ πλουσίου, ἄλλως δὲ μηδέν, προσκειμένου αὐτῷ, μὴ βουλόμενος ἀνέχεσθαι, πρῶτον μὲν ἐπὶ τὰ κεκονιμένα τῶν βάθρων
ἐκάθιζεν αὐτόν, ἵνα μολύνῃ τὴν χλανίδα· ἔπειτα εἰς τὸν τῶν
πτωχῶν τόπον, ὥστε συνανατρίβεσθαι τοῖς ῥάκεσιν αὐτῶν· καὶ
τέλος ἀπῆλθεν ὁ νεανίσκος.

πάντων ἔλεγεν ἀπρεπέστερον εἶναι τὸν τῖφον, καὶ μάλιστα
ἐπὶ τῶν νέων. μὴ τὰς φωνὰς καὶ τὰς λέξεις ἀπομνημονεύειν,
ἀλλὰ περὶ τὴν διάθεσιν τῆς χρείας τὸν νοῦν ἀσχολεῖσθαι, μὴ
ὥσπερ ἕψησίν τινα ἢ σκευασίαν ἀναλαμβάνοντας. δεῖν τ' ἔλεγε
τοὺς νέους πάσῃ κοσμιότητι χρῆσθαι ἐν πορείᾳ καὶ σχήματι καὶ
περιβολῇ· συνεχές τε προεφέρετο τοὺς ἐπὶ τοῦ Καπανέως Εὐριπίδου στίχους, ὅτι αὐτῷ (Ilik. 861) "βίος μὲν ἦν πολύς, ἥκιστα
δ' ὄλβῳ γαῦρος ἦν, φρόνημα δὲ οὐδέν τι μεῖζον εἶχεν ἢ πένης
ἀνήρ." (23) ἔλεγε δὲ μηδὲν εἶναι τῆς οἰήσεως ἀλλοτριώτερον πρὸς
κατάληψιν τῶν ἐπιστημῶν, μηδενός θ' ἡμᾶς οὕτως εἶναι ἐνδεεῖς

22 zu der vorschrift für die εὐσχημοσύνη der jugend vgl. Zenon bei
Clemens paedag. 233.

23. der antigonische ursprung dieser dicta ist um so zweifelhafter
als sie auch sonst begegnen, das zweite Stob. 98, 68 mit trivialer motivierung. das *alter ego* doch wol sehr oft, z. b. *floril. Monac.* (hinter Meinekes
Stobaeus IV 282), auch das berühmte von der praedestination ist doch wol
verbreitet. ὥρα ἄνθος ἀρετῆς steht in dem abriss stoischer ethik § 130. die
schlechte variante ist natürlich abzusondern. (übrigens scheint statt σωφροσύνης die überlieferung φωνῆς zu sein), eine verballhornung von § 24 steht
Stob. 33, 10 vgl. anm. 23. das wort über μύρον stammt aus Xenophon
symp. 2, 3. aber zu grunde liegt auch hier gutes. wie die historie das
von § 24 zeigt, so die philosophie von ἄλλος ἐγώ, das nicht in dem sinne
gemeint ist, wie es in secundanerstammbüchern steht. der stoische weise ist
nicht wie der epikureische auf die freundschaft angewiesen; nutzen, in welcher form auch immer, oder genuss oder hilfe bedarf er nicht. er bedarf
ja nicht einmal gottes mehr als gott seiner. somit muss der begriff des
freundes von allem was eine relation involviert befreit werden, d. h. eigentlich aufgehoben. es ist ein armseliges auskunftsmittel, sich den freund als
object des woltuns zu construieren, wie Seneca. so hat gott den Hermogenes
zum freunde (Xenoph. symp. 4). correct sieht also Zenon den freund des weisen
in der einfachen verdoppelung desselben, und ihr gegenseitiges verhältniss ist
nichts anderes als ihre qualität als weise, ᾗ σοφοὶ φίλοι. es ist freilich eine ver-

ὡς χρόνου. ἐρωτηθεὶς τί ἐστι φίλος, "ἄλλος ἐγώ", ἔφη. δοῦλον ἐπὶ κλοπῇ, φασίν, ἐμαστίγου· τοῦ δ' εἰπόντος, "εἵμαρτό μοι κλέψαι", "καὶ δαρῆναι", ἔφη. τὸ κάλλος εἶπε τῆς σωφροσύνης ἄνθος εἶναι· ‖ οἷ δὲ τοῦ κάλλους τὴν σωφροσύνην ‖. τῶν γνωρί- μων τινὸς παιδάριον μεμωλωπισμένον θεασάμενος πρὸς αὐτόν, "ὁρῶ σου, ἔφη, τοῦ θυμοῦ τὰ ἴχνη·" πρὸς τὸν κεχριμένον τῷ μύρῳ, "τίς ἐστίν, ἔφη, ὁ γυναικὸς ὄζων;" Διονυσίου δὲ τοῦ Μετα- ταθεμένου εἰπόντος αὐτῷ διὰ τί αὐτὸν μόνον οὐ διορθοῖ, ἔφη, "οὐ γάρ σοι πιστεύω." πρὸς τὸ φλυαροῦν μειράκιον, "διὰ τοῦτο, εἶπε, δύο ὦτα ἔχομεν, στόμα δὲ ἕν, ἵνα πλείονα μὲν ἀκούωμεν, ἥττονα δὲ λέγωμεν.

(24) ἐν συμποσίῳ κατακείμενος σιγῇ τὴν αἰτίαν ἠρωτήθη· ἔφη οὖν τῷ ἐγκαλέσαντι ἀπαγγεῖλαι πρὸς τὸν βασιλέα ὅτι παρῆν τις σιωπᾶν ἐπιστάμενος· ἦσαν δὲ οἱ ἐρωτήσαντες παρὰ Πτολε- μαίου πρέσβεις ἀφικόμενοι καὶ βουλόμενοι μαθεῖν, τί εἴποιεν παρ' αὐτοῦ πρὸς τὸν βασιλέα. ἐρωτηθεὶς πῶς ἔχει πρὸς λοιδο- ρίαν, "καθάπερ, εἶπεν, εἰ πρεσβευτὴς ἀναπόκριτος ἀποστέλλοιτο."

(26) ἐρωτηθεὶς δὲ διὰ τί αὐστηρὸς ὢν ἐν τῷ πότῳ δια- χεῖται, ἔφη, "καὶ οἱ θέρμοι πικροὶ ὄντες βρεχόμενοι γλυκαί- νονται."

Athen. epit. II 55 Ζήνων ὁ Κιτιεὺς σκληρὸς ὢν καὶ πάνυ θυμικὸς πρὸς τοὺς γνωρίμους ἐπεὶ πλεῖον τοῦ οἴνου σπάσας ἡδὺς ἐγίνετο καὶ μειλίχος, πρὸς τοὺς πινθανομένους οὖν τοῦ τρόπου τὴν διαφορὰν ἔλεγε τὸ αὐτὸ τοῖς θέρμοις πάσχειν· καὶ γὰρ ἐκείνους πρὶν διαβρεχθῆναι πικροτάτους εἶναι, ποτισθέντας δὲ γλυκεῖς καὶ προσηνεστάτους.

legenheitsausrede, denn grade so gut könnte ein monotheist seinem gotte nur in einem ἄλλος αὐτός einen freund geben, d. h. sein wesen aufheben. aber die correct gedachte ausrede ist mehr wert als die ausgleichsversuche zwischen system und wirklichkeit, mit der sich die jungstoische schule, Panaitios an der spitze, zwischen zwei stühle setzen.

Diogenes III 66 ἅπερ (die platonischen schriften) ὡς Ἀντί- γονός φησιν ὁ Καρύστιος ἐν τῷ περὶ Ζήνωνος, νεωστὶ ἐκδο- θέντα εἴ τις ἤθελεν ἀναγνῶναι μισθὸν ἐτέλει τοῖς κεκτημένοις.

ἀναγνῶναι Casaubonus: διαγνῶναι.

f. Dionysios.

Bis vor kurzem war nur durch ein citat bei Athenaeus X 537 [c]) bekannt, dass Antigonos das leben das Dionysios von Herakleia geschrieben hätte. und das lieferte nur einen drastischen beleg für die plumpe hedonik, welcher sich Dionysios ergeben hat, nach dem abfall von Zenon, dem er seine namen verdankt. Athenaeus hat dieses buch des Antigonos schwerlich selbst gelesen, denn es folgt unmittelbar über Dionysios eine geschichte gleichen stiles, für welche Nikias von Nikaia citiert ist. und da nun Athenaeus aus diesem zweimal den Sotion, und zwar das eine mal mit gleichzeitiger nennung des buchtitels, citiert hat, den er überhaupt nicht kennt [1]), so wird man hier berechtigt sein, ein gleiches für Antigonos anzunehmen.

Kürzlich ist durch Comparetti ein zweites citat, in Philodems oder vielmehr seiner quelle Stratokles stoikerkatalog, hinzugekommen. es steht in dem verzeichniss der schüler Zenons; es ist aber natürlich darauf hin auch in den resten einer vita des Dionysios antigonisches vorauszusetzen, die bei Philodem weiter unten vorliegen. dass sie nicht rein antigonisch ist, folgt einmal aus der angabe der stichenzahl bei den schriften [2]), sodann aus der lächerlichen todesart. „er sagte seinen freunden lebewol, liefs sich in den trog zurücksinken und starb." [3]). da somit contamination unabweisbar ist, kann ohne eine

---

[1]) Dass Athenaeus den Sotion nicht selbst benutzt hat vgl. s. 32 anm. 9. auch die epitome des Herakleides Lembos hat Athenaeus nicht benutzt, sondern nur sein geschichtswerk. dagegen sind, wie Antigonos mehrfach, so Satyros und Hermippos von Athenaeus selber gelesen.

[2]) Col. 32, 3—7 zwischen den unten ausgehobenen sätzen ἐγίνετο δ' οὐκ καὶ πολύγραφος προαγαγὼν σχεδὸν εἰς τὰς ὀκτὼ μυριάδας.

[3]) Col. 33 τοὺς φίλους ἀσπασάμενος καὶ καθεὶς αὑτὸν (so eher als καθὶς ἑαυτὸν, wie Comparetti will) εἰς τὴν μάκτραν ἐτελεύτησεν. zu der concordanz-

weitere handhabe hier nicht das antigonische ausgesondert werden[1]).

Eine kurze vita steht im Diogenes (VII 166. 67) d. h. also bei Apollonios von Tyros. diesem fallen von selbst zu, erstens das schriftenverzeichniss, zweitens die philosophischen termini des eingangs, die genau zu der disposition im schülerverzeichniss (37) stimmen. dazu kommt von Diogenes eine diokleische zutat. es bleibt eine kurze aber wol zusammenhängende vita. sie beginnt mit dem abfall, schildert dann das wüste leben des Dionysios als hedoniker, lobt seine schriftstellerische kunst, erwähnt sein verhältniss zu Aratos, und läfst ihn schliefslich freiwillig hungers sterben. ich stehe nicht an, diese vita als antigonisch zu bezeichnen. denn erstens ist die beurteilung seiner letzten periode ganz dieselbe wie bei Antigonos, ferner stimmt der name des vaters ausdrücklich, und drittens ist grade in dem litterarischen teile eine deutliche übereinstimmung mit Philodem, und die beziehung zu Arat steht auch in dessen vita, die wir bei Timon und Menedemos gleichfalls mit Antigonos stimmend gefunden

---

kritik, die diese todesart mit dem aushungern bei Diogenes vereinigt, ist keine veranlassung, noch auch μάκιρα in übertragenem sinne als badewanne zu nehmen.

[1]) Ich will das kenntliche wenigstens hierher setzen. es betrifft die zeit vor Dionysios abfall col. 30, 1—7 — μίσον μεγάλη τῇ φωνῇ καὶ μάλισθ' ὅτι σιωπῶντας ἴδοι τοὺς ἄλλους καὶ διοχνοῦντας· τὸν αὐτὸν δὲ τρόπον μὴ παυομένων καὶ ταραχ — offenbar sein betragen in der schule, wo Zenón sehr auf ordnung hielt, vgl. sein wort an Ariston bei Antigonos § 18. es war dann erzählt, dass Dionysios sehr geneigt war einer meinung, die er grade vertreten sah, sich hinzugeben, vgl. auch hier Antigonos § 23. das führte hinüber auf die folgende columne 31, 1—11 — μένων ἀκούειν καὶ μετατίθεσθαι. διὸ καὶ ποτε Περσαίου πρός τινας εἰπόντος, ὡς ἐπύθει' ἐπὶ τὴν ἡδονὴν αὐτὸν μεταβεβληχέναι διότι ἠβού[λετο] ἀκούσας προτ[ερεῖν] ἀπὸ τῆς ἀκροτ.... |αὐτὸν κατ—|μενο—. die Comparettische ergänzung προτερεῖν ist nicht sicher; die von ἠβούλετο unbestreitbar. offenbar war es eigentlich auf ein wort des Dionysios abgesehen, der gegen Persaios kritik replicierte. man kann allerdings ὡς nur als einleitung eines einfachen aussagesatzes, διότι also causal auffassen. so hat also Persaios gesagt, er habe erfahren dass Dionysios übergetreten sei, weil er nach anhörung von etwas die oberhand haben wollte in ... sollte es nicht ἀπὸ τῆς ἀκροάσεως gewesen sein?

haben. ⁵) es scheint mir auch ganz unbedenklich, dass Apollonios für einen dissidenten sich eines buches bedient habe, welches er für das heilige schulhaupt nicht berücksichtigen mochte. ist also die herleitung begründet, so ergeben sich zwei nicht ganz uninteressante folgerungen. Dionysios ist in einer augenentzündung zur erkenntniss von der unhaltbarkeit der stoischen ethik gelangt. so berichtet auch Cicero am schlusse von *De finibus*, d. h. Antiochos von Askalon. derselbe Cicero nennt aber in zweiten buche der Tuskulanen (§ 60), nach Panaitios, wie man annimmt, jedenfalls nach einen Stoiker, eine nierenkrankheit⁶), und Lukian im Doppelt verklagten, der uns sonst zweimal antigonisches geliefert hat, specialisiert zwar die krankheit nicht, aber wer so schreibt (21) ἐπεὶ δὲ ἤλγησε καὶ ἐνόσησε καὶ ὁ πόνος ἀληθέστερος αὐτοῦ καθίκετο, ἰδὼν τὸ σῶμα τὸ ἑαυτοῦ ἀντιφιλοσοφοῦν τῇ Στοᾷ καὶ τἀναντία δογματίζον, αὐτῷ μᾶλλον ἢ τούτοις ἐπίστευσεν, der hat die augenkrankheit nicht gekannt, die ihm viel schönere antithesen verstattet haben würde. ferner kann der freiwillige tod als antigonisch, und somit als wahr gelten. da ist es bezeichnend, dass Diogenes kein epigramm aus der Pammetros eingefügt hat: für sie hatte ihm eben Hermippos und nicht Antigonos vorgelegen, und der hatte den wenig gekannten Dionysios übersprungen. und schliesslich berührt sich Nikias bericht (Athen. X 537 f) nah mit Antigonos bei Diogenes: πρὸς τὰς δημοσίας εἰσῄει παιδίσκας ἀδιαφόρως ist dasselbe mit εἰς τὰ χαμαιτυπεῖα εἰσῄει. aber Autigonos, der dies hinter den abfall verlegt, kann nicht dasselbe von der jugend des Dionysios berichtet haben. so tut der auch sonst nichts weniger als zuverlässige Nikias; er wird eben eine seiner anschauung entsprechende jugendgeschichte hinzuerfunden haben.

---

⁵) vit. Arati II (p. 56 West.) συνήκμαζε δὲ — Διονυσίῳ τῷ φιλοσόφῳ εἰς ἡδονὰς μεταθεμένῳ, οὗ καθηγήσατο τὰ μαθηματικὰ ὁ Ἄρατος. vit. I (p. 54) λέγεται δ' ἐσχολακέναι Διονυσίῳ τῷ Ἡρακλεώτῃ. hier ist das verhältniss verkehrt.

⁶) Man darf aber der hier erzählten anekdote das entnehmen, dass der abfall des Dionysios erst unter dem scholarchate des Kleanthes stattfand. dazu stimmt das altersverhältniss mit Aratos.

ΠΕΡΙ ΔΙΟΝΥΣΙΟΥ ΒΙΟΥ ΤΟΥ ΗΡΑΚΛΕΩΤΟΥ

APOLLONIOS (Diogen. VII 166 = 37)
Διονύσιος δ' ὁ Μεταθέμενος
τέλος εἶπε τὴν ἡδονὴν διὰ περίστασιν ὀφθαλμίας· ἀλγήσας γὰρ
ἐπιπόνως ὤκνησεν εἰπεῖν τὸν
πόνον ἀδιάφορον.

STRATOKLES (Philodem 32, 1)
τὸν πόνον φευκτὸν εἶναι τὴν δ'
ἡδονὴν ⟨αἱρετ⟩ὸν καὶ τέλος.

ANTIOCHOS (Cicer. de fin. V 94)
nobis Heracleotes ille Diony-
sius flagitiose descivisse vide-
tur a Stoicis propter oculorum
dolorem etc.

ἦν δὲ παῖς μὲν Θεοφάντου,
πόλεως δ' Ἡρακλείας.

STRATOKLES 10, 4 Διονύσιος.
Θεοφάντου, καθάπερ Ἀντίγο-
νος ἔγραψεν, Ἡρακλεώτης ὁ
Μεταθέμενος.

(167) καὶ κατ' ἀρχὰς μὲν φιλογράμματος ὢν παντοδαποῖς
ἐπεχείρησε ποιήμασιν, ἔπειτα
δὲ καὶ Ἄρατον ἀπεδέχετο, ζηλῶν
αὐτόν. ἀποστὰς δὲ τοῦ Ζήνωνος πρὸς τοὺς Κυρηναϊκοὺς
ἀπετράπη καὶ εἴς τε τὰ χαμαιτυπεῖα εἰσῄει καὶ τἆλλ' ἀπαρα-
καλύπτως ἡδυπάθει. βιοὺς δὲ
πρὸς τὰ ὀγδοήκοντ' ἔτη ἀσιτίᾳ
κατέστρεψε.

32, 7 ἐδόκει τε πολλοῖς οὔτ'
ἄστοχος ⟨οὔτ' ἀγράμμ⟩ατος εἶναι.

NIKIAS (Athenaeus X 537ᶜ)
Ἀντίγονος δὲ ὁ Καρύστιος
ἐν τῷ περὶ τοῦ Διονυσίου
βίου τοῦ Ἡρακλεώτου τοῦ ἐπι-
κληθέντος Μεταθεμένου φησὶ
τὸν Διονύσιον τοῖς οἰκέταις
συνεορτάζοντα ἐν τῇ τῶν Χοῶν
ἑορτῇ καὶ μὴ δυνάμενον διὰ γή-
ρας χρῆσθαι ᾗ παρειλήφεσαν
ἑταίρᾳ ὑποστρέψαντα εἰπεῖν
πρὸς τοὺς συνδειπνοῦντας "οὐ
δύναμαι τανύσαι, λαβέτω δὲ καὶ
ἄλλος".

Philodem 32, 2 αἱρετόν ich, σκοπόν Comparetti, überliefert ... πόν, aber
der erste buchstabe unsicher. 32, 7 meine ergänzung ist evident. der bei
Nikias citierte vers ist ungenau aus φ 152 οὐ μὲν ἐγὼ τανύω, λαβέτω δὲ καὶ ἄλλος.

Es ist schwerlich überflüssig die ergebnisse der nun abgeschlossenen reconstruction der antigonischen biographien zu-
sammengefasst vorzulegen.

Sie sind sämmtlich nach dem erscheinen von Timons Sillen,
der Lykon doch wol erst nach dessen tode (etwa 225) geschrieben,
und zwar in Mysien. der verfasser hat Menedemos in Eretria
noch gekannt, lebte dort also als urteilsfähiger mensch spätestens
in der ersten hälfte der siebziger jahre. unmittelbar darauf
muss er sich nach Athen begeben haben, da er Polemon Krates
Krantor noch zusammen lebend angetroffen hat. er war somit
ein greis als er seine erinnerungen aufzeichnete. bei keiner vita
hat er einen biographischen vorgänger gehabt; seine hauptquelle
ist eigene anschauung, zu der er schriftliche und mündliche mitteilung glaubhafter personen nur aushilfsweise heranzieht, so viel
wir sehen nur für Zenon, dessen wichtigste zeit vor seinen athenischen aufenthalt fällt, und für Pyrrhon, den er höchstens in
seinen letzten jahren einmal gesehen hat.[1]

Er wollte weder eine darstellung der philosophie der einzelnen noch eine pragmatische geschichte ihres lebenslaufs geben,
sondern eine darstellung ihres tichtens und trachtens, ihrer
lebensführung und individualität: ἐχαρακτήριζε τούς βίους αὐτῶν.
daher ist der titel περὶ τοῦ Ζήνωνος βίου u. s. f. auch der politische
und gesellschaftliche hintergrund, auf dem sich die gestalten bewegen, wird nicht ausgemalt, aber eine volle kenntniss desselben
vorausgesetzt. es ist die schrift nicht eines gelehrten noch eines
philosophen, sondern eines mannes mit offenem auge und offenem
herzen, der erzählt was er gesehen hat, wie er es gesehen hat.
dem greisen erzähler aber begegnet es, wie oft, dem publicum
seine eigene kenntniss und sein interesse zuzutrauen. schwerlich
liegt es lediglich an der excerptenform, dass manche, namentlich
persönliche, pointen der erläuterung bedürfen.

Der erfolg des buches ist nicht unmittelbar zu spüren, wozu
der ort seines erscheinens beigetragen haben wird. Hermippos

---

[1] Elis wenigstens hat er besucht, da er das gemälde Pyrrhons im dortigen gymnasium erwähnt und kritisiert.

braucht es noch nicht gekannt oder benutzt zu haben. ein nachfolger hat sich nicht gefunden; nur der biograph des Assiers
Kleanthes, welchem Apollonios, vielleicht auch schon Hekaton,
das beste verdanken, scheint ziemlich im sinne und der art des
Antigonos geschrieben zu haben. [2])

Um so lebhafter ist der zuspruch des zweitens jahrhunderts,
das so reich an compendien der philosophengeschichte ist, zu
dieser quelle. da ist zuerst Sotion, der mindestens im Timon
aus ihr schöpft, sodann Herakleides Lembos, Apollodoros in der
Chronik, Stratokles von Rhodos und Apollonios von Tyros im
Dionysios Metathemenos, und ganz besonders der noch unbenannte
geschichtsschreiber der Akademie, dem Philodem und Diogenes
und in anderer brechung Numenios folgen. von da ab ist es zumeist schwer zu sagen, ob die compilatoren das originale werk
oder einen der auszüge benutzt haben, deren zahl legio war.
einen auszug hatte der geschichtschreiber der Stoa, der den
Apollonios überarbeitet hat, aus wirklicher quelle haben nachweislich Apollonides von Nikaia in Sillencommentar, der oder die
jüngeren skeptiker, auf welche Aristokles und Diogenes in ihren
dahin bezüglichen partien zurückgehen, von erhaltenen schriftstellern aber der einzige Athenaeus geschöpft.

Auch das ist von belang zu wissen, wer den Antigonos nicht
gelesen hat, wie z. b. die Römer und Plutarch und, was wenigstens
im allgemeinen gilt, die apophthegmen- und chrienlitteratur. dass
die eigentlichen philosophen ihn verschmähen ist natürlich, da
sie nichts bei ihm zu holen hatten.

---

[2]) Der cultus der persönlichkeit ist nirgend so stark wie bei den Epikureern, die auch darin einen zug ihres zeitalters nur potenzieren. aber zu
einer biographie Epikurs, die uns ein bild von ihm gäbe, vergleichbar dem
Arkesilaos oder Zenon des Antigonos, ist es nicht gekommen. das ist nicht
eine folge von mangel sondern von überfülle des stoffes. für die stille gemeinde war eine Epikurbiographie so wenig nötig wie heute eine Göthe-
biographie. da blieb der meister selbst, in seiner und seines kreises correspondenz und in seinen sorgfältig datierten werken, leibhaftig und lebendig.
die draußen stehenden aber hatten mit der lehre auch die ihnen unbequeme
person verflucht.

Dennoch ist sein einfluss bis auf den heutigen tag ein sehr bedeutender. denn wenn auch im Zenon eine aufreihung einzelner beglaubigter oder so scheinender nachrichten und in viel grösserer wirkung die stoische legende neben das schlichte bild des Antigonos trat, so ist er hier doch, ohne dass man es sicher wusste, immer einer der hauptzeugen geblieben. nur in betreff Menedems haben sich seine und eine zur zeit nicht zu benennende auffassung schon zu Herakleides Lembos zeit, der sie in eins verarbeitete, entgegengestanden: und erst jetzt bestätigt der verstand, was das gefühl freilich schon richtig entschieden hatte, dass das recht auf Antigonos seite ist. bei Skeptikern Akademikern und Dionysios aber ist von den tagen des Antigonos an, voraussichtlich in ewigkeit, die darstellung, die er gegeben hat, nicht blofs die mafsgebende sondern die einzige; die armseligen lügen des falschen Aristippos und was sonst noch einzeln von versprengten notizen in betracht kommt verblich und verbleicht vor seinen lebensvollen bildern, und wenn der erfolg die bedeutung bestimmt, so ist Antigonos in der tat eine bedeutende erscheinung innerhalb der antiken biographie.

ANTIGONOS VON KARYSTOS

Es ist mir im letzten capitel schon einzeln begegnet, die identität der drei bisher gesondert behandelten personen vorausgesetzt zu haben: sie wird wol auch dem aufmerksamen leser kaum eines beweises bedürfen. die für die einzelnen ermittelten kriterien bringen die sache zur evidenz.

Antigonos von Karystos der biograph hat in Athen gelebt, schreibt als greis nach 225 in Mysien; mit Sicilien oder Alexandreia zeigt er keine bekanntschaft, dagegen kennt er die alten dichter, von denen er Sophokles Achaios (allerdings einen Eretrier) Euripides Philoxenos u. a. citiert. er citiert auch den kunstschriftsteller Melanthios und hat in Elis ein gemälde Pyrrhons aufgesucht, das er kritisiert.

Antigonos von Karystos der paradoxograph ist ein zeitgenosse etwa des Eratosthenes, kennt Griechenland, speciell Delphoi und Athen, aber auch Kos und Pitana, aus eigener anschauung; nicht Sicilien oder Alexandreia; ist den Alexandrinern nicht geneigt, citiert die alten dichter.

Antigonos von Karystos der künstler und kunstschriftsteller ist in Pergamon unter Attalos I tätig; die werke deren erwähnung bei ihm bisher nachweisbar ist sind altattische.

Also stimmt name, vaterland, zeit, geistige richtung so weit sie sich erkennen läfst. eine scheidung in homonyme hat nicht einen schatten der wahrscheinlichkeit. ich muss aber auch mit voller entschiedenheit behaupten, dass die identification geboten wäre, auch wenn sich nicht eine übereinstimmung der geistigen richtung nachweisen liefse. denn es ist zwar sehr wol möglich,

dass es zu derselben zeit oder in zeitlicher nähe mehrere träger des
namens Antigonos in Karystos gegeben hat, es wäre nicht unmöglich, dass mehrere schriftstellerisch tätig gewesen wären,
allein schlechthin unglaublich ist es, dass man dann zu ihrem
distinctiv das ethnikon verwandt hätte. in der erfindung bezeichnender distinctive ist grade die griechische grammatik ja
geschickt und geübt. das nächste capitel wird zwar einen
dichter Antigonos von Karystos aus augusteischer zeit bringen,
allein der ist eben nicht zeitgenosse, und wenn eine verwechselung
möglich war, so konnte sie nur mit dem grammatiker Antigonos
von Alexandreia stattfinden. es ist zuzugeben, dass der kunstschriftsteller nur einmal mit vollem namen angeführt wird, aber
es ist das einzige mal, wo über die gemeinte persönlichkeit ein
ernstlicher zweifel obwalten konnte, und noch dazu das einzige
mal, wo ein sorgfältigerer oder leidlich erhaltener grammatiker
von ihm redet. dass Plinius bei dem künstler das vaterland
nicht nennt, hat seinen guten grund, denn dieser hatte es selbst
auf der künstlerinschrift nicht gesetzt. der paradoxograph wird
allerdings nur einmal (oder zweimal) Karystier genannt, allein
wie zusammengestrichen sind auch durch die compilatoren alle die
stellen, wo sich reste von ihm finden. das buch, das in sich
den beleg der herkunft trägt, trug vielleicht so wenig ein ethnikon
wie die statuen. der biograph dagegen wird häufig Καρύστιος
genannt: hier war mindestens ein historiker vorhanden, mit dem
er verwechselt werden konnte; einzeln, wie der Lykon zeigt,
konnte auch der könig Gonatas mit dem berichterstatter con-
fundiert werden. aufserdem sind eben die reste des biographen
ungleich umfangreicher. ich betrachte also die identität als ein
factum.

Der versuch der im folgenden gemacht wird ist dazu angetan, nicht nur absichtliche misdeutungen zu befahren. allein
er musste doch gewagt werden. die individualität des Antigonos
ist keine energisch präcisierte; nicht er bestimmt die richtung
seiner zeit. aber aus seiner zeit ist ungetrübt nur verschwindend
wenig erhalten, und es ist das werk der nachschaffenden phantasie,
wenn wir uns überhaupt ein bild von derselben erwerben. eine

analyse der züge ihrer geistigen physiognomie, eine gruppierung
der einzelnen erscheinungen ihres geistigen lebens hat um so mehr
befremden zu gewärtigen, als die landläufigen vorstellungen von
dem dritten jahrhundert sehr trübe sind. was an eine selbst
mitschaffende phantasie des lesers sich wendet, setzt kenntnisse
voraus, die auch nicht scharf zu präcisieren sind: es ist ganz
begreiflich dass der, dem diese voraussetzungen abgehen, die
bilder für erträumt hält, von denen er nicht ahnt, woher sie genommen sind. der brocken sind zu wenig um das verlorne gemälde durch musive arbeit herzustellen. es gilt die freiheit sich
zu nehmen, die der politischen geschichte niemand bestreitet, wenn
litteraturgeschichte nicht notizenkram und bibliographie sein soll.
danach handle ich; ob meine worte unter die dornen oder auf
den weg fallen, darf und wird mich nicht beirren.

Des individuellen in Antigonos ist also wenig; wo ich es zu
bemerken glaubte, ist es hervorgehoben, allein des individuellen
ist in wahrheit in den meisten sterblichen weniger als sie sich
dünken, oft auch als vielen scheint. der schäfer freilich kennt
die einzelnen tiere der herde; den anderen erscheint ein schaf
wie das andere. aber die unterschiede der racen bemerkt auch
der der nicht blofs diese herde hütet. grade ein durchschnitts-
mensch repräsentiert den typus, er wird bestimmt von herkunft,
von umgebung, von den in den kreisen der gesellschaft und der
bildung, an denen er anteil hat, wirkenden ideen. er glaubt
freiwillig zu handeln, und er ist doch nur das organ einer solchen
idee. ideen zu schaffen ist die tat des heros — oder des gottes
der sie seinem liebling offenbart. deshalb ist ein durchschnitts-
mensch nicht damit abgetan, dass wir ihn als einen solchen zu
den übrigen stellen: nicht als eigener gedanken träger, wol
aber als organ allgemeiner weitwirkender ideen lässt er sich erfassen. bedingt er nicht die kreise in denen er sich bewegt, so
sind die bedingungen, welche die kreise und ihn beherrschen,
an ihm zu erkennen und darzulegen. und so ist es in der tat ein
anhaltspunkt, dass Antigonos ein Dryoper war, dass er ein bildhauer war, dass er nach Pergamon gieng, ganz abgesehen davon,
ob er ein Dryoper sein wollte oder nicht, ob er gute oder

schlechte statuen machte und ob es nicht 'ein zufall' war, dass
er nach Pergamon berufen ward —, was wir alles nicht wissen. in
diesem sinne, als einen typus seiner zeit und umgebung, habe
ich ihn zu erfassen versucht. die cultur der zeit erklärt, wie
der mann ward und war; der mann wie er ist, erklärt uns die
cultur seiner zeit. das sind zwei unbekannte grössen, die sich
gegenseitig kennen lehren sollen. deshalb wird freilich noch des
verzeichneten auf beiden seiten genug sein, und ich werde
mich freuen, wenn die falschen striche schonungslos berichtigt werden; dass das ganze bild durchgestrichen zu werden verdient,
darauf kann ich es wol ruhig ankommen lassen. denn selbst
wenn die identität der drei personen nicht stand hielte, würde
immer noch das meiste nur unwesentlich verschoben werden.

EUBOEISCHE CULTUR. Euboia wird, wenn erst einmal eine
ordentliche reconstruction der älteren griechischen culturgeschichte
erreicht sein wird, eine hervorragende rolle als vermittlerin der
östlichen cultur spielen. nicht umsonst liegt die schöne insel
längs der küste von Thessalien bis Sunion. dass nach Thukydides
schätzung der grösste kampf zwischen dem troischen und persischen kriege ein euboeischer gewesen ist, ist wenigstens ein grad-
messer der bedeutung. eben so viel wiegt es dass Hesiodos den
Homeros bei eines chalkidischen königs leichenspielen besiegt
hat. aber nur unbewusste überlieferung hat die kunde bedeut-
samster zustände und begebenheiten bewahrt, vor allem die sage,
aber auch sprache, schrift, münze; und die unverlorene erinnerung
ihres ursprungs bei den colonieen erlaubt auch deren geschichte
heranzuziehen. zunächst fällt auf, dass es eine cultur und geschichte ohne namen ist. dichter, weise, gesetzgeber, feldherren
von Chalkis und Eretria sind verschollen. die macht und bedeutung beider städte ist am verlöschen, als sie gegen ende des
sechsten jahrhunderts uns in hellerem lichte begegnen. Athen,
verbunden mit Eretria, siegreich über Chalkis, macht sich daran
beider erbschaft anzutreten. das untertanenverhältniss des fünften
jahrhunderts hat die jungen und klanglosen sagen hervorgebracht,
welche die gründer der euboeischen städte zu Ioniern, d. h. zu
söhnen der attischen Ion machen. selbst bei Oreos, welches bis

zu der zerstörung von Hestiaia keine πόλις war, ist eine solche
sage aufzuweisen: ein zeichen, wie jung die ganze schicht ist.
die urteilsfähigsten der antiken forscher wussten denn auch eben
so gut wie die alten ächten sagen, dass die bewohner Euboias
nur in sehr entferntem verwandtschaftsverhältniss zu den bewohnern der asiatischen zwölfstädte standen, welche eigentlich der
Ionername allein angeht. Abanten Ellopier helikonische Thraker
weisen vielmehr auf das festland hinüber. Euboia ward von der boeo-
tisch-dorischen völkerwanderung nicht unmittelbar ergriffen; die
alte bevölkerung hat sich daselbst gehalten. für die hauptorte
steht durch die sprache fest, dass sie mit Athenern Ionern und
Nesioten zu einem stamme gehören. wer freilich heraklitisches
oder herodotisches ionisch in Rhegion und Olynthos, die wir
besser als Chalkis kennen, oder in Styra erwartet, der wird sich
schwer getäuscht finden [1]. aber es safsen nicht einmal blofs
Ionier in diesem weiteren sinne auf Euboia. dass von den vor-
fahren der Aeoler, die einst am Spercheios und Asopos ihre sitze
gehabt hatten, etliche auch über die strudel des Euripos gezogen waren, war in der tradition unverloren; der später ver-
ödete ort Κύμη hat einen specifisch aeolischen namen. ein
anderes sprengstück fremden volksstammes safs auf der äufsersten
südecke: Karystos war ein Magnete, ein sohn des Cheiron. noch
zu Thukydides zeit war dieser unterschied sehr fühlbar; er nennt
die Karystier Dryoper, gewiss nach allgemeinem urteil, welches
auch herrschend bleibt [2]. wahrscheinlich haben auf einer reihe

---

[1] Die entschiedenste abweichung ist, dass auch hier wie in Athen und
Boeotien die vorliebe für ττ nachweisbar ist. κιττός steht CIG 2144, Κιττίης
heifst der Styrier Εφ. Ἀρχ. n. 57. von den asiatischen Ioniern ist die fest-
haltung des heta ein durchgreifender unterschied, aber das haben auch die
Nesioten erhalten. dass die Rheginer auch das vau mitgenommen haben,
haben die inschriften des Smikythos erwiesen.

[2] Ob sie den bewohnern von Hermione und Asine verwandt waren,
muss dahin stehen, vgl. Kydathen 145. doch ist bemerkenswert dass der
seltene name Κηδείδης in Hermione und Styra zu finden ist. das hat, wie
ich sehe, schon Bergk zu fgm. lyr. adesp. 102 hervorgehoben. das meiste
was wir über die euboeische archaeologie erfahren danken wir selbstverständlich dem Apollodoros bei Strabon; aufserdem steht aber sehr viel bei Theon

der benachbarten Kykladen verwandte bevölkerungen gesessen, und tiefere forschung wird die erbschaft fremden blutes in den geschicken und charakteren der inseln und der Inselionier ohne zweifel noch aufzeigen. es ist aber sehr wol möglich, dass der Ionername auf den inseln überhaupt, nicht anders als in Asien, nicht die bezeichnung eines der ingredientien sondern erst die der mischung ist. diese vollzog sich für die Kykladen im dienste des delischen Apollon. das wertlose eiland hat nicht sich eine macht erobert, sondern die cifersucht der umwohner hat das centrum ihrer vereinigung auf neutrales gebiet verlegt. notwendig ist also die gründung der delischen amphiktionie ein act, eine handlung menschlichen willens, nicht ein ergebniss eines unwillkürlichen naturprocesses, längst vollzogen, als der dichter des alten Nostos von der heiligen palme sein gleichniss nahm, und doch lange nach der völkerwanderung, welche auch auf den inseln zunächst nur ein chaos in ihrem gefolge hatte. als die geschichte heller wird, hat der bund seine bedeutung verloren. aber wie die attische festgesandtschaft und die attische feststrasse als ein symbol der zukunft Athens den delischen und den delphischen gott vereint, so beweist eine andere feststrasse, die noch einen mythischen ausgangspunkt hat, die grosse bedeutung der vereinigung für die alte zeit, als die überreste der vordorischen bevölkerung sich gegen die mächtigen sieger zusammenschlossen. aus dem fernen reiche der frommen Hyperboreer kam eine geheimnissvolle gabe nach Dodona[3]), gieng von dort nach dem mali-

---

in den commentaren zu Lykophron und Apollonios. *Εὐβοϊκά* gab es von einem Aristoteles, einem Dionysios und Archemachos, sämmtlich älter als Apollodor, Dionysios sogar noch aus dem vierten jahrhundert, denn Syncellus 520, 16 verbindet die ἀκμή des *Διονύσιος ὁ τὰς πόλεις γράψας* mit Kallippos von Kyzikos, und der ausgezeichnete schriftsteller über das alter Homers, den Tatian (*adv. gentil.* 49) ausschreibt, rückt ihn vor Ephoros.

[3]) Dodona muss als ein rest vordorischer culturwelt betrachtet werden, welcher sich trotz der barbarischen umgebung hielt und in verbindung mit den ostwärts verzogenen stammesgenossen blieb. deshalb ist es in der Ilias und Thesprotis. die Ionier sind es welche es heilig halten, und von den Boiotern erzählen sie uns arge frevel wider Dodona. die ältesten dort gefundenen weihgeschenke, deren herkunft bezeugt ist, sind ein attisches und das eines ioni-

schen golfe, hinüber nach Euboia, da von ort zu ort, bis Karystos
sie den Teniern, mit vermeidung von Andros, Tenos sie den
Deliern übergab (Herodot 4, 33 daraus Kallim. Del. 285). hier ist es
deutlich, dass Karystos schon zu der cultgemeinschaft zugelassen
ist, welche sich gegen Andros noch verschliesst. somit ist für die
beiden später sehr ähnlich handelnden und behandelten orte,
die wol auch gleichen ursprungs sind, ein gegensatz schon für
ganz entlegene zeit kenntlich, und Karystos ist mit Ioniern
in eines gottes dienst vereint; es war durch Eretria eingeführt, mit dem wir es auch 490 verbunden antreffen.
Eretria hatte überhaupt die ionischen sympathien; Chalkis,
wo ein geschlossener adel gebot, stand den dorischen adels-
herrschaften näher. noch in später zeit konnte Eretria die
denkmale vergangener macht, da es über einen teil der Kykladen
gebot, im heiligtume seiner amarynthischen Artemis aufweisen [1]).
zu dieser partei stand auch der verwandte stamm jenseits des
Euripos: die Artemis hatte ihre verehrer zu Brauron und zu
Myrrhinus, auf den hügeln von Agrai, ja sie nimmt platz auf dem
burgfelsen der Athena. Eretria ward der ausgangspunkt, von dem
sich die herrschaft des Peisistratos dauernd über Attika befestigte;
die freie bürgerschaft des Kleisthenes hatte sich sofort der Chalkidier nicht minder als der Boioter und Peloponnesier zu erwehren. sie bezwang die stolze stadt, die einst bis tief nach
Boiotien und Attika hinein geboten hatte [5]) und teilte mit Eretria
die kühnheit, den stammesvettern jenseits des meeres wider den
grosskönig beizustehen. Eretria zeigt sich bei dieser expedi-

schen rhapsoden, mindestens noch aus dem fünften jahrhundert, es kann aber
sehr wohl älter sein (Karapanos 23, 2).

[1]) An diesem orte wären ausgrabungen recht sehr am platze. neben
der schriftlosen zeit dürfte die unmittelbar redende eine bescheidene berücksichtigung doch auch verdienen.

[5]) Die mythischen repräsentanten sind an beiden orten Chalkodon und
Lykos. in der schrift entspricht den heroen das chalkidische lambda. es
ist aber scharf aufzumerken, damit nicht ursprüngliche übereinstimmung aus
der zeit vor der völkerwanderung mit den späteren chalkidischen einflüssen
verwechselt wird. wenn z. b. die Δαίδαλα des Kithairon an Euboeisches
lokal anknüpften so ist das uralt, grade wie die ursprüngliche identität von
Δελφοί (von den Boeotern Βελφοί genannt) Τιλφῶττα Δρψύς.

tion noch als die herrscherin über eine reihe von gemeinden; es liegt
aber in der tendenz der herodotischen erzählung, die den standpunkt
ihrer zeit nicht vergessen kann, dass Eretria so dürftig neben Athen
erscheint. bei Ephoros lag in dieser periode die thalassokratie der
Eretrier (Euseb. I 229 Syncell. 469). könig Dareios nahm die dinge
natürlich wie sie waren. nachdem er den aufstand Ioniens mit leichter mühe niedergeworfen, am Hellespont sich festgesetzt und der
wichtigsten inseln versichert hatte, griff er den casus belli auf, die
beiden ionischen staaten des westens als erste etappen zur unterwerfung Griechenlands zu benutzen. die unternehmung des Datis
war sehr geschickt geleitet. was Polykrates und Peisistratos versucht hatten, was wenig jahre später Athen durchführte, das schien
diesmal zu gelingen: die inseln traten dem zu, der sich den
Apollon von Delos gewonnen hatte. ohne schwertstreich war
die insulare suprematie Eretrias zertrümmert. Karystos, der
erste punkt Euboias gegen welchen die flotte sich wandte,
leistete nur kurzen widerstand, durch verrat fiel bald Eretria
ebenfalls. die kleinen orte hatten bei diesen kämpfen, wie später
in immer wechselnden formen, die wahl, ob sie ein grosses all-
gemeines vaterland in stärke und gewalt mit allen consequenzen
der einheit und der streitbarkeit oder das vielfach bequemere
stillleben in autonomer kraftlosigkeit wollten. die beiden nächsten
centren einer provinziellen vereinigung, Chalkis und Eretria,
waren hinweggenommen: was wunders dass Karystos und Andros
zunächst nur die befreiung fühlten und in diesem sinne ihre politik
einrichteten. mederfreundlich waren die Karystier, und die
Hellenen trauten einem der ihren den verrat des Ephialtes zu
(Herod. 7, 214). diese politik schien damals selbst so vorsichtigen
rechnern wie dem delphischen Apollon berechtigt und praktisch.
sie hatten nur alle, eben so wie der grosskönig, die rechnung
ohne Athen gemacht. Themistokles, der die herrschaft seines
staates von vorn herein als den preis des widerstandes im auge
hatte, bewies ihnen das noch im herbste 480; Karystos und
Andros mussten strafcontributionen zahlen. und als der ionische
bund unter Athens führung ins leben trat, mussten die Dryoper
wol oder übel mit; als sie sich dann sperrten, verfielen sie als

eine der ersten städte der reichsexecution. sie sind seitdem
tributpflichtig, müssen heeresfolge leisten und teilen mit den
übrigen euboeischen rebellen die verschärfungen der abhängigkeit
nach den verschiedenen erhebungsversuchen. sie stehen in Athen
nicht im allerbesten rufe[6]), indessen ist es ihnen gegenüber den
attischen kleruchien, die Chalkis Eretria Oreos besetzten, ver-
hältnissmassig noch glimpflich gegangen. Eretria, die alte bundes-
freundin, war zwar wieder aufgebaut, allein die ehemals abhängigen ortschaften, wie Styra und Karystos und selbst Gryncheis,
eigentlich ein demos von Eretria[7]), erscheinen als selbständige
bundesglieder und die stadt ist bedeutungslos, übrigens zum abfall in erster linie bereit. sie hat aber den seltenen ruhm,
Achaios, einen der erfolgreichsten dichter der attischen tragödie,
ihren bürger nennen zu können, während Chalkis mit dem sturze
seines adels auch aus der litteraturgeschichte verschwindet um erst
mit dem tragiker Lykophron wieder herzuvortreten[8]).

Die attische herrschaft hatten die Euboeer mit Spartas hilfe
abschütteln können: dem einfluss der attischen cultur waren sie
tatsächlich erlegen. dass Eretria in der ersten hast sein ver-
wildertes idiom als officielle sprache einführte, machte es nur vor
ganz Griechenland lächerlich, und die marotte verschwand bald
aus der praxis[9]). aus Karystos aber stammte der bedeutendste
arzt des vierten jahrhunderts, Diokles, der erste name, der zeit
und dem range nach, den die stadt der wissenschaft und littera-

---

[6]) Aristoph. Lysistr. 1058. 1181. der spott hängt sich an die karystischen
soldaten, die in folge der untertänigkeit häufig in Athen waren. Thuk. IV 42
VIII 69. — einen μαλθακός Diotimos von Karystos erwähnt eine Diogenes-
anekdote Aelian V. H. IV 2.

[7]) Bull. de Corr. Hell. II 277. 'Κφ. Ἀρχ. N. F. 13.

[8]) In Athen ist das ehrwürdigste kirchenlied von dem Chalkidier Tyn-
nichos (Bergk. lyr. s. 1111); den ersten dithyrambischen sieg errang unmittelbar nach der katastrophe seiner vaterstadt Hypodikos von Chalkis (Marm.
Par. 61), auch Aischylos hat einen Chalkidier Mynniskos zum schauspieler.

[9]) Wir besitzen lediglich den einen vertrag mit Ilistiaia, der nur in
die jahre 409—378 fallen kann ('Κφ. Ἀρχ. N. F. 13). ungefähr gleichzeitig
ist die äußerung Platons (Kratylos 434°) und doch wol auch ein komiker-
oder rednerzeugniss, auf welches neben Platon die grammatiker verweisen

tur gegeben hat: Diokles schrieb attisch, obwol grade die medicin sich der ionischen sprache bis zum ende des vierten jahrhunderts noch bediente; aber dem Dryoper lag attisch eben so nah als das schriftionisch. in der politik teilte Euboia die schwankungen des vierten jahrhunderts, geriet aber sehr früh schon in die makedonische machtsphäre. Karystos tritt nicht besonders hervor, bis es im lamischen kriege auf attischer seite fechtend, dann sammt ganz Euboia von Kassandros besetzt, von Polemaios befreit[10]) und seit Demetrios erstem erscheinen so gut wie dauernd in mittelbarem oder unmittelbarem besitze des Antigonischen hauses erscheint. um seiner lage willen noch einmal in den kämpfen Roms gegen Philippos in der geschichte hervortretend[11]) und noch einmal befreit, spielt es dann nur noch als die heimat des grünen marmors eine rolle[12]).

(die stellen bei Ahrens Dial. I 227). die urkunden schon aus dem ende des vierten jahrhunderts sind von dem rhotacismus frei, über den Platon übrigens nur unvollkommen unterrichtet war (recension von Cauers delectus s. 10). die hellenistischen missbildungen in den zweiten aoristen wie ἐλάβοσαν hat Aristophanes von Byzanz chalkidisch genannt, weil sich Lykophron (v. 21) eine solche erlaubt hatte. Tzetzes zu jener stelle, schol. zu v. 249; Bekker An. 91. Fresenius Aristoph. Byz. p. 115.

[10]) Pausan. I 25 4. Diodor 18 11. 19 78. CIA II 249. 266 Köhler Herm. V 346.

[11]) Die ausschreiber des verlornen 17 buches des Polybios z. b. Liv. 32, 17. die befreiung ist bei Polyb. 18 47 selbst erhalten. sie ist gewiss dauernd gewesen. mit Asklepiades von Klazomenai erhält auch ein karystischer capitän, Polystratos Polyarkes sohn, die ehren vom römischen senate CIL. 1 203.

[12]) Meines wissens wird in vorrömischer zeit wol des asbestes aber nicht des grünen marmors erwähnung getan. allein die decorationsweise, welche marmorincrustation imitiert (Maus erster stil), reicht bis in den hannibalischen krieg gewiss hinauf: ihr vorbild gehört also dem dritten jahrhundert an. grüne felder sind häufig. es ist nicht zu glauben dass Karystos, die stätte eines so bedeutenden marmorexportes, der kaiserlicher besitz war (Marquardt Staatsverw. II 254), ein gänzlich verödeter ort gewesen wäre. das nimmt man an wegen der anmutigen euboeischen rede des Dion, wo allerdings die 'stadt', welche namenlos gehalten ist, wegen des gerästischen vorgebirges, an welchem Dion schiffbruch gelitten haben will, Karystos sein müsste, wenn sie etwas anderes als 'die stadt' wäre. aber es ist doch pedantismus, die verhältnisse in einer vom ersten bis zum letzten buchstaben erfundenen novelle als historisch anzusehn, und Karystos ist jene stadt so

KREIS DES MENEDEMOS. Seit den letzten jahren des vierten jahrhunderts konnte ein karystischer vater seinen sohn recht wol nach dem vater oder sohn des königs, dem die stadt ihre freiheit dankte oder dem sie gehörte, je nach dem man es auffasst, Antigonos nennen. ein knabe der damals in Karystos aufwuchs, gehörte ohne weiteres in den kulturkreis von Athen[13]); nur nicht

wenig als Athen, woran eben so treffliche männer verkehrt gedacht haben wie an Karystos. wer die rede aufmerksam list, wird an allen ecken und kanten auf unmöglichkeiten stofsen: aber ich führe sie nicht aus, denn es ist eben pedantismus novelle und historie zu vermischen. Dion und sein publicum würde grade so über dieses misverständniss lachen wie Petron und Philostratos, wenn sie erführen dass man ihre gemäldegallerieen in die wirklichkeit versetzt, oder Apuleius und Lucius, wenn man auf grund ihrer schilderungen die gesellschaftlichen zustände Griechenlands beklagt. wer die biederen jäger von Euboia für reale figuren hält, der darf folgerichtig auch nicht an dem erhabenen elischen seherweibe der ersten königsrede des Dion zweifeln.

13) Ein junger Karystier, den sein vater in Athen studieren lässt, kommt im plautinischen Pseudolus vor. denn weit entfernt dass Charinus dort als Athener bezeichnet wird, kennt er vielmehr auch den Pseudolus nicht, und die annahme, dass ein Athener in Karystos ἔγκτησις gehabt hätte, ist willkür. man hat bei der komischen fiction doch nur zu fragen, was bezweckte der dichter. und hier galt es lediglich die einführung des in Athen unbekannten Simias zu motivieren. also erhält Calidorus (diesen falsch gebildeten namen hat sich Plautus erlaubt; es wäre zu wünschen dass seine erklärer sich etwas um griechische onomatologie kümmerten) einen confident aus einer Athen nahe stehenden ortschaft. ebenso war ein soldat nötig, der unfern Athen in garnison stand. wenn also Sikyon genannt wird, so musste sich das durch die zeitverhältnisse auch empfehlen. mit recht ist also Usener hiervon ausgegangen, die abfassungszeit des originales zu ermitteln; allein er hat vergessen, dass der soldat lediglich als Makedonischer bezeichnet wird; für einen soldaten des Demetrios kann er also nicht zu einer zeit gehalten werden, wo Kassandros könig von Makedonien, Demetrios nicht einmal prätendent ist. es ist aber ferner ein anhaltspunkt darin, dass offenbar die verbindung zwischen Sikyon und Athen frei ist, ebenso wie zwischen Karystos und Athen; es ist auch die stimmung eine zufriedene, in Athen offenbar wolstand; nichts deutet auf eine besatzung in der stadt selbst. schliefslich wird Agathokles typisch als tapferer könig genannt (532): das wäre um 302 eine demonstration gegen Demetrios und unmittelbar nach dem scheitern der agathokleischen pläne überhaupt kaum verständlich. so würde in dieser periode nur etwa 309 oder 308 passen, wo Athen neutral war, obwol dem Kassandros

so eng, dass die in Athen wirkenden differenzen ihm fühlbar
waren; aus seiner vaterstadt aber nahm er keine particulare
cultur, kaum etwas von traditioneller lebens- und weltauffasung
mit. ein Bœoter, ein Aeginete, ein Megarer, ja selbst ein
Keer oder Parier hätte schon ganz anders gestanden. höhere
schulbildung war schwerlich in der landstadt möglich; so begab
sich denn auch der Antigonos, den wir auf seinem lebenswege verfolgen, nach Eretria oder nach Chalkis. beide liegen so nah,
standen unter einem regimente und ergänzten sich in ihren an-
regungen, so dass wir beide nennen müssen. Chalkis war der
stützpunkt der makedonischen macht seit Antipatros zeiten; dort
war das grab des Aristoteles, hatten seine schüler noch
während des jahres 307 zuflucht gefunden und verkehrten jetzt
makedonische officiere und die königssöhne Antigonos und Krateros. der erstere hatte verbindungen mit jungen poeten, die in
Athen studierten, Aratos und Antagoras; in Chalkis lebte ebenfalls ein der eben neu erwachenden tragischen poesie und den
noch mit der poesie verbundenen grammatischen studien ergebner
junger mann, Lykophron: geistige anregung war hier eine weile
nach mehr als einer richtung geboten. und doch gravitierten
selbst die neigungen der Makedonen und der dichter, die in Chalkis

---

Munichia fest gehörte, wo Kratesipolis, die wittwe des Alexandros Polyperchons sohn, in Sikyon mit ihren söldnern stand, Euboia nach dem abfall des
Polemaios ebenfalls mit Kassandros gut stand, in Athen ruhe und wolstand
war, Agathokles den Ophellas, dem Athens sympathien folgten, weil seine
gattin Athenerin war (Plut. Dem. 14), herbeigerufen hatte, und gewiss seine
kühnheit allgemeine bewunderung erregte. entgegen steht nur die bezeichnung desselben als 'rex'. aber weder wissen wir, ob dieselbe nicht erst
plautinisch ist, noch ob sie nicht in Athen ihm schon hätte beigelegt werden
können. eine unbedingte sicherheit ist freilich nicht vorhanden, da für Plautus vorlagen fast das ganze dritte jahrhundert in frage kommt, von
dem wir details so wenig wissen. der *rex Iason* (193) ist natürlich Iasion.
Plautus, der den erymanthischen und kalydonischen eber nicht zu unterscheiden vermochte (Pers. 3), hat wol auf nachsicht für das versehn anspruch:
lassen doch selbst seine erklärer den Iason einen 'reichen Argonautenkönig'
sein, obwol Iason weder könig der Argonauten noch reich war. der ταγὸς
von Pherai ist durch den zusammenhang ebenso wie durch die makedonische
garnison von Sikyon ausgeschlossen.

vereinigt waren, nach Eretria, wo in den formen einer gemäfsigt·
demokratischen verfassung der einfluss eines mannes die bürgerschaft in ordnung hielt, der zugleich eine eigene philosophie zu
predigen den anspruch machte. die philosophie aber ist die
herrin des zeitalters, und auch die seele des jungen Karystiers
Antigonos hat durch den verkehr mit Menedemos ihre richtung
empfangen. Menedemos war kein grosser denker; wie er nichts
schrieb, so sind auch keine originalen gedanken von ihm zu verzeichnen. was er vortrug, hatte er bei Stilpon von Megara gelernt, und somit gieng das dogmatische, das er etwa gab, die er-
kenntnisstheoretische und logische seite der philosophie an; die
Megariker hatten sich von der Sokratik ziemlich losgelöst, und die
offenbarungen des Platon und Aristoteles waren für diese richtung
nicht vorhanden; sie ist denn auch binnen kurzem ausgestorben [13a]).
dennoch war Menedemos dem wirklichen Sokrates ähnlicher als
Xenokrates und Theophrastos. denn er war ein charakter und
erzog die menschen durch sein beispiel mehr als durch seine
lehre. und er trat nicht aus dem leben heraus um eine besondere
wissenschaftliche existenz zu führen und wissenschaftliche arbeiter
zu erziehen, sondern er erfüllte die aufgaben, die das leben an
jeden stellt, und erzog darum auch einen jeden, der im leben
zu stehen hatte. auch Stilpon hatte ein weib genommen und
heifst 'durchaus ein mann von welt'[14]). allein seine kynischen
manieren und seine schroffheit brachte ihn doch zur bestehenden
religion und gesellschaft in gegensatz, und auf dem gegensatze
beruhte seine wirkung. Menedemos blieb nicht nur im privat-
leben durchaus ein bürger und mensch wie alle, sondern er
wies auch die seinen nachdrücklich auf diese richtung hin und
machte die billigen späfse gegen die volksreligion nicht mit. er

---

[13a]) Bezeichnend ist dass ein schüler Menedems, Pasiphon, für den verfasser von sokratischen dialogen galt, die den namen Aischines trugen (Diog. II 61),
und von tragödien, die man Diogenes dem Hunde sonst beilegte (VI 73, wo
Λουκιανοῦ in Ἐρετριακοῦ zu ändern ist). ein fragment eines dialogs steht
bei Plutarch. Nik. 4. über die reste der Diogenes-tragödien erlaube ich mir
kein urteil.

[14]) ἦν δὲ πολιτικώτατος καὶ γυναῖκα ἠγάγετο καὶ ἑταίρᾳ συνῆν Diog. II 114.

entzog sich auch dem staatsdienst nicht und ist so völlig mit
dem heimischen boden verwachsen, dass er im ausland undenkbar
ist wie Sokrates; kummer um Eretria hat ihn das leben gekostet. dialektik ist seine lehre, erkenntniss das einzige gut:
aber die erkenntniss ist nur von wert als bedingung des recht-
handelns. innerlich frei soll der mensch werden, aber nicht um
der gebundenen weltordnung als einer krankhaften mildtätig (φιλαν-
θρώπως) oder ablehnend (αἰταρκῶς) gegenüberzustehen wie der
Kyniker, sondern um sich aus freier seele ihr zu diensten zu stellen.
wissenschaftlich wird nicht viel selbst an seiner dialektik gewesen sein, wie sie denn grade von einem so scharfen denker
wie Chrysippos verachtet wird: aber die welche den stämmigen
bedürfnisslosen ehrenhaften aber nicht mit bedürfnisslosigkeit und
tugend renommierenden greis auf dem markte von Eretria und
bei den kärglichen malen sahen und hörten, die fühlten sich das
herz erhoben durch die leidenschaft der wahrhaften überzeugung
und die hingebende liebe zum guten, die jede unverdorbene
menschenseele erquickt und höher ist denn alle vernunft. für
Lykophron, der uns nach der Alexandra als ein unerträglicher
querkopf erscheinen müsste (obgleich man doch auch Theokrit
nicht nach der Syrinx beurteilt), ist es das sprechendste zeugniss
seiner besseren jugend, dass er den Menedemos in seinem schüler-
verein mit bewunderndem frischem humor darzustellen versuchte.
aber für Menedemos ist noch ungleich bezeichnender, dass ein
junger bildhauer den eindruck, den er von ihm empfangen hatte,
noch fünfzig jahre später mit der wärme wiederzugeben wusste,
wie es Antigonos tat; und wenn dieser so viel interesse für
die philosophie gewonnen und behalten hat, dass er überhaupt
seine βίοι schreiben konnte, so wird das doch auch nur Menedemos zugeschrieben werden können.

ATTISCHE SCULPTUR. Die sculptur war der lebensberuf,
dem Antigonos sich ergab, und entsprechend der cultursphäre,
in der er geboren war, gieng er in den siebziger jahren nach
Athen, wo er sich dann, wenn er auch vielfach herumkam und
z. b. Delphoi Elis Kos besuchte, im wesentlichen aufgehalten
haben muss, bis ihn könig Attalos nach Pergamon berief. es

waren keine glänzenden zeiten für die attische kunst. nicht
blofs äufserlich, in folge der politischen misere; die cultur hatte
sich andere centren gesucht, und die kunst in ihrem gefolge eine
wendung genommen, die zunächst von Athen und seinen traditionen abbog. für einen jungen künstler wäre absolut genommen
in Hellas nur Sikyon als die hohe schule zu bezeichnen gewesen.
die attische kunst, welche im fünften jahrhundert die aufgaben,
die Ionier und Dorer gestellt hatten, in tieferem sinne angegriffen und in ewig endgiltiger weise gelöst hatte, war dahin,
wie die welt, deren höhen und tiefen sie ermessen hatte. die
götter, die das herz empfand, waren den augen offenbar geworden,
die heiligen geschichten hatten ihren bildlichen ausdruck empfangen. für das was die zeit nach dieser richtung neues forderte
bedurfte es keiner schöpferischen gedanken mehr. es stand damit
wie mit der poesie. man brauchte noch unterweilen officiell neue
dramen und dithyramben, aber was Euripides und Philoxenos unüber-
trefflich gesagt hatten, mochte man nicht in nachahmungen nur
unvollkommener geniessen; der moment der diese gebraucht
hatte verzehrte sie auch. die gegenwart selbst bedurfte allerdings eines spiegels, und die komödie fand darum auch zahl-
reiche bearbeiter, auch einen landsmann des Antigonos, Apollodoros,
der wol zum bessern mittelgut gehörte. weihreliefs und dedica-
tionsstatuen oder gemälde brauchte das leben auch. aber wie nach
Menandros und Diphilos schon die nächsten nachtreter schal erscheinen, so sind die herzgewinnenden motive der attischen weih- und
grabsteine schon im vierten jahrhundert gefunden. wenn der
absolute höhepunkt erreicht ist, dann ist die manier eine
kaum zu vermeidende gefahr. dass die hellenische kunst derselben nicht so verfiel wie die poesie, dafür kommt zwar allem
anschein nach, wenn man im allgemeinen urteilt, das während
des vierten jahrhunderts in eigene bahnen zurückgewiesene Asien in
erster linie in betracht: im eigentlichen Hellas hatte Sikyon dafür
gesorgt. in dieser stadt, wo die starre dorische adelsherrschaft
niemals feste wurzel geschlagen hatte, sondern die traditionen
der alten vordorischen königszeit in einer breiten schicht der
bevölkerung, die sich unter den dorischen herren hielt, fortlebten

und namentlich unter der herrschaft der Orthagoriden glänzend
hervorgetreten waren, hatte sich schon am anfang des vierten
jahrhunderts eine malerschule entwickelt, welche in ununter-
brochenem zusammenhange bis auf die zeiten des Aratos hinabreicht.
wir sind ausser stande, die unmittelbaren leistungen der grossen
maler zu beurteilen: das aber sehen wir, dass dieselben früh-
zeitig ihre principien wissenschaftlich verarbeiteten und also
grade zur lehre vorzüglich berufen waren. hier hat die kunst-
schriftstellerei der Hellenen ihren ausgangspunkt. bald trat auch
in Lysippos ein bildhauer auf, welcher, indem er die errungen-
schaften von Argos und Athen vereinigte und aus der malerei
seiner heimat so viel in sich aufnahm, als seiner kunst frommen
konnte, neue aufgaben stellte und löste. der fortschritt lag in der
neuen behandlung, welche um so angemessener war, als sich die
neuen aufgaben nicht in den himmel verstiegen, der für Pheidias und
Praxiteles offen gestanden hatte. man darf wol daran erinnern, wie
die venetianische malerei neben den nachfolgern Rafaels und
Michelangelos zum heile der kunst hervortritt. dass aber die
lysippische kunst nicht an der beschränktheit der vorwürfe, die
der Peloponnes des vierten jahrhunderts allein bot, verkommen
ist, sondern neu und kräftig sich erheben konnte, das schuf der
Alexanderzug, der wenigstens die schranken der kleinen welt
durchbrach, in die der Hellene zuvor gebannt war, und in den
geschicken dreier weltteile wieder ein grosses an die stelle
der verklungenen götterherrlichkeit setzte. auch in erfolg-
reichster tätigkeit als lehrer tat Lysippos es den sikyoni-
schen malern gleich. einer seiner schüler, Xenokrates, gab
schliesslich auch eine geschichte der bildenden kunst, so dass
diese sich selbst den dienst leistete, den die platonische und
aristotelische schule für mathematik physik philosophie taten,
für die poesie wenigstens anstrebten. Duris von Samos, ein in
der peripatetischen schule gebildeter litterat, gab eine concurrenz-
schrift heraus, und schwerlich geht man fehl, wenn man überhaupt
die stilistischen und historischen fragen der bildenden künste
sich vielfach mündlich und schriftlich von künstlern und ken-
nern behandelt denkt. für Sikyon war auch das von ganz

besonderem glücke, dass könig Demetrios die stadt neu anlegte, so dass die monumentalen aufgaben, welche sonst in ·
neuen entlegenen gebieten, in den königsstädten, gestellt wurden,
hier an dem sitze der kunstschule selbst, wo die längste zeit auch
zugleich ein kleiner fürst residierte, zu lösen waren. dagegen trat
Athen freilich zurück; und vollends als Rhodos und Alexandreia
sich zu centren eigener kunstübung und eigener kunstwissenschaft
entwickelten, wo auch in Kallixenos bald ein kunsthistoriker
auftrat, konnte es scheinen als sollte die tief gedemütigte heimat
der kunst und wissenschaft aus der reihe ihrer pflegestätten ausscheiden. in der tat könnten wir keinen namen gegenüber
Xenokrates Duris und Kallixenos nennen, wenn nicht Antigonos
wäre. zur zeit aber, wo in folge mangelnder quellenanalyse des
Plinius diese männer allesammt nur namen sind, hat man sich
bei allgemeinheiten zu bescheiden; die namentlichen anführungen
zeigen nur, dass Antigonos sowol die beschreibungen der monumente, wie untersuchungen über ihre urheber, wie stilistische
kritiken geliefert hat. wie sehr ihm auch die ältere litteratur
geläufig war, sieht man daran, dass ihm ein ausspruch des Melanthios bei der charakterschilderung Polemons in die feder
kommt. von seinem künstlerischen können bleiben wir vollends
vor der hand ganz ohne kunde.

BIOGRAPHIE UND PORTRAIT. Die grossen monumentalen aufgaben mochten der attischen kunst entgehen: ein gebiet gab
es, auf dem sie andauernd beschäftigt und den rivalisierenden
richtungen auch gewachsen blieb, das portrait. als sich der stadt-
herr von Teichiussa an der strasse von Panormos zum Branchiden-
heiligtum aufstellen liess, als die stelen des Lyseas und Aristion
die manneskraft des Ritters und des Zeugiten dem wanderer vor
augen stellten, da gab die kunst nur einen typus statt eines
individuums, zum teil weil sie nicht mehr vermochte, zum teil
auch weil die menschen des sechsten jahrhunderts nur in den
wenigsten geistigen koryphäen individualitäten waren. noch war
das streben der zeit nicht sowol auf die entfaltung individueller besonderheit als darauf gerichtet den typus des vollkommenen mannes, den jeder stand selbstbewusst sich gebildet

oder von den vätern überkommen hatte, möglichst rein darzustellen. das ändert sich erst mit dem zeitalter, welches jede
subjectivität entfesselt, dem des Protagoras Euripides Alkibiades
Sokrates. allein noch halten sich beide richtungen die wage; das
neue trifft auf die stärkste opposition, und in der breiten masse
der menschen gebietet ja immer das herkommen. noch am ende des
fünften jahrhunderts wird ein künstler wie Demetrios mit kopfschüt-
teln angesehen, der sich erlaubt, was hundert jahre später gemein-
giltige forderung ist. selbst in Athen wollen ein Sosias und eine
Mikka nicht in ihrer unscheinbaren person verewigt werden, sondern
als ἀνὴρ καλός und γυνὴ σώφρων auf dem weihrelief adorieren oder
auf dem grabstein ein eben durch die typische bildung über die
irdischen zufälligkeiten erhobenes dasein führen. selbst das urteil
über männliche schönheit ist noch ein derartiges. nicht seines
blickes und seiner rede zauber macht den Alkibiades zu dem
schönsten manne, sondern man schätzt ihn so, weil er für die
idealbilder der götter zum modell geschickt ist. an den zügen
der grössten geister der zeit, die wahrlich jetzt eine scharfe
individualität der seele besitzen, strebt freilich die mündige kunst
den charakter festzuhalten, aber die beschränktheit des ehemaligen unvermögens ist zu stilvoller selbstbeschränkung geworden. so erscheinen uns Perikles Euripides Aristophanes
Thukydides. 'alles wird auf das wesentliche und notwendige
beschränkt; alles vergängliche und zufällige abgestreift' sagt
Michaelis, und er betont die 'leise herbigkeit des vortrags', durch
die in der tat der dargestellte wie der darsteller dem beschauer
gegenwärtig halten, dass er einem sehr viel vornehmeren geschlechte gegenübersteht δεῖ δὲ σκληρότητα ἐπιτρέχειν τοῖς ἔργοις
ὁμοίως καὶ τοῖς ἤθεσιν, hatte ja Melanthios gesagt. man vergisst
aber zu leicht, dass das litterarische portrait dieser epoche auf
genau derselben stufe steht. Kleisthenes und Aristeides, Aischylos
und Pindaros kennen wir durch ihre taten und ihre werke; eine
wirkliche biographische überlieferung von ihnen existiert eben
so wenig wie ein wirkliches portrait. auch um die männer der
folgenden generation kümmert sich die litterarische überlieferung
meist nur in so weit sie dieselben poetisch verklärt oder ver-

zerrt. selbst von seinem eigenen werke pflegt der schriftsteller
seine person fast völlig zu lösen. die Ionier freilich sind in der
entwickelung, wie immer, auch hier vorauf. so wie Demokritos
von sich und seinem persönlichen erfolge geredet hat, hätte selbst
Platon und Antisthenes nicht reden können, älterer zu geschweigen.
Ion von Chios schreibt die ersten und lange zeit einzigen
memoiren. diese so wie die politischen pasquille und die komödie
muss man nur abziehen, damit man einsehe, wie es um das litterarische portrait von Sophokles oder selbst Perikles stehe. Thukydides hat ihn nach denselben stilregeln portraitiert wie Kresilas.
die wahrheit des classischen portraits ist die der besseren thu-
kydideischen reden, jene wahrheit, die der Sophokles des apophthegmas für seine tragischen helden gegenüber Euripides beansprucht. in Euripides für alles empfänglicher natur kreuzen sich
auch hier die verschiedenen richtungen. Sokrates ist der markstein
der neuen zeit. das bizarr hässliche und doch so fascinierende
antlitz war keineswegs blofs für den künstler ein problem bedeutender unschönheit, oder auch der schönheit ohne schöne
form: Sokrates körperbildung hat notorisch den anstoss zur
physiognomonik gegeben. und wer sein geistiges bild festhalten
wollte, der konnte nicht das zufällige abstreifen: denn hier war
alles charakteristisch. man mochte ihn portraitieren, in welchem
stile man wollte, als heros oder hanswurst, nur durch das was
sonst als kleinlich fortfallen musste, ward dieses portrait ähnlich.
die Wolken sind mit recht durchgefallen, weil sie ihn zu einem
typus verflüchtigen wollen. es bedurfte einer neuen dichtungsart
für diese neue aufgabe: und es entsteht der sokratische dialog.
aber immer mächtiger strömt das leben des tages in die litteratur,
nachdem der damm des stiles, den doch in anderen formen sich
die Sokratik selbst baut, gebrochen ist. namentlich die ausdehnung und wertschätzung einer so untergeordneten litteraturgattung, wie die gerichtsrede in wahrheit nur ist, bezeugt das.
wie sich das litterarische portrait seit Thukydides und den
gar nicht verächtlichen versuchen in Xenophons Anabasis ausgebildet hat, dafür vergleiche man etwa die art, wie Theopompos
den Philippos und seinem hof schildert. für das künstlerische
portrait reicht es aus an den Demosthenes zu erinnern.

Diese aufgaben für sculptur und historie fallen auch im dritten
jahrhundert selbst in Athen nicht weg. die portraits des Menandros und Poseidippos, wenn irgend welche, originalarbeiten,
beweisen, dass Athen hier auf der höhe geblieben war. es war
aber nur natürlich, dass sich, gemäfs der bedeutung der männer
und der schätzung der zeit, in Athen das problem der portraitbildnerei wesentlich als portraitierung der philosophen herausstellt.
könige zu bilden galt es in residenzen, und deren gestaltung
geht zudem sehr kennlich andere wege, Aristoteles Theophrastos
Epikuros Metrodoros Zenon Chrysippos sind selbst uns noch in mehr
oder weniger abgeblafsten copieen controllierbar; die einheitlichkeit der kunstübung und auffassung dürfte nicht zu bestreiten
sein. die melanthische σκληρότης ist verschwunden. die menschen
sind bedeutend, aber wir könnten ihnen zutrauen allenfalls auch
unsere zeitgenossen zu sein; den Theophrast kommt man sogar,
wenn man zufällig selber professor ist, in versuchung herr college
anzureden, und dem Metrodoros sieht man die ganze plumpe
gesinnungstüchtigkeit an, die wesentlich deshalb des meisters
offenbarung so zäh und energisch festhält, weil sie eigenen
denkens dadurch überhoben wird. es ist glaublich, wenn ich es
auch nicht beweisen kann, dass auch in Athen, wie es jedenfalls
in Sikyon der fall war, eine andere richtung der portraitbildnerei
gepflegt ward, die eine überraschende parallele in der litteratur
hat: das portrait der unportraitierten grössen vergangener zeiten.
Aesop und die Sieben weisen, Archilochos Alkaios Anakreon, Pherekydes und Epimenides, Pindaros und vor allem Homeros haben
in einer sehr charakteristischen und (unbeschadet aller verschieden-
heiten) sehr gleichartigen weise ihre gesichter nachgeliefert erhalten, zum teil höchst vortrefflich, aus einer tiefen empfindung
der werke, zumal wo eine sage individueller bildung anhalt bot,
zum teil höchst schematisch und langweilig, wie Alkaios oder
Pindaros. die gleiche einkehr zu den vorattischen dichtern, her-
vorgehend sowol aus einer landschaftlichen reaction gegen die
attische cultur, als auch aus dem antiquarisch-historischen interesse, welches im dritten jahrhunderte sehr lebhaft ist, da man
mit recht die classischen formen der poesie für tot ansieht, hat

auch die litterarischen idealportraits jener dichter hervorgebracht. Chamaileon von Herakleia namentlich, aber auch
Dikaiarchos, haben damals in ermangelung wirklicher überlieferung oder auf grund höchst zweifelhafter geschichtchen den
versuch gemacht ein leben des Alkman des Alkaios des Simonides,
fast aller alten dichter überhaupt, zu entwerfen. die Sieben
weisen und verwandte gestalten wie Epimenides und Abaris
waren schon vorher ähnlich oder noch ausgeführter in vollständigen romanen behandelt, von welcher gattung der Pythagoras
des Aristoxenos besonders erfolgreich ward. die Homerlegende
hat in sehr vielem detail älteren ursprung, allein verarbeitet
muss sie auch in dieser zeit sein, und wenn Philochoros seine
freilich durchaus zuverlässige Euripidesbiographie abfasst, so
ist nur der wert verschieden, die litteraturgattung dieselbe:
grade so wie die ersten sechs bücher seiner Atthis ganz in den
kreis der Μιλησιακά oder Κολοφωνιακά gehören, die jetzt dutzend-
weise entstehen, so unvergleichlich mehr historischen gehalt auch
die Atthis hat. auch Solon, obwol sein roman erst durch Hermippos
zum abschluss kommt, gehört ganz hierher: aus den gedichten,
zu geringerem teile den gesetzen, in ganz wenigem aber aus der
sage oder (wie bei der eroberung von Salamis) der sagenumklei-
deten geschichte, ist mit dem billigsten pragmatismus eine biographie gemacht, die es in wahrheit von einem Athener des
sechsten jahrhunderts gar nicht geben konnte. aber es sollte
ja auch nur ein surrogat sein für das, dessen fehlen man schmerzlich empfand. jenen biographen und namentlich dem Chamaileon
wird gemeiniglich das bitterste unrecht getan. die einen glauben
ihnen oder setzen die nussknacker des rationalismus an um den
historischen kern zu finden, die andern fluchen dem lügner oder
klagen wenigstens über die peripatetische kritiklosigkeit. man
könnte wünschen dass er mit etwas mehr phantasie ge-
segnet gewesen wäre, und darf bedauern dass die Hellenen dem
romane und der novelle keine gesonderte stelle in der litteratur
angewiesen haben, sondern sie in der historie, die historie aber,
wenigstens zumeist, in der beredsamkeit, mit eingeschachtelt
haben: aber das ändert daran nichts, dass ein grosser teil der

hellenischen geschichtsbücher romane waren, und dass dazu auch des Chamaileon idealportraits der lyriker gehören.

Nahe lag es denn auch, diese litterarischen portraits grade wie die marmornen auch zeitgenossen zuzuwenden, bei welchen sie ikonisch, je nach dem stile, ausfallen durften. indess das vierte jahrhundert tat den schritt zur biographie nicht. Sokrates und Diogenes, an welchen eine unverächtliche litteratur Hundedialoge ansetzte, lebten fort als idealgestalten. Speusippos schrieb zwar über seines oheims leben, aber er begann es als legende. von Aristoteles ist gar nur eine persönlich feindliche und lügnerische überlieferung in der zeit unmittelbar nach ihm nachweisbar, der seine correspondenz, die erste welche publiciert worden ist[15]), allerdings in wirksamer weise entgegentrat, wie es denn ähnlich mit Epikuros steht. auch von den litterarischen grössen des dritten jahrhunderts sind biographien fast gar nicht nachweisbar; wie schmerzlich empfindet man das bei sämmtlichen dichtern, ja bei den fürsten und staatsmännern; nur in den seltensten fällen haben die memoiren und anekdotensammlungen die lücke gefüllt.

Nun sehe man, wie die βίοι des Antigonos sich von diesem hintergrunde abheben. es ist verständlich, dass jemand in jener zeit zur abfassung eines solchen buches kam. dennoch ist es ein ruhm, das zu tun, worauf die richtung der culturentwickelung weist. und der biograph, der durchaus ein realistischer portraitbildner war, war ein bildhauer. dass ein solcher auch litterarisch tätig war, lag allerdings gleichfalls in dem gange den die cultur der zeit genommen hatte: dennoch bedurfte es noch eines weiteren anstofses, damit Antigonos schriebe, der trennung von den objecten

---

15) Ich kann mir nicht vorstellen, dass fictive briefwechsel als litteraturgattung aufgekommen wären, ehe es ächte gab. die existenz einzelner gleich für die publication geschriebener briefe ist wesentlich von einer privatcorrespondenz verschieden, wie die aristotelische und epikureische war. die letztere hat aufser dem schulkreise wenig zu bedeuten gehabt; somit scheint mir die aristotelische das epoche machende ereigniss. danach ist dann der platonische briefwechsel und die übrigen sokratischen gefälscht, und diese fabrication immer weiter gegangen, welche wahrlich eine zusammenhängende prüfung verdient.

seiner schilderung, und eines kreises auf welchen zu wirken er seine
bücher berechnete. dies leistete seine berufung nach Pergamon;
es ist aber möglich, dass bei dieser seine philosophische neigung
schon mitwirkte.

AKADEMIE. Der schüler des Menedemos war gegen zwei der
hauptrichtungen in der philosophie, welche ein geschlossenes
system und eine von den forderungen des praktischen lebens ab-
leitende moral predigten, Stoa und Epikureismus, von vorn herein
verschlossen. was er von Zenon später erzählt hat, liegt dem
orthodoxen Stoicismus möglichst fern; nach jenes tode war die
fortdauer der schule durch die starrheit des Kleanthes nicht
minder als durch die dissidenten gefährdet: εἰ μὴ γὰρ ἦν Χρύσιππος οὐκ ἂν ἦν Στοά. die nachfolger des Epikuros bis auf den
Kepotyrannen scheinen herzlich unproductive und einflusslose
leute gewesen zu sein, die auch nicht innerhalb der philosophie,
wie alle übrigen schulhäupter, einen esprit de corps zeigten,
sondern sich durchaus exclusiv verhielten. es sind eben die
philosophen 'des Gartens'. Antigonos erwähnt der Epikureer nur
in einem scharfen worte des Arkesilaos. dieser war es der die
situation beherrschte, er war auch der mann, an den sich ein
schüler des Menedemos anschliessen konnte, zumal er deshalb
seine sympathien für männer ähnlichen charakters wie sein alter
und sein neuer meister, Pyrrhon und Timon, nicht aufzugeben
brauchte. die drei ehrwürdigen väter der Akademie, denen ein
so ganz anders gearteter aber treu ergebner freund gefolgt war,
werden von Antigonos mit einem gewissen heiligenscheine um-
kleidet: ganz so wie sie ihre schule betrachten musste, deren
bahnen sonst weit eher von Pyrrhon, in manchem auch von den
dialektikern vorgezeichnet waren. aber in jedem zuge, auch in
der ablehnenden haltung gegen Lykon und Dionysios, zeigt Antigonos den Akademiker. und deshalb musste er in Pergamon
willkommen sein, konnte er für ein pergamenisches publikum
schreiben, mochte er sogar dorthin berufen worden sein: denn
die pergamenischen fürsten standen damals zur Akademie.

Dieses verhältniss hatte eine tiefere bedeutung als die persönlichen neigungen und beziehungen. es steht als ein factor in

der summa von massnahmen, durch welche das Attalidenhaus in
Asien eine eigene cultursphaere geschaffen hat.

HELLESPONTISCHE CULTUR. Vor dem unsagbaren greuel der
keltischen verwüstung hatte grade in den nördlichen gegenden Asiens, um die Propontis und den Hellespont und in dem
aeolischen colonialland, neben hoher materieller blüte eine unverächtliche geistige regsamkeit bestanden. in erster linie steht
natürlich der hochbegabte aeolische stamm. er hatte in un-
vordenklichen zeiten das epos und die lyrik aus sich hervorgebracht, musste aber schon seit jahrhunderten seine kräfte, auch
wenn sie bahnbrechend wirkten, an eine jüngere aber stärkere
cultur abgeben. Lesches Terpandros Arion, Hellanikos Alkidamas
Ephoros gehörten fremden litteraturkreisen an und bedienten sich
nicht einmal ihrer muttersprache. die ionische philosophie und
naturwissenschaft hatte auf die Aeoler noch nicht gewirkt; die
sokratik aber tat es in hervorragendem masse und schon in früher
zeit. von einer anzahl unbedeutenderer zu schweigen, so erscheinen Menedemos von Pyrrha und Python von Ainos unter
Platons bedeutenden schülern, Theophrastos und Phainias[16] im
Peripatos. auch ein vertreter der exacten wissenschaften er-
steht nun, und der bleibt in seiner heimat Pitane, Autolykos,
der mathematiker und astronom. diese disciplinen kommen nicht
aus Athen, sondern aus Ionien; allein die mathematische astronomie ist die nachfolgerin einer alten aeolischen neigung für den
gestirnten himmel, welche in der religion und sage jener gegenden und selbst in der volkstümlichen poesie Sapphos bemerkbar,
schon im sechsten jahrhundert das sterngedicht der Kleostratos
von Tenedos hervorgebracht hat, und später am pergamenischen
hofe in der pflege der exacten wissenschaften, namentlich der
mathematik, fortwirkt, daneben aber einen Troer, Hegesianax, zur
fortsetzung des aratischen epos treibt. freilich ist auch Kleanthes
ein Aeoler, der die geniale erkenntniss des Aristarchos von Samos
als ketzerei denunziert, λίθος Ἄσσιος ὄλμος ἄτολμος, doch zeigt

---

16) Diese form muss die correctere sein. dem attisch-ionischen Φανίας
würde in Eresos Φαιννίας entsprochen haben.

die heftige polemik, dass sich auch Kleanthes grade mit jenen himmlischen fragen beschäftigt hat, denen die mehrzahl der philosophen überhaupt ganz fremd blieben.

In den ionischen städten um die Propontis und an der nördlichen thrakischen küste (denn Chios und Phokaia gravitieren nach süden, so dass sie hier nicht in betracht kommen), war nur zum teil eine alte cultur. am fruchtbarsten an namhaften männern ist ohne frage Lampsakos, das in Charon und Anaximenes schon alte klangvolle namen besafs. es stellt dem Peripatos ein schulhaupt, Straton, einen sehr selbstständigen und seine ionische abkunft durch den verdienten beinamen φυσικός bewährenden mann. allein ungleich wichtiger wird die stadt, als Epikuros hinkommt sein system zu predigen und einen solchen erfolg hat, dass die Lampsakener in der älteren generation der Epikureer überwiegen; in Hermarchos aus Mytilene, wo früh eine epikureische gemeinde war, tritt auch ein Aeoler bei, wie denn Lampsakos sehr nahe beziehungen zu den aeolischen orten gehabt hat. in ähnlicher weise, wie hier dem Epikuros, gelingt es einem anderen wandernden lehrer in Maroneia. denn der Kyniker Krates gewinnt sich dort nicht blofs in Hipparchia eine gattin und bekennerin seiner lehre, sondern auch in ihrem bruder Metrokles einen wirksamen apostel. Parion hat in Neoptolemos einen dichter und grammatiker, der seiner geistigen richtung nach den kreisen von Kos oder Alexandreia anzugehören scheinen könnte, der aber, da er phrygische glossen gesammelt hat, wenigstens auch in den ferneren umgebungen seiner heimat bekannt gewesen ist. er ist allerdings wol erst ein zeitgenosse des Antigonos. Kyzikos, materiell die erste der propontischen Ionerstädte, tritt an geistiger bedeutung noch wenig hervor; doch hat hier Eudoxos, der freund Platons, sich als lehrer aufgehalten, und auf seine anregung kann man vielleicht die astronomischen studien schreiben, welche Kallippos von Kyzikos 330 zur verbesserung des metonischen cyclus bringen. um so nachhaltiger wird die wirkung der tüchtigen stadt seit dem ende des dritten jahrhunderts, als sie, in den engsten beziehungen zu den Attaliden, für bildende kunst und litteratur, wo der allerdings ziemlich bedenkliche aber einflussreiche litterat Neanthes stimmführend ist, eine eigene stellung einnimmt; von hier haben die dann auch im pergamenischen kreise gepflegten wenig erfreulichen aber sehr folgenreichen versuche wieder ionisch zu schreiben ihren anfang genommen. und wol darf man auf ein kräftiges und gesundes leben zurückschliefsen, wenn die bürgerschaft von Kyzikos in dem hexensabbath nationaler aspirationen, den Athen leider am tollsten mitmacht, die wahrhaft nationale, die römische sache wider den satanischen neuen Dionysos, Mithradates, gerettet hat.

Noch viel eigenartiger und eben so ehrenvoll ist die stellung von Herakleia, allein sie beruht wesentlich auf einer streng abgeschlossenen haltung gegen alle nachbarn, Hellenen und Barbaren, so dass es gewissermafsen ohne hinterland ist. von den beiden anderen bedeutenden Dorerstädten ist Chalkedon, das Thrasymachos und Xenokrates hervorgebracht hat, wol als ionisiert zu betrachten. Byzantion, das Tarent des nordens, lebt im wesentlichen für essen und trinken; der sundzoll wirft noch immer genug ab, um den barbaren, die von allen seiten drängen, den mund zu stopfen. doch darf man die zustände des staates nicht auf die ganze bevölkerung ausdehnen. denn Leon von Byzantion hatte zu Platons schülern gehört, und wenn er, der im praktischen leben tätig blieb, die philosophie mit der rhetorik in sonderbarer und wenig erspriefslicher weise verquickte, so soll man nicht vergessen, dass dasselbe auch Eudoxos von Knidos, also auch ein Dorer, getan hat. hier in Byzantion geht auch die poesie nicht ganz leer aus, während aus Aeolis in der dichterreichen zeit von 350—250 mit sicherheit niemand namhaft gemacht werden kann aufser dem armen Diotimos von Atramyttion, der durch die Keltenkriege so ins elend kam, dass er in Gargara elementarlehrer werden musste. in dem dorischen Byzantion gibt es dagegen bezeichnenderweise eine dichterin, wie am ende des vierten jahrhunderts mehrere nicht um wirklicher bedeutung willen sondern durch eine verkettung besonderer umstände emporgehoben werden, als dialektdichterinnen durch den gegensatz gegen die attische sprache, als elegiker oder epiker durch den gegensatz gegen die attischen kunstformen, drama und

dithyrambos, als frauen durch die emancipation von der strengen
attischen sitte. Moiro von Byzanz, deren gatte Andromachos
auch ein litterat ist, erscheint selbst zwar nicht bedeutender als
Nossis und Anyte, aber sie gibt ihrem sohne den anspruchsvollen
namen Homeros, dessen träger sich denn auch verpflichtet fühlt
ein epos aus dem troischen kreise zu verfertigen. der name,
Εὐρυπύλεια, weist nach Mysien, und wenn der kunstwert auch
schwerlich bedauern läfst dass nichts mehr als der name übrig
ist, so würde der stoff für die beurteilung der pergamenischen local-
sage voraussichtlich kein geringes interesse haben. ruhm erlangt
Homeros freilich nicht hierdurch, sondern durch eine attische dich-
tungsgattung, die tragoedie, die damals grade aufserhalb Athens
eigenartige behandlung findet [17]. und wenn wir zufällig durch Antigonos erfahren, dass der Phliasier Timon hilfreiche hand an Homeros
dramen angelegt hat, so folgt daraus einmal dass Homeros damals
in seiner heimat geblieben war (denn in den hellespontischen gegenden hat sich Timon als wanderlehrer geld verdient), ferner aber zeigt
Timons beispiel, wie die schon erwähnten des Eudoxos Krates
Epikuros, zu denen sich noch mehrere, z. b. Theodoros von Kyrene,
fügen lassen, dass die küsten der Propontis für die wandernden
philosophen und litteraten eine gute gegend waren.

Ob es möglich gewesen wäre, aus diesen zum teil sehr dis-
paraten elementen, die nicht einmal im attischen reiche alle
geeint gewesen waren, einen wirklichen staat zu machen, ist eine
müfsige frage. Lysimachos machte diesen versuch. aber wenn er
der übermäfsigen anzahl von städten in Lysimacheia eine neue
zufügte, so bestätigt das nur, dass das land eines centrums ent-
behrte, da Byzantion und Kyzikos freistädte waren. ob es durch-
führbar gewesen wäre, der neuen gründung eine ähnliche bedeutung zu verschaffen wie den hauptstädten der andern reiche,
steht dahin. ich hege starke zweifel, ob unsere nicht blofs
lückenhafte sondern auch gehässige überlieferung ein einigermassen zuverlässiges urteil über Lysimachos gestattet. den Diodor

---

[17] Ein Homeros ist kürzlich auf den siegerlisten des athenischen theaters
zu tage gekommen. Mitteil. Athen. V. 325. ob es der sohn der Moiro oder
ein homonymos ist, will ich nicht entscheiden.

ins moderne umzusezten ist doch ein zu billiges experiment.
so viel dagegen ist klar, dass die einwirkung der lysimachischen
periode eine verschwindende ist: die Griechenstädte verschiedenster
abstammung und begabung bestehen grade so fort wie zuvor;
es ist nicht anders als mit der syrischen oder aegyptischen herrschaft in Ionien. das eingeborne barbarische element in Asien
ist im stärksten processe der hellenisierung begriffen und macht
keine schwierigkeit. auf der troischen halbinsel sind nicht blofs
Kebrene und Skepsis schon im sechsten jahrhundert griechisch;
letzteres stellt sogar der Akademie mehrere jünger, sondern
es müssen einheimische dynastien, wie die Aeneaden, denen
der Aphroditehymnos gilt, als ganz hellenisiert angesehen werden.
in Europa dagegen heben sich die Thraker immer selbstbewusster
empor, mag Audoleon sich auch als halbhellenen geltend machen
wie ehedem Kersobleptes und Sadokos.

Und nun bricht durch diese Thraker, die nur weil sie gedrängt werden, selbst vordrängten, die unwiderstehliche frische
barbarei der Kelten. sie treffen hüben und drüben vom Helles-
ponte verwirrung. Makedonien erliegt ohne viel widerstand,
Asien vermag der erbe des Seleukos nicht zu behaupten; das un-
glückselige land ist allein auf die eigene hilflosigkeit angewiesen.
in diesem elend geht ein ganzes menschenalter hin. denn
als Makedonien und Syrien wenigstens in sich wieder halt finden,
ist es ihnen doch nicht möglich den Kelten ihre beute abzujagen.
der vorsichtige Ptolemaios sichert nur die südwestecke und die
südküste, die ihn darum als rettenden gott feiert, und nimmt die
stellung als schutzpatron auch für die inseln und einzelne
küstenplätze ein: weiter verlangt er nicht, und wenn je einmal
seine kämpfe mit Makedonien oder Syrien auch die verwüsteten
asiatischen provinzen in mitleidenschaft ziehen, so bringt das nur
neue verwirrung. dass in dem bisher wenig bedeutenden Kaikostale Philetairos und dann sein neffe Eumenes sich notdürftig
halten, hat keine allgemeine bedeutung; sie haben Lysimachos
schatz und bis zu einem gewissen grade können sie sich als seine
nachfolger ausgeben; damit ist wenig erreicht, an praetendenten
ist überfluss vorhanden; dass sie sich den Syrern nicht unter-

werfen, ist auch nicht von belang, da deren macht so wie so
meist nur eine nominelle ist. in den vierziger jahren führt dann
den Euergetes von Aegypten sein fabelhafter siegeszug auch
durch Asien, wo er ernsthaften widerstand so wenig als irgend
wo beführt. er nimmt von der thrakischen küste, nimmt selbst
von Lesbos dauernden besitz. allein er ist zu klug Asien für
sich zu behalten, da ihm daraus die verpflichtung ordnung zu
schaffen erwachsen würde. das land musste sich eben selbst
helfen; dazu bedurfte es eines mannes.

ATTALISCHE CULTUR. Und der erstand ihm in Attalos Eumenes sohn. er erfüllte das sehnen des verschmachtenden
landes und schlug die Kelten so energisch dass sie wenigstens
von der küste gescheucht blieben. in seinen unmittelbaren und
unbestrittenen besitz kam freilich nur ein schmaler streifen
landes: dennoch konnte er mit recht und unbestritten hinfort
den königstitel tragen, und die materiellen machtmittel, die weit
über den ertrag des unmittelbar untertänigen gebietes hinaus-
reichen, beweisen eben so gut wie die geistige macht Pergamons,
dass die schlacht im Kaikostale überhaupt für die nordwestecke
Asiens eine epoche bezeichnet. dass ein könig, wenn er wolstand und gesittung seinem volke gewührleisten will, das geistige
leben zu fördern oder zu erwecken verpflichtet ist, hatten die
Diadochen meist verkannt; seit der zeit der Epigonen stand es
fest. Attalos aber sah darin mit recht mehr als eine königliche pflicht. für seinen staat war es bedingung. nachahmung
oder rivalität mit Alexandreia als motiv anzugeben ist die klein-
liche und niedrige art, wie die antiken litteraten die grosse geschichte betrachten. rhetoren und schulmeister bilden sich
zudem, wie alle beschränkten köpfe, gerne ein, dass die welt sich
um sie drehe. Ptolemaios I, ein kriegsmann von beruf und neigung, hatte in Aegypten neben einer einheimischen alten cultur
die hellenische stärken müssen, damit sie sich herrschend, ja
damit sie sich überhaupt halten konnte. darum hatte er alle
bildungsmittel, die ionische naturwissenschaft wie die attischen
geistesmächte, herangezogen. und der aristotelische weltum-
fassende sinn lebte in dem werkmeister, Demetrios von Phaleron.

Attalos kam zu ähnlichen mafsnahmen aber doch aus anderen
gründen und demgemäfs in anderer weise. seine aufgabe war
das hellenische als solches, nicht neben sondern gegen alles
barbarische zu einen und zu stärken. die fürchterliche natur-
kraft, die elementare unwiderstehlichkeit der Kelten hatte alle
gegensätze innerhalb des Hellenismus vor dem überwältigenden eindruck dieses raccngegensatzes verschwinden lassen. gegen die
Giganten musste Ares neben Hephaistos, Apollon neben Dionysos,
kämpfen, wenn nicht die götterdämmerung herein brechen sollte.
und gefahr war nicht blofs von den Kelten her vorhanden. derselbe gegensatz hatte auch Armenier (die von den Phrygern
kaum verschieden sind) Kappadokier Bithynier zum bewufstsein
ihres volkstums gebracht, und sie drohten dem Hellenismus un-
botmäfsig zu werden, seit kein hellenischer könig noch hellenischer satrap ihren gebot. das hellenische als solches festzuhalten und zur herrschaft zurückzuführen, das war das zeichen
in dem Pergamon allein siegen konnte und gesiegt hat. das
specifisch hellenische ist Athen. Athen war in einer stunde ähnlicher gefahr rettend gewesen; an die nationalen gedanken, welche
einst im attischen reiche, in der attischen weltsprache, in
der attischen religion sich verkörpert hatten, galt es anzu-
knüpfen. dieselbe göttin, der Pheidias Nike in die hand gegeben, hält als Νικηφόρος wacht auf der pergamenischen burg.
dieselbe religiöse geschichtsauffassung, die in dem aischyleischen
drama und in den metopen des Parthenon zum ausdrucke kommt,
liegt den kampfgruppen zu grunde, mit denen der eponymos der
Attalis die südmauer der athenischen burg ziert, und es ist geschichtlich im höchsten sinne dass die Athena der gigantomachie
des grofsen pergamenischen altares die gestalt hat, die ihr ein
attischer künstler in einem attischen werke gegeben hatte und
dass ihr die Erechtheusschlange den Asterios bezwingen hilft.

Aber im dritten jahrhundert ist die gleichberechtigte schwester
der religion die philosophie. auch hier musste Attalos stellung
nehmen, und er tat es in gleichem sinne, er schloss sich an die
specifisch hellenische philosophie, die des Platon. denn wenn
Athen Ἑλλάδος Ἑλλάς ist, so ist die Akademie Ἀθηνῶν Ἀθῆναι.

in Platon ist jede fiber specifisch athenisch, und doch ist in ihm
die idee der quintessenz des Hellenentumes fleisch geworden.
mochte die schule, die seinen namen trug, sich wandeln wie sie
wollte, immer hegte sie sein vermächtniss, das vermächtniss des
höchsten und heiligsten was überhaupt das Hellenentum an die
ewigkeit zu übermitteln hatte. die ablehnende haltung gegen
alles barbarische hat die Akademie lange bewahrt, man braucht
nur ihre schulhäupter und ihre schüler zu durchmustern; Makedonien, Aegypten, Syrien konnten deshalb nicht mit ihr gehen.
jetzt war in Pergamon ein reich im werden, das einen verwandten
geist zu pflegen hatte: ganz folgerecht treten Pergamon und die
Akademie in nahe beziehungen, schon viel früher als der attalische
staat mit Athen die intime verbindung schliefst, die sich in der neuen
phyle und den bauten der burg und der unterstadt ausspricht.

Von dauer konnte ein solcher nationalhellenischer staat in
exclusiver reinheit nicht sein, dazu war seit Alexandros die welt
zu weit; auch forderte, wenn nicht die unwillkürlich schaffende
phantasie, so doch das herkommen und die gewohnheit anderer
orte, den staat der gegenwart in die heroenzeit zu projicieren.
Attalos selbst, und noch entschiedener Eumenes steuert ganz
wie Athen auf den nächsten anschluss an Rom hin und hat
es wesentlich zu verantworten, wenn die Römer zuerst nach
Griechenland dann nach Asien übergegriffen haben. das war
kein abfall von den traditionen des rechten Hellenentums, das
im gegenteil nur durch diesen anschluss gerettet ist. der Italiker
stand ja dem Hellenismus nicht incommensurabel entgegen wie
Aegypter und Karthager, Syrer und Armenier, Kelte und Skythe.
das werk seiner hellenisierung war längst begonnen, vom euböi-
schen schiffer, vom attischen händler, ja auch von rat und volk
der Athener in des reiches herrlichkeit. und diese politik hat
schliefslich in dem zweisprachigen caesarischen weltreich auf das
vollkommenste triumphiert. der mythische ausdruck des verhältnisses ist das zutreffendste. die Römer sind Aeneaden, die Pergamener Myser, beide nicht vollkommen hellenischer abstammung, da sie im Troerkriege wider die Achaeer stehen, und doch
hellenischer götter nachkommen und träger hellenischer culte.

es braucht wol nur ausgesprochen zu werden, dass in Pergamon
wesentlich die römische Aeneassage ausgestaltet ist, wenn die
grundlinien auch schon gezogen waren, ebenso gut wie bei der
Telephossage, und wenn auch, wie Lykophron zeigt, schon vor
Attalos die Telephiden in der römischen sage eingang gefunden
hatten: das zusammentreffen ist sonderbar, dass die Pergamener
an Arkadien anknüpfen und ebenso die Römer mit Arkadien, nicht
erst durch jene, zusammenhängen. es sind im dritten jahrhundert,
vor Diokles von Peparethos, der in wahrheit 'der römische Herodot' ist, gewiss eine grosse masse von spielenden und gelehrten
anknüpfungen mit der neuen weltmacht gesucht und widerlegt,
die uns entgehn und deshalb doch in dem unauflöslichen wirrsal
der römischen archaeologie nachwirken. ein beispiel, wie weit
dies interesse damals gieng: wenn man in der textkritik die
stimmung der zeit nicht überhört, so wird in den ablehnenden
bemerkungen der Alexandriner gegen die alte homerische nationalität der Myser und selbst in dem höchst merkwürdigen factum
ganz actuelle stellungnahme zu erkennen sein, dass Aristophanes
von Byzanz die prophezeiung Poseidons athetiert hat, von der
die gesammte Aeneassage ausgegangen ist[18]). von der Akademie
führte diese politische richtung freilich ab; mit recht und mit
erfolg tritt im zweiten jahrhundert die Stoa in Pergamon als die
vermittlerin der völker auf. Panaitios, der schüler des Polemon,
ist der rechte mann des jahrhunderts: und doch, wie mächtig
hat noch auf ihn der Platonismus gewirkt, so dass er fast platonischer als Karneades erscheint, der auf Platons throne sitzt.
indess das führt in zeiten, die hier nur um des gegensatzes willen
mit einem blicke angeschaut werden mussten. unter Attalos regierung, wo Antigonos nach Pergamon gieng, war mit der Stoa
keinerlei fühlung, obwol Kleanthes aus Assos stammte, und
doch der peripatetiker Lykon, dessen heimat dem bereiche des
pergamenischen einflusses noch etwas ferner lag, eine ziemlich

---

18) Y 307. 8, in den scholien ist von der athetese, die Aristarch nicht
billigte, nichts erhalten, wol aber in dem alten commentar zu den Troerin-
nen des Euripides 44. dass der Skepsier Demetrios sie nicht erwähnt ist
begreiflich.

intime verbindung mit Attalos hatte. dass Kleanthes so ganz
fern blieb, ist auffällig; hat aber in dem eben so auffälligen um-
stande eine parallele, dass Antigonos sein leben nicht erzählt
hat. wie Arkesilaos dagegen schon ehe der Keltensieg erfochten
war in sehr nahem verhältnisse zu Eumenes stand, ihm personen
empfahl und ihm zu ehren sogar die feder ergriff zum zierlichen
verse wie zur philosophischen epistel, das erzählt ja alles Antigonos selber. dass dasselbe verhältniss zwischen Pergamon und
der Akademie beiblieb, auch als in beiden ein thronwechsel
stattgefunden hatte, zeigt die erbauung einer villa für Lakydes
durch Attalos (Diog. IV 60).

Somit ist es wol verständlich, wie der akademiker Antigonos
einen ruf nach Pergamon erhalten und dort nicht blofs als bildhauer sondern auch als schriftsteller auftreten konnte, die erinnerung an lehrer und freunde einem kreise erzählend, der
dieselben hochhielt, oder doch von ihnen gern unterrichtet ward.
wie die pergamenische kunst auf das vollkommenste bestätigt,
dass eben Athen die anregenden künstler dorthin gesandt hatte,
das ist an den werken selbst möglich zu sehen für jeden der
augen hat. es auszuführen ist nicht meines amtes; schwerlich
wäre auch grade dieses zu formulieren schon die zeit. aber ausdrücklich will ich doch darauf hinweisen, dass hier eine lücke
in der darstellung der geistigen richtungen ist, die ich an einem
ihrer träger verfolge. hier müsste die eigentümliche mysische
kunst charakterisiert werden, die wol ihre besonderheiten hat,
allein eben durch die geistige richtung des attalischen reiches
fest geknüpft ist an die attische schultradition. demnach hat sie
ihre wurzel noch immer in der sculptur, während die sikyonische,
sonst in der diadochenwelt vorherrschende, richtung in erster
linie durch die malerei bedingt ist. ferner aber bewahrt sie den
stempel attischen adels, die seele und nicht den körper herrschen
zu lassen. und schliefslich bleibt sie national und fasst das barbarische zwar edel auf, wie es seit Aischylos Athenerart ist, aber
doch als etwas fremdes. die alexandrinische und syrische kunst
musste die unterschiede verwischen: wie deutlich zeigt sich
das in den pompejanischen fresken. namentlich dem feindlichen

Syrerreiche gegenüber ist der gegensatz Pergamons nach dieser richtung tief innerlich und bedeutsam. die feinde der pergamenischen götter sind die Giganten: sie werden vernichtet. auch Antiocheia hat eine grofse culturmission, und es symbolisiert sie ebenfalls schön und tief; dass wir nur einen schwachen schimmer davon erblicken, gibt uns nicht die berechtigung diesen sagenkreis gering zu schätzen. aber das mythische gegenbild der hellenisierung der stammfremden ostbarbaren ist der Dionysoszug: dieser gott macht seine gegner zu gläubigen dienern und zu genossen seines thiasos. wol ziemte es sich dann auch durchzuführen, wie die pergamenische kunst die mutter der römischen geworden ist, grade so gut wie die pergamenische grammatik und rhetorik nach Rom übergieng, die letztere um einer richtung bahn zu brechen, welche das stilistische empfinden der welt, was rohe anschauung geschmack nennt [19]), umzugestalten berufen war. der classicismus, ein pergamenisches gewächs, hat die bildenden künste genau wie die redenden beherrscht. es ist nicht zu verwundern, wenn ein erzeugniss des römischen classicismus wie der Laokoon an pergamenische werke erinnert.

STELLUNG ZU ALEXANDREIA. Nicht minder grofs ist die lücke, die ich lasse, wenn ich den kunstschriftsteller Antigonos so dürftig bedenke. hier kann man höchstens ahnen, dass eine betrachtung, und zwar eine wissenschaftliche aus den denkmälern und ihren inschriften geschöpfte, apriorischen systemen und tendenziösem geschichtsmachen entgegentrat; ein litterat wie

---

[19]) Die prägung dieses modernen terminus gehört in eine gesellschaft, die mit kunstinteressen spielte, aber ein unterscheidungsvermögen nur für pasteten und weine hatte. den Hellenen war in der kunst alles stil, τέχνη, des künstlers lob ist ἐντέχνως ποιεῖν, τὰ δέοντα ποιεῖν. wer das schöne nicht schön findet ist ἀπαίδευτος; ihm ist nicht zu helfen und mit dem organismus von gaumen und magen, mit *chacun à son goût*, kann er sich nicht entschuldigen. an den 'geschmack' in kunstsachen zu appellieren würde den Hellenen barbarisch vorkommen. dagegen giebt es ein anderes gebiet, wo das subjective, die δόξα, die ἀρίσκοντα platz haben: das metaphysische, den glauben. wo wir denn zum ersatze zwar das wort δόγμα behalten haben, aber zu einem unhellenischen sinne umgeprägt. und es würde uns frivol klingen, wollte man den glauben in das reich des geschmackes ziehen.

Duris, ein sikyonischer künstler wie Xenokrates verführen dazu
sich diese perspective nach rückwärts zu eröffnen, grade so wie
Polemon diese tätigkeit in potenzierter weise fortsetzt, dem
trotz allen einzelnen irrtümern, welche mir nicht ganz unbekannt
waren, als ich ihn pries, der ruhm eines zuverlässigsten wahr-
heitsliebendsten und ernsthaft nach echtem material suchenden,
allerdings auch rücksichtslosesten und die grossen herren der
tagesmeinung, wie Timaios Neanthes Eratosthenes, unterweilen
arg zausenden mannes nicht genommen werden kann. Polemon
ist wol der hervorragendste, aber durchaus nicht der einzige
vertreter einer richtung, die mit der vom Stoicismus eingegebenen
opposition gegen die alexandrinische philologie eben nur diesen
gegensatz gemein hat. in Alexandreia schrumpft die grossartige
wissenschaft, wie sie zu Philadelphos zeiten war, zusammen. uns
erscheint zwar Eratosthenes, zumal wenn wir ihn neben seine
stoischen kritiker halten wie ein riese; dass er von Polemon
ganz unbillig kritisiert wäre, ist dennoch kaum glaublich, zumal
er doch auch als geograph nicht blofs Strabons sondern auch
Hipparchos des Bithyniers kritik erfahren hat. für die antike
philologie war es ein grosses glück, dass sie nicht in die schranken
gebannt blieb, die ihr Aristarchos tatsächlich zog, weil er sich
innerhalb derselben mit meisterschaft bewegte. observationen
und emendationen an den von Aristophanes mit gigantischem
fleisse edierten schriftstellern, so weit sie dichter waren, zu
machen, das liefs sich auf der studierstube tun. das sprachliche
system ward auf einem materiale erbaut, das längst parat lag,
und das Aristarch nicht nur nicht vermehrte, wie doch Aristophanes
getan, sondern gar nicht einmal voll benutzte. die 'antiquitäten',
d. h. die geschichte, zu einer hilfswissenschaft herabdrücken, blofs
befugt, bei der exegese gelegentlich herangezogen zu werden
(wie das Dionysios Thrax formuliert), das führt doch dazu, dass
in Aristarchs Pindarerklärung, die mit ihrem einfachen sinne
und scharfen sprachgefühl so oft den nagel auf den kopf trifft,
die ärgsten sachlichen irrtümer mit unterlaufen. Eratosthenes
hatte in Athen so tief in den büchern gesteckt, dass Polemon
ihm höhnisch nachweisen wollte, er wäre überhaupt nicht dage-

wesen. dem Aristarch könnte man zutrauen, dass er von einer
attischen reise abgeraten hätte, um sich den eindruck des altertums nicht zu stören. da war es ein segen, dass die 'kritische
schule' von Pergamon nicht blofs tolle mythologeme trieb, und
die flüsse und hügel der Ilias entdeckte, sondern auch die grabsteine und die baurechnungen der tempel ansah, den epischen
cyclus, den der orthodoxe Aristarcheer nicht las, weil er allerdings dem einen dichter der Ilias und Odyssee und dem inter-
polationssuchen wenig zuträglich ist, und die solonischen κύρβεις
zur exegese der alten dichter heranzog und die bunte mannigfaltig-
keit der volkstümlichen überlieferung nicht zu gunsten einer
classischen normalität übersah. das gab auch offenen blick für
die gegenwart. die wenigen blätter aus den 'hellenischen städte-
bildern' des Herakleides, der durch das distinctiv κριτικός sich
als der 'kritischen schule' angehörig ausweist, sind an unmittelbarer lebensfülle in der griechischen litteratur fast unerreicht;
sie sind etwa gleichzeitig mit den viten des Antigonos verfasst.

Wird dieser richtung gerechtigkeit, so ist damit der aristarchi-
schen philologie nicht zu nahe getan: die doch immer die grund-
bedingung aller historischen wissenschaft nicht nur am festesten
gehalten, sondern überhaupt erst vollkommen erkannt hat, nämlich die sprachkenntniss als solche. es darf aber ferner nicht
vergessen werden, dass die pergamenisch-polemonische richtung
doch nur gegenüber einseitigen sprachlichen studien den teil der
philologie mit recht betont hat, den die einheitliche aristotelische
wissenschaft im princip wie in der praxis bereits besafs. wie
sehr selbst noch das Alexandreia des Philadelphos die weite des
wissens pflegte, dafür genügt der name Kallimachos. erst um
die wende des jahrhunderts treten die oben angedeuteten gegensätze ein. allein sie mussten sich natürlich vorbereiten, und da
wird auch ein buch von so untergeordnetem werte, wie das antigonische Wunderbuch, interessant. der eindruck ist Alexandreia
gegenüber natürlich der einer vollkommenen inferiorität. der hier
schriftstellernde dilettant kann im wesentlichen nur compilieren,
grade den Kallimachos, und sonst bringt es es nur zu einer
schwächlichen nachahmung. was bemerkenswert ist, ist nur die

animosität gegen Aegypten und den ausgeschriebenen Aegypter
selbst. denn Kallimachos erhält cap. 45 das prädicat περίτρανος
εἶναι βουλόμενος, und nachdem er für den gebrauch von ἀμ-
φιγνήεις pedantisch geschulmeistert ist, wird der übergang zur
sache mit den worten gemacht περὶ μὲν οὖν τοῦ Καλλιμάχου
διὰ τὸ ἀπίθανον προήχθημεν εἰπεῖν. wie der verfasser der
Ἰδιοφυῆ als 'einer der Aegypter, die für Ptolemaios παράδοξα
in versen verfassen' eingeführt ist, war schon oben (s. 32) anzu-
führen. und es ist doch nicht reine anerkennung, wenn cap. 89
wieder Archelaos zwar angeführt wird, aber folgende abfertigung
erhält τοῦτο μὲν οὖν ἐπ' ἀκοῇ τέ ἐστι καὶ φερομένῃ τινὶ περιεργο-
τάτου ἐπιγραμματοποιοῦ μαρτυρίᾳ κείμενον[20]). und bezeichnend ist
auch das schweigen. von vielen dichtern redet Antigonos in
beiden büchern, Aratos kommt in mehreren viten vor, Homeros
der jüngere, Antagoras. bei den viten möchte man noch annehmen,
dass wirklich die dichter aus Aegypten und der dorischen hexapolis mit keinem der geschilderten personen in berührung gekommen wären; Alexandros von Kalydon und Lykophron haben ja
wirklich später in Alexandreia gelebt und werden genannt. ist
das aber schon wunderbar in einer so verkehrsreichen zeit, so
ist es doch kein zufall, dass das wunderbuch die classischen
dichter wol heranzieht, Aischylos Alkman Philoxenos, vor allem
Homer, der hier noch der dichter der Thebais und des Hermeshymnus ist, von modernen nur die beiden oben genannten in
der besonderen weise und den einen Philetas (19) ἱκανῶς ὢν
περίεργος, ähnlich wie Homer ἱκανῶς περὶ πάντων ἐπιμελὴς καὶ πολυπράγμων ist. in Kos war der verfasser eben persönlich bekannt. um
so auffallender fehlen Theokritos Simmias Herakleitos Asklepiades
und wie viele andere, selbst die ihrer persönlichen beziehungen
wegen in den viten genannten, der jüngeren z. b. des Eratosthenes,
der mit Antigonos gleichzeitig in Athen war, zu geschweigen.
es ist eben im dritten jahrhundert, zumal der ersten hälfte, die

---

[20]) So wird zu schreiben sein für die schwer verderbte überlieferung
τοῦτο μὲν οὖν ἐν ἀκοῇ τε ÷ (dass das ἐστι ist, könnte ein herausgeber wol
wissen) καὶ φερομένῃ τινὶ καὶ παρέργως τῆς τοῦ ἐπιγράμματος ποιεῖ μαρτυρίᾳ
κεῖσθαι. das letzte wort ist vielleicht besser zu streichen.

brennende frage, sind die kreise der poesie erfüllt, oder gibt es
noch eine aussicht für moderne dichter. in Kos und Alexandreia
bejahte man sie zuversichtlich; dorthin zog es die talente und
auch manchen, der sich nur selbst ein talent zutraute. andere
kreise werden über die poesie ähnlich geurteilt haben wie Aristoxenos über die musik, und wo wir diese zu suchen haben, das
lehren uns die männer, welche die alten poeten, lyriker wie dra-
matiker, wieder aufsuchen und der gegenwart zugänglich machen.
geschichte der poesie wird mit vorliebe betrieben, wo man nur
in verklungener dichtung das heil sieht. wir haben noch die
verse Timons, mit denen er über die hofpoeten des Museion
spottet: Antigonos erzählt uns, wie derselbe die Homerkritik verachtete und geringschätzig auch mit seinen eigenen versen umgieng.
die lieblingslecture der antigonischen helden erfahren wir fast regelmäfsig: kein neuer poet ist darunter. auf dem classischen boden
von Hellas ward man unwillkürlich bei der classischen poesie,
die tatsächlich ihre kreise erfüllt hatte, fest gehalten; nach
Alexandreia zieht mit der dichtung auch die dichterkritik und
grammatik. nach zwei menschenaltern beginnen sich ihre wege
zu scheiden, die poesie stirbt daran, die philologie gewinnt.
Aristophanes von Byzanz soll noch gedichtet haben; schwerlich
brauchen wir um seine verse zu trauern. von Aristarch könnte
man es sich gar nicht vorstellen. im culturkreise von Pergamon
ist der weg der entgegensetzte. die ansätze zu einer dem süd-
lichen Asien ähnlichen entwickelung verkommen, weil die rechte
zeit verpasst ist. mühselig wächst erst unter Eumenes eine
poesie heran, die höchstens im epigramm, an dem sich hier auch
noch die philologen beteiligen, erträgliches leistet: ihr grosser
name aber ist die unerquicklichste erscheinung der vorchristlichen
poesie: Nikandros.

Auch hier repräsentirt Antigonos weder eine tonangebende
richtung rein, noch würde sich überhaupt aus dem trivialen buche
auf irgend eine mächtigere geistige bewegung schliessen lassen.
an seinen platz gerückt aber illustriert bei so masslos zer-
trümmerter überlieferung auch das triviale. Attalos hatte keine
leute, die ihm seine ἰδιοφυῆ in verse setzten, er hatte auch noch

keine leute, welche seine taten in zierlichen allegorien verherr-
lichten, und er hatte noch keine wissenschaftlichen grössen für
eine dem Museion Alexandreias entsprechende anstalt. und wenn
ihm keine ϑαυμάσια, wie sie Kallimachos oder Philostephanos
lieferten, zu gebote standen, so schilderte er selbst[21]) eingehend
eine 'schöne pinie', die auf den abhängen der Ida stand (Demetrios bei Strabon 603), und selbst ein so dürftiges buch wie
das des Antigonos konnte ihm genehm sein[22]). der edle und
energische fürst, dem wir als könig bewunderung und als menschen
zuneigung uneingeschränkt zollen dürfen, wusste was er baute,
und die götter beschieden ihm gedeihen und liessen ihn den bau
fast vollendet seinem gleichstrebenden nachfolger übergeben.
des werkmeisters plan aber adelt auch den unscheinbaren bau-
stein, den er an seinem platze zu verwenden weiss.

---

[21]) Von den Ptolemaiern schrieb der erste die militärischen erinnerungen an den grofsen könig. seiner klaren natur war es ein bedürfniss, neben
die wuchernde legende das zeugniss eines zuverlässigen augenzeugen zu
stellen. dass er an einem punkte die legende aufnahm, kann nur gedanken-
losigkeit beanstanden: der könig von Aegypten erzählt von Zeus Ammon.
Philadelphos und Euergetes schrieben nicht: ἐρδοι τις ἦν ἕκαστος εἰδείη τέχνην;
sie waren könige. dann geht das dilettieren los, und Euergetes II, der schüler
Aristarchs, hat wirklich eine conjectur im Homer gemacht (Athen. II 61ᵉ).

[22]) In ähnlicher weise ist das buch περὶ λέξεως aufzufassen, wenn es
von diesem Karystier Antigonos herrührt. darüber das nächste capitel.

NAMENSVETTERN

ANTIGONOS VON KARYSTOS DER DICHTER. Seneca vater hat ein
par floskeln aus den declamationen eines Diokles von Karystos
erhalten; ein epigramm desselben ist aus dem kranze des Philippos in die anthologie gekommen (VII 385). wie hier ein
Karystier den namen eines berühmten landsmannes um Christi
geburt aufgenommen hat, so hat es in gleicher zeit auch einen
Antigonos von Karystos gegeben. auch er war epigrammatiker,
und auch seine zeit erweist uns zunächst der kranz des Philippos. dieser nennt in der vorrede (IV 2 13) Ἀντίγονος δ' ἐλάη
unter den reisern seines kranzes, und in einem teile, der sich als
philippisch durch die buchstabenfolge und die dichter kennzeichnet, erscheint Ἀντίγονος Καράτιος, d. i. wie Jacobs mit recht gesehen hat, Καρύστιος[1]) IX 406

Ἀργυρέη κρηνίς με τὸν οὐκέτι μακρὰ βοῶντα
  βάτραχον οἰνηραῖς ἔσχεν ὑπὸ στέγεσιν,
κεῖμαι δ' ἐν Νύμφαις κείναις φίλος οὐδὲ Λυαίῳ
  ἐχθρὸς ὑπ' ἀμφοτέρων λουόμενος σταγόσιν·
ὀψέ ποτ' εἰς Διόνυσον ἐκώμασα· φεῦ τίνες ὕδωρ
  πίνουσιν μανίην σώφρονα μαινόμενοι;

im ersten verse hat Planudes richtig κρηνίς με, die pfälzer handschrift κρήνη ἐμέ, im zweiten vers hat Dilthey (bei Finsler Krit.
unters. 147) vorzüglich στέγεσιν aus σταγόσιν gemacht. das gedicht, welches der lemmatist gar nicht verstanden hat, ist auch

---

[1]) Bei Planudes heißt es Ἐπίγονος Θεσσαλονικεύς; d. h. die folgenden
gedichte der Palatina sind von Antipatros von Thessalonike, wenn sie auch
dort jetzt ein falsches ethnikon tragen.

von Jacobs und Finsler noch nicht richtig aufgefasst. es ist auf
einen frosch gemacht, der sich auf dem boden eines silbernen
kraters befand und also sowol mit wasser wie mit wein benetzt
ward; der krater ist eine 'silberne cisterne', die den frosch in
'weinwänden' hält. der geschraubte ausdruck ist ganz im geschmack jener zeit und ihrer albernen ekphrastischen vers-
macherei.

Ein *εἰδύλλιον* desselben verfassers lernen wir durch Pamphilos bei Athenaeus III 82 kennen[2]). in der abhandlung über
äpfel belegt Athenaeus schöne äpfel die zu Sidus wachsen mit
zwei citaten, aus dem 'Kranich' des Euphorion oder Archytas[3])
und aus Nikandros 'Verwandlungen'. dass dieses Sidus das korin-
thische (oder megarische) dorf ist, dafür zeugt Apollodoros zum
schiffskatalog und (bei diesem) Rhianos in der Heraklee. Ἀντίγονος δ' ὁ Καρύστιος ἐν Ἀντιπάτρῳ φησί

> ἦχί μοι ὡραίων πολὺ φίλτερος † ἡ δ' ἀριμήλων
> πορφυρέων, Ἐφύρῃ τά τ' ἀέξεται ἠνεμοέσσῃ.

hier sind die äpfel einfach korinthisch genannt, was allerdings
für Apollodors ansicht auch ein beleg ist, allein auch wenn die
zeit des Antigonos nicht bekannt wäre, so würde man doch nicht
darauf verfallen, das citat dem Apollodoros zu vindicieren. in
dem corrupten schluss des ersten verses ist *μήλων* selbstverständlich abzutrennen; aber er versagt sich der herstellung, da die
sinnlosen buchstaben das zu *φίλτερος* erforderliche substantiv
nicht enthalten haben können, der satz also unvollständig citiert

---

[2]) Dafür dass Pamphilos die quelle ist vgl. 77ᵃ 82ᵈ 85ᵈ. namentlich
die letzte stelle ist bezeichnend. Athenaeus kommt auf das *κίτριον*, von dem
sein Pamphilos so gut wie nichts bietet, er flickt also eigene lectüre, Iuba,
Hegesander, komiker, Theopomp ein, und alles beweist herzlich wenig. zugleich aber tritt die ethopoeie der deipnosophisten stark hervor: beides ist
immer im Athenaeus ein fingerzeig, dass das abschreiben im grofsen ein ende
hat und die excerptenschachtel aufgetan wird.

[3]) Vgl. Meineke An. Al. 353, der zu viel zusammenwirft. wahrscheinlich ist nur, dass der dichter Archytas aus Amphissa war, und von ihm noch
ein vers über die ozolische stadt Makynia erhalten ist. als epigrammendichter steht er, was Meineke übersehen hat, im homonymenkatalog bei
Diogenes VIII 82.

ist. am nächsten liegt an ein verbum zu denken, aber mit einer
conjectur wie Meinekes ἦν ἄρα ist nichts gewonnen. welcher
art der Antipatros war, ist nicht auszumachen; es war eben 'ein
genre für sich' wie Βερενίκη Πτολεμαῖος Δάφνις Ἀπολλόδωρος
Δημοσθένης Ἀρήτη Κριναγόρας. die beziehung des namens er-
hellte in allen diesen fällen erst aus dem inhalt.

Auf diesen dichter Antigonos von Karystos wird ferner ein
werk 'Veränderungen' zurückzuführen sein und demnach als gedicht betrachtet werden dürfen, wozu der titel allerdings nicht
zwingt, denn Nikanors μετονομασίαι waren in prosa. wir haben
zwei fragmente davon, von denen das eine den namen des gedichtes, das andere das vaterland des dichters allein überliefert.
ersterer steht in dem besonders reichhaltigen scholion zu Antoninus Liberalis 23. Βάττος· ἱστορεῖ Νίκανδρος Ἑτεροιουμένων α'
καὶ Ἡσίοδος ἐν μεγάλαις Ἠοίαις καὶ Διδύμαρχος Μεταμορφώσεων
γ' καὶ Ἀντίγονος ἐν ταῖς Ἀλλοιώσεσιν καὶ Ἀπολλώνιος ὁ Ῥόδιος
ἐν ἐπιγράμμασιν, ὥς φησι Πάμφιλος ἐν α'. daraus ist freilich
nur zu entnehmen dass die fabel, also wol die verwandlung, des
Battos bei Antigonos vorkam. wem die geschichte des Antoninus angehört ist auch nicht einmal zu wissen; Ovid (Metam. II)
und der homerische Hermeshymnus weichen grade in dem wichtigsten, dem locale, ab. aufserdem stehen in dem capitel des Antoninus
noch ganz andere dinge, z. b. die liebe des Apollon zu Hymenaios
und eine sehr nach den Eoeen schmeckende genealogie am anfang. von belang aber ist dass es wieder Pamphilos, diesmal in
seinem alphabetisch geordneten und sehr fabelreichen Kräuter-
buche[4]), ist, der den dichter Antigonos citiert, denn dadurch
wächst die wahrscheinlichkeit, dass der verfasser der Ἀλλοιώσεις
mit dem des Ἀντίπατρος identisch ist, und lässt sich seine zeit
auf 60 v. Chr. — 40 n. Chr. fixieren: älter kann er ja nicht sein,
weil er im kranze des Philippos ist. dass Pamphilos überhaupt

---

4) Wir kennen es durch die wortreiche besprechung Galens in der vorrede zum siebenten buche περὶ ἁπλῶν φαρμάκων (XI 792 ffg. K.), woraus sich
ergibt, dass Pamphilos als grammatiker ohne botanische kenntnisse die kräuter
aufzählte, mit ihren magischen kräften, möglichst viel namen, zauberformeln
und verwandlungsgeschichten.

solche sagenquellen gesammelt hat, ist ja von grofsem belang, zum beispiel für die beurteilung der entlegenen poetencitate bei Athenaeus, noch mehr aber dass er einen so jungen schriftsteller wie den Karystier Antigonos berücksichtigt hat. Didymarchos ist seiner zeit nach ganz unbekannt: er findet sich meines wissens sonst nur in dem Mailänder scholion zu Theokrits Daphnis p. 6 Ziegler⁵) über die abstammung des Pan; auch in die Vergil- erklärung ist es übergegangen⁶).

Ein an einen ganz abliegenden ort versprengtes stück dieser selben gelehrsamkeit hat die andere erwähnung und damit das vaterland dieses Antigonos gerettet. ich habe es nicht selbst gefunden, sondern bin von meinem schüler Dr. G. Knaak⁷) darauf geführt worden. er hat gesehen dass was in dem Commentum Bernense zu Lucan I 529 steht und eigentlich aus einem scho- lion zu Vergil Aen. X 272 stammt, den von Pamphilos citierten *Ἀλλοιώσεις* angehört. *cometes sidus lugubre quae velut comas luminis fundens mortes facit. hanc Antigonus Carystius Elec- tram putat excidium Troiae lugentem.* die sage und den ur- heber dieser sagenform, Aratos in einem *ἐπικήδειον εἰς Θεόπρο- πον* kennen wir aus den katalogen des Eratosthenes (p. 42 und 136 Rob.). daraus ist sie auch den Römern später zeit geläufig und zumal von Avien breit ausgeführt. allein auf Eratosthenes geht dies scholion natürlich nicht zurück; schwerlich aber hat ein Römer selbst in der besten zeit der Vergilexegese jenes antigonische buch gelesen, wennschon die möglichkeit nicht un- bedingt zu verneinen ist, da ja Probus sogar die uns erhaltene, aber auch durch den adressaten Gallus dem Römer näherliegende sammlung von liebesgeschichten des Parthenios citiert. viel

---

⁵) Dass Moritz Schmidt bei Antoninus *Δίδυμος ὁ Ἀρισταρχειος* aus *Διδύ- μαρχος* hat machen wollen, notiere ich als ein kostbares stück für einen lieb- haber conjecturaler missgeburten. der name bezeichnet natürlich den erst- gebornen von zwillingen; er kommt schon im fünften jahrhundert in Athen (CIA I 536) und in Kos (Hippokr. prorrhet. I 34) vor.

⁶) Vgl. Dindorf zu schol. Rhesi 36, wozu sich sehr viel aus den Vergil- scholien fügen lässt.

⁷) Knaak *Anal. Alex. Rom.* p. 69.

wahrscheinlicher ist es, dass die so vielfach scholien zu Arat und Homer ausschreibenden Vergilerklärer an den stellen nachgesehen haben, welche auch heute noch die sage von Elektra behandeln und eratosthenische und andere auszüge enthalten (phaen. 259 und Σ 486). damit gelangen wir in dieselbe region, wo sich Pamphilos und der Theokritscholiast (Theon) bewegen, die Antigonos und Didymarchos citieren.

Es ist natürlich unmöglich über studienrichtung stellung und bedeutung dieses Antigonos von Karystos aus diesem materiale etwas zu gewinnen. dennoch ist es nicht uninteressant von einem aus dem kranze des Philippos zu wissen, dass er neben epigrammen auch andere gedichte gemacht hat. denn während wir eine continuität der hellenischen poesie von Philetas und Kallimachos an bis auf den falschen Skymnos, Alexandros von Ephesos, Philodemos und Herakleides λεσχηνευτής einigermassen aufzeigen können, reifst der faden genau da ab, wo die grossen Römischen dichter die hellenischen stoffe und die hellenischen formen übernehmen. der einzige Parthenios stand bisher neben ihnen. denn die epigrammatiker, deren wir freilich eine sehr grosse zahl kennen, sind meistens dürftige nachfahren des Leonidas von Tarent, oder besser des armseligen Archias, freigelassene oder clienten vornehmer römischer häuser, die geburtstage und abenteuer, lieblingstiere und schaustücke ihrer gönner in mehr oder minder pointenlose disticha setzen und im übrigen ihre virtuosität im variieren fremder motive zeigen; bestenfalls sind sie, wie Diokles und Adaios, zugleich asianische rhetoren und schwimmen also in dem breiten strome, der aus Karien und Phrygien stammend in Rom munter weiter plätschert, obgleich da nicht blofs Apollodoros von Pergamon und Caecilius bessere theorien aufgestellt haben, sondern die schalsten Römer immer noch kräftig gegenüber diesen gallen sind. das ist der strom, der am anfang des folgenden jahrhunderts die formalen forderungen des atticismus mit in sein programm setzt und dann in gestalt der hadrianischen sophistik das ganze stilgefühl und die ganze litteratur und gelehrsamkeit des altertums ersäuft. aber wie vereinzelte bessere elemente doch aufzuzeigen sind, die erklären, wie die gesunkene griechische prosa sich ende des ersten jahrhunderts bis zu Dion und Plutarchos gehoben hat, so muss die poesie, namentlich aufser Rom, doch auch eine andere entwickelungsreihe aufzeigen, als die ist die von Antipatros von Thessalonike zu Philippos von Thessalonike und von dem zu Diogenes Laertius geht. dass die lebenszeit des Dionysios periegetes, der notorisch ein nachahmer des Alexandros von Ephesos ist, und ohne zweifel dem ersten nachchristlichen jahrhundert angehört, von einem kenner der sprache hat hundert jahre hinaufgerückt werden können, zeigt wol am besten, dass wir von einer geschichte der poesie in jenem zeitraum auch noch nicht die fundamente besitzen, und dass die entwickelung von sprache und verskunst doch nicht stetig genug ist um einigermafsen feste grenzen zu ziehen. wie könnten auch sonst die pseudotheokritischen gedichte so völlig zeitlos sein? was not tut sind von den formalen kriterien unabhängige zeitansätze: und deshalb ist die kenntniss dieses Karystiers Antigonos von einigem belang.

ANTIGONOS VON KARYSTOS περὶ λέξεως. es kommt nun ein buch eines Karystiers Antigonos, das zwischen dem künstler und dem dichter zweifelhaft bleiben muss. ich kenne zwei citate. Athenaeus III 88 in der besprechung der muschel ὠτάριον, Ἀντίγονος ὁ Καρύστιος ἐν τῷ περὶ λέξεως τὸ ὄστρεον τοῦτο ὑπὸ Αἰολέων καλεῖσθαι οὖς Ἀφροδίτης. dies kehrt wieder bei Hesych οὖς Ἀφροδίτης. οἱ Αἰολεῖς (Casaubonus, ἁλιεῖς die handschrift) ὄστρεόν τι οὕτω καλοῦσιν. Ath. VII 297a Ἀντίγονος ὁ Καρύστιος ἐν τῷ περὶ λέξεως τοὺς Αἰολέας (ἁλίας die handschrift) λέγει θυσίαν ἐπιτελοῦντας τῷ Ποσειδῶνι ὑπὸ τὴν τῶν θύννων ὥραν ὅταν εὐαγρήσωσιν θύειν τῷ θεῷ τὸν πρῶτον ἁλόντα θύννον καὶ τὴν θυσίαν ταύτην καλεῖσθαι θυνναῖον (θυνναῖα Mein.). dies citat hat Athenaeus aus dem capitel über den thunfisch, wo es hingehört, und wo er denn auch darauf verweist (303b), hierher unter ἔγχελυς versetzt, weil er auch noch andere einlagen über fischopfer machen wollte[8]. es unterliegt keinem

---

[8] Es liegt die quellenanalyse des Athenaeus noch so im argen, dass man gar nicht ahnt, woher er etwa die einlage über das opfer aus pöckelfisch in Phaselis genommen hat, die Philostephanos und Heropythos (d. h.

zweifel dass er beide anführungen des Antigonos seiner lexicalischen vorlage entnahm, und man kann als wahrscheinlich zugestehn, dass diese vorlage das lexicon des Pamphilos war. indess damit ist für die zeit des Antigonos nichts gewonnen, da Pamphilos sowol den dichter wie das Wunderbuch des künstlers benutzt hat. aus inneren gründen lässt sich eine entscheidung nicht sicher fällen. indess bin ich geneigt dem künstler den vorzug zu geben. denn die dichter der augusteischen zeit sind nicht mehr grammatiker; der letzte der art den ich kenne ist Promathidas, der schüler des Dionysios Thrax, der doch wol die hemiamben gemacht hat, die Athenaeus VII 296 citiert. wenn sie später verse machen, so sind dieselben grammatischen inhalts, wie die Λέσχαι, die Σφίγξ des Ptolemaios Hephaestion, wie das φερόμενον δι' ἰάμβων Φιλήμονος τοῖς Ἀττικισταῖς περὶ Ἀττικῆς ἀναλογίας (ἀντιλογίας cod.) τῆς ἐν ταῖς λέξεσιν (schol. Saib. Hephaest. p. 148 Gaisf), schliefslich Helladius u. s. w. aber das verhältniss, wie es zu Simmias und Philetas zeiten war, hat keine parallelen mehr. dagegen zeigen eben diese und ihre zahllosen genossen, wie sehr dem dritten jahrhundert das sprachliche und namentlich das glossographische interesse inne wohnte. und ein derartiges excerptenbuch, wie das paradoxographische, auch für ξέναι ὀνομασίαι, zumal mit dem einen wort auch ein νόμιμον ἴδιον zusammenhängt, steht auch dem künstler Antigonos zu gesichte. dass beide worte aeolisch sind und er in Aeolis grade bekannt war, mag man auch ungern einem zufall zuschreiben[9]). übrigens will ich den charakter des buches nach den citaten nicht definieren: das gienge nach den citaten des Wunderbuches ja auch

---

eine bearbeitung der kolophonischen stadtchronik) erzählten, offenbar indem die einen dorische, die andern ionische colonisierung von Phaselis annahmen. die sache wird dadurch compliciert, dass der lehrer des Philostephanos, Kallimachos, in den βαρβαρικὰ νόμιμα dasselbe erzählte, so ein paroemiograph (Phot. Φασηλιτῶν 9ύμα, schlechter Zenobius, Plutarch u. s. w.).

[9]) Robert zieht vor die Aeoler im dritten buch des Athenaeus zu fischern zu machen; dafür spricht allerdings dass man so nur einmal zu ändern braucht, und eine sammlung technischer ausdrücke würde ja auch ganz glaublich sein; aber die conjectur ist unwahrscheinlich, da dann auch der artikel eingeschoben werden müsste.

nicht an. und da der zug, um den das bild des vielseitigen
mannes hierdurch bereichert würde, nicht den gesammtausdruck
verändert, und auch der dichter mindestens nicht ausgeschlossen
ist, so habe ich dieses buch hierher gerückt.

Wesentlich freilich würde es für das bild des künstlers sein,
wenn er der Antigonos gewesen wäre, der eine italische geschichte
geschrieben hat. allein von diesem historiker fehlt wie von dem
periegeten Makedoniens (oben s. 14) das vaterland. zwei berichte
sind aus ihm erhalten. der eine in dem citatenreichen Festus-
artikel *Roma. Antigonus Italicae historiae scriptor ait Rhomum
quendam nomine Iove conceptum urbem condidisse in Palatio
Romae eique dedisse nomen.* ebenfalls in einem citatenneste
sagt Plutarch Rom. 17 ἀπίθανοι μέν εἰσιν οἱ Τατίου θυγατέρα
τοῦ ἡγεμόνος τῶν Σαβίνων οὖσαν αὐτὴν (die Tarpeia) Ῥωμύλῳ
δὲ βίᾳ συνοικοῦσαν ἱστοροῦντες ταῦτα ποιῆσαι καὶ παθεῖν ὑπὸ
τοῦ πατρός· ὧν καὶ Ἀντίγονός ἐστιν. unter den ältesten bericht-
erstattern über Rom fand auch Dionysios (Arch. I 6) den Antigonos genannt, da er seinen namen nach Hieronymos und Timaios,
vor Polybios und Seilenos aufführt; gelesen hat er ihn nicht.
die vorlagen des Festus und Plutarch tun zur näheren bestimmungen ihrer berichte nichts: gesetzt auch dass beider bericht
auf Varro zurückgienge (die mittelglieder bei seite gelassen), so
würde man auch dem diese entlegene kenntniss nicht zutrauen
dürfen. sehr grosse wahrscheinlichkeit hat dagegen die vermutung von Maass (*de Sibyllis* p. 37), dass des Alexandros buch
über Rom bei allen zu grunde liegt. der novellistische charakter der willkürlich zurechtgemachten Tarpeialegende und die
anordnung der namen bei Dionysios verweist den Antigonos in
das ende des dritten oder den anfang des zweiten jahrhunderts.
dass man grade in Pergamon früh veranlassung nahm, die römischen dinge zu behandeln, zeigen Agathokles von Kyzikos, der
in diese kreise gehört, Demetrios von Skepsis[10]), der den Diokles
von Peparethos persönlich gekannt hat, Polemon[11]), und die beiden

---

[10]) Gaede *Demetr. Skeps. fgm.* 31.
[11]) p. 69 Preller.

zwillinge waren auch auf einer säule am tempel der Apollonis
in Kyzikos dargestellt[12]). diese leicht zu vermehrende reihe
von schriftstellern gibt eben die gewähr dass die römische
archaeologie wesentlich den Pergamenern verdankt wird. allein
nichts hindert an einen jüngeren namensvetter des Karystiers zu
glauben; selbst mit der makedonischen periegese möchte ich diese
geschichte nicht combinieren.

Dieser historiker hat aber wol anspruch auf einen platz in
der reihe unlesbarer historiker bei Dionysios *de comp. verb.* 4
(p. 30 R). dort erscheinen Phylarchos Duris Polybios Psaon Demetrios von Kallatis Hieronymos Antilochos Herakleides (Lembos)
Hegesias. ein solcher Antilochos existiert nicht. schwerlich zuerst, aber doch wol mit recht setze ich Antigonos ein. freilich
war er so unlesbar dass ihn Dionysios nicht gelesen hat und
seine kritik in dem begründeten glauben abgibt, seine leser wären
in demselben fall. das gilt z. b. von Psaon und Herakleides
ohne frage nicht minder.

Kaum einer erwähnung bedarf es dass der grammatiker
Antigonos, der öfter in den Nikanderscholien und von Herodian
zu Ψ 319 citiert wird, hier nicht in betracht kommt. Herodian
nennt ihn zusammen mit Ptolemaios von Askalon, und Erotian
in der vorrede gibt an, dass er ein zeitgenosse der Didymos war
und aus Alexandreia stammte.

---

12) Anth. Pal. III 19.

EXCURS 1.

Die philosophenschulen und die politik.

Während der blüte des Reiches hat das geistige leben Athens seine wichtigste stätte auf der bühne, im öffentlichen festraum des Dionysos. wir lernen die stimmung des momentes, die öffentliche meinung, wenn man so sagen darf, aus den dramen. als das Reich am rande des abgrunds steht, beginnt das politische pamphlet seine rolle zu spielen. von da ab steht die politische tagesschriftstellerei, was man damals vorwiegend beredsamkeit nennt, im vordergrund des litterarischen interesses, so dass selbst die wissenschaftliche litteratur, der sokratische dialog so wie die geschichtsschreibung, in diese kreise gezogen werden. mit dem siege Makedoniens schwindet der unnatürliche zustand, wo die könige sich proclamationen an ihre untertanen, staatsdepeschen und leitartikel bei einem athenischen journalisten in mehr oder weniger hiatuslosem und inhaltsleerem griechisch bestellen. aber die bedeutung Athens für die öffentliche meinung der welt verschiebt sich nur, und so zwar dass sie eher wächst als abnimmt. seit dem ende des vierten jahrhunderts pulsiert das geistige leben in den athenischen philosophenschulen. seitdem sich in der philosophie mehrere factionen abgesondert und zu geschlossenen körperschaften consolidiert haben, nimmt wenigstens der gebildete teil der welt stellung zu dieser lehre und zu dieser scheidung. für jeden einzelnen gibt es nun in Athen eine stätte, wo er das zu hause weifs was er als heilige wahrheit mit dem herzen oder doch den lippen bekennt. aber all diese stätten umschliesst Athen: das ist seine bedeutung, und das hat ihm mehr als einmal rettung gebracht. allerdings bestehen zu anfang noch an anderen orten, in Elis Phlius Megara Eretria ähnliche concurrierende genossenschaften, und zeitweise haben auch diese nicht geringe bedeutung; aber da die trostlose zerrüttung von wolstand und ordnung auf den kleineren orten noch vernichtender lasten musste als auf Athen, haben diese als centren der bildung sich nicht behaupten können. was in Asien und in den neu hellenisierten landen geschah, ward bedeutend. aber Kos Alexandreia Antiocheia Pergamon Rhodos[1]) sind, im gegensatz oder in nachahmung, immer in bezug auf Athen zu wichtigkeit gelangt. grade Alexandreia hat die nachahmung am weitesten getrieben, wie denn ja derselbe athenische mann die dortigen wissenschaftlichen institute und corporationen organisierte, welcher in Athen die philosophische lehrfreiheit fest begründet hat. darum ist dort die berührung mit den philosophischen strömungen nur scheinbar geringer; es bleibt nur der zustand, welcher in Athen erst allmählich verkümmert, dass die wissenschaft in weitester ausdehnung und die poesie mit der philosophie fühlung behält. im anfang des dritten jahrhunderts gilt das aber auch für Athen: Aratos ist Stoiker, Menandros Peripatetiker[2]), Antagoras Akademiker. um so weittragender ist in dieser zeit, der zeit tiefster politischer erniedrigung, die macht des in Athen ausgegebenen urteils über institutionen und personen. in tausenden der besten herzen hallt der ton nach, den Theophrastos oder Zenon anschlagen.

---

[1]) Der brief des Lynkeus von Samos an Diagoras, aus dem mancherlei bei Athenaeus steht, scheint gradezu eine σύγκρισις Ἀθηνῶν καὶ Ῥόδου zu sein.

[2]) Es ist nicht zu bezweifeln dass Menandros 291 gestorben ist (CIG 6084 sollte von rechts wegen nicht mehr spuken. die fälschung ist ligorisch). auch seine verbindung mit Demetrios von Phaleron wird, wenn man die zeugnisse angriffe, durch die sagen von einer berufung nach Alexandreia gestützt, die doch einen anhalt haben mussten, damit die hübschen Alkiphronbriefe und die von Suidas erwähnten, natürlich eben so fictiven, entstehen konnten. dann ist aber eine verbindung mit Epikuros, der erst 306 nach Athen kam, wenig wahrscheinlich, ganz unglaublich die autorschaft des epigramms Anth. Pal. VII 72; so hat kein zeitgenosse den Epikuros anreden können.

so ist die philosophie auch eine reale macht. und die könige,
die vor jäher tat sich nicht scheuen, und sonst nur zu oft die
gebote von ehre und gewissen übertreten, rechnen mit dieser
macht; die meisten wol nicht nur äufserlich. das wort, das am
kargen tische ein greiser lehrer zu geschlossenem schülerkreise
spricht, wiegt schwerer als das schlagwort von der rednerbühne
das ein souveraines volk, oder der witz von der bühne den
das tausendköpfige publicum mancher stadt bejubelt. denn vor
dem witze fürchtet sich der starke nicht, und die demagogen sind
meist zu kaufen; allenfalls kann man sie wegjagen, schlimmsten-
falls (was verhältnissmässig selten vorkommt) totschlagen. aber
die wissenschaft ist weder tot zu schlagen noch zu kaufen. wahrlich, in dieser welt voll verbrechen und wollust ein erhabener
anblick, die stattliche reihe von wahren weisen, von männern
an deren reinem seelenadel kein stäubchen haftet. Xenokrates
und Epikuros, Zenon und Theophrastos, Stilpon und Menedemos,
Krates von Athen und Krates von Theben, sie alle haben das wort
des philosophischen dichters wahr gemacht ὄλβιος ὅστις τῆς ἱστορίας
ἔσχε μάϑησιν μήτε πολιτῶν ἐπὶ πημοσύνην μήτ' εἰς ἀδίκους πρά-
ξεις ὁρμῶν, ἀλλ' ἀϑανάτου καϑορῶν φύσεως κόσμον ἀγήρω πῇ τε
συνέστη καὶ ὅϑεν (ὑπῃ cod.) καὶ ὅπως· τοῖς δὲ τοιούτοις οὐδέποτ'
αἰσχρῶν ἔργων μελέτημα προσίζει. nicht der entwickelungsgang
des philosophischen denkens, sondern die politische und sociale
gestaltung der welt führt von den entgegensetzten seiten die
beiden grossen neuen philosophenschulen, die Halle und den
Garten, dazu, den weisen als solchen in den mittelpunkt ihrer
theoretischen und noch mehr ihrer praktischen philosophie zu
stellen.

Nicht in dem sinne also dass etwa das politische urteil durch
die persönlichen verbindungen wissentlich getrübt werde, aber
wol unter unwillkürlicher einwirkung und in wechselwirkung der
persönlichen verbindungen erwachse, bin ich dem gegenstande
dieses excurses nachgegangen. ich halte die erkenntniss dieser
verbindungen an sich für wichtig. hinzu kommt ein zweites. eine
zusammenhängende erzählung der geschichte der dritten jahrhunderts ist nicht erhalten, und auch im altertum hatte keiner

der historiker, welche diesen zeitraum erzählten, einen durchschlagenden erfolg gehabt; aufserdem ist die politische geschichte
der Hellenen durch die antiken historiker überhaupt unzureichend
überliefert, weshalb auch moderne historiker, wenn sie wesentlich
diesen nächstliegenden quellen folgen, unzureichendes zu stande
bringen. die grundlage muss selbstverständlich die monumentale
überlieferung sein; wer seinen bau nicht auf ihr errichtet, hat auf
sand gebaut. allein ein unverächtliches material liefern die berichte über die litterarischen grössen der nation. wie die wesent-
lichsten ecksteine für die reconstruction der attischen fasten aus
den resten der apollodorischen chronik bei Philodem und Diogenes
gewonnen sind, so hat man den politischen notizen der philo-
sophenleben allezeit wol aufmerksamkeit zugewandt, aber dem
diogenischen chaos gegenüber war vorsicht von nöten. mich
dünkt, es stellt sich nun, so weit die angaben dem Antigonos
angehören, wesentlich anders, und vor allem muss verstanden,
d. h. in den historischen zusammenhang eingereiht werden, was
er berichtet. das gienge leicht, wenn die historie bekannt wäre.
ich weiss wol, mancher hält es für berechtigt, dass eine litterar-
historische untersuchung in solchem falle einfach die 'forschung
auf ihrem jetzigen standpunkt' heranzieht. ich habe die überlieferung herangezogen, und bin natürlich tief in archontenlisten,
schaltcyclen, quellenuntersuchung der diadochenzeit u. dgl. geraten.
erst versuchte ich, die resultate zu Antigonos in einige anmerkungen zu setzen; dann schrieb ich einen excurs, der sich ziemlich an den vorgesetzten titel hielt; jetzt steht hier sehr viel
mehr politische geschichte als philosophengeschichte und kleben
noch einige excurse zum excurse an. freilich ist es unförmlich,
aber einheitlich war das leben, dessen vielgestaltige äusserungen
wieder eine einheitliche wissenschaft zu erfassen und zur einheit
zurückzuführen strebt; dass die einzelne arbeit dabei ungestalt
wird erkenne ich wol, aber ich gräme mich nicht darum. dem
verfasser mag es schaden: der sache wird es nützen.

Zu Platons zeit war die Akademie eine macht für sich, auch
eine politische: Syrakus und Herakleia haben es erfahren. aber
zu dem attischen staate verhielt sie sich passiv, selbst in dem

todeskampfe wider die Makedonen. kummer genug hat der
dichter des Kritias um seine heilige heimat getragen. allein er
sah zu klar und zu scharf um dem wahne nachzujagen, dem
Demosthenes und Lykurgos sich geopfert haben. mit der ge-
sunkenen demokratie konnte er nicht paktieren. aber er war
ein Athener und hatte den Gorgias geschrieben. mit dem barbaren auf Archelaos blutigem throne paktierte der enkel Solons
eben so wenig.³)

Aristoteles⁴), im persönlichen dienste der fürsten, denen
bald auch seine heimat zufiel, wo nicht geboren, so doch auf-
gewachsen, dann selbst am hofe in einer vertrauensstellung, nah
verbunden dem makedonischen hofadel wie einem kleinasiatischen
stadtherren, stand von vorn herein anders. er musste sich den
Athenern, unter denen er als metöke lebte, gegenüber selbst als
anderer race angehörig erscheinen, welche das flatterhafte ionische
blut durch einen zusatz halbbarbarischer nordländer gekräftigt
hatte. ihm war Athen nur die erste von 158 politien. dort
lehrte er, mit gewaltigstem erfolge und, wenn auch voller artigkeit und schonung gegen den alten schulfreund Xenokrates, doch
in scharfem und siegreichem kampfe wider lehre und methode
der Akademie. so vorsichtig die Politik auch abgefasst ist, so
ist es doch kaum glaublich, dass ein aufmerksamer zuhörer dieser
vorträge grade als ein verehrer des staates fortgehen konnte, in
welchem ein Demades und Menesaichmos eine rolle spielen konnten,
und die erbärmliche frage, ob ein beamter mit recht oder unrecht eine decoration erhalten hatte, zu einem politischen monstre-
process aufgebauscht wurde. als die Athener nach Alexandros
tode vollständig den kopf verloren und sich einbildeten, weil der
könig sterben konnte, die tote freiheit lebendig schreien zu können,
war es selbstverständlich dass Aristoteles des lebens nicht mehr

---

³) Auf den brief des Speusippos an könig Philipp bin ich nicht ein-
gegangen, weil ich über die echtheit kein urteil habe.

⁴) In ähnlicher weise hat Bernays mehrfach die stellung des Aristoteles
bezeichnet. am schärfsten in seinen vorlesungen, denen ich, wie zu manchem
andern, so auch hierzu die anregung verdanke, was ich, da ich es dankbar
empfinde, wol auch aussprechen darf. vgl. addenda.

sicher war. es begab sich mit einem teile seiner nächsten anhänger unter den schutz der waffen seines mächtigen freundes
Antipatros, mit dem er in vertrautestem briefwechsel stand und
den er, als er in Chalkis einen friedlichen tod fand[5]), zum testamentsvollstrecker einsetzte. Xenokrates, der Chalkedonier, sass
ruhig in der Akademie, dem treiben des tages fern, aber dem staate
von Athen treu ergeben. man verwandte ihn, obgleich er nicht bürger war, zum gesandten an Antipatros. der vertraute des Aristoteles
liess den erben Platons stehn und tat was er auch in Athens
interesse für recht hielt. Xenokrates aber verschmähte das bürgerrecht in der durch Antipatros beschränkten demokratie, selbst
als ein Phokion es ihm anbot[6]). bald kam die zeit, wo der sohn

---

[5]) Es erweckt kein günstiges vorurteil für den peripatetiker Eumelos,
dass er das alberne märchen von dem selbstmorde des Aristoteles in umlauf
gesetzt hat. wahrscheinlich hängt es mit der in Olympias und Polyperchons
kreisen geschmiedeten lüge von der ermordung Alexanders zusammen; (Eumelos hat sonst auch zuverlässiges berichtet, z. b. dass ein Nikomenes das
gesetz durchgesetzt habe, welches zum bürgerrecht nach Eukleides beider-
seitige bürgerliche abkunft forderte (schol. Aischin. 2, 39). damit ist die auf
komiker bezugnehmende auch an sich unmögliche tradition des Karystios
(Athen. XIII 577ᵉ) die Aristophon nennt, nicht zu contaminieren, sondern einfach zu verwerfen). es wäre unerhört, wenn ein attisches ehrenepigramm
den selbstmord des Aristoteles feierte. das glaubt man aber allgemein, und
ändert deshalb in der letzten zeile den accusativ in den nominativ. hier ist
das gedicht (Kaibel 847), dessen anfang fehlt

οὐδὲ Τύχης σ' ἐδάμασσε πάλιν κλίναντα τάλαντα
δυσμενέων ὀλοὴν ὕβριν ἀλευάμενον.
ἢ σε τέλος θανάτοιο [πολυκλαύτοιο] κίχανεν,
ὡς παύρους προτέρων ἀνέρας ἀγχιθέων.
τῷ ῥα καὶ ἀζόμενος σοφίης ἑὸν ἡγητῆρα
στῆσεν Ἀλέξανδρον κλεινὸν ἅπασι Θέων.

ich habe nur Θέων aus θεόν gemacht. das gedicht ist nur handschriftlich
erhalten, deshalb ist Böckhs ergänzung von πολυκλαύτοιο im dritten verse
wahrscheinlich; der grund des ausfalls war homoioteleuton. Alexander war
der militärische führer des Theon, ward gefangen, entzog sich aber der miss-
handlung durch die feinde, wobei er den tod fand. diese weisheit bewunderte Theon und setzte ihm deshalb das standbild. über die zeit des gedichtes habe ich keine vermutung.

[6]) Dies bezeugt der glaubwürdige bericht eines historikers, der bei
Plutarch und Philodem vorliegt vgl. oben s. 46. die anekdote, dass Xeno-

des Antipatros mit der demokratie, die durch den scheusslichen
mord des Phokion ihre nichtswürdigkeit eben erst dargetan hatte,
ein entschiedenes ende machte und Athen einen regenten gab,
der in der zucht des Aristoteles gebildet war. Demetrios von
Phaleron brachte sicherheit und ordnung, frieden und wolstand.
auch seinen lehrern konnte er den dank abstatten: unter seinem
schutze constituierte sich die schule des Lykeion und erhielt cor-
porationsrechte. mit klaren bewusstsein wies er Athen den weg,
sich in die existenz einer lediglich communalen selbständigkeit
zu finden, bei welcher asiatische städte vorher und nachher zu
hoher materieller und geistiger blüte gediehen sind. freilich
hatte er aus der studierstube den wahn mitgebracht, dass sich die
moral durch staatscontrolle herstellen liefse, und lüderlichkeit und
materialismus durch luxusgesetze und polizeiliche aufsicht ausgerottet würden. aber kann man ihm vorwerfen, was vor ihm,
wie er glauben musste, Minos Solon Lykurgos mit erfolg getan
hatten, was nach ihm unzählige male versucht ist und versucht
werden wird? und grade hier hat er doch einen weg gewiesen
und für Athen zuerst betreten, der wichtig war und zu bleiben-
dem nutzen geführt hat. er begann die erziehung der knaben
dem staate zuzuweisen. seine reorganisation war es, welche die
ephebie, ehedem die form der militärischen ausbildung, zu einem
staatlichen erziehungsinstitut machte. [7]) ein bescheidener anfang
gegenüber der längst theoretisch feststehenden forderung der
philosophie, dass die volkserziehung sache des staates werden

krates verkauft worden wäre, weil er das μετοίκιον nicht erlegt hatte, ist
albern. sie steht aus gleicher quelle bei Plutarch (Flamin. 12) und in der
vita Lykurgs (Westermann biogr. p. 273, 60), hier aber sprengt sie den zusammenhang, der durch εἰσήνεγχε καὶ νόμους 40 und εἰσήνεγχε δὲ καὶ ψηφίσ-
ματα 67 gut bezeichnet ist. es ist also eine herumvagierende anekdote ohne
anspruch auf wahrheit, noch verschlechtert hat sie Myronian (Diogen. IV 14)
ndem er Demetrios an die stelle von Lykurg setzt. auf glaubwürdigkeit hat
dies so wenig anspruch wie eine hermippische todesart.

[7]) Köhler Mitteil. IV 324 ff. derselbe hat auch vorzüglich erwiesen,
dass die dramatischen agone durch Demetrios neugeordnet wurden, indem die
agionothesie statt der choregie eintrat u. a. m. III 240. ein zusammenfassen-
des bild dieser reorganisatorischen tätigkeit wäre sehr erwünscht; schwerlich
könnte es aber ein anderer als Köhler geben.

müsse. aber auf den zwei von Demetrios gesetzten grundpfeilern,
der lehrfreiheit der philosophenschulen und dem öffentlichen
erziehungsinstitut, hat Athen sich in den schwersten zeiten erhalten, und in der staatlich dotierten, freilich dann auch staatlich
beaufsichtigten universität, welche kaiser Marcus stiftete, zu
neuer, wenigstens äufserer blüte erhoben. und in mancher
asiatischen gemeinde hat die nachahmung auch dieser demetrischen
einrichtung segen gestiftet.

So hat das Lykeion zehn glückliche jahre durch einen bürger
zwar, aber doch unter dem schutze fremder macht Athen beherrscht. es war verzicht geleistet auf das specifisch athenische, auf die schönsten und bezauberndsten überlieferungen, allein dieser verzicht war notwendig, nicht erst seit
staat und bürgerschaft verrottet und angefault war, sondern
seit dem sturze des Reiches. ein nationaler Hellenenstaat war
eine chimaere, berechtigt vielleicht im ideal der platonischen
Republik, in der wirklichkeit der demosthenischen zeit verwerflich. Aristoteles hatte das richtige facit theoretisch, sein schüler
Alexandros praktisch gezogen; die athenische cultur war fähig
eine welt zu erfüllen: der staat des vierten jahrhunderts war
nicht nur ein zu enges, es war auch ein unreines gefäs für
sie. ein anderer schüler des Aristoteles, Kassandros, hatte mit
kalter aber verständiger überlegsamkeit der durch den tod des
königs veränderten sachlage ins auge geschaut. er zuerst unter
den diadochen hatte begriffen, dass die weltherrschaft unmöglich
und das streben nach ihr unheilvoll geworden war. darum treffen
wir ihn immer auf dem platze, wenn es einen versuch nach
dieser richtung zu vereiteln gilt; er selbst hat sich nie von
solchem gelüste anwandeln lassen. sein edler vater hatte ihm
die treue gegen das angestammte königshaus übermacht, er aber
war auch dafür zu sehr realist. als unmündige knaben oder idioten
die träger des makedonischen königtumes von gottes gnaden
waren, als vollends das fürchterliche epirotische weib wütete wie
die Hekabe des Euripides, der reichsverweser Polyperchon aber
die zügel der herrschaft über die Hellenen teils aus der hand verlor,
teils unbedacht fortwarf, da griff er ein. der thron forderte einen

mann, auch wenn es nur der makedonische thron sein sollte. Kassandros hatte die machiavellistischen lehren der aristotelischen politik vielleicht zu gut inne; er befleckte sich mit dem blute seiner
königlichen herren: und die götter haben den frevel heimgesucht
an ihm und seinem geschlechte. allein es war doch ein unglück
dass seine herrschaft sich nicht consolidierte. er hätte fähigkeit
und masshaltung genug gehabt dem noch nicht so bis in das
mark erschöpften Hellenenlande eine sicherheit und stärke zu
geben, wie sie Gonatas später anstrebte, aber nur noch unvollkommen erreichen konnte. die erstarkung der Thraker und der
einbruch der Kelten sind ja doch nicht gekommen wie ein erd-
beben oder eine pest, die nicht vorherzusehen noch zu verhindern
sind, sondern sie waren nur möglich, weil kein Makedonien die
nordmark der cultur verteidigte.

Allein die zauberworte, freiheit und selbständigkeit, hatten
noch eine allzuberückende kraft in den hellenischen stadtgemeinden.
die könige der despotisch regierten ehemals persischen reiche
bedienten sich dieses lockrufes gegen Kassandros: tatsächlich
eingreifend wirkt in Athen erst das erscheinen des Demetrios
Poliorketes, er bringt die demokratie, die freiheit. so schien es.
in wahrheit begann ein beinahe fünfzigjähriges ringen, dessen
verschiedene phasen doch alle eigentlich nur die eine frage in
verschiedener weise zu entscheiden suchen, ob auf dem throne des
Philippos das haus des Antigonos oder das haus des Kassandros
sitzen soll. denn selbst als dieses ausgerottet ist und Antigonos
Gonatas als könig von Makedonien anerkannt ist, bleibt für
Athen der gleiche zustand. Ptolemaios II mochte auf den thron
von Makedonien verzichten: schirmherr von Hellas wollte er so
gut bleiben, wie er es von den Kykladen und einem grossen teile
der asiatischen küstenstädte war. so reducieren sich, im grossen
geredet, die parteien in der welt auf zwei. die parteischablone
hatte längst in den kleinen bürgerschaften die alten namen für
die neuen begriffe überprägt. die oligarchen sollten es sein, die
zu den Makedonen standen. demokratie, πάτριος πολιτεία, autonomie war als schlagwort von Demetrios Poliorketes ausgegeben.
allein im laufe der zeit verschieben sich die schlagwörter auf die

entgegengesetzte partei, die Antigoniden sitzen nun auf dem throne von Makedonien, und Ptolemaios ficht mit der parole gegen sie, die niemand anders als Demetrios ausgegeben hatte. diese äufserst merkwürdige parteiverschiebung, die sich freilich aus den historischen verhältnissen mit notwendigkeit ergab, muss man verstehen lernen und zur beurteilung der stimmungen und äusserungen dieser periode sich immer gegenwärtig halten.

Im frühsommer 307 erschien Demetrios in Athen. fast ohne widerstand zu leisten brach des Phalereers herrschaft zusammen. die begeisterung, welche der heldenkühne und götterschöne junge mann, zu dessen füfsen sich das freie Athen warf, im busen trug, war eine aufrichtige. in ihm schlug die schwärmerisch phantastische ader, welche dem grossen Alexandros das ewige leben in der märchenwelt erworben hat. für Demetrios ward diese gabe verhängnissvoll; er ist sittlich und physisch daran zu grunde gegangen. lauteren herzens kam er Athen zu huldigen und wolzutun, der stadt, die er liebte mit allem überschwang jugendlicher begeisterung, zu der sein herz sich sehnte als der heimat jener culturspendenden göttin, deren namen er trug, als der heimat der unsterblichen helden von Marathon und der unsterblichen dichter. und so vergeudete er im besten glauben huldigungen und woltaten an ein gesunkenes und unwürdiges geschlecht. die enttäuschung kommt fast mit der ersten berührung. ekel fasst ihn wider diese jämmerliche gegenwart. er spricht den schmerz, dass es keinen mann in Athen gäbe, den Athenern selber aus, die vor ihm kriechen. noch versucht er wenigstens im wilden taumel des rausches, im vollgenuss alles dessen, was heroische sinnlichkeit befriedigen kann, ein schattenbild seiner ideale zu umarmen. nur um so stärker widert den erwachenden der contrast an. menschenverachtung, verachtung aller ideale nistet sich in dem getäuschten herzen ein. der süfse pöbel von Athen, die phrasenhelden des marktes, die feilen schirmvögte der πάτριος πολιτεία haben die seele des herakleischen jünglings vergiftet, der allein würdig werden konnte, der erbe des göttlichen Alexandros zu werden. wol oder übel musste er das spiel mit den redensarten von freiheit und verfassung weiterspielen; nur dass er die nichtigkeit seiner träume eingesehen hätte, liess er das freie volk wol fühlen, das es nicht besser wollte noch verdiente. aber verwunden hat er es nie, dass er in dem glauben an das heiligste betrogen war und nun gezwungen blieb von dem heiligsten mitzulügen. als dann das gesindel, wie sich von selbst versteht, auch diesen heiland verriet und verfluchte, fasste ihn wol bitterkeit und kummer, aber er loderte nicht mehr in leidenschaft auf. ihm war es nichts neues mehr dass die menschen canaille wären. bald kam der tag, wo Athen unter seinen füssen lag. er hat den wurm nicht zertreten, der ihn in die ferse gestochen hatte. mehr als einmal noch hatte er gelegenheit überführten verrat nach belieben strafen zu können. er verzieh, nicht aus schwäche oder edelmut; er hatte an dankbarkeit oder treue zu glauben verlernt, verrat schien ihm das normale. immer toller, immer wilder rast er im taumel der sinne, immer dumpfer, immer länger werden die pausen der ermattung und siechen ernüchterung. er mochte wieder einmal ein könig weiter reiche sein, auch einmal wieder freiheit proclamieren, ein junges weib freien, wie Herakles auf eine nacht, und einen sohn zeugen, der die schönheit und ruhelosigkeit des vaters erbte — oder er mochte landflüchtig und bettler sein, was galt es ihm? οἴμοι τί δ' οἴμοι, θνητὰ γὰρ πεπόνθαμεν konnte er sagen wie Bellerophontes, den der attische dichter zu einem ähnlichen charakter gebildet hatte. so ist er denn schliefslich verkommen in der königlichen haft des Seleukos, im ekel über die welt, nicht in trauer um ihren verlust. und doch hatte der unstete stürmer treue gefunden, grade da wo er sie verschmähte. die gattin, die er so oft misachtet, gegen deren vaterhaus er bis zu voller vernichtung gestritten, gieng in freiwilligen tod um seinetwillen, um eines thrones willen, von dem er wich fast ohne widerstand zu leisten, und der sohn, der des vaters fehler so wenig geerbt hatte wie die genialität, und wol durchschaute, dass die krone zu tragen kein vergnügen sondern eine dienstbarkeit der ehre ist, der aber freiheit und erbe für den vater dahinzugeben bereit war, und durch eigene kraft sich und seinem geschlechte den makedonischen thron erstritten hat, verzichtend auf Alexandergleiche genialität aber

fest und klar und wahr, im leben wie im glauben an eine sittliche weltordnung und an die verbindlichkeit der pflicht: Antigonos,
der freund des Menedemos und des Zenon.

Neben dem riesen der zwerg, neben dem könig der demagoge, neben Demetrios steht Demochares. die gerechtigkeit und
die wahrheit fordert, dass man das verhältniss recht erfasse. die
phrase hat in der überlieferung der griechischen geschichte noch
immer eine solche macht, dass Demochares durch das geschrei 'mein
onkel war ein grosser mann, und ich bin sein neffe' einen durchaus
unverdienten guten namen sich erhalten hat. es mochte verzeihlich sein, dass man die motive eines attischen ehrendecretes für
baare münze nahm, als man kein halbes dutzend dieser gattung
hatte. aber jetzt darf die krone des patrioten und des ehrlichen
mannes ein so elender staatsmann redner und mensch nicht
mehr sich anmafsen. Demochares hatte zu Demetrios des Phalereers
zeit den mund gehalten. um so lauter schrie er, als $\varDelta\eta\mu\dot\eta\tau\varrho\iota o\varsigma$
$\varkappa\alpha\tau\alpha\iota\beta\dot\alpha\iota\eta\varsigma$, der $\varSigma\omega\tau\dot\eta\varrho$ der freiheit erschien. die ekelhaften lügen
mit denen er die philosophen, den ruhm Athens, die von ihm
und seiner demokratie allerdings nichts wissen mochten, und die
philosophie, die über seinem horizont gieng, überschüttete, kann
man dank Athenaeus ja noch heute lesen: für dessen geschmack
war das etwas. Demetrios Poliorketes war viel zu verständig
um die hetze zu dulden; die philosophie durfte trotz Demochares
frei sein. das mochte diesen verstimmen; aber überhaupt wollte
er sich mit der demokratischen kammerdienerstellung eines
Stratokles oder Dromokleides nicht begnügen. er gehörte zu den
selbstbewussten republikanern, welche wol mit dem königtum aber
nicht mit den königen paktieren, und auf alles andere eher als auf
die freiheit verzichten, persönlich sich flegelhaft zu betragen[8]). so
tritt er mehr hervor als Demetrios den rücken kehrt. während
dieser zu seinem vater berufen Kypros gewinnt, Ptolemaios besiegt, Rhodos belagert, soll sich Hellas allein des Kassandros

---

[8]) Nur als beleg für das was man dem Demochares, und zwar um ihn
als $\pi\alpha\varrho\varrho\eta\sigma\iota\alpha\sigma\tau\dot\eta\varsigma$ darzustellen, auf den leib erfand, ist die anekdote bei Seneca
de ira 3, 23 zu verwenden. ob die historischen schnitzer Seneca oder seine
quelle (sein lehrer Sotion) begangen hat, steht dahin.

erwehren. Athen erhielt dazu von Antigonos ausreichende geldmittel[9]); auch ist das streben anzuerkennen die stadt wehrhaft
zu machen, die natürlich nicht mehr auf die militärische rüstung
einer selbständigen macht eingerichtet war. tüchtige verwaltungs-
beamte fehlten nicht; Habron, der sohn und genosse des Lykurgos, übernahm die schwer verantwortliche stellung als ταμίας
τῶν στρατιωτικῶν, andere männer hatte ohne zweifel die ausgezeichnete finanzwirtschaft des Phalereers Demetrios gezogen,
auf dessen reorganisation es zurückweist, wenn der Areopag jetzt
wieder, wie vor Ephialtes zeit, hervortritt. als antragsteller,
nicht als beamter, begegnet auch Demochares, dem dann sein
sohn Laches und die welche ihm glauben das verdienst allein
beimessen. aber der erfolg war kläglich. Kassandros gelangte
ohne schwere mühe wieder in den besitz von Euboia, Boiotien,
Salamis, Attika: er stand vor den mauern von Athen. in letzter
stunde erschien rettend Demetrios und gewann mit leichtigkeit
alles verlorne wieder um dann zu weiteren erfolgreichen expeditionen vorzugehen. wenn also Laches den frieden und das bündniss mit Boiotien seinem vater zuschreibt, so mag ja immerhin
Demochares, nachdem Boiotien durch Demetrios unterworfen war,
die gänzlich bedeutungslosen ceremonien vollzogen haben: so wie
der bericht sich gibt, ist er nicht blofs gefärbt, sondern einfach
unwahr; vermutlich benutzte Laches seine vaters geschichtswerk,
was, gott sei dank, Plutarch und Diodor nicht getan haben[10]).
Athen blieb hauptquartier des königs Demetrios, das volk entwürdigte sich in allen schichten mit hündischer kriecherei: aber
dass er diese nicht teilte, soll doch Demochares nicht etwa zu
besonderer ehre gereichen. die vornehmer gesonnenen männer wie
Habron, Philippides Philomelos sohn, Phaidros, Olympiodoros,

---

[9]) Die aufklärung über diese hochwichtigen dinge verdanken wir dem
glänzenden scharfsinn Köhlers zu CIA II 250 Mitteil. V 268.

[10]) Es heifst im psephisma des Laches nach einer lücke (s. 292 West.)
οἰκοδομὴν τειχῶν καὶ παρασκευὴν ὅπλων καὶ βελῶν καὶ μηχανημάτων καὶ ὀχυ-
ρωσαμένῳ τὴν πόλιν ἐπὶ τοῦ τετραετοῦς πολέμου καὶ εἰρήνην καὶ ἀνοχὰς καὶ
συμμαχίαν ποιησαμένῳ πρὸς Βοιωτούς. in betreff des vierjährigen krieges ist
Droysens unglückliche hypothese nunmehr urkundlich erledigt.

haben sich nur einfach zurückgehalten. Demochares trieb es,
was auch immer von der anekdotenhaften motivierung zu halten
ist, die wir bei Plutarch lesen, so weit, dass ihn der könig aus
der stadt weisen liefs. wenn er nur halb den eingendünkel hatte,
den sein sohn ihm leiht, so war er ja der eigentliche retter
Athens und konnte neben Demetrios nicht bestehen, weil 'zwei
sonnen wandeln nicht am firmamente'. so gieng er. das decret
sagt, er gieng für die demokratie, und die ihn vertrieben waren
die zerstörer derselben[11]). das ist nicht wahr, Demetrios war
ja der schirmherr der demokratie, aber es ist nicht grade gelogen: die vorstellung, die Laches und seine zeit von dem regimente des Demetrios hatte, war so durchaus beeinflusst von den
letzten ereignissen (vor 287), dass sich die gegensätze dieser zeit
von selbst auf die verhältnisse der jahre vor Ipsos übertrugen.
man sollte nun meinen, die Athener hätten, als sie sich nach
Ipsos von ihrem woltäter abwandten, nach dem organisatorischen
talente und der politischen erfahrung des Demochares verlangen
getragen. dem war nicht so. im gegenteil: erst könig Demetrios

---

[11]) Das decret fährt fort ἀνθ' ὧν ἐξήτασιν ὑπὸ τῶν καταλεσάντων τὸν
δῆμον und sagt später zusammenfassend φυγόντι μὲν ὑπὲρ (so Xylander mit
recht für ὑπό) δημοκρατίας, μετεσχηκότι δ' οὐδεμιᾶς ὀλιγαρχίας οὐδ' ἀρχὴν
οὐδεμίαν ἠρχότι καταλελύκοτος τοῦ δήμου (intransitives καταλύειν in dieser bedeutung ist freilich auffällig, aber schwerlich zu verwerfen) καὶ μόνῳ Ἀθηναίων τῶν κατὰ τὴν αὐτὴν ἡλικίαν πολιτευσαμένων μὴ μεμελετηκότι τὴν πατρίδα
κινεῖν ἑτέρῳ πολιτεύματι ἢ δημοκρατίᾳ u. s. w. dass zur zeit wo Demochares
verbannt war in Athen durchaus demokratie war, ist gar nicht zu bestreiten,
ebenso wie es feststeht, dass nach dem sturz des Lachares demokratie hergestellt ward. allein es ist verzeihlich, dass die demütigung der jahre 295
bis 287 und der gegensatz zu Gonatas, der zu Laches zeit die gemüter beherrschte, diese stimmung in die jahre hineinträgt, wo die parteien umgekehrt
standen. in den decreten gleich nach der erhebung des Olympiodoros 287
ist die formel stehend κεκόμισται ὁ δῆμος τὴν ἐλευθερίαν. und das decret für
Philippides vom jahre 285 (CIA II 314) sucht selbst die zeit der schlacht bei
Ipsos so darzustellen, als ob Athen sich in einer zwangslage befunden hätte.
ganz besonders merkwürdig wirkt diese stimmung nach in der chroniknotiz
bei Eusebius zu col. 118, 2 (307), denn dahin muss sie gehören, dass Demetrios
von Phaleron durch Ptolemaios den Athenern die demokratie verschafft: das
ist der reflex der stellung des Philadelphos gegenüber Antigonos.

hat im jahre 290 bei seinem letzten aufenthalte in Athen, nach-
sichtig wie er war, dem Demochares die rückkehr gestattet, und
wenn Laches das κατελθεῖν ὑπὸ τοῦ δήμου nennt, so ist das,
obwol ein volksbeschluss gefasst sein kann, eine unwahrheit[12]).
über die folgende tätigkeit, zweifelsohne die bedeutendste des
Demochares, liegt nichts vor als der bericht seines sohnes, der
den mund sehr voll nimmt, wo also das schweigen wenigstens
den schluss gestattet dass er um die befreiung der stadt, den
ersten act des freiheitsdramas, keinerlei verdienste auch nur
beanspruchen konnte[13]). wir wollen so gut sein, und glauben,
dass seine verdienste als einer der ἐπὶ τῇ διοικήσει von belang

_____

[12]) Nach den ersten worten, die in der vorigen anmerkung ausgeschrieben sind, heifst es καὶ ὡς κατῆλθεν ἐπὶ Διοκλέους ἄρχοντος ὑπὸ τοῦ δήμου
συσταίλαντι τὴν διοίκησιν u. s. w. wenn es wahr ist, dass Demochares unter
keiner nicht-demokratischen regierung ein amt bekleidet hat, so hat er
drei jahre in Athen als privatmann gelebt, bis zur erhebung 287. dann ist
die wahrheit dieses passus noch bedenklicher; es wird aber nicht so genau
zu nehmen sein. man muss diese verdrehungen anerkennen, sonst kommt
man entweder mit der chronologie in conflict, oder aber zu so ungeheuerlichen annahmen wie Unger (Phil. 39, 488).

[13]) Das decret fährt fort συσταίλαντι τὴν διοίκησιν πρώτῳ καὶ φεισαμένῳ
τῶν ὑπαρχόντων καὶ πρεσβεύσαντι πρὸς Λυσίμαχον καὶ λαβόντι τῷ δήμῳ λ΄ τάλαντα ἀργυρίου καὶ πάλιν ἕτερα ρ΄ καὶ γράψαντι πρεσβείαν πρὸς Πτολεμαῖον
εἰς Αἴγυπτον, καθ᾽ ἣν ἐκπλεύσαντες ν΄ ἐκόμισαν τάλαντα ἀργυρίου τῷ δήμῳ
(der gesandte war Phaidros von Sphettos, wie dessen lobdecret 331, 28 lehrt),
καὶ πρὸς Ἀντίπατρον πρεσβεύσαντι καὶ λαβόντι κ΄ τάλαντα ἀργυρίου, καὶ Ἐλευσῖνα (Niebuhr: Ἐλευσίνια codd.) κομισαμένῳ τῷ δήμῳ καὶ ταῦτα (?) πείσαντι
ἑλέσθαι τὸν δῆμον καὶ πράξαντι. das letzte verstehe ich nicht. über Eleusis
unten. Antipatros, der sohn des Kassandros und eidam des Lysimachos ist
von diesem aus dem wege geräumt, als er ihm als prätendant auf den makedonischen thron, den Lysimachos 286 bestieg, unbequem ward. das schiebt
die gesandtschaften sehr eng zusammen, wenn man sie wirklich als officielle
missionen nehmen will und nicht etwa als geheime machinationen in den jahren
289—88. übrigens entscheidet das decret dafür, dass Lysimachos den Antipatros getötet hat, wie Iustin XVI 2 und Porphyrius (Euseb. I 232) berichten,
gegen Diodor XXI 7, welcher ihn mit seinem bruder Alexandros von Demetrios
293 töten lässt. freilich hindert das einen unverfrorenen quellensucher nicht,
den treuen diener des Demetrios, Hieronymos, als quelle Diodors zu bezeichnen. die anekdote bei Plutarch (*de vitios. pud.* 4) verwechselt nur Antipatros
und Alexandros, ebenso wie Pausanias IX 7.

waren; nützlicher waren jedenfalls seine bemühungen bei den
königen, die dem volke 200 talente eintrugen; die erwerbung von
Eleusis macht ihm vielleicht ein mann der tat, Olympiodoros,
streitig. nun wird man ja das betteln um subsidien in jener zeit
ganz in der ordnung finden, aber auch bei dem ehernen republi-
kaner? mit welcher stirne konnte der neffe des Demosthenes
vor den enkel seines mörders treten? gradezu ekelerregend ist es
aber, wenn dieser rastlose bettler sich dann zu hause hinsetzt,
die feder tief in die sittliche entrüstung und den demokratischen
idealismus taucht und den Phalereer Demetrios höhnt, *ἐπὶ τούτοις
σεμνύνεσθαι κατὰ τὴν πολιτείαν ἐφ' οἷς ἂν καὶ τελώνης σεμνυν-
θείη ἢ βάναυσος* (Polyb. XII 13). es hat ja auch im altertum
nicht an einer verurteilung des Demochares gefehlt, und es ist
immer zu beherzigen, dass sie in Athen und zu der zeit, wo er
in den augen des officiellen Athens ein grosser mann war, ausgesprochen ist, nämlich von Timaios [14]. aber dieser hat seine
leidige manier auch hier nicht verleugnet, mit stumpfen und un-
redlichen waffen zu fechten. dies allein ist der grund, weshalb
die sonst ganz inhaltsleere verteidigung des Polybios, der überhaupt über Athener älterer zeit kein urteil hat, nicht den verdienten eindruck der nichtigkeit macht. das ist es was wir
von der staatsmännischen laufbahn des Demochares wissen; dass
er ein schlechter redner und historiker gewesen, bezweifelt wol
niemand: den menschen charakterisiert am besten die gelegen-

---

[14]) Aufser durch Polybios (XII 12 ff.) hören wir hiervon durch die glosse
ᾧ τὸ ἱερὸν πῦρ bei Suidas, deren herkunft ich nicht kenne; nach Photius
sieht sie nicht sehr aus, wird aber doch wol dahin gehören. nach dieser
hätte ein redner Demokleides bei Timaios dem Demochares das *αἰσχροποιεῖν*
vorgeworfen; nach Polybios der komiker Archedikos. das heifst so viel als,
es kam bei Timaios eine rede des Demokleides vor, in welcher das komiker-
wort citiert ward, etwa wie Aischines solche gegen Timarchos citiert. die
entrüstung des Polybios ist also recht deplaciert, denn Timaios hat den schmutz
von eben den Athenern aufgenommen, an deren urteil Polybios appelliert.
übrigens hat selbst den schmutz bekanntlich Demochares von seinem onkel
geerbt, und dieselbe Suidasglosse zeigt, dass bei Duris Pytheas genau denselben witz, wenn's einer ist, gegen Demosthenes losliefs.

heit, wo er um der philosophie willen Demetrios dem Phalereer
und dem könig gegenübertritt.

Das war gleich 306. Demetrios von Phaleron konnte die
stadt nicht halten; zum schutze gegen seine eigenen mitbürger
gab ihn sein gleichnamiger besieger sicheres geleit nach Theþen[14]).
in der stadt aber begann ein massloses treiben. bekannt sind die
alles überbietenden ehren, die auf Antigonos und Demetrios ge-
häuft wurden; die verfolgung gegen die gestürzte partei ist
nicht geringer. dass untergeordnete litteraten, die ihre feder
in den dienst der makedonischen partei gestellt und ohne
selbst Athener zu sein die athenische politik verarbeitet hatten,
wie Deinarchos von Korinth, aus der stadt wichen, war begreiflich und gewiss kein schade. würdelos war das gebahren
des volkes gegen Demetrios von Phaleron; in der stadt scheint
man wirklich mit seinen weihgeschenken und ehrenstatuen, ja
überhaupt mit den documenten seiner verwaltung ziemlich erfolgreich aufgeräumt zu haben; nur in den demen haben sich
ehrendecrete für ihn gefunden. man wusste aber auch dass die
herrschaft, die über Athen gewaltet hatte, aus der peripatetischen
schule stammte. diese sollte der schlag treffen. man führte ihn
unter dem scheine einer unverfänglichen allgemeinen staatscontrolle
der philosophenschulen[16]). wie es aber gemeint war, zeigte sich
sofort nach der annahme: ob man dem gesetze des Sophokles
rückwirkende kraft gegeben hat, oder wie man es auch angefan-
gen hat, jedenfalls war die peripatetische schule zersprengt, und

---

[15]) Plutarch, Demetr. 9 Diodor XX 45, keineswegs aus derselben quelle.
wenn Plutarch als motiv angibt, dass der könig den ruhm und die tüchtig-
keit des Phalereers achtete, so kann er die motivierung selbst gegeben haben;
es ist aber einleuchtend dass er damit das rechte traf.

[16]) Die stellen bei Sauppe *Or. Att.* II 341, zum teil muss ich sie im
folgenden excurse ausschreiben. dass Demochares selbst sollte Dialoge geschrieben haben, ist ganz unglaublich es steht damit so. dieselbe stelle des
Caecilius ist wiedergegeben mit Δημοχάρους λόγου von Pseudoplutarch (p. 264
40 West.), mit ἐν τοῖς Δημοχάρους διαλόγοις von Harpokration (*s. v.* Ἰσχανδρος)
mit Δημοχάρης φησίν in der vita des Aischines (p. 2 Schulz). es liegt also
ein allgemeiner ausdruck zu grunde, den Harpokration misverständlich specialisiert hat.

Theophrastos selbst musste Athen verlassen. dabei hatten die freiheitshelden aber vergessen, dass der tatsächliche machthaber nicht im entferntesten gewillt war, die freiheit zu unterdrücken, und die peripatetische schule war den herren Demochares und genossen an juristischer kenntniss denn doch überlegen. einer der ihren brachte das gesetz zu fall, Theophrastos kehrte heim, und dass er unbehelligt blieb, ist wahrlich ein vollgültiger beweis dafür, dass Demetrios sich die agitation verbeten hat. der handel hatte nur als praecedenzfall für die hinfort ungestörte lehrfreiheit eine bedeutung. wir sind nun aber in der lage, den Demochares, der das gesetz verteidigte, in den resten seiner rede leibhaft vor uns zu sehen, und ein komikerfragment aus der zeit, wo das gesetz galt (also vom frühjahr 306), illustriert die damals herrschende stimmung. beides zeigt uns den hochverräterischen Peripatos im gegensatz zu der Akademie, die durch die demokratische gesinnung des Xenokrates vor den demokraten, und rechtlich dadurch, dass sie nun wieder in Polemon einen vornehmen Athener zum vorstand hatte, geschützt war.

Die stelle des Alexis führt Athenaeus XIII 610° im zusammenhange mit dem gesetze des Sophokles an

τοῦτ' ἐστὶν Ἀκαδήμεια, τοῦτο Ξενοκράτης.
πόλλ' ἀγαθὰ δοῖεν οἱ θεοὶ Δημητρίῳ
καὶ τοῖς νομοθέταις, διότι τοὺς τὰς τῶν λόγων,
ὡς φασί, δυνάμεις παραδιδόντας τοῖς νέοις
ἐς κόρακας ἐρρίψασιν ἐκ τῆς Ἀττικῆς.

so wie die verse von Athenaeus oder seinem gewährsmann (wahrscheinlich Karystios) aus dem zusammenhange gerissen sind, muss man notwendig annehmen dass die Akademie und die vertriebenen identisch sind. da die Akademiker aber niemals vertrieben sind, so ist diese erklärung unmöglich und einfach eine böswillige tendenz bei dem excerptor anzuerkennen. das ist nichts wunderbares; was wir oben im Zenon (s. 115) gefunden haben, war viel ärger. mit erklärungen, welche bei Demetrios an den Phalereer denken, oder die verse in die lebenszeit des Xenokrates († 314 [17])) hinaufrücken, braucht man sich nicht mehr

---

[17]) Dieses jahr ergibt die combination aus der fünfundzwanzigjährigen

zu bemühen. es liegt ja auf der hand, dass die verse geschrieben sind, als die philosophen verbannt waren: und das bestätigt
sich dadurch dass Demetrios den königstitel noch nicht führt,
den er sich durch den sieg bei Kypros verdient hat. dann geht
aber auch Meinekes erklärung irre, der sich die sache so denkt
"ist das Akademie, ist das Xenokrates" d. h. "kommt das dabei
heraus?" *senis verba irati philosophis quod filium corruperint.*
es ist vielmehr ein gegensatz anzuerkennen: "die sophisten
sollen zur tugend mahnen, das gute und die götter lieben und
die gesetze achten lehren. das ist Akademie und Xenokrates.
aber die, welche τῶν λόγον δυνάμεις der jugend beibringen, sind
verderblich und, dank Demetrios, verjagt". dass so ein gegensatz der akademischen und peripatetischen schule ausgesprochen
wird, der nicht blofs gedacht werden kann, sondern wirklich bestand, ist augenfällig.

Nicht anders hat Demochares gesprochen. denn es ist nur
durch ein versehen möglich, dass Sauppe sein fragment bei
Athen. XI 509 auf die geschichte von Timolaos von Kyzikos beschränkt hat. der zusammenhang geht ohne unterbrechung weiter
"τοιοῦτοι δ' εἰσὶ καὶ νῦν τῶν ἀκαδημεικῶν τινές, ἀνοσίως καὶ
ἀδόξως βιοῦντες. χρημάτων γὰρ ἐξ ἀσεβείας καὶ παρὰ φύσιν
κυριεύσαντες, διὰ γοητείαν [νῦν] εἰσὶ περίβλεπτοι. ὥσπερ καὶ
Χαίρων ὁ Πελληνεύς, ὃς οὐ μόνον Πλάτωνι ἐσχόλακεν ἀλλὰ καὶ
Ξενοκράτει, folgt eine scheufslichkeit, und als resumé, das den
schalen rhetor zeigt, ταῦτ' ὠφεληθεὶς ἐκ τῆς καλῆς Πολιτείας καὶ
τῶν παρανόμων Νόμων. es ist ja hier der hohn gegen Platon
klar, und wer dem Sokrates bestritten hat, ein ordentlicher soldat gewesen zu sein, und dem Aristoteles den verrat seiner
eigenen vaterstadt (die er freilich neu gründete) zugeschoben hat,

---

vorstandschaft seit archon Lysimachides 339 (Diog. Laert. IV 14, d. h. Apollodor). Eusebius hat den tod des Speusippos und den des Polemon. dass
Xenokrates fehlt ist auffällig und wird wahrscheinlich durch ein versehen zu
erklären sein, denn zu ol. 116, 1 (316) steht die notiz *Menedemus et Speu-
sippus filosofi clari habentur.* da wird der vorgänger statt des nachfolgers des
Xenokrates bei dessen tode genannt gewesen sein. aber lernen können wir
aus der so verkehrten notiz nichts mehr.

durfte sich Platon nicht entgehen lassen. dennoch ist der gegensatz wol zu spüren, dass 'auch heut zu tage einige von den Akademikern so schlecht sind', dass Chairon 'nicht blofs den Platon, sondern auch den Xenokrates gehört hatte'. darin liegt eine reserve gegen die Akademie und ganz besonders gegen Xenokrates, die mit dem verhalten desselben gegenüber Antipatros und Phokion auf das vortrefflichste stimmt[18]).

So standen die beiden schulen, die es in Athen gab, am ende des vierten jahrhunderts. der könig und der demagoge benahmen sich gegen sie, wie es von beiden zu erwarten war. das Lykeion mochte hinfort dem retter seiner lehrfreiheit mit rücksicht begegnen, Theophrastos auch einmal, was wir noch finden werden, sich bei ihm für einen verbannten verwenden: die neigung gieng doch mit dem Phalereer nach Aegypten, und wenn es auch keine philosophische berechtigung hat, so heifsen die alexandrinischen litteraten nicht ohne grund peripatetiker, bis auf Agatharchides hinab. die polyistorie des Aristoteles und Theophrastos hat ihre stätte fortan in Alexandreia. ob der letztere selbst noch zu Ptolemaios ein näheres verhältniss gehabt hat, ist nicht zu wissen[19]). dagegen war sein nachfolger, Straton, schon durch seine naturwissenschaftlichen studien, eben so aber auch durch die stellung Athens in den achtziger und siebziger jahren zu den Ptolemaiern gewiesen. im chremonideischen kriege ist Lykons stellung urkundlich zu belegen: er hat zu den freiwilligen beiträgen unter dem archon Diomedon (265/4) gezeichnet (CIA II 334). den Antigoniden huldigt um so energischer der abgefallene peripatetiker Hieronymos von Rhodos, damit auch von der politik seiner heimat abgefallen: aber Lykon geht nicht zu dem feste, das Hieronymos mit königlichem gelde dem gedächtniss des Halkyoneus feiert (Antigonos oben s. 87).

---

[18]) Bei den διὰ γοητείαν περίβλεπτοι ist man stark versucht an Herakleides zu denken, der schon während seines attischen aufenthaltes von Antiphanes in den Karern (Meincke Com. III 59) ohne nennung des namens kenntlich verspottet ward.

[19]) Ich kenne nur den bericht bei Diogenes V 36 Πτολεμαῖος ἐπεμψεν ἐπ' αὐτόν, mit dem so nur wenig zu machen ist.

Die Tyche hat es dann auch noch so gefügt dass die Akademie in einem kritischen momente dem Demetrios entgegenzu-
treten hatte. die moderne historie leugnet das factum: es muss
also der historische zusammenhang aufgesucht werden, das heifst
die beziehungen Athens zu könig Demetrios.

Bei Ipsos scheiterten die weltherrschaftsplane der Antigoniden, aber die seeherrschaft blieb dem Demetrios; der einzige
staat der sie ihm hätte streitig machen können, Aegypten, hielt
sich abseits. damit stand es durchaus in Demetrios hand, sich
einen angriffspunkt zu wählen, wo er mochte, nur seinen wertvollsten besitz, Kypros und die gegenüberliegenden küsten, durfte
er nicht zum ausgangspunkt nehmen, wenn er nicht mit Ptolemaios händel beginnen wollte; dieser respectiert Kypros in der
tat bis 295, allein Kilikien ward makedonischer besitz (Plut.
Dem. 31), vermutlich auch Lykien und Karien, so dass sich hier
ein verhältniss vorbereitet, auf welches Gonatas und Philippos IV
noch oft zurückgekommen sind. Demetrios zog es zunächst nach
Hellas, dem schauplatz seiner eigensten erfolge; da er sich hier
verraten sah, so gieng er in abenteuerlichem zuge dorthin, wo
eine seemacht den verkehr vollständig zu zerstören im stande
war, wie sich erst eben im feldzuge 302/1 gezeigt hatte, nach
dem Hellespont. ohne zweifel werden sich die Hellenen sehr
weise vorgekommen sein, als es so den anschein hatte, dass
Griechenland, Athen an der spitze, durch eine neutralitäts-
erklärung die gefahr abgewandt hatte, dem besiegten von Ipsos
als operationsbasis zu dienen. die undankbarkeit gegen Demetrios hat den Athenern schwerlich viel kopfzerbrechens gemacht;
es war aber keinesweges eine ihm feindliche, etwa makedonisch
gesinnte partei, die an das ruder kam, im gegenteil, es waren
die gemäfsigten überzeugungstreuen demokraten, die nur die ver-
zweifelte naivetät besafsen, ernsthaft darauf zu rechnen, dass die
könige, deren mächtige reiche hier und dort gegen einander
prallten, Athen sorgfältig vermeiden würden, wenn der herold des
volkes der Athener ihnen das kerykeion der neutralität ent-
gegenhielte. man lieferte deshalb dem Demetrios seine angehörigen und sein in Athen deponiertes kriegsmaterial aus

(Plut. 31) und suchte im übrigen mit Lysimachos (CIA II 319 vgl. 314, 18), ja sogar mit Kassandros (II 297) fühlung zu halten[20]). das mochte leidlich gehen, so lange die gewalten der könige sich paralysierten und die demokratie durch die furcht zusammengehalten ward. aber Kassandros starb 297 und hinterliefs den thron einem schwindsüchtigen jüngling, hinter dem zwei unerprobte und unzuverlässige brüder standen, welche nach jenes Philippos tode 296 das reich zunächst teilten. damit war von Hellas der heilsame nördliche druck entfernt: auch Athen sollte erfahren, was bei einer sich selbst überlassenen demokratie herauskam. Demetrios aber, der so lange mit Seleukos und Ptolemaios sich vertragen, ja selbst mit Kassandros eine aussöhnung versucht hatte[21]), merkte ebenfalls dass der thron von Makedonien zu haben wäre, und zunächst dass es nur eines entschlusses bedurfte, um wieder herr von Griechenland zu werden. Lysimachos und Ptolemaios betrachteten diese diversion aber als kriegserklärung, und Demetrios hat wirklich seine asiatischen besitzungen und Kypros verloren. auch in Athen fand er unerwarteten widerstand. offenbar hat der umstand, dass seine landung durch einen sturm vereitelt ward und auch die ersten vorstöfse nicht gelangen, (296/5) bei den Athenern die zuversicht in das mafslose gesteigert; auch rechneten sie auf unterstützung von Ptolemaios. und dann stellte sich in Lachares ein wille an ihre spitze. wegen des unglücks, das diese politik über Athen brachte,

---

[20]) Für die stimmung in Athen ist am bezeichnendsten die komoedie des Philippides, aus welcher Plutarch die heftigen angriffe gegen Stratokles erhalten hat. da Philippides noch nach der schlacht bei Ipsos bei Lysimachos war, so fällt dieselbe in die jahre 299—97. der schlussvers ταῦτα καταλύει δῆμον, οὐ κωμῳδία beweist dass die demokraten, die sich unter Demetrios compromittiert hatten, die pressfreiheit beschränkt wissen wollten, weil jetzt die parteigänger der andern könige, wie Philippides, ihnen zu leibe giengen.

[21]) Plut. Dem. 32 erzählt, dass er seine gattin Phila an ihren bruder Kassandros schickte, sich wegen der annexion von Kilikien zu entschuldigen. das war also vor 297. ob das aber der wirkliche grund war, und er nicht vielmehr die frau los sein wollte, da er grade sich eine andre kommen liefs, eine dritte bestellte, ist sehr fraglich.

ist Lachares von der öffentlichen meinung in eine linie mit
Apollodoros von Kassandreia und Aristotimos von Elis gerückt
worden; dass er während der belagerung der stadt wenigstens
eine nach attischen begriffen tyrannische gewalt sich genommen
hat, ist nicht zu bezweifeln, aber auch nicht zu verfluchen. wenn
er den goldenen festschmuck zu münzen prägte, so war das einst-
mals, 406, kein frevel gewesen, sondern heroismus, und wenn
die komödie ihn verlacht, weil es in der bittern hungersnot an
seinem tische als festschmaus kappern gegeben hatte, so pflegt
den commandanten, der die not seiner schutzbefohlenen teilt, ein
vorwurf sonst nicht zu treffen. die person, der übrigens könig
Lysimachos seinen hof als zufluchtsort öffnete, können wir also
nicht beurteilen; möglich dass es ein frevler war, sicher dass er
von den Athenern seiner zeit sich nicht blofs durch gleichgiltig-
keit gegen die verfassung, die doch eine leere schale geworden
war, sondern auch durch energie unterschied. sicher freilich
auch dass nun ein unheil über Athen hereinbrach, das dadurch
weder verringert wird noch minder verdient erscheint, weil auf
das eine schuldige haupt die verantwortung geschoben wird.
übrigens hat das volk, wie Plutarch ausdrücklich hervorhebt, den
beschluss gefasst, dass jeder der von ergebung redete, des todes
sein sollte. Demetrios, dem Salamis Megara Euboia gehörte,
gieng von beiden seiten vor; Rhamnus und Eleusis fielen. die
entscheidung hieng von der stärke der mauern des Peiraieus und
der stadt ab (die verbindungsmauern[22]) haben keine fortificato-
rische bedeutung mehr, wie in der zeit der artillerie selbstverständlich ist); diese aber waren mit dem gelde des Demetrios ausgezeichnet in stand gesetzt; er unternahm also hier nicht, was
sonst seine art war, eine regelrechte belagerung, sondern rech-
nete wol darauf, dass die bürgerschaft mürbe werden würde,
schlimmsten falls auf den hunger, der ja die sache auch entschied;

---

[22]) Die grofse mauerbauinschrift, aus der zeit wo Habron der sohn
des Lykurgos ὁ ἐπὶ τῇ διοικήσει war (CIA II 167) zieht die langen mauern
noch ganz in die restaurationsarbeiten; die datierung macht grofse schwierigkeit. allein die annahme, an der auch Köhler fest hält, dass sie aus Alexandros zeit ist, scheint mir doch die richtige.

auch war Athen zu seinen hauptstützpunkt bestimmt, es war
also natürlich dass die befestigung geschont werden sollte. im
Peiraicus gieng man auf die vorspiegelung ein, dass es eigentlich
nur dem tyrannen Lachares gälte[23]), und so wird er wol nicht
so lange ausgehalten haben wie die stadt, die erst nach den ent-
setzlichsten hungerqualen fiel (294); Demetrios tat nun so als nähme
er die entschuldigung an, dass die bürgerschaft unter des tyrannen
terrorismus gelitten hätte, und die demokratie erhielt die formen,
die sie 306 angenommen hatte, und an denen manches in der
zwischenzeit nicht blofs durch Lachares geändert war[24]). allein
es stand nun eine besatzung auf dem Museion; der hafen ward
völlig als unmittelbarer besitz des Demetrios behandelt und zu
seiner letzten asiatischen expedition hat er dort so gut wie in
Makedonien Demetrias und Korinth schiffe bauen lassen (Plut. 43).
aber es war noch etwas viel demütigenderes geschehen. Eleusis
war schon vor Athen gefallen (295), und Demetrios hatte es als selbständigen staat constituiert. das war noch etwas anderes als die
losreissung von Salamis durch Kassandros, denn hier ward an
den grenzen Attikas, wie sie seit Solon bestanden hatten, gerüt-
telt. es liegt eine graunvolle ironie darin dass die formel der
freiheit und autonomie, die dreizehn jahre zuvor die Athener bis
zur tollheit entzückt hatte, nunmehr selbst gegen das einzige
• stückchen hellenischer erde angewandt werden konnte, das Solon
und Kleisthenes zu innerer einheit fest zusammengeschweifst hatten.
die Spartiaten hatten die phrase von der αὐτονομία κατὰ τὰ
πάτρια erfunden wider die ἀρχή des grofsen alten Athen: das
Athen des vierten jahrhunderts war klein genug gewesen, sich
diese feindselige phrase als grundgesetz hellenischer politik vom

---

23) Polyaen IV 7 5 Δημήτριος Αἴγιναν καὶ Σαλαμῖνα λαβὼν ἐν τῇ Ἀττικῇ
στρατοπεδεύων ἔπεμψε πρὸς τοὺς ἐν Πειραιεῖ αἰτῶν ὅπλα χιλίοις ἀνδράσιν ὡς
ἥκων σύμμαχος (ἧκον σύμμαχοι vulgo) αὐτοῖς κατὰ τοῦ τυράννου Λαχάρους· οἱ
μὲν πιστεύσαντες ἔπεμψαν· ὁ δὲ λαβὼν καὶ ὁπλισάμενος αὐτοὺς ἐπολιόρκησε τοὺς
πέμψαντας.

24) Namentlich die sonderbare cassenbehörde ὁ ἐξεταστὴς καὶ οἱ τρι-
τύαρχοι gehört hierher, die um 300 299 das geld für die stelen geben. vgl.
C. Schäfer Mitteil. Ath. V 88, der nur an Lachares nicht denken durfte.

Perserkönig octroyieren zu lassen, und seitdem erscholl sie beinahe mit berechtigung, wenn die politischen gebilde, die es etwa
noch gab, die bocotische eidgenossenschaft, der chalkidische städte-
verein, der peloponnesische bund, Athens zweiter seebund u. s. w.
zertrümmert wurden. wenn es einmal so schien als brächte eine
bewegung, für welche autonomie die losung war, segen, so schlug
sie gewiss zu um so schwererem elend um. es war das arge
zauberwort, das jeden politischen organismus in seine atome zer-
stäubte. nun wandte es Demetrios auf Eleusis an, und warum
hätte er nicht seiner schutzgöttin ihre stadt zu freiem eigentume
restituieren können? er konnte es wol, so weit der sterbliche das
geschichtlich unmögliche kann. Messene Thyrea Eleutherolakonien
liefs sich wirklich abtrennen, weil es nie zu einem organischen
teile von Lakedaimon geworden war: die Athener des sechsten
jahrhunderts hatten in anderm sinne gearbeitet. die heimat des
Aischylos und Alkibiades von Athen losreifsen war wider die
natur. nicht nur dass bei der nächsten gelegenheit sich die
teile wieder an einander schlossen: die tiefe schmach liefs im
Athenervolke das gewissen denn doch wieder schlagen. nur die
gänzlich verworfenen speichellecker empfanden nicht das brand-
mal dieser schande auf der seele. wer irgend noch gefühl von
Athenertum im busen trug, der durfte keinen andern gedanken
haben, als befreiung, als rache. mancher strom blutes ist geflossen
um die schande der vergangenen jahrzehnte abzuwaschen. es
war zu spät für ein Athen als selbständiger staat, die unerbitt-
lichkeit des schicksals zwang Athen dennoch, — es war auch
die zeit nicht mehr für das naive gottvertrauen von 480, noch
für eine bürgerschaft wie die welche die fürchterlichen jahre von
412—404 geduldet hat: kein heldenbild und kein reiner fröhlicher
sieges- oder erhabner trauertag ist zu verzeichnen. aber die
himmlischen sind doch gnädig, wenn sie auch mit gewalt das
weltensteuer lenken: die jahre 295—260 sind Athenas nicht unwürdig.

Demetrios bestieg im winter 293/2 den makedonischen thron;
Thessalien fiel ihm damit von selbst zu, und während Kassandros
sich seine hauptstadt auf der Chalkidike gebaut hatte, gewillt

ein könig des nordens zu bleiben, knüpfte der hellenische seekönig an die verschollenen traditionen der Minyer an: aus Iolkos
sollte die neue flotte aussegeln, die die welt nicht blofs umführe,
sondern unterwürfe; ob zuerst den osten oder den westen, das
war im grunde einerlei[25]). die neuen grofsen plane liefsen
kleinigkeiten, wie die vollendung der unterwerfung Spartas, zu-
rücktreten, aber Athen und Korinth mussten die stützpunkte der
macht bleiben, deshalb ward Boeotien zunächst überrumpelt[26]),
dann, als es fortwährend wieder abfiel, zur provinz gemacht und
einem harmosten unterstellt (Plut. Dem. 39). Athen konnte sich
nicht regen; der könig hielt sich wiederholt dort auf, sein äl-
tester sohn Antigonos ebenfalls[27]). und so ohnmächtig dünkte

---

[25]) Plutarch hat in seiner biographie die beziehungen des Demetrios
zum westen unberücksichtigt gelassen. dass Demetrios aber auch die möglichkeit dort zu intervenieren ins auge gefasst hat, davon sind die spuren unverloren, und man überlege sich, wie die geschichte gegangen wäre, wenn er
statt des Pyrrhos in Italien erschienen wäre, als eidam des Agathokles vor
dessen tode, und als könig nicht von Epeiros sondern von Makedonien, und
vor allem mit einer unwiderstehlichen flotte. mit Agathokles tochter Lanassa
hat er wirklich angeknüpft, er war 290 in Korkyra. sein ist der gedanke
den Isthmus zu durchstechen (Eratosthenes bei Strab. 54 Plin. IV 10), und
seine gesandten verwiesen den Römern bereits die seeräuberei (Strabon 232,
die herkunft der nachricht ist leider unbekannt).

[26]) Polyaen IV 7 11 erzählt dass Demetrios den Boiotern krieg nach
Orchomenos, wo gerade die Boiotarchen sind (weil der archon Orchomenier
war) ansagen lässt, am andern tage aber bereits bei Chaironeia steht. darin
liegt deutlich, dass er von norden kam, und die gemeiniglich falsch datierte
geschichte gehört in das jahr 292. die folgenden expeditionen galten auf-
ständlern, denen man keinen herold schickt.

[27]) In diese zeit gehört das üppige mal, das Antigonos an den 'Aphro-
disien' gibt, offenbar einem feste das die attische schmeichelei seinem hause
erdacht hat, und das Lynkeus von Samos beschrieben hat, Athen. III 101.
IV 128. damals wird er auch mit der Demo den Halkyoneus erzeugt haben,
der 272 ein streitbarer jüngling war; Athen. XIII 578 aus Ptolemaios, dem
sohn des Agesarchos, aus dem ende des 3 jahrhunderts. was unmittelbar
danach aus Herakleides Lembos geschichte angeführt wird, richtet sich selbst.
denn Antigonos der vater soll danach den Oxythemis umbringen: der als
gesandter des Demetrios am hofe des Agathokles gewesen ist, als dieser
starb, 289. Diod. XXI 16.

ihn die stadt, dass er den alten freunden des Demetrios von
Phaleron (293) und selbst einem persönlichen feinde wie Demochares (290) die heimkehr gestattete. im ersten falle war es
ein freund nicht blofs des Phalereers, sondern auch des Kassandros, der die gnade erwirkte: Theophrastos[28]). darin liegt nicht
dass der Peripatos seine sympathien dem jetzigen herrscher zugewandt hatte, sondern höchstens dass Demetrios der wissenschaft noch achtung zu zeigen wusste. wenn eine stadt einen
umsichtigen lenker hatte, so vermochte sie auch in diesen schweren zeiten sehr wol auszukommen. es muss etwa zur zeit von
Athens belagerung oder kurz danach gewesen sein (294) dass
Menedemos von Eretria durch freimütige correspondenz sich und
seine stadt vor dem könige rechtfertigte, denn 295 war eine
flotte des Ptolemaios in jenen gewässern (Plut. Dem. 33). mit
gleichem erfolge hatte sich Menedemos vorher bei Lysimachos
und Ptolemaios verwandt (Antigonos oben s. 101). unter der feind-
seligkeit zwischen Demetrios und den Aetolern und Epiroten litt
Athen bedeutend, und als Demetrios 290 zuletzt sich daselbst
feiern und ansingen liefs, flehten sie um frieden: èr aber liefs
sich malen reitend auf der weltkugel. frieden konnte, wollte er
nicht geben. der alles wollen kann, will nie den frieden.

Woher der umschlag kommen könnte, ahnte niemand; aber
dass er kommen müsste, sagte jedem sein herz. die Athener
fragten den edlen seher Philochoros schon 293, ob denn die
götter kein zeichen sendeten, dass die zeiten sich besserten.
aber er konnte ihnen nur die heimkehr von verbannten ἐν τῇ
καθεστηκυίᾳ πολιτείᾳ verkünden. an die götter dachte jetzt mehr
denn je auch der staat. es mehren sich die meldungen über günstige
opfer dieser und jener gottheit, welchen rat und volk mit einem

---

[28]) Dionysios erzählt im Deinarchos (3) dass dieser in Chalkis abwartete,
εἴ τις αὐτῷ γίνοιτο διὰ Θεοφράσιου καὶ τῶν ἄλλων φίλων κάθοδος; unter dem
archon Philippos hätte Demetrios dann die rückkehr gestattet. hier erwähnt
er die intervention des Theophrastos zwar nicht, indess man muss sie annehmen, denn die einzige quelle des Dionysios ist eine privatrede des Deinarchos, in der also der name des Theophrastos vorgekommen sein muss,
und Dionysios hat die notiz nur verschoben; 307, wo Theophrast selbst verbannt war, konnte er dem Deinarchos nichts helfen.

lobdecret lohnt; das geht durch diese ganze periode. zunächst
wird noch für 'den könig Demetrios' gebetet. in den folgenden
schweren zeiten für rettung und gesundheit von rat und volk,
für die frucht auf dem felde u. dgl. m. aber auch in anderer
richtung gedenkt man der götter; es werden commissionen gewählt, die tempelschätze zu revidieren, die weihgeschenke um-
zuschmelzen: wenn es zum kampfe kommt, so muss das heilige
gold mithelfen zur befreiung. man zieht wol auch den στρατηγὸς ἐπὶ τὴν παρασκευήν direct bei diesen revisionen heran.
das beste, die wehrhaftigkeit des volkes, fehlt freilich; die ephebie
ist längst kein militärisches institut mehr, und dass die geschütz-
kunde und das bogenschiefsen zu den unterrichtsgegenständen
gehört, beweist zwar dass man gern die jugend geschult hätte,
aber die bürgerschaft hat kein rechtes interesse an der institution: es werden jährlich kaum ein par dutzend epheben ausgebildet. wollte Athen frei werden, so gieng das nur mit einem
söldnercorps: damit war diese freiheit von vorn herein gerichtet.
und noch mehr deshalb, weil es schliefslich doch nicht anders gieng,
als dass die könige, grofse und kleine, nicht aus liebe gegen
Athen, sondern aus hass gegen Demetrios, mit getreide, geld und
soldaten das beste täten. obwol man sehr vorsichtig sein musste,
und wenig von vorbereitungen zu spüren ist[29]), so müssen doch
bedeutendere geldmittel und ein ziemlich durchdachter plan vorgelegen haben, als im sommer 287 die nachricht von dem sturz
des Demetrios nach Athen kam und ein sofortiges aufflammen
der empörung zur folge hatte. ein teil der garnison auf dem
Museion gieng über, und damit war nicht nur die widerstands-
fähigkeit des restes, der seinem könig treu blieb, gebrochen, so
dass die erstürmung der zwingburg mit leichtigkeit vor sich gieng,
sondern auch der kern eines söldnercorps gewonnen, welches bis
281, wo Antigonos Gonatas abzog, von der stadt gehalten
ist[30]). an der spitze der bewegung steht Olympiodoros, ein mann,

---

[29]) Doch begegnet der name des Ptolemaios auf einem steine des jahres
290 Ἀθήν. VI. 271.

[30]) Die ehrendecrete für den erkauften officier Strombichos (CIA II 317.
318) sind aus dem jahr des Nikias von Otryne (281/0), und er wird darin auch

der, wie es scheint, dem Lykeion und vielleicht sogar der schriftstellerei nicht fern stand[31]), und sich schon vor langen jahren
gegen Kassandros ausgezeichnet hatte, also gewiss der ehemaligen
demetrischen partei nicht feindlich gewesen war. der attische
bericht, der uns über die erhebung vorliegt, hat sie als helden-
tat stilisiert, während ein unbefangener historiker davon nichts
erzählt, weil ja weder an sich materiell viel erreicht, noch für
Demetrios eine unmittelbare gefahr war. denn der Peiraieus und
die sonstigen festen plätze in Attika hielten stand, der königs-
sohn Antigonos wusste sehr wol sonst ordnung zu halten, und
bald erschien auch der könig selbst in Boiotien. man darf die
situation des winters 287/6 nicht ex eventu betrachten. es war
noch immer nicht weniger in Demetrios hand als etwa 294. er
besafs noch immer eine flotte, welcher niemand gewachsen war,

---

wegen der dienste in der zwischenzeit belobt. ein peltastencorps begegnet
als garnison von Eleusis unter Antimachos (283/2) *bull. de corr. Hell.* II 511.

[31]) Der kurze und das historisch bedeutsame präcisierende bericht bei
Plutarch (Dem. 46) gibt kein athenisches detail. dies haben wir nur durch
einen excurs des Pausanias (I 25. 26) bei gelegenheit einer statue auf der
burg. in diesem muss man sondern cap. 25, ein stück diadochengeschichte,
entnommen einem unbekannten auch sonst viel von Pausanias benutzten
autor; ob die schiefen ausdrücke und die fehler erst dem ausschreiber angehören, ist schwer zu entscheiden aber wahrscheinlich. sodann das postill
26, 3 am ende, weihung eines löwen in Delphoi von den Elateern, die Olympiodoros in einem kriege mit Kassandros unterstützt hat, den Pausanias so
wenig wie wir chronologisch zu fixieren vermochte. er hat dies aus der delphischen periegese, die er ausschrieb (X 18 7), hierher versetzt, und auch
X 34 3 wiederholt. das mittelstück bezieht sich auf weihgeschenke und gemälde, die zu Pausanias zeit unzweifelhaft nicht mehr existierten, gehört somit der periegetischen quelle des Pausanias, dem Polemon, der das historische
material sich also mühsam zusammengesucht hat. auch hier bestätigt sich, wie
immer, dass die beschreibung des friedhofs demselben autor gehört wie die
burgbeschreibung, denn dort finden wir die elf bei dem sturme gefallenen
(29, 13). — ob Olympiodoros mit dem gleichnamigen manne, bei welchem ein
exemplar des theophrastischen testamentes deponiert ist (Diog. V 57) identisch ist, ist sehr fraglich. aber er ist wol der Ὀλυμπιόδωρος ὁ Ἀθηναίων
προστατήσας, aus dem bei Diogenes (VI 23) ein bericht über Diogenes den
Hund angeführt wird. die variante Ἀθηνόδωρος sieht nach corruptel aus,
und es giebt keinen solchen Athenodor.

und abgesehen von Griechenland z. b. Demetrias, das nie seinem
hause verloren gegangen ist und dem herrscher des übrigen
Thessaliens das meer vollkommen abschneidet.   Boiotien gab er
selbst die selbstverwaltung zurück und hat damit endgiltig diese
landschaft seinem hause verbunden: mit geringen schwankungen
hat sie bis über den sturz des Perseus zu den Antigoniden gestanden.   binnen kurzem hatte er ein schlagfertiges heer von
11000 mann, ungerechnet die garnisonen. nur geldmittel haben
ihm offenbar gefehlt[32]).   Athens lage war eine beinahe ver-
zweifelte; die gratulationen der könige, grofser und kleiner, hal-
fen nichts, und wenn getreidesendungen auch zunächst noch ein-
trafen, so konnte jetzt, wo die festungen alle in feindeshand
waren, eine sperre wie zu Lachares zeit gar nicht abgewendet
werden, und wie hätte die bürgerschaft auch nur die stadt gegen
ein so überlegenes heer halten können. könig Pyrrhos von Epeiros hatte sich zunächst mit Lysimachos in die beute zu teilen,
und wirklich stand bald Demetrios vor den toren. dies ist der
moment, wo die Akademie dem staate rettend ward.

Abgekehrt von der welt, deren lüsten er entflohn war, hatte
Polemon still für sich in dem garten des Hekademos ein menschenalter gesessen, während drinnen in der stadt die revolutionen wüteten, und der druck der fremdherrschaft und der schwerere
der selbstentwürdigung auf den gemütern lastete. er hatte für
sich abgeschlossen: aber er war Athener. wenn die gegenpartei
siegte, so verzog er kein gesicht: aber er hatte eine gegenpartei.
jetzt hatte die stunde geschlagen, wo es dem könig, der Athen
schon so oft undankbar gefunden und der so oft verziehen hatte,
wieder einmal frei stand die stadt zu vernichten. würde er
auch jetzt grofsmütig sein? Polemon selbst trat nicht aus seiner

---

[32]) Die truppenmacht gibt Plutarch 46 als die an, mit welcher Demetrios nach Asien abzog. über Boiotien ist sein ausdruck Θηβαίοις ἀπέδωκε
τὴν πολιτείαν correct und steht in bezug auf die ereignisse von 290 in cap. 40.
dass der boiotische bund nicht aufgehört hatte folgt aus CIA II 308. Thessalien hat Pyrrhos erst 286/5 erworben (Plut. Pyrrh. 12). dass Demetrias
aber treu blieb, wäre an sich selbstverständlich und folgt daraus dass es
selbst 282 im sicheren besitze des Antigonos ist (Plut. Dem. 53).

klausnerexistenz heraus; aber den·treuen freund, der ihm in
jedem atemzuge gleich war, ohne doch mit einem gewaltsamen
riss von dem weltgetriebe losgekommen zu sein, und ohne darum
sich ängstlich ihm fern halten zu müssen, den Krates liefs er an
der spitze einer gesandtschaft den weg zu Demetrios gehn, den
einst Xenokrates zu Antipatros gegangen war. ob es die ver-
nunftgründe und die ratschläge waren, welche Krates ihm
vortrug und dann in seinem gesandtschaftsbericht veröffentlichte,
durch die Demetrios sich bestimmen liefs, steht billig zu bezweifeln; es ist schon genug für den politischen takt des philosophen, dass er das erkannt hatte, was Demetrios wirklich getan
hat, weil es seinen interessen am meisten entsprach: aber dass
Demetrios der mann war, das ethos eines solchen schrittes und
eines solchen mannes zu würdigen, das zeigt sein leben, und das
zeigt der erfolg. er hob die belagerung auf. rache zu nehmen
war er nicht der mann; mehr wäre bei einem verzweiflungskampfe
für ihn nicht zu erreichen gewesen. das kampfobject hatte
wahrlich so gar geringen materiellen wert, und seiner warteten
gröfsere aufgaben. Pyrrhos zog heran; Demetrios vertrat ihm
nicht den weg nach Athen; ein anderer könig opferte jetzt auf
der Akropolis in der freien stadt. weiteren erfolg, aufser etwa
die wiedervereinigung von Eleusis mit Athen, hatte die demonstration nicht. die könige vertrugen sich ohne schwertstreich.
den einen rief sein unstern gen osten, den andern gen westen:
Athen war so unbedeutend geworden, dass sie es beide liegen
liefsen. weil es unbedeutend war, durfte es frei sein.

Ich kann hier leider die moderne historie nicht blofs implicite berichtigen. sie ist sich darüber einig, dafs die geschichte
von Krates gesandtschaft eine törichte litteratenfabel ist und
zwar sowohl diejenigen welche nach dem beliebten einquellen-
princip die berichte des Plutarch im Pyrrhos und im Demetrios
auf denselben schriftsteller (heifse er auch wie er wolle) zurückführen, als auch die welche den Pyrrhos dem Demetrios vorziehen[33]). der einzige grund ist, dass sich ein könig nicht um

---

[33]) Die stellen sind Dem. 46, nachdem der abfall und die berufung des
Pyrrhos erzählt ist, belagert Demetrios Athen mit aller kraft, Κράτητος δὲ

einen philosophen kümmern soll. dies kommt nun doch auf den
könig an. die wissenschaft aber soll sich um beide kümmern: hier
begiebt sich nun das seltsame, dass die historiker, so viel ich
deren gesehen habe, von Krates grade nur das wissen, was im
Plutarch steht, obwol es bei diesem namen angezeigt sein dürfte,
zu sagen, wo der mann her war und was er bedeutete. hätte
man sich darum gekümmert, und den Diogenes aufgeschlagen,
so würde man gefunden haben, dass sich unter Krates schriften λόγοι δημηγορικοὶ und πρεσβευτικοί befanden (oben s. 61).
wenn also hier etwas sicher ist, so ists die gesandtschaft des
Krates, und der historiker, dem Plutarch folgt, hat eben diese staats-
schrift benutzt, wie ja auch ihr inhalt angegeben wird. was uns
sonst in dieser periode kaum begegnet, trifft für dieses ereigniss
zu: wir können noch die urquelle, das aktenstück, bezeichnen, das
dem durchaus unbekannten gewährsmann Plutarchs vorgelegen
hat. und der moderne historiker kann hier höchstens das bezweifeln, ob Demetrios um Krates willen getan hat, wozu Krates
ihn aufforderte, was denn doch ein recht willkürliches unter-
fangen ist, die tatsache aber nicht im entferntesten beeinträchtigt. aber auch für die beurteilung des Plutarch und seiner quellen
ist diese stelle allerdings von belang; denn nur hier trifft es sich
in dieser epoche, dass er dieselben ereignisse von zwei verschiedenen
standpunkten aus zu erzählen hat. da zeigt sich nun, dass die
schilderung, wie die könige in angst vor Demetrios rüstungen den
Pyrrhos gegen ihn aufstacheln, in beiden biographien fast identisch ist, (Pyrrh. 11, 1 = Dem. 44, 2): dann aber hört jede ähnlichkeit auf. der historisch und psychologisch bedeutsame moment
wo das gestirn des Demetrios vor dem des Pyrrhos verblasst,

τοῦ φιλισόφου πεμφθέντος ὑπὸ τοῦ δήμου πρὸς αὐτόν, ἀνδρὸς ἐνδόξου καὶ δυ-
νατοῦ, τὰ μὲν οἷς ὑπὲρ τῶν Ἀθηναίων ἐδεῖτο πεισθείς, τὰ δ' ἐξ ὧν ἐδίδαξε περὶ
τῶν ἐκείνῳ συμφερόντων νοήσας ἔλυσε τὴν πολιορκίαν und zog nach Asien.
Pyrrh. 12 ἐμποδὼν γὰρ αὐξομένῳ τῷ Δημητρίῳ πάλιν ἱστάμενος.... ἐβοήθει
τοῖς Ἕλλησι καὶ παρῆλθεν εἰς τὰς Ἀθήνας.... ἐκ τούτου καὶ πρὸς Δημήτριον
εἰρήνην ἐποιήσατο καὶ μετ' ὀλίγον χρόνον εἰς Ἀσίαν ἀπάραντος αὐτοῦ πάλιν
πεισθεὶς ὑπὸ Λυσιμάχου Θετταλίαν ἀφίστη κτλ. wahrscheinlich gehört Iustin
16 2 derselben quelle an.

welcher viel mehr von diesem als von Alexandros ein schwacher
abklatsch ist, fordert dem schriftgewandten und feinfühligen
Plutarch, dem aber zur würdigung solcher naturen jedes organ
abgeht, beide male eine betrachtung ab. im Demetrios findet er
den treffenden ausdruck für die stimmung des letzten aktes in
einem der wechselvollsten dramen, die die geschichte kennt, bei
dem sophokleischen Menelaos: wir kennen die tragödie nicht, die
ihm und seinen lesern so geläufig war, dass er sie durch eine
person bezeichnen konnte. es ist ein wundervolles gleichniss
vom wechselndem monde. im Pyrrhos dagegen stehen wir am
beginn der biographie des könig-abenteurers, und so ordnet sich
alles der betrachtung unter, wie unergründlich der ehrgeiz der
könige sei, denen krieg und frieden eine doppelte münze sei, mit
der sie nach bedarf zahlen, so dass denn auch der wankelmut
der völker entschuldbar werde. niemand hat ohne weiteres ein
recht, diese beleuchtung der ereignisse einem andern schriftsteller
zuzuschreiben als dem der da redet; noch kann niemand sagen,
ob er die schilderung der vorbereitungen, welche in beiden biographien übereinstimmt, beide male demselben schriftsteller entnahm, oder einmal sich selber. dass im übrigen die quellen verschieden sind, ist weitaus das wahrscheinlichste. aber ein name
ist mit irgend welcher probabilität an keiner stelle zu nennen,
deshalb nicht, weil von der schriftstellerischen persönlichkeit
des Plutarch zu viel beigemischt ist, und zur controlle so gut
wie gar nichts vorliegt. mich auf eine einzelkritik der hypothesen von Reusch Schubert Unger u. s. w. einzulassen halte ich
für unerspriesslich.

Während der fünfundzwanzig jahre, die Athen sich nun der
autonomie erfreuen konnte, stirbt eine generation von grofsen
philosophen ab. Menedemos, Straton, Metrodoros, Epikuros,
Krantor, Polemon, Krates. Zenon lebt nur wenig länger, aber
er sieht noch seine lehre zur makedonischen hofphilosophie werden, und wenn er als junger mann gegen die vollen hörsäle des
Theophrastos nicht aufkommen konnte, so ist nun die peripatetische lehre zur schönrednerei herabgesunken, während die Stoa
eine ganz neue macht im geistigen leben gewinnt, und nament-

lich sich anschickt die barbarenvölker zu sich und mittelbar in einen hellenischen culturkreis zu ziehen. auf der anderen seite erringt Arkesilaos der Akademie eine ganz veränderte aber wo möglich noch bedeutendere stellung als sie seit Xenokrates hatte. er verjüngt die lehre, indem er die richtung, welche an den greis Platon angeknüpft hatte, bei seite wirft und den jungen Platon in den vordergrund rückt. zu ihm wallfahren die eigentlichen Hellenen; die bewegungen, unter denen namentlich im Peloponnes neue gebilde entstehen, im gegensatze zu Makedonien[34]), haben fühlung zur Akademie, so z. B. in Megalopolis; wie nah später die verbindung zu Pergamon wird, ist im vierten capitel vorgeführt. in die Akademie münden auch die meisten der älteren aufserattischen schulen, die skeptische, megarische, eretrische; die schule des Epikuros stagniert, ebenso die des Aristoteles. es gilt also im wesentlichen die stellung des Zenon und Arkesilaos zu ihrer zeitgeschichte zu ermitteln. es kommt aber bei der beispiellosen zerrüttung unsrer überlieferung auch das in anschlag, dass die notizen des Antigonos hier gradezu die wertvollsten sind, die wir besitzen, und dazu angetan wenigstens einige hauptpunkte fest zu stellen. dazu ist es wieder unerlässlich, die geschichte selbst zu skizzieren. das spitzt sich aber darauf zu, den charakter und die politik eines mannes zu begreifen, welchem die gunst der götter nicht minder in dem gedächtniss der menschen wie im leben versagt geblieben ist; auf dass er um so klarer den glauben betätigte, dem er gelebt hat, dass der mann unabhängig ist von gunst und ungunst bei göttern und bei menschen, und dass die laune des glückes trotz allen spielen die weltvernunft nicht aus ihren bahnen wirft. den charakter des Antigonos Gonatas hat Droysen, nach schwachen handhaben der überlieferung, allerdings schon treffend gezeichnet; es ist das beste bild in seinen Epigonen.

Antigonos betrachtete sich, so lange sein vater lebte, lediglich als dessen ersten diener, bereit sich selbst zu opfern, ver-

---

[34]) Polyb. X 22, auf den Plutarch (Arat 5. Philop. 1) zurückgeht. bei einem tyrannenmord in Sikyon, nicht gar lange vor 251, ist ein 'dialektiker Aristoteles' beteiligt; ich weifs nichts von ihm.

zichtend auf eigene politik; so verharrte er unter verhältnissmäfsig unbedeutenden kämpfen mit Athen und Sparta in Griechenland. mit einem schlage änderte sich das, als die rücksicht auf den vater gefallen war. er hatte offenbar für diesen augenblick längst seinen plan gebaut. er durfte sich als der berechtigte erbe Makedoniens ansehen, denn in ihm vereinte sich das blut des Antipatros mit dem des Demetrios; auch von den besten eigenschaften des Kassandros ist viel auf ihn übergegangen. von vorn herein will auch er nur könig von Makedonien werden; das ganz, mit allen consequenzen solcher stelluug, aber nichts weiter. wenn die Makedonen selbst das nur schwer begriffen haben und die erste zeit geneigter waren anderen herren zuzufallen, so hat das ohne zweifel darin seinen grund, dass Antigonos ihrem wesen ganz fremd war. denn er hatte die entscheidenden jahre der entwicklung erst im gefolge seines vaters, wo er vorübergehend auch in Makedonien gewesen sein wird, seit 292 aber ununterbrochen in Griechenland zugebracht, und die beiden weisen männer Zenon und Menedemos hatten, gewifs grade weil sie dem prinzen nicht mit pedantismus entgegentraten und auch nicht einen philosophie-professor auf dem throne aus ihm machen wollten, einen helle-nischen könig aus ihm gemacht. die Makedonen haben denn auch bald zu ihm und seinem hause ein so schönes untertanen-verhältniss gewonnen, wie es kaum zu Alexandros zeiten ge-wesen war.

In Asien stand die entscheidung zwischen Lysimachos und Seleukos bevor. keiner von beiden hatte mit Antigonos eine verbindung; beider macht war ihm unendlich überlegen, und jeder einzelne hätte gewiss gern das bündniss mit der anerken-nung seiner griechischen herrschaft bezahlt, aber er traute auf das was er sein recht nennen kounte. während die gewaltigen heere des ostens und des westens gegen einander zogen, und die beiden greise, die noch Alexandros von angesicht zu angesicht geschaut hatten, ein jeglicher den traum seiner weltmonarchie verwirklichen zu können meinten, gab der scheinbar verwegnere spieler, in wahrheit nur kühlere rechner, die chancen seiner helle-nischen stellung alle auf, und verlegte die residenz von Korin-

thos nach Demetrias. mit ostentation segelte seine prächtige
flotte durch das aegäische meer und brachte den seekönig Demetrios zur ewigen ruhe in die erde seiner stadt. die entscheidung fiel im Korosfelde; zu rasch für Antigonos, der dem Seleukos den übergang nach Europa nicht mehr streitig machen
konnte. da schien die freveltat des Keraunos eine neue möglichkeit zu gewähren. Antigonos segelte gegen ihn, stellte seine
flotte im Hellespont; aber er erlag. Makedonien war diesmal
verloren. mit den trümmern der expedition, die ihr ziel nicht
einmal erreicht hatte, musste er bis nach dem verbündeten
Boiotien zurückgehen. Ptolemaios Keraunos schien jeder frevel
nur zum glücke auszuschlagen; ungehindert setzte er sich in den
besitz von Makedonien. da tat Antigonos einen verwegenen
zug, weit mehr im stile seines vaters, bei ihm ein redender beweis, wie verzweifelt seine lage war. obgleich das meer ihm
durchaus nicht sicher war, obgleich Keraunos durch die ehe mit
seiner schwester Arsinoe, der witwe des Lysimachos, herrin von
Herakleia Ephesos und Kassandreia, seine stellung sowol im lande
wie zu Aegypten wesentlich befestigt hatte, brach er mit fast
seiner gesammten streitmacht auf und zog in ein ihm unbekann-
tes land, nach dem norden Kleinasiens. man könnte meinen,
dass er mit seinem schwager Antiochos gemeinsame sache gegen
den gemeinsamen feind Keraunos gemacht hätte, aber dem war
nicht so. Antiochos hatte auf Makedonien bereits verzichtet und
dafür friede erhalten. so erschien Antigonos vielmehr auch
seinem schwager als störenfried und verband sich mit dem gründer des barbarenreiches Bithynien; in welche gesellschaft er
hinabstieg, zeigt der piratenführer Ameinias, den er in seinen
sold nahm und der sich in ehrlichem soldatendienste bis zu einer
hohen vertrauensstellung erhob[35]). unmöglich konnte Antigonos
hier und gar mit diesen mitteln sich ein reich gründen wollen,
unmöglich auch Antiochos Makedonien den dienst erweisen, ihm
den prätendenten abzuwehren. trotzdem dass beide im kriege

---

[35]) Ameinias heifst ἀρχιπειρατής bei Polyaen IV 6 18 zur zeit der belagerung von Kassandreia (um 278). 272 ist er commandant von Korinth.
Plut. Pyrrh. 29.

waren, scheint es zu keinen belangreichen ereignissen gekommen zu sein[36]) und es ist müfsig über die frage, was hier etwa geplant ward oder sich hätte entwickeln können, zu grübeln. denn alle voraussetzungen wurden in der unvorhergeschensten weise über den haufen geworfen. die Kelten kamen. der fall des blutigen Keraunos musste allgemein als ein gottesgericht erscheinen, und die schwere zeit hat auch wesentlich eine steigerung des religiösen gefühls zur folge gehabt, zu welcher in Athen die ansätze uns schon begegnet sind. da mochte wol den kämpfern in Asien das gezückte schwert, das zum äufsersten kampfe wider die barbaren so bitter nötig war, aus der hand sinken. der thron von Makedonien war freilich erledigt, ein kampfpreis konnte er scheinen, aber dort hauste ein viel fürchterlicherer gegner als irgend ein könig sein konnte. als der strom der invasion von Hellas zurück gegen Asien brauste, vertrugen sich die beiden schwäger gütlich und zu dauernder eintracht. Antigonos verzichtete wieder auf die chancen, die er etwa hatte, um des makedonischen thrones willen, und nun, wo die aussicht vielleicht am geringsten, fielen die würfel glücklich für ihn. der Pan von Ainos verblendete die riesen des nordens. bei Lysimacheia gelangte Antigonos zu dem, was ihm am meisten ge-

---

[36]) Die überlieferung gibt Trogus 17 (*Ptolemaeus Ceraunus*) *Macedoniam occupavit, bella cum Antiocho et Pyrrho composuit.* daran setzt an 24 *bellum quod inter Antigonum Gonatam et Antiochum Seleuci f. in Asia gestum fest* dann folgen unternehmungen des Keraunos. Iustin hat den krieg zwischen Antiochos und Antigonos übergangen, den zwischen Keraunos und Antigonos vielleicht schon Trogus. diesen kennen wir allein durch Memnon (Phot bibl. 226ᵇ), d. h. Nymphis, welcher auch 227ᵃ 39 berichtet κατὰ τοὺς αὐτοὺς χρόνους Ἀντιόχῳ καὶ Ἀντιγόνῳ μεγάλων ἑκατέρωϑεν στρατευμάτων ἀντιπαραταττομένων κινεῖται ὁ πόλεμος καὶ χρόνον συχνὸν κατέτριψεν. aber weiteres erfährt man nicht; schwerlich ist bedeutendes passiert, da Antiochos zunächst mit Nikomedes zu tun hatte und bald die Kelten kamen. dass Antigonos sie bei Lysimacheia schlägt, weil sie ihn angreifen, beweist wol, dass er kaum etwas mehr sein eigen nannte als seine flotte, uud vor den Kelten wie vor Antiochos auf die Chersones ausgewichen war. wenn er übrigens bei Memnon schon vorher (227ᵃ 3) könig von Makedonien ist, so hat der herakleotische geschichtsschreiber eben dort mit Makedonien proleptisch abgeschlossen.

brach, zu einem prestige, das zutrauen erwecken und sympathien, eigentlich der gesammten gebildeten welt, dem eintragen mußte, der zuerst einen energischen schlag gegen die Kelten geführt hatte. er bestieg den thron von Makedonien, wie es scheint, ohne irgendwo mehr als localen widerstand zu finden. Pyrrhos war fern, im begriff sich ein sicilisches reich zu gründen; Aegypten scheint ebenfalls seine anerkennung dem neuen herrscher nicht versagt zu haben [37]). Antigonos richtete alles vorsorglich so ein, dass das hochzeitsfest, das er mit seiner nichte Phila begieng, den anbruch einer neuen epoche bezeichnete. es sollte der welt nicht nur zeigen, dass Makedonien wieder einen könig hätte, sondern dass zum ersten male seit Archelaos ein makedonischer könig die sorge für seines volkes geistige und sittliche bildung pflegen und auch die poesie an seinen thron berufen wollte. aufser den stoischen freunden seiner jugend und unstet wandernden litteraten, wie Timon, folgte dem rufe ein geachteter epiker, ein freund der Akademie, Antagoras von Rhodos [38]). dem könig sagte noch mehr die mit der gröfsten formvollendung durchgeführte poetische bearbeitung der eudoxischen himmelskarte zu, welche ein junger stoischer dichter, der Kilikier Aratos, mit einem weder in Kos noch in Alexandreia bestritte-

---

[37]) Es fehlt darüber eine angabe, und Arsinoe *φιλάδελφος* mochte wenig neigung dazu verspüren. wir wissen aber nicht genau, wann die andere Arsinoe verstofsen ist. das schol. Callim. Del. 175 bin ich allerdings geneigt auf Gonatas zu beziehen, aber wenn er als *Ἀντίγονός τις φίλος τοῦ Φιλαδέλφου* bezeichnet wird, so ist die entstellung so grofs, dass man nicht darauf bauen kann, gewiss aber auch nicht das wort *φίλος* technisch nehmen darf, wie Lumbroso (Riv. di Fil. 1875 p. 252) erklärt.

[38]) Dass er Polemon Krates Krantor verehrte, bezeugen die verse, welche Antigonos anführt (oben s. 67). nach einer anekdote bei Aelian V. H. XIV 26 soll er Arkesilaos geschmäht haben. ob das erfunden ist, oder die hofluft und das wolleben ihn verdorben hatte, weifs ich nicht zu entscheiden. als *ὀψοφάγος* stellt ihn Hegesandros dar, bei Athen. VIII 340 und Plutarch *Symp.* IV 4 2. es ist recht wichtig, dass wir hier Hegesandros als quelle Plutarchs (vielleicht nur mittelbare), entdecken, denn auch der maler Androkydes, den Hegesandros aus Polemon anführt, kehrt bei Plutarch wieder, aufser an der angeführten stelle auch IV 2 3.

nen erfolge auf unmittelbare königliche anregung und mit entschieden stoischen sympathien [30]) anfertigte.

Aber den frohen festen mufsten auch im günstigsten falle
jahre saurer arbeit folgen. die reorganisation des landes, das seit
den tagen des Kassandros keinen herren gehabt hatte, der in
dieser stellung zu bleiben und für dauernde zustände zu sorgen
geneigt gewesen wäre, erforderte volle mufse und eine eminente
arbeitsfreudigkeit und resignation. dieser aufgabe widmete sich
der könig. da störte ihm Pyrrhos seine kreise. für den war
der krieg selbstzweck, und wenn Antigonos auch fest darauf ver-
trauen konnte, dass er auf die dauer der stärkere bleiben mufste,
so war doch auf einen moment alles wieder in frage gestellt, und die
kaum begonnene erholung des landes wieder auf ein jahrzehnt
zurückgeworfen. da beging Pyrrhos in dem unbestimmten
drange, in Griechenland den befreier zu spielen, die ungeheure
torheit gegen Sparta zu ziehen, den einzigen staat, von dem er
sich tätigen beistandes gegen Antigonos hätte versehen können.
es war sein verderben. als ihm Antigonos bei Argos gegenüber-
stand, konnte keine frage mehr sein, wer das spiel verloren
hatte, und es war wirklich nicht viel mehr für Pyrrhos auf dieser welt zu holen als der ruhmlose raufertod in den gassen
einer durch wortbruch besetzten stadt. das abenteuer war zu
ende. Antigonos hätte veranlassung genug gehabt, sofort gegen
manch eine griechische stadt vorzugehen, die sich durch adressen,
deputationen, ehrenstatuen u. s. w. compromittiert hatte. die
gelegenheit Sparta die macht noch ganz anders als vor zwölf
jahren spüren zu lassen war günstig: aber der könig von Makedonien gieng in sein reich zurück und baute da weiter, wo er
unterbrochen worden war; nicht weil er auf Griechenland verzichtet hätte, sondern weil er planmäfsig baute. in Eretria, wo
die demokraten den alten Menedemos wegen seiner antigonischen
sympathien vertrieben hatten, griff er trotz der bitten des greisen lehrers energisch durch, mindestens mit verfassungsänderung,
vielleicht mit besetzung der stadt. Menedemos fand am hofe

---

[30]) Robert Eratosth. 240. über Pan vgl. addenda.

gastliche aufnahme: aber die politik seines schülers konnte er
nicht umstossen; an diesem doppelten kummer starb er. der
vorgang ist für beide teile äufserst charakteristisch. und der
sprechendste zug in dem bilde ist es, dass Persaios, des Zenon
lieblingsschüler, nach Menedemos urteil die schuld an der uner-
bittlichkeit des königs trug.

Denn allerdings war Antigonos stoiker. die ausbreitung und
geltung der Stoa, die bisher nur einen sehr engen kreis umspannte,
hat durch dies verhältniss entschieden gewonnen, und ihr dank
hat dem könig nicht gefehlt. denn wenn Zenon selbst auch
weder nach Makedonien gieng noch einem Demochares nachgab,
der seine vertrauensstellung zum könig missbrauchen wollte, so
wies er doch des Ptolemaios gesandte mit schärfe von sich, und
dass er zu Makedonien hielt, wusste selbst in den zeiten des
kampfes jedermann in Athen. es ist eine stellung, wie sie ehedem
das Lykeion gehabt hatte. andere brauchten nicht so zurückhaltend
zu sein; Persaios ist nur der vornehmste einer reihe von stoikern,
die in Antigonos dienste traten, zuerst als prinzenerzieher, bald
als vertrauter rat, schliefslich als platzcommandant von Korinth,
d. h. an dem wichtigsten und exponiertesten posten, wo er denn
auch bei Aratos überfall seine unachtsamkeit mit dem leben bezahlt hat. eine solche carriere war noch nicht dagewesen. der
busenjünger Zenons, immer noch ein fruchtbarer philosophischer
schriftsteller und unerschrockener bekenner der alten ächten Stoa,
beirat des königs, der mit den demokratischen municipalver-
fassungen kurzen procefs machte, was man die freiheit unterdrücken nannte, schliefslich mitten im Hellas königlicher beamter auf Akrokorinth, was man tyrann nannte. das war die ent-
setzliche frucht, an der man die Stoa zu erkennen meinte. und
allerdings hatte die starre lehre dazu mitgewirkt, dass Antigonos
nach den göttlichen ehren und der sorte popularität, die seinen
vater verdorben hatte, kein verlangen trug, dass er die vellei-
täten der demokratischen legende gründlich verachtete. allerdings hatte es die Stoa mit zu verantworten, wenn er die städte
am liebsten einem einzelnen übertrug, der für sie sorgen und
verantwortlich sein sollte, dass er die bevormundung der menge

zum princip erhob. die Stoa ist die philosophie des aufgeklärten
absolutismus; sie geht durchaus vom einzelnen menschen aus und
gipfelt im weisen, für den die vereinzelung notwendig ist.   das
ist der diametrale gegensatz des alten hellenischen princips,
das von der genossenschaft, der gemeinde ausgeht: das ideal-
gebilde Platons ist eine gemeinde, das Zenons ein individuum.
der kynismus, der vorläufer der Stoa, negierte freilich auch zu
gunsten des individuums die gesellschaft, allein er bedurfte ihrer
beständig, um sie zu negieren: wenn sich die welt zum glauben
des Diogenes bekehrte, so würde sie aufhören zu existieren.   erst
Zenon bildet von kynischen principien ausgehend ein system aus,
das eine menschliche lebensfähige gemeinschaft erfüllen kann, und
seine lebensfähigkeit erweist es dadurch, dass ein könig den
praktischen versuch macht.   Antigonos regiert danach, wie viele
grössere danach regiert haben und regieren werden.   dass sein
regiment für sein land ein segen war und für Hellas ein segen
hätte werden können, dass mit der phrase dagegen nichts aus-
zurichten ist, sieht ein jeder leicht, dem nicht die phrase selbst
den blick umnebelt: aber es ist auf der andern seite nicht zu
verkennen, dass diese weltanschauung und die ihr angepasste
regierungsform allem hellenischen so durchaus zuwiderläuft, dass
ein unheilbarer conflict entbrennen musste, unabwendbar, denn
eine verständigung war unmöglich.   wol war die alte gemeinde-
freiheit tot, und ihre vertreter meist untergeordnete oder verächtliche gesellen: aber ihr geist gieng um, und geister bannt
man nicht mit keltischen garnisonen.   der kampf gegen die traditionen grofser vergangenheit, gegen erhabene, wenn auch zur
zeit hohle namen, gegen ein princip überhaupt, ist mit materiellen
machtmitteln nicht zu entscheiden, und der materielle erfolg garantiert den sieg nicht.   darum hat Antigonos grade in Hellas
niemals eine sichere stellung erreicht, und wenn er auch nie
an seinem princip irre geworden ist, so war er doch, als er zum
sterben kam, von einer herrschaft in Griechenland weiter entfernt, als in dem jahre, wo er nach Pyrrhos überwindung ohne
den sieg auszunutzen nach Makedonien zurückkehrte.   und da-

zwischen liegt ein menschenalter voll arbeit, liegt auch ein scheinbar voller erfolg.

Noch entzieht sich die veranlassung zu dem grofsen kampfe
unserer kenntniss, den wir den chremonideischen krieg nennen
mögen, obgleich der name ihm vielleicht nur zum hohn gegeben ist[40]), und es ein arger anachronismus ist, wenn man meint
dass die welt um die freiheit Attikas in brand geraten wäre.
die veranlassung mag Athen gegeben haben: sie ist ziemlich
irrelevant bei einem conflicte, der unvermeidlich, längst vorher-
gesehen und vorbereitet zwischen zwei sich ausschliefsenden
mächten und principien geführt ward. es ist ein waffengang
zwischen zwei formen der herrschaft und zwischen den staaten,
die durch sie herrschen, Aegypten und Makedonien. beide
reiche hatten ausgezeichnete und weitblickende fürsten, fürsten,
die es mit ihrer regentenpflicht ernst nahmen, die den frieden und seine segnungen liebten und beschützten. wer auch
immer den krieg erklärt haben mag: das ist leicht zu sehen,
dass Aegypten in einer für Makedonien auf die dauer vernich-
tenden machthöhe stand, und dass Antigonos somit zum angriff
pflichtmäfsig gezwungen war. Aegypten hatte vor allen diadochen-
staaten den unausgleichbaren vorzug voraus, dass ein fünfzigjähriger
friede im lande geherrscht hatte, und dass der gründer des
reiches sehr bald die politik seines staates in so feste bahnen
gewiesen hatte, dass auch gefährliche stürme an das mark des
lebens nicht rührten, und unheilvolles experimentieren mit
allem möglichen und unmöglichen selbst dem herrn von Aegypten, den die barbaren als gott anbeteten, unmöglich war. auch

---

[40]) Er beruht nur auf Hegesandros bei Athen. VI 250 f., wo der hohn
offenbar ist. unmöglich kann Phylarchos den aegyptisch-makedonischen krieg
so bezeichnet haben. die vorstellung, als gehörte der kampf Aegyptens mit
Antiochos I hierher, den wir nur aus dem inhaltsleerem geschwätz des Pausanias
(I 7) kennen, ist irrig. denn dieser krieg hängt mit dem aufstand des Magas
von Kyrene zusammen, welcher sicher möglichst hoch hinauf zu rücken ist;
Kyrene fehlt unter den besitzungen Aegyptens bei Theokrit. die episode
einer keltischen empörung aber, welche Pausanias mit diesem kriege verbindet, erwähnt Kallimachos im delischen hymnos, der vor die schlacht bei Kos
fallen muss.

die griechische politik stand seit 308 fest; namentlich der verkehr mit der dorischen hexapolis, in der sich Ptolemaios Soter
längere jahre aufhielt, hatte ihn erkennen gelehrt, dass man über
diese sonderbaren Hellenen, die am fürstenhofe so ergebene
diener wurden, nur indirekt herrschen konnte, weil sie in ihren
gemeinden nun einmal an formen gewöhnt waren, die das königs-
regiment ausschloss. da eine gewisse centralisierung, schon um
die nachbarlichen häkeleien etwas zu beschränken, unerlässlich
war, so griff er gleich hier auf die alten religiösen verbände
zurück, die triopische amphiktionie ward erneut und in den
formen der selbständigkeit dem ägyptischen interesse fest verknüpft.   Rhodos, obgleich hierzu gehörig, hatte eigene macht:
es fiel dem könig nicht ein, diese irgend wie zu beschränken,
im gegenteil, er conservierte ihre selbständigkeit und beschützte
sie als verbündete, selbst als er über Karien, Lykien, Kilikien gebot,
wo die barbaren natürlich nach ihrem wesen behandelt wurden.
ähnlich stellte sich Aegypten zu Byzantion, Herakleia, Sinope;
dass der Hellespont frei war, ward eifersüchtig bewacht, ohne
doch aegyptische vögte in die schlösser an seinem tore zu setzen.
in den zeiten, wo keine andere seemacht da war, gelang es auch
die delische amphiktionie wie die triopische neu zu beleben, die
unter die feste ihres gottes auch die *Πτολεμαῖα* aufnahm, und
so deutlich zeigte, wo ihr schirmherr wohnte.   und selbst bei den
grossen göttern von Samothrake erhebt sich neben dem rundbau,
den einst des Lysimachos gattin errichtete, neben der Nike, die
den sieg von Kypros, den Demetrios über Ptolemaios davonge-
tragen, über die welt trompetet, eine prachtvolle stiftung des
Philadelphos: zum beredtesten zeugniss, wem jetzt die Kabiren

---

41) Hierüber mancherlei merkwürdiges detail durch die französischen
entdeckungen in Delos. Bull. de Corr. Hell. III. IV. ein gedicht für den dortigen rhapsodenagon ist der hymnos auf Delos von Kallimachos, der in die
zeit der ptolemäischen suprematie fällt. er ist beeinflusst durch den Ptolemaios des Theokritos, der noch in den siebziger jahren gedichtet ist. auch
dort ist das verhältniss der triopischen mit der delischen eidgenossenschaft
verglichen. für die verhältnisse zu Hellas und Makedonien ergeben die gedichte nichts, wenn man nicht halsbrechend symbolisiert. ich gehe mit
absicht auf den aegyptisch-koischen culturkreis hier nicht ein.

die seeherrschaft verliehen haben[42]). das aegäische meer sieht
zwar höchstens in einzelnen asiatischen städten aegyptische feld-
zeichen, aber es ist factisch doch eine aegyptische see. nicht
anders sollte es nach Aegyptens wunsch auch in Griechenland stehen. die politik, welche Ptolemaios einst betrieb, als er
nach Sikyon und Korinth garnisonen legte, ist längst vorbei.
schon 295 und dann wieder 287 hat er zur befreiung der Hellenen eine flotte gesandt; Pyrrhos, ein schützling Aegyptens, ward
sofort fallen gelassen, als er diese pläne kreuzte. am nächsten
lag für Alexandreia die verbindung mit Sparta. Kreta war, so
weit es die innere zerfahrenheit zuliess, zur etappe zwischen
Aegypten und Lakedaimon geeignet, und da die Kreter wie die
Lakoner als werbeplatz für die söldner Aegyptens so wie so von
wert waren, so konnte es hier nicht schwer fallen, mit vorsorg-
licher schonung der berechtigten eigentümlichkeiten spartiatischer
wirtschaft, einen brauchbaren kämpen für die hellenische freiheit
oder verbündeten wider die makedonische herrschaft zu finden.
der andere punkt war Athen. die versatilität des kreises von
Alexandreia war gross genug um die autonome roheit und lüderlichkeit bei den Kretern zu conservieren, mit den Aegyptern vor
den ochsen zu knieen, in den Juden und Karern interessante
volksstämme zu entdecken, deren archaeologie sie respectierten,
und in Athen für das mutterland der culturformen in poesie
und religion zu schwärmen, die man in Alexandreia gleichwol
sorgfältig imitierte, um sich geistig selbständig zu stellen. auch
die besten attischen idealisten, wie Philochoros, konnten das nur
mit begeisterung aufnehmen, und es wäre wol auch eine fort-
existenz von Athen in dieser halben selbständigkeit möglich gewesen.

Aber Makedonien konnte dies netz, das sich immer enger

---

42) Die historischen resultate der ausgezeichneten darstellung Benndorfs
(Samothrake II 75 ffg. 107 ffg.), also auch die beziehung der Nike auf Demetrios halte ich für unanfechtbar. und seine darlegung über den stilwandel
um die wende des vierten zum dritten jahrhundert lässt sich von dem einen
gebiete, das er behandelt, mit fug und recht auf die gesammte cultur übertragen: das ist die bürgschaft der richtigen auffassung.

um seinen körper schlang, nicht ertragen ohne zu ersticken.
der handel nach dem orient, der handel mit dem Pontos war
in den händen Aegyptens; der westen war dem reiche des Antigonos so wie so verschlossen. in Aegypten häuften sich die
schätze zu einer fast die grenzen der einbildungskraft überstei-
genden masse. die sich selbst ungestört überlassenen landschaften,
wie die dorische hexapolis, lebten in blühendem wolstand. Makedonien und Griechenland verarmte; die bevölkerung nahm
mehr noch durch die auswanderung als durch die kriege reissend
ab, die industrie erhielt concurrenz fast auf allen gebieten, die
wichtigsten rohstoffe giengen nur durch zwischenhändler des
aegyptischen kreises ein. es gab nur das dilemma, entweder ein
räuberleben führen, wie seit Pyrrhos die Epiroten und die Aitoler:
oder eine seemacht schaffen und die Aegypter aus dem aegäischen
meere werfen. die sachlage springt von selbst in die augen, so
dass wir den hohn des aegyptischen generals Patroklos, der dem
Antigonos fische und feigen schickt, und die deutung des königs
ἢ θαλασσοκρατεῖν ἢ σῦκα τρώγειν kaum bedürfen[43]). es war
somit nur eine frage der zeit, wann der kampf beginnen würde,
und die entscheidung musste sein, dass entweder Makedonien zu
grunde gienge, oder Ptolemaios die seeherrschaft verlöre. damit
war über Athen das urteil gesprochen, denn dieser äufserste
posten der ptolemäischen dependenz war höchstens durch die
überlegene seemacht zu behaupten; wie sich zeigte, auch dadurch nicht. es ist wol möglich, das dieser vorposten die veranlassung zum ausbruch des kampfes gegeben hat; jedenfalls con-
centrierte sich derselbe bald um die stadt.

---

[43]) Athen. VIII 334 aus dem dritten buche des Phylarchos. Patroklos
hatte bald nach der hochzeit des Ptolemaios mit seiner schwester bei Kaunos
commandiert (Hegesandros Ath. XV 620). dass er Athen im chremonideischen
kriege vergeblich zu hilfe kam und, offenbar lange, an der wüsten insel, der
er den namen gab, stationiert war, ist allbekannt. details giebt nur Pausanias I 1. 35; das kann aber lediglich aus der periegese sein. III 6, in der
geschichte des Agis, kann Pausanias die person des Patroklos eingesetzt
haben, wie er und seines gleichen es lieben personen statt allgemeiner ausdrücke wie οἱ ξύμμαχοι, οἱ Αἰγύπτιοι zu setzen.

Nach dem abzuge des Antigonos 287, hatte das verhältniss
sich leidlich gestaltet. der bericht über die Keltenschlacht an den
Thermopylen, der mindestens teilweise aus attischen quellen erhalten ist[44]), gibt einen einblick in die machtverhältnisse der
zeit. die Aitoler und Boioter, des Antigonos verbündete seit
längerer zeit, stehen in erster linie, dann auch Athen und sogar
Megara. aber Krateros, der treue bruder und statthalter des
Antigonos, hat nur eine ganz geringe macht und kann nur in
Euboia und Korinth geboten haben. auch ein ebenso geringes deta-
chement des Antiochos ist vorhanden: ein deutlicher beleg, dass er
die aspirationen auf den westen noch nicht aufgegeben hatte.
aber wie hier seine truppen neben denen des Antigonos stehen,
so mufsten sich auch die fürsten bald vereinigen. nach der
schlacht von Lysimacheia konnte dann auch in Hellas ein jeder halb-
wegs verständige in Antigonos nur seinen befreier sehen, und die
berufung hellenischer litteraten an den hof von Pella war doch
auch für Athen, wo sie der könig kennen gelernt hatte, eine
aufmerksamkeit. dass wir die beziehungen zur zeit des Pyrrhos-
einfalls nicht übersehen, haben die Athener selber durch die
blinde wut, mit welcher sie das decret für Phaidros von
Sphettos (CIA II 331) verstümmelt haben, verschuldet[45]). auch so

---

[44]) Züge wie Pausan. X 19 4, 21 5, zeigen das. sonst spricht in der tat
vieles für die geläufige meinung, dass Timaios zu grunde liegt. dieser konnte
ja schlechterdings attische erzählungen nicht vermeiden. dennoch ist es sehr
wol möglich dass viele der herodotischen lichter in dieser erzählung erst
von Pausanias selbst aufgesetzt sind, wie Reufs (Hieronym. v. Kard. 130) gut
bemerkt. — im felde stand das κοινὸν Βοιωτῶν Phokis Lokris Athen Aeto-
lien. das kann man als amphiktionisches aufgebot fassen, indess ist auch
Megara da (die detailangabe schwer corrupt).

[45]) Man sieht, da in den rasuren nur die beziehungen zu Antigonos
stecken können etwa folgendes. im jahr des Kimon (wahrscheinlich 126, 3.
274/3) war Phaidros στρατηγὸς ἐπὶ τὰ ὅπλα; die zeit war gefährlich, er aber
sorgte dafür, dass die (wein- und öl-) ernte einkam συμβουλεύσας τῷ δήμῳ
συντελέσαι [einen vertrag mit Antigonos] καὶ τὴν πόλιν ἐλευθέραν καὶ δημο-
κρατουμένην αὐτόνομον παρέδωκεν καὶ τοὺς νόμους κυρίους τοῖς μεθ᾽ ἑαυτόν,
[dann zum gesandten an Antigonos gewählt im jahre des Eubulos] διετέλεσε
καὶ λέγων καὶ πράττων ἀγαθὸν ὅ τι ἠδύνατο ὑπὲρ τοῦ δήμου [und verschaffte ihm
von Antigonos die und die gefälligkeit, dann] χειροτονηθεὶς ἐπὶ τὰ ὅπλα πρῶ-

noch erkennen wir, dass die lage kritisch war, aber kein bruch
erfolgte. und wenn der leitende feldherr jener jahre, eben
Phaidros, ein lobdecret erhält, und wenn Laches in dem decret für
seinen vater die letzten jahre und die beziehungen zu dem jetzigen herren von Makedonien übergeht, so zeigt das, dass man um
270 noch in rücksichtsvollem verhältniss stand. Antigonos scheint
sogar seinen jüngsten bruder, Demetrios den schönen, nach
Athen zum studieren geschickt zu haben: er war der neffe des
königs von Aegypten [46]). es wird aber nicht blofs in den philosophenschulen die alte generation abgestorben sein, sondern
auch in der staatsleitung. denn es erscheint das bruderpaar
Chremonides und Glaukon, des Eteokles söhne, an der spitze der
actionspartei, und Chremonides war ein schöner knabe gewesen, als Zenon und Kleanthes männer waren; der mann, der
242 eine flotte commandierte, kann 268 nach hellenischen begriffen nur ein jüngling gewesen sein. es ist ein gründliches
verkennen der dinge, wenn man darauf, dass die Stoiker auch
fanden, Chremonides wäre ein hübscher junge, einen stoischen
einfluss auf denselben und gar eine stärkung des demokratischen
bewufstseins in Athen durch die Stoa gebaut hat. die Stoa des
Zenon ist etwas anders als die des Panaitios oder gar des Brutus
und Thrasea. sie würde den Chremonides zu einem diener
der makedonischen monarchie gemacht haben. er erwarb sich
vielmehr das erste renommée durch seine schönheit, wie Alkibiades, das lernen wir hieraus. wie Alkibiades holte sich Glaukon einen olympischen sieg, und, was aus der parallele nicht
herausfällt, aber eine ganz actuelle bedeutung hatte, er war
proxenos der Rhodier und hielt etwas auf diese verbindung. wenn

---

τος ὑπὸ τοῦ δήμου στρατηγὸς τὸν ἐνιαυτὸν τὸν ἐπὶ Ξενοφῶντος ἄρχοντος (wahrscheinlich 127, 1, wo Pyrrhos umkam) διετέλεσε πάντα πράττων ἀκολούθως
τοῖς τε νόμοις καὶ τοῖς τῆς βουλῆς καὶ τοῦ δήμου ψηφίσμασιν. in der nun folgenden vierzeiligen rasur stand Athens verhalten nach Pyrrhos fall, das natürlich nicht zu raten ist. die früheren rasuren sind die beiden ersten etwa
von einer, die dritte von anderthalb zeilen.

[46]) Der falsche Aristippos oben s. 50. Demetrios war der sohn der
Ptolemais, die um 298 mit Demetrios Poliorketes verlobt ward (Plut. Dem. 31).
hochzeit aber 286 auf der durchreise ihres gatten durch Miletos hielt (Plut. 46).

diese junge generation eine selbständige politik betreiben wollte,
etwa im Peloponnes ein bündniss der freien staaten gründen, wie Alkibiades, oder eine enge stellung zu Sparta einnehmen, wie Kimon[47]),
so war der krieg mit Antigonos da. aber auch in Aegypten safs
nicht blofs der fein organisierte nervöse Ptolemaios, der sich nie
mit dem kriegshandwerk persönlich befafste und vom leben ein
geniefsen verlangte, nicht ein geniefsen das gemein macht,
sondern ein geniefsen, wie es die θεοὶ ῥεῖα ζώοντες haben. da
safs auch die königliche gattin und schwester, die wittwe des
Lysimachos und Keraunos, die einst in wilder herrschsucht das
glück ihres ersten gatten zerstört hatte, deren namen einst die
stadt der Artemis getragen, deren haushofmeister die glänzende
freistadt Herakleia verwaltet hatte; sie war einst herrin Makedoniens gewesen, ihr war es nicht genug, als Isis neben Osiris
zu thronen: sie schürte also an dem griechischen feuer der zwie-
tracht[48]), und wenn auch weder in Makedonien noch in Aegypten

---

47) Chremonides als knabe bei Antigonos oben s. 119; schliefst das bündniss mit Areus CIA II 332, wo er Ἐτεοκλέους Αἰθαλίδης heifst; aegyptischer
general im jahre 242, Teles und Polyaen im dritten excurse, anm. 14. Glaukon mit Chremonides vereint bei Teles. Γλαύκων Ἐτεοκλέους sieger mit dem
wagen, statue in Olympia Pausan. VI 16 9; proxenos der Rhodier, rhodische
inschrift bei Foucart Rev. Arch. 1866, 355 Γλαύκων Ἐτεοκλέους Ἀθηναῖος πρόξε-
νος Ἀπόλλωνι Πυθίῳ. eine statue ihres vaters im Asklepieion Ἐτεοκλῆς Χρεμωνίδου Αἰθαλίδης, Ἀθήν. VI 378. mit einem Glaukon, εἷς τῶν ἐν Πειραιεῖ
τυραννησάντων, den Hegesandros aus Pythermos als wassertrinker erwähnt
(Athen. II 44ᶜ), kann dieser athenische demokrat schlechterdings nichts zu
tun haben: der epitomator des Athenaeus hat die notiz so zusammengestrichen,
dass eine chronologische fixierung unmöglich ist. jener Pythermos ist überall
durch Hegesandros in den Athenaeus gekommen; da er von Antiochos I erzählt, gehört er etwa in die zweite hälfte des dritten jahrhunderts.

48) In den motiven seines psephisma sagt Chremonides von Ptolemaios,
dass er den Hellenen zur freiheit helfe ἀκολούθως τῇ τῶν προγόνων καὶ τῇ
τῆς ἀδελφῆς προαιρέσει (332, 16). es ist auffallend, wie wenig individuelles
die dichter des alexandrinischen hofes von ihr zu berichten haben. die ge-
schwisterehe kann nur ein so stumpfer geselle wie Pausanias (I 7) auf arge
lust zurückführen. politische motive neben der rücksicht auf den aberglauben
der aegyptischen untertanen bewirkten sie. vor allem aber war auf keine
kinder aus der ehe gerechnet, einmal weil Ptolemaios einen erben hatte,
zum andern weil Arsinoe, seit etwa 25 jahren mannbar, in mehreren ehen

die männer sich unter weiberregiment beugten, so bedurfte es doch nur eines hauches, um das feuer aus der asche auflodern zu lassen. und schliefslich, wenn er ihm nicht entgegengebracht wurde, so mufste Antigonos selbst den krieg aufnehmen, weil die existenz für ihn unerträglich war.

Der krieg war langwierig; das wissen wir. eine reihe von jahren ist Athen belagert, oder wenigstens seine felder verwüstet, bis die not gewaltig war[49]. aber auch Antigonos ward wie gewöhnlich von der Tyche misshandelt. einmal empörte sich die garnison von Megara, das er also schon irgendwann eingenommen hatte[50]. ein andermal empörte sich sein neffe, der commandant von Korinth, Alexandros. einmal brachen die Epiroten in Makedonien ein[51]. schliefslich zog die peloponnesische macht unter Areus heran[52]. es scheint, dass alles versuche

nicht geboren hatte. mit dieser wirklich recht einfachen bemerkung erledigen sich eine ganze anzahl hypothesen.

[49] Hain und tempel des Poseidon in Kolonos verbrannte Antigonos *ἐσβαλὼν, καὶ ἄλλοτε στρατιᾷ κακώσας Ἀθηναίοις τὴν γῆν* Pausan. I 30 ende. Polyaen IV 6 20; das stratagem ist geringhaltig und für die geschichte kaum etwas daraus zu entnehmen. denn dass Athen durch not fiel, und die verhältnisse so heruntergekommen waren, dass die mittel, welche die perikleische zeit verachtete, durchschlugen, lehren die steine viel besser. ein Athen, das auf Attikas ernte angewiesen ist, ist freilich keine macht mehr.

[50] Iustin 26, 2, der erst durch die worte des Trogus 26 verständlich wird *ut defectores Gallos Megaris delevit regemque Lacedaemoniorum Area Corinthi interfecit, dehinc cum fratris sui Crateri filio Alexandro bellum habuit.* darauf folgt die erhebung Arats und zwar bis zur einnahme Megaras (242), dann der tod des Antiochos I (262). der krieg mit Athen und Aegypten ist weggelassen. schön war also auch bei Trogus die ordnung nicht. detail über die belagerung Megaras Polyaen IV 6 3 aus Phylarch buch 20 (Athen. XIII 606 f. Aelian Tierg. XI 14), dies kann allerdings auch die belagerung sein, welche Antigonos in besitz der 279 freien stadt setzte. mit phylarchischen buchtiteln ist nichts zu machen. ein phrurarch des Antigonos in Megara wird uns im dritten excurse begegnen.

[51] Iustin 26, 2. von Droysen (Epig. I 238) mit Porphyrios in den Thessalerkönigen (Euseb. I 243) combiniert, wo von einer niederlage des Pyrrhos die rede ist. beide berichte sind in sich ungereimt, und ohne neues material ist nichts zu machen.

[52] Dass der tod des Areus, den auch Plutarch (Agis 3) erwähnt, durch Antigonos eintrat, wissen wir nur durch Trogus 26. Pausanias (III 7) lässt

war, um Athen zu entsetzen. aber sie waren vergeblich. da
die zeit vorbei war, wo Athen mit dem Peiraieus zusammenhieng,
so half eine seebeherrschende flotte im saronischen busen wenig
für die stadt. die bürgerschaft mochte ihre energie mit achtungs-
werter opferwilligkeit anspannen; sie mochte das ohnmächtige
mittel brauchen, das schon wider Demetrios nicht verfangen
hatte, die brücke der verständigung sich durch beschlüsse des
hasses abzubrechen; man schaffte die ehren der Antigoniden aus
dem jahre 306 ab, und cassierte die phylen. der eponymos
der Ptolemais half darum doch nicht, und wenn die σωτῆρες
neben Harmodios und Aristogeiton von der orchestra verschwan-
den, so kam doch der moment der capitulation [53]). es gieng nicht
ohne bluturteile ab, und auf dem Museion stand wieder wie vor 287
eine makedonische garnison. damit war für Antigonos etwas erreicht,
aber keine entscheidung. die musste zur see fallen. es ist ein
jammer dass wir nichts wissen, als den letzten act des kampfes:
den aber wissen wir [54]). endlich erlebte Antigonos einen tag, noch

---

ihn zu Athens entsatz anrücken, aber umkehren: ein beweis, dass er diese
notiz einer quelle entnahm, welche vom attischen standpunkt lediglich die
vereitelung des entsatzes berichtete. ihm hat für die abfassung der einleitung zum dritten buche überhaupt keine zusammenhängende geschichte zu
gebote gestanden, sondern er hat sich ein surrogat aus verschiedenartigen
büchern zusammengestückt. das ist an sich ja ganz achtbar, da er aber
keine allgemeine geschichtskenntniss besafs, sind die stücke an sich von ver-
schiedenem werte, und der kitt eigenes raisonnements, der sie zusammenhält,
ist mehr als bröckelig.

[53]) Capitulation geben Pausanias und Polyaen an. Glaukon und Chremonides konnten entkommen; der greise Philochoros mochte den tod vorziehen (Suid. *s. v.*). dass Antigonos die restitution der ehren seines hauses
nicht verlangte ist bezeichnend, obwol die Ptolemais erst ganz kurz bestand.

[54]) Das beste über die schlacht beim vorgebirge Leukolla auf Kos
gegenüber Knidos hat Benndorf (Samothr. II 84) gesagt. seine combinationen
ohne Antigonos von Karystos decken sich mit meinen aus diesem gesponnenen,
und dieser punkt wird für gesichert gelten dürfen. den ort des sieges über
'die feldherren des Ptolemaios' und dass ebenda die weihung der triere
statt fand, gibt Moschion, doch wol ein zeitgenosse, bei Athen. V 209 °.
es ist eine flüchtigkeit, wenn selbst Meineke von einem bericht des Athenaeus redet. dass das kraut des isthmischen Poseidon von selbst auf ihr
entspross, erzählt Plutarch (*symp.* V 3 2) aus einem buche περὶ Ἰσθμίων.

schöner als bei Lysimacheia. vor dem heiligtum des triopischen Apollon, dem Ptolemaios sich so gern vergleichen liefs, angesichts der insel der Meroper, auf der er geboren war und deren dichter ihn in allen tonarten verherrlicht hatten, gewann eine makedonische flotte den entscheidenden sieg. Antigonos commandierte selbst; seine existenz setzte er wieder einmal auf eine karte, nicht verwegen, aber alles wagend. und da die götter dem mann, der selbst die schlachten schlug, sieg verliehen hatten über den diplomaten, der fern im marmorschlosse auf goldenem bette ruhte und doch den lazzarone beneidete, der drunten auf der düne am hafen sich in der sonne streckte [55]), so schlang jetzt der gefällige mythos seine ranken um die heilige triere des Antigonos, und kam der admiral des Ptolemaios (es war jener Sostratos, zu hause in Knidos bei dem triopischen Apollon, der den ϑεοὶ Σωτῆρες den Pharos errichtet hat) und erwiderte auf die strengen forderungen des siegers die worte der Iris (O 201)

οὕτω δὴ κέλεαι, γαιήοχε κυανοχαῖτα,
τόνδε φέρω Διὶ μῦϑον ἀπηνέα τε κρατερόν τε;
ἠὲ μεταστρέψεις; στρεπταὶ μέν τε φρένες ἐσϑλῶν [56]).

ob der friede gleich geschlossen ward, unter welchen bedingungen, ob etwa erst die bedrohung Kyrenes durch den schönen Demetrios, die mit einem vollkommenen siege des Ptolemaios

---

Poseidon war schon mit dem ersten Antigonos verglichen worden. das apophthegma des Antigonos ἐν τῇ παρὰ Κῶν ναυμαχίᾳ steht richtig bei Plutarch über selbstlob 16, mit falschen namen Pelopid. 2. wahrscheinlich aus einer dritten plutarchischen stelle in den ἀποφϑ. βασιλ. Antig. II 2. vgl. C. Schmidt *de apophthegm. etc.* (Greifswald 1879) 60. die beziehung zu Apollon ergibt die münze, über welche Benndorf nach Imhoof-Blumer berichtet.

[55]) Phylarch buch 22, bei Athen. XII 536. Haupt *op.* III 568.

[56]) Sextus *adv. gramm.* 662 Σώστρατος ἀποσταλεὶς ὑπὸ Πτολεμαίου πρὸς τὸν Ἀντίγονον βασιλικῆς τινὸς ἕνεκα χρείας κἀκείνου εἰκαιότερον ἀποκριναμένου ἐπίτυχεν εἰπών —. mit richtigem takt hat Droysen das hierher bezogen. sicher aber wird es erst dadurch, dass man an Sostratos des Dexiphanes sohn denkt, der ja eben admiral des Ptolemaios II war. den Pharos hat er, da er den ϑεοὶ Σωτῆρες geweiht war, 281 vollendet, nach der apotheose des Σωτήρ. die angabe bei Eusebius in der chronik fluctiert um mehrere jahre. die Kaunier, d. h. die bewohner des ortes, wo Aegyptens flottenstation war, haben seine statue auf Delos geweiht (Bull. de Corr. Hell. III 369).

endigte (258)[57]), zu einem vergleich führte, ist noch unbekannt. Karien blieb jedenfalls eine zeit lang makedonisch[58]); auf Delos erhoben sich jetzt ehrenstatuen für Antigonos und Phila[59]). bald konnte Antigonos sogar die garnison aus Athen fortziehen (255); aber die stadt blieb in abhängigkeit, und die attischen priester beteten fortan für das königspar von Makedonien[60]).

Von Arkesilaos erzählt der Karystier Antigonos, dass er sich gut stand mit dem commandanten des Peiraieus (oder Munichias) Hierokles, dass er aber trotz dessen aufforderung dem könig keine aufwartung machte, sondern vor der tür umkehrte; dass er, als nach der seeschlacht von allen seiten bettelbriefe[61]) an Antigonos

---

[57]) Über diese wichtigen ereignisse liegt nur der völlig romanhafte bericht bei Iustin 26, 3 vor, der die zeit eben so wenig fixiert als die wenigen worte des Trogus. Kallimachos (hymnus an Apoll und locke der Berenike) ergibt unschätzbare persönliche details, aber der dichter spielt mit allem, auch mit der zeit. dennoch lässt sich glücklicherweise die katastrophe genau datieren. Magas erhielt Kyrene nach dem ausgang des Ophellas 308 (Droysen Diad. II 94 nach Thrige, richtig aus Pausan. I 6 gefolgert). nach dem bericht des verständigen Agatharchides regierte er 50 jahre (Athen. XII 550), also bis 258. man würde die runde zahl beanstanden; nun wird aber der tod des Demetrios Antigonos sohn von Porphyrios, der ihn durchaus mit Demetrios Antigonos bruder verwechselt, ol. 130, 2 (258) gesetzt (Euseb. I 237). methodisch ist da lediglich Gutschmids schluss, dass dies eben das todesjahr des schönen Demetrios ist: Agatharchides hat also ganz genau berichtet. Demetrios kam als bräutigam der erbtochter. die chronologie der poeten hat sich diesem ergebniss anzupassen.

[58]) Hierher also gehört das epigramm von Knidos (Kaibel 781), dem verständniss erschlossen durch Usener, richtig datiert von Benndorf.

[59]) Bull. de Corr. Hell. IV 211.

[60]) Die Poliaspriesterin aus Lykurgos hause wird CIA II 374 belobt, weil sie geopfert hat ἐφ᾽ ὑγιείᾳ καὶ σωτηρίᾳ τῆς βουλῆς καὶ τοῦ δήμου καὶ παίδων καὶ γυναικῶν [καὶ τοῦ βασιλέως Ἀντιγόνου] καὶ τῆς βασιλίσσης [Φίλας καὶ ... Köhler denkt an den archon könig; dessen frau heisst aber βασίλιννα, oder an Ptolemaios III, aber für den konnte man doch nicht in der halbmakedonischen stadt öffentlich beten. dass Antigonos und Phila gemeint sind, hat sich mittlerweile aus 373[b] (p. 427) ergeben, wo in derselben formel die stelle, wo namen zu stehen haben, radiert ist. der stein, aus dem jahr vor archon Lysiades, gehört in dieselbe zeit, wie 374. der name der priesterin fehlt noch (Hauvette-Besnault Bull. de Corr. Hell. III 489).

[61]) παρακλητικά. was das heisst mag der briefsteller des Proclus (Hercher Epistol. 8) erläutern παρακλητική ἐστι δὲ ἧς ἀξιοῦμέν τινα διά τι πρᾶγμα.

gerichtet wurden, sich dabei nicht beteiligte, im interesse seiner
vaterstadt Pitane aber einen bittgang zu Antigonos nach Demetrias machte. Arkesilaos hat in den ersten sechziger jahren die
vorstandschaft übernommen; es versteht sich von selbst, dass
diese ereignisse nicht vorher fallen. auch ist eine garnison im
Peiraieus und eine gleichzeitige anwesenheit des königs Antigonos
spätestens im frühjahr 287, dann erst wieder nach Athens fall
möglich. vor 287 ist ein einfluss des Antigonos in Pitane unmöglich, und Arkesilaos ein schüler des Polemon und Krates. somit
fällt auch die erfolgreiche seeschlacht, für die zudem kein distinctiv gegeben ist, später als die eroberung Athens, und die zeit
der schlacht von Kos, die alles auf das vollkommenste erklärt,
ist wenigstens einigermafsen fixiert. es ist ein eignes zusammentreffen, dass Arkesilaos, der es nicht über das herz bringen kann,
in Athen zum könig zu gehen (dies war gleich nach der eroberung),
ihn dann in Demetrias aufsucht, und dass die gedenkmünze auf
die schlacht bei Kos in Demetrias geprägt ist[62]). schliefslich
ist auch der commandant Hierokles durch einen glücklichen zufall
näher zu bestimmen. Antigonos nennt ihn auch bei gelegenheit
von Menedemos exil in Oropos (um 273-2); er führt dort denselben titel, obwol er grade nicht im Peiraieus ist und auch nicht
sein konnte: offenbar soll der zusatz dem leser einen aus seinem
späteren leben bekannten mann vorführen. Hierokles war ein
Karer, ein zuverlässiger officier, und der könig, der ihn befördert
hatte, konnte sich auf seine treue grade in Athen verlassen,
aber den Athenern war es keine geringe demütigung, dass grade
er das commando erhielt. er hatte im Peiraieus schon einmal
gestanden, nicht als commandant zwar, aber als officier, zu Demetrios zeiten. damals glaubten die Athener in ihm einen zweiten
Strombichos gefunden zu haben; am untern Ilisos, wo das totenopfer
bei den kleinen Eleusinien dargebracht ward, gieng er mit den
strategen den vertrag ein, die festung zu verraten. wirklich stand
das tor auf, als die schar freiwilliger kam. aber es war eine
falle. Hierokles hatte seinem chef Herakleides meldung gemacht.

---

[62]) Dies entnehme ich den angaben Benndorfs.

die eingedrungenen, 419 an der zahl, wurden niedergemacht[63]).
die Athener ehrten die opfer durch öffentliches begräbniss; der
officier erhielt die verdiente auszeichnung[64]). aber wenn wenig jahre
nach der tat bei den Eleusinien geopfert ward[65]), da mochte mancher in wehmut der opfer, in groll des feindes gedenken, der sie
in die falle gelockt hatte. die stadt war damals frei. deutete kein
götterwort dem Philochoros, dass er den tag noch erleben würde,
wenn auch als letzten vielleicht, wo derselbe mann auf dem
Peiraieus gebieten, und wieder die makedonischen schildzeichen
auf dem Museion blinken würden?

Im jahre 264 war Athen schon lange im kriege mit Antigonos; schon war die megarische revolte niedergeworfen, der ent-
satzversuch des Areus gescheitert, die lage war wol schon verzweifelt, aber noch keine entscheidung: da starb des feindlichen königs freund und lehrer, Zenon von Kition. er war alle
seine tage kein freund des demos gewesen; sein schüler be-
weinte in ihm den zuschauer, vor welchem er das drama seines

---

[63]) Polyaen V 17. attische quelle ist klar, einmal durch die genaue
localkenntniss, sodann durch den katalog der vornehmsten opfer Μνησίδημος
Πολυκλῆς Καλλισθένης Θεόπομπος Σάτυρος Ὀνητορίδης Σθενοκράτης Πυθίων.
aufser dem gefallenen Mnesidemos wird noch ein stratege Hipparchos genannt.
Polyaen erzählt freilich so, als wäre Herakleides und der Karer Hierokles,
der damals ξεναγὸς war, in Athen gewesen; aber das ergibt den widersinn,
dass die athenischen strategen Athen belagern. mit recht hat Droysen (Diad.
II 272) dies mit Pausan. I 29 10 combiniert, wo auf dem staatsfriedhof nach
opfern des Lachares genannt werden οἱ τοῦ Πειραιῶς κατάληψιν ἐβούλευσαν
Μακεδόνων φρουρούντων, πρὶν δὲ εἰργάσθαι τὸ ἔργον ὑπὸ τῶν συνειδότων μη-
νυθέντες ἀπώλοντο. nun stimmt die geschichte in sich, und auch die zeit, die
Polyaen bezeichnet, als Δημήτριος περὶ Λυδίαν ἦν, also 286. das suchte
Droysen zu entfernen, wegen einer notiz bei Diodor XXI 8, welche sich in
wahrheit auf die erste katastrophe Boeotiens bezieht, wie Unger (Philol.
XXXVIII 460).mit recht bemerkt hat, der freilich um einer ungeheuerlichen
hypothese willen lieber einen anderen lydischen aufenthalt des Demetrios
eigens zu dem behufe präpariert.

[64]) Menedemos drückt das mehr drastisch als geschmackvoll aus, εἰς τί
αὐτὸν Ἀντίγονος περαίνει.

[65]) CIA II 315 aus dem anthesterion des Menekles (märz 281), also mit
bezug auf die mysterien in Agrai.

ruhmvollen sclaventumes spielte⁶⁶). aber er war ein mann gewesen, vor dessen erhabenheit in wandel und in lehre die irdischen streitigkeiten und der irdische hafs verschwand. die
Athener ehrten sich und ihn, indem sie ihm jetzt die vollen
ehren eines öffentlichen begräbnisses und eines lobdecretes zu teil
werden liefsen⁶⁷). sie konnten nicht darauf schreiben ὅτι εὔνους
ὢν διατετέλεκε τῷ δήμῳ τῷ Ἀθηναίων, er hatte nicht wie Lykon
zu den ἐπιδόσεις beigesteuert, er war kein liebenswürdiger mann
gewesen, und vieles in ihm war semitisch und dem Hellenen
antipathisch. aber ἀνὴρ ἀγαθὸς ὢν διετέλεσεν; 'seine schüler erzog
er zu tugend und sittsamkeit, und sein wandel entsprach seiner
lehre', das haben sie ihm in das psephisma gesetzt, kein wort
zu viel noch zu wenig: es gab damals nicht viel psephismen
derart. wer die Athener liebt, wems ans herze geht, wenn er sie
in diesen zeiten ihres verfalls oft verachten muss, dem tut es wol
hier zuletzt, in der furchtbaren not, einen zug des alten wahren
Atheneradels zu finden. es ist doch noch die eine eintracht auf
erden: Athen und die philosophie, und in anderem sinne, als
die volksschmeichler meinten, bleibt es eine ewige wahrheit,
τἆλλα πάντα κοινὰ εἶναι τῶν ἀνθρώπων τὴν δ' ἐπὶ τὸν οὐρανὸν
φέρουσαν ὁδὸν Ἀθηναίους εἰδέναι μόνους. —

Der sieg des Antigonos bildet keinen abschluss, kaum einen
ruhepunkt. es ist freilich an sich schon das von bedeutung, dass
während der funfziger jahre, wo im westen mit gewaltigen
wechselfällen aber ohne entscheidung der kampf zwischen Kar-

---

⁶⁶) Es ist nicht nötig, die packende wahrheit des durch den Karystier
(oben s. 118) gesicherten apophthegmas, οἷον εἴη θέατρον ἀπολωλεκώς, zu erweisen, wenn es vor den toren Athens gesprochen ward. — ἔνδοξον δουλείαν
nennt Antigonos die herrschaft gegenüber seinem sohne in einer anekdote
bei Aelian V. H. II 20.

⁶⁷) Das decret bei Apollonios von Tyros (Diog. VII 10); dass man
darin den ton hat verkennen können, der sich an die tatsachen hält, aber
jede politische anspielung vermeidet, ist in der tat wunderbar. daraus
ergibt sich eine zeit, wo solches schweigen angezeigt war, also vor dem fall
Athens. ob freilich wärend des krieges, oder der jahre der spannung vorher, das könnte keiner herauslesen.

thago und Rom tobt, Aegypten und Makedonien, die nachbar-
mächte, von denen wenigstens der ersteren die intervention nahe
lag, selbst mit einander in einem kampf verwickelt sind, der
den westmächten raum für ihren waffengang läfst; ein könig
von gröfserem tatendrang als Philadelphos würde dennoch ein-
gegriffen haben. es liess sich voraussehen, dass ein thronwechsel
in Alexandreia alles, was Antigonos errungen hatte, wieder in
frage stellen würde. das familienband vollends, mit welchem Philadelphos sich Syrien zu verbinden geglaubt hatte, würde schwerlich gehalten haben, selbst wenn er am leben geblieben wäre;
es ist sogar möglich, dass er den tod seiner geliebten tochter
Berenike noch erlebt hat. das hätte dann also ihn noch selbst
zum einschreiten gezwungen. aber die neue treibende kraft ist
doch Euergetes, und das entscheidende jahr dessen thronbesteigung 247; mochte die erhebung des Aratos auch schon vorher
fallen: ohne Euergetes fabelhafte erfolge würde diese achaeische
bewegung dem Antigonos nicht furchtbar geworden sein. nun
brauste unaufhaltsam, wie es scheint, der triumphzug der Aegypter
über Asien dahin, bald auch bis an die thrakische küste; selbst
Ainos ward dauernd aegyptisch. die karische provinz gieng den
Makedonen verloren; die seeherrschaft im aegäischen meere war
mindestens bestritten. das alte spiel mit der griechischen freiheit
ward wider aufgenommen, freilich nur im Peloponnes: Athen
blieb ruhig unter seiner makedonischen garnison. als Antigonos
starb (239), gehörte ihm in Griechenland nur Attika und Euboia,
Boiotien selbst war schwankend. dennoch konnte er beruhigt
um das schicksal seines hauses sterben: er hatte eine dynastie
gegründet. im Peloponnes aber war mit der unwahren redensart der autonomie zwar Makedonien vertrieben, aber die lüge
mufs ihr eignes werk zerstören. der conflict zwischen Kleomenes
und Aratos liefert Antigonos dem zweiten ohne mühe die halbinsel weit sicherer und vollständiger in die hände, als sie Gonatas je besessen hatte. mit 222 beginnt in wahrheit eine neue
periode.

Selbstverständlich reissen auch die bedeutenden wechsel-
beziehungen der philosophenschulen zu den mächten der welt

nicht ab. die Akademie in ihrer stellung zu Pergamon ist sogar
ein neues moment. die Stoa macht gleich nach Zenons tod eine
wandelung durch. Kleanthes steht zu Antigonos nicht intimer
als zu Attalos; das gedächtnifsfest für Halkyoneus findet sogar
bei Hieronymos von Rhodos statt; dagegen schickt er den Sphairos
zu Ptolemaios, und dieser wird dann bei dem socialen revo-
lutionair Kleomenes gewissensrat. in diese zeit also fällt die
schwenkung der Stoa zur 'freiheit', d. h. oligarchie. dem folgenden jahrhundert bleibt es vorbehalten, eine leibhafte oligarchie
aufzufinden, für welche die Stoa die rechte lehre war und mit
der sie sich identificierte. als die welt dem römischen senate
gehorcht, ist die Stoa die philosophie der welt. barbaren aller
länder strömen durch ihre weit geöffneten tore. sie beherrscht
die historie in allen disciplinen, zum teil auch die philologie.
der einzige nicht stoische culturkreis von bedeutung, Alexandreia,
ist durchaus unphilosophisch und wird immer mehr isoliert. die
Akademie lebt im zweiten jahrhundert durch den kampf gegen
die Stoa als reine negation; als aber ein Askalonite den thron
Platons besteigt, capituliert sie auch. in den Garten flieht, wen
die welt so anekelt wie die herrschende doctrin. aber Caesar
war kein philosoph, am wenigsten ein stoiker, und mit der
römischen republik fällt auch die Stoa, um dann mit zu den
requisiten der opposition gegen das kaiserreich und der sehn-
süchtigen träumerei nach der republik zu gehören. als das
weltreich aber da steht, gibt es keine weltanschauung die
ihm entspräche. die attische philosophie ist eben so unfähig
wie die römische staatsreligion eine seele für den riesenkörper
zu werden. mit geschichtlicher notwendigkeit erzeugt sich also
eine neue weltanschauung: allein im gegensatze zu dem seelen-
losen reiche dieser welt. bald kommt der conflict, und in ihm
ist der antike staat und das antike volkstum zu grunde gegangen.

Chronologische beilage.

Während die quellenanalyse mit den geschichtsschreibern
für die jahre 300—262 im wesentlichen ein unfruchtbares spiel
trieb, und überhaupt aus der schriftlichen überlieferung wol manches andere bild sich restaurieren liefse, als es Droysen mit einer
bewunderungswerten stärke und kühnheit der phantasie getan
hat, aber kaum ein viel richtigeres, weil die überlieferung eine
gar zu lückenhafte und widerspruchsvolle ist, haben die männer,
welche die attischen steine abschrieben und erläuterten, geräusch-
los und voll resignation an dem gebaut, was hinfort als das
fundament der historie dieser zeit gelten wird.   die bedeutendste vorarbeit für die attische chronologie lieferte Dittenberger
(Hermes II), Köhler durch die anordnung der steine des Corpus II
implicite eine attische geschichte.   die wissenschaftliche aufgabe
praecisiert sich aber scharf zunächst als eine chronologische: die
archontenliste mufs hergestellt werden, und zu ihrer herstellung
wo möglich ein anderes mittel als die anordnung der historischen
tatsachen gefunden werden.   dies mittel ist selbstverständlich
der in Athen geltende schaltcyclus. Dittenberger hatte diese
frage in vorsichtigsten grenzen gehalten, Köhler war ihr ausgewichen: es war also äufserst dankenswert, diesen gegenstand
zu untersuchen, und ward äusserst belehrend, dass es unabhängig von zwei seiten geschah.   die übereinstimmung der arbeiten
von Usener (Rh. M. XXXV) und Unger (Philol. XXXVIII) über-
sieht man ebenso wie ihre abweichungen sehr bequem in der
vortrefflichen Strafsburger dissertation von A. Reusch (*de die-
bus contionum*).   ihm folge ich auch in der bezeichnung von

gemeinjahr (*a*) und schaltjahr (*b*). als erwiesen kann angesehen
werden, dass Metons cyclus während dieser periode galt; als eben so
sicher, dass weder Useners noch Ungers ansätze allen documenten gerecht werden: Antiphates (120, 4) und Anaxikrates (125, 2)
waren in gemeinjahren archonten, während Usener für den ersten,
Unger für den zweiten ein schaltjahr fordert. damit ist aber
noch keineswegs ihre rechnung im ganzen verworfen, sondern
nur bewiesen, dass sie nicht genau stimmt; es war aber doch
nur methodisch, im principe fehlerlose rechnung der Athener
anzunehmen, auch wenn man wusste, dass in praxis die fehler
nur zu häufig waren: am ende des dritten jahrhunderts ist der
ganze kalender wieder in grenzenloser verwirrung. Usener hat
die geschichte möglichst von seiner darlegung fern gehalten und
deshalb vermocht den schwierigen gegenstand lichtvoll zu behandeln, aber ich habe darum weniger veranlassung, mich mit
ihm auseinanderzusetzen als mit Unger, dessen gebäude man,
sobald man die verwirrende darstellung überwunden hat, allerdings als ein geschlossenes und durchdachtes gern anerkennen
wird. auch hat er einiges wesentliche ermittelt, aber die gewalt-
same und unmethodische art die zeugnisse zu behandeln, wovon
die tyrannis des Lachares das deutlichste beispiel giebt, zerstört
dennoch den bau, und dieser hat in wahrheit auch nur deshalb
den schein der vollständigkeit, weil Unger nicht über 285 her-
untergegangen ist. für mich war die chronologie nur mittel
zum zweck; und namentlich um die schwierige frage nach den
schalttagen zu erledigen, welche noch durchaus als offen zu bezeichnen ist, fehlen mir die astronomischen kenntnisse. es würde
mir also gar nicht eingefallen sein, über die archontenliste zu
schreiben, wenn das mit wenigen worten zu geben gewesen wäre,
was zur begründung meiner historischen erzählung unerlässlich
ist. nachdem ich aber die darstellung von der untersuchung
möglichst entlastet hatte, schien es am einfachsten auch die ge-
schichtlichen untersuchungen der chronologie unterzuordnen. ich
hoffe für solche, welche mit dem Corpus umzugehen wissen, nütz-
liches zu geben; und wenigstens von der illusion bin ich frei,
abschliefsendes geben zu wollen.

DIE TYRANNIS DES LACHARES. die überlieferung über diesen
mann ist sich darüber einig, dass er ein scheufslicher tyrann war:
sonst weicht sie stark ab, trotzdem sie so karg ist. denn nur
über seine katastrophe liegt ein etwas ausführlicherer bericht
bei Plutarch (Dem. 33) vor. damit verträgt sich, was bei Polyaen
(III 7 VI 7) erzählt wird, dass er nach Athens fall nach Theben,
zu den Aitolern, zu Lysimachos, zu Apollodoros von Kassandreia
gegangen, von diesem aber ausgewiesen sei. dagegen lässt ihn
Pausanias wegen seiner schätze von männern aus Koroneia er-
schlagen werden; was sich mit seinen nachböotischen abenteuern
schlecht verträgt.

Die zeitbestimmung muss methodischer weise von Plutarch
ausgehen. denn dieser lässt unmittelbar nach Athens eroberung
den Demetrios gegen Sparta ziehen, von dort aber gegen Makedonien, das er nach einigem hinundherziehen durch die ermordung des Alexandros, sohnes des Kassandros, erwirbt. die
herrschaft in Makedonien rechnet Plutarch zu sieben jahren.
setzen wir das ende derselben 287 sommer (ol. 123, 2), was
sich nicht blofs als wahre, sondern auch als plutarchische
rechnung ergeben wird, so ist ol. 121, 3 oder 4 der anfang.
genau stimmt hierzu Porphyrius (Euseb. chron. I 233), welcher
ol. 121, 3 als letztes jahr der söhne des Kassandros rechnet
und dem Demetrios sechs jahre gibt. somit muss die ermordung des Alexandros 121, 3 winter 294/3 fallen, der sturz des
Lachares zwar in das vorige olympiadenjahr, aber noch in dasselbe christliche, frühjahr 294: denn unmittelbar von Athen, ohne
winterquartiere, zieht Demetrios nach dem Peloponnes.

Auf das vollkommenste wird die rechnung bestätigt durch
den stein CIA II 300, vom 15 elaphebolion des Nikostratos,
april 294. hier wird einem manne aus dem gefolge des Demetrios, Heliodoros, wahrscheinlich hellespontischer herkunft,
das bürgerrecht verliehen, und in den motiven heifst es (mit
den ergänzungen des Corpus die ich nicht bezeichne, und
den bezeichneten, welche von der moduslehre gefordert werden)
ἀποφαίνουσιν δ' αὐτὸν καὶ οἱ πρέσβεις οἱ πεμφθέντες ὑπὲρ τῆς
εἰρήνης πρὸς τὸν βασιλέα Δημήτριον συναγωνίσασθαι τῷ δήμῳ εἰς

τὸ συντελεσϑῆναι τήν τε φιλίαν τὴν πρὸς τον βασιλέα Δημήτριον
καὶ ὅπως ἂν ὁ δῆμο[ς ἀπαλλαγεὶς το]ῦ πολέμου τὴν ταχίστην καὶ
κομισάμενος τὸ ἄστυ δημοκρατ[ίαν διατελῇ ἔχ]ων, was durch
Plutarchs bericht ergänzt wird, nach welchem die Athener gleichzeitig die tore öffneten und gesandte an Demetrios schickten,
der ihnen zwar die demokratie liefs, aber die stadt militärisch
besetzte. auf die häfen verzichtete das volk in absurder form;
der wunsch, das Museion möchte geräumt werden, der hier ausgesprochen wird, ist von Demetrios nicht erfüllt worden.

Athen ist also im märz 294 gefallen.

Den beginn der tyrannis des Lachares kann man durch Plutarch gar nicht bestimmen. er gibt zwar dies ereigniss als
grund an, weshalb Demetrios Syrien verliess, allein weder die
dauer seines syrischen aufenthaltes, noch die dauer seiner ersten
vergeblichen operationen gegen Athen zu ermessen, gibt er eine
handhabe. der einzige anhalt sind die zwei inschriften aus dem
jahre der Nikias ἄρχων ὕστερος (CIA II. 299 Athen. Mitteil. V. 326),
welcher ganz unzweifelhaft mit dem durch Dionysios überlieferten
Nikias, dem archon des jahres ol. 121, 1 (296/5) identisch ist.
inhalt ist auf den steinen nicht erhalten, es ist nur die singuläre
datierung, die einen schluss gestattet. denn nicht blofs der archon
ist "der spätere", sondern auch die prytanien sind offenbar zugleich
mit dem späteren archon in einem neuen cyclus eingetreten; leider
fehlt ein stein aus dem ersten semester des olympiadenjahres. da
diese erscheinung nur die folge einer verfassungsänderung sein kann,
wird man sie von der herrschaft des Lachares nicht trennen wollen.
man muss sich wundern, dass Nikias, der archon der zweiten jahres-
hälfte, dem ganzen jahre den namen gegeben hat. das ist schon
fuufzehn jahre später so fest gewesen, dass der Nikias aus einem
der jahre von ol. 124, während er im amte war, sein demotikon
Ὀτρυνεύς als distinctiv offiziell geführt hat. die erklärung wird
wol durch das ehrendecret für Phaidros gegeben, wo es heifst
(331, 21) ἐπὶ Νικίου ἄρχοντος σπατηγὸς ὑπὸ τοῦ δήμου χειρο-
τονηϑεὶς ἐπὶ τὴν παρασκευὴν δὶς πάντων ὧν προσῆκεν ἐπεμελήϑη
καλῶς καὶ φιλοτίμως. wie kann man in einem jahre ein amt
zweimal bekleiden? offenbar waren die ämter grade so wie die

prytanien im gamelion neu besetzt und Phaidros war wieder-
gewählt. es liegt sehr nahe, dasselbe auch für Nikias anzunehmen:
wenn irgend, war es beim jahresbeamten angezeigt, keine confusion zu machen, und politisch war kaum eine andere stelle so
bedeutungslos. was nun den grund der änderung anbetrifft, so
ist vieles denkbar, unter anderem auch, dass man eine dauernde
institution beabsichtigt hatte: halbjährige amtsperioden konnten
ja viel demokratischer aussehen, und sie haben später z. b. in
Rhodos und Delphoi wirklich bestanden. aber auf den beginn
von Lachares herrschaft gestattet auch das keinen sicheren
schluss; im vorjahre, unter Antiphates, bestand die alte ordnung
bis in den elaphebolion (CIA II 319. 252 b. Ἀθήν. VI. 346 Unger
s. 456. Reusch Herm. XV 346), also bis frühling 296. allein die
änderung kann sehr wol eher beschlossen als eingeführt, und sie
kann schon im ersten halbjahr des Nikias eingeführt sein. nur
eine um die zertrümmerung des plutarchischen berichtes erkaufte,
auch in sich widerspruchsvolle annahme ist durch die doppelte
strategie des Phaidros widerlegt, dass nämlich Nikias durch
Demetrios eingesetzt, also Lachares 295 im januar gestürzt wäre.
denn wenn Demetrios die behörden neu besetzte, so war dazu
beim archon schwerlich veranlassung. der στρατηγὸς ἐπὶ τὴν
παρασκευήν, der Athen gegen Demetrios verteidigt hatte, commandierte aber sicherlich nicht weiter.

Dies sind die grundlagen, auf denen die obige historische
skizze beruht; nun der widerspruch. nach Pausanias (I. 25) hat
Kassandros aus hass gegen Athen den προεστηκὼς τοῦ δήμου
Lachares zur tyrannis angestachelt. das ist unmöglich, denn
Kassandros ist schon 297 gestorben, und der hass gegen Athen
trifft auf diese zeit nicht zu: Athen stand sich nach der schlacht
bei Ipsos ganz gut mit ihm (CIA II 297). ferner behauptet
Pausanias, dass Demetrios aus wolwollen gegen Athen den
Lachares gestürzt, den Peiraieus aber behalten hätte, καὶ ὕστερον
πολέμῳ κρατήσας εἰσήγαγεν ἐς αὐτὸ φρούριον τὸ ἄστυ. das ist
falsch, denn Plutarch und das decret für Hermodoros bezeugen,
dass das Museion sofort nach dem fall der stadt besetzt ist. wie

die falsche angabe entstehen konnte, ist bei dem wunsche, den
das decret äufsert, und dem sehr wahrscheinlichen factum, dass
die häfen vor der stadt gefallen sind, leicht begreiflich. zwischen
diesen beiden falschen angaben steht der tod des Lachares, der
sich mit Polyaen nicht verträgt.   er wird also auch zu verwerfen sein.

Wie kommt es nun, dass jemand diesen mit fadester rhe-
torenmotivierung seine blöfse deckenden bericht dem Plutarch
vorziehen konnte? weil es im Pausanias steht, natürlich! wenn
man ihn aber acceptiert, dann soll man einen demagogen nicht zu
einem strategen machen.

ARCHONTENLISTE.   PHILIPPOS.   Bekanntlich verspricht Dionysios
(Dein. 9) die siebzig archonten zu nennen, welche von Nikophe-
mos, dem hypothetischen geburtsjahre des Deinarchos, bis zu
dessen rückkehr aus Chalkis liegen. er nennt aber (wenn man den
ausgefallenen Hegesias 324 einsetzt) nur 69.   es ist natürlich,
dass man noch einen ausfall durch schreibfehler annimmt. die liste
steht bis auf Nikostratos (294) fest, auf welchen noch die namen
Olympiodoros Philippos folgen.   dass dieser wirklich als letzter
gemeint ist, folgt mit notwendigkeit aus 2, wo Deinarchos in
Chalkis gelebt haben soll τὸν ἀπ' Ἀναξικράτους χρόνον ἕως
Φιλίππου πεντεκαιδεκιτῇ γενόμενον, und 4, wo Dionysios alle
während jener zeit gehaltenen reden dem Deinarchos abspricht,
τοὺς ἀπ' Ἀναξικράτους ἕως Φιλίππου τετελεσμένους ἀγῶνας.
vergeblich sucht Unger sich diesem schlusse zu entziehen, indem
er einen unterschied zwischen dem letzten jahre der verbannung
und dem der heimkehr statuieren will; wenn wirklich ein jahres-
wechsel in die geringe zwischenzeit fiel, so musste Dionysios
das ausdrücklich monieren, und es wäre verkehrt, anzunehmen,
dass er die rückkehr überhaupt nirgend vor cap. 9 angegeben
hätte. was Unger vollends von der zeit die ein volksbeschluss
erfordert hätte, redet, ist hinfällig, da Deinarchos kein Athener
war, und der könig Demetrios unzweideutig als die alleinige instanz bezeichnet wird, welche die erlaubniss gegeben hat. es ist
zudem durch das citat aus Philochoros buch 9 klar, dass die erlaubniss zur rückkehr im anfange eines jahres erzählt war, und

wir dürfen Dionysios wol zutrauen, dass er in dem falle, dass Philochoros dieselbe unter einem andern archon als Philippos erzählt hatte, diesen namhaft gemacht haben würde. somit bleibt die schwierigkeit.

Der schaltcyclus, selbst in Ungers construction, entscheidet nichts; denn seine beiden folgenden archonten werden sich als falsch eingereiht erweisen. gleichwol ist es mir fraglich, ob er mit seinem ansatz nicht doch recht hat, Philippos wirklich 121, 4 archon gewesen ist, und der fehler bei Dionysios diesem selbst und nicht seinen schreibern zur last fällt. wenn er nämlich die zeit von Anaxikrates bis Philippos auf 15 jahre angibt, so sind das wirklich 15 archonten, auch wenn man keine lücke annimmt. denn es ist bei der antiken rechnung durchaus am natürlichsten, die beiden termini mit zu zählen, weil ja jedes jahr ganz anders als bei uns sein appellativ hat. danach wäre in der schrift selbst ein widerspruch; das versehen würde ich dem Dionysios wol zutrauen. nicht im entferntesten ist aber auch der ausfall unwahrscheinlich. hier ist eben noch eine lücke in unserer kenntniss. steine aus dem jahre des Philippos gibt es noch nicht. einer erwähnung bei Philodemos, welche Gomperz Öst. Gymn. Zeit. 1866 s. 694 hervorgezogen hat, vermag ich nichts abzugewinnen.

DIOKLES. Entschieden glücklich ist meines erachtens Unger (s. 477) in der ansetzung des Diokles auf 290 gewesen. wir wissen durch sein ehrendecret, dass Demochares in diesem jahre heimkehrte, und mit vollem rechte erklärt Unger den schluss für unzulässig, dass dies erst nach Demetrios sturz stattgefunden haben könnte. da nun CIA II 309 ein Delpher Aischron wegen tätiger verdienste, die er sich unter Diokles um Athener oder Athenerfreunde erworben hatte, als ihnen gewalt geschah, das bürgerrecht erhält, Athen aber im jahre 290 mit Delphoi in conflict war, weil Demetrios und seine untertanen durch die Aetoler von den Pythien ausgeschlossen wurden, so ist es gewiss sehr naheliegend, dem Diokles eben jenes jahr ol. 122, 3 290/89 zu vindicieren. dafür kommt schliefslich noch ein document in betracht, das ich zuerst in die richtige historische beleuchtung zu setzen glaubte, dann aber schon von Bergk (Lyr. s. 1314) an seine stelle gerückt fand. es ist der ithyphallos, über welchen Demochares und Duris, buch 22, bei Athenaeus VI 253 berichten. darin heifst es

21 πρῶτον μὲν εἰρήνην ποίησον, φίλτατε·
    κύριος γὰρ εἶ σύ·
    τὴν δ' οὐχὶ Θηβῶν ἀλλ' ὅλης τῆς Ἑλλάδος
    σφίγγα περικρατοῦσαν,
25 Αἰτωλὸς ὅστις ἐπὶ πέτρας καθήμενος,
    ὥσπερ ἡ παλαιά,
    τὰ σώμαθ' ἡμῶν πάντ' ἀναρπάσας φέρει,
    κοὐκ ἔχω μάχεσθαι.

es leuchtet ein, dass diese verse genau die durch die inschrift für das jahr des Diokles bezeugten verhältnisse schildern; der felsen, auf dem die aetolische sphinx sitzt und von dem sie, entsprechend der delphischen strafe für hierosylie, gestürzt werden soll (v. 33), ist eben die Δελφὶς πέτρα, das bild aber wie die erwähnung Thebens dadurch gegeben, dass Demetrios soeben Theben bezwungen hat. dies lässt Plutarch (Dem. 40) unmittelbar vor die attische Pythienfeier fallen, allein man braucht es nicht als einen widerspruch anzusehen, wenn Demochares berichtet, dass der ithyphallos gesungen wurde, als Demetrios von Kerkyra und Leukas heimkehrte, denn diese fahrt (die niemand mit dem feldzug gegen Actolien 289 verbinden kann) hat Plutarch im Demetrios überhaupt übergangen; im Pyrrhos (11) wird sie aufserhalb der chronologischen reihenfolge erwähnt unter den vorstellungen, welche die könige dem Pyrrhos machen, um ihn zum bruche des vertrages mit Demetrios zu vermögen, der, wie wir sogleich sehen werden, 288 geschlossen ward. Lanassa, Pyrrhos gemalin, Agathokles tochter, hatte aus eifersucht ihren gemal verlassen, sich nach Kerkyra, das zu ihrer mitgift gehörte, zurückgezogen und Demetrios eingeladen. es ist eine expedition, wie er sie liebte, wo die politik gegenüber dem abenteuer zurückstand; sie findet zwischen der eroberung Thebens und dem Metageitnion 290 sehr gut platz; das gedicht sagt selbst dass es für ein Demeterfest, also die Eleusinien 290, bestimmt ist, die einen monat nach den Pythien fallen. eine verlegung des Pythienmonats zwingt nichts anzunehmen: Demeter kommt, Demetrios ist da (v. 6. 8). der angekündigte krieg gegen die Aetoler fiel wirklich in das nächste jahr. dass nun aber das gedicht auch ohne diese combination in diese zeit gehört, nicht 302 (wo denn eine expedition nach Kerkyra erst construiert werden muss, eine feindschaft mit den Aetolern nicht einmal kann), ergibt die buchzahl (22) bei Duris. denn da dieser in buch 16 eine zusammenfassende schilderung des Demetrios Phalereus (Athen. XII 542), 17 eine charakteristik Polyperchons (Athen. IV 155), bei seinem uns unbekannten tode, 22 aufser diesem ithyphallos eine schilderung des kleiderluxus des Demetrios gibt (Athen. XII 535) die Plutarch (41) benutzt hat, und zwar bei der vorbereitung seines sturzes 287, weiter als buch 23 überhaupt nichts angeführt wird, und doch das werk mindestens bis zur schlacht im Korosfelde gieng, so ist klar, dass buch 22 unter keinen umständen die jahre 303—1 erzählen konnte, für die jahre 290—87 vortrefflich passt.

Von den seit der ausgabe des ersten halbbands von CIA II entdeckten steinen sind allerdings zwei (Ἀθήν. V 109. VI 271) aus dem jahre des Diokles, ein ehrendecret für Ζήνων ..., einen mann am hofe des Ptolemaios, wie es scheint, und ein actenstück einer commission für umschmelzung der weihgeschenke im Asklepieion; allein das hilft nichts zu näherer fixierung des jahres. dagegen hat Kumanudes bei der herausgabe des letzteren bemerkt, dass er den archon Thrasyphon, unter welchem die umschmelzung der anatheme des ἥρως ἰατρὸς (CIA II 403) vorgenommen ist, in diese zeit setzt. Köhler, der diesen stein nicht selbst gesehen hat, hat ihn an das ende des dritten jahrhunderts gerückt und, so weit man ohne autopsie urteilen kann, spricht dafür die schrift; indess das monument ist kein officielles, braucht kein unmittelbar gleichzeitiges zu sein und Kumanudes tritt für frühe datierung ein. mehr noch musste Köhler allerdings wol durch die starke zeitverwirrung bestimmt werden, welche bestanden hat, wenn die angabe des steines richtig ist, dass der 16. tag der 6. prytanie in den Maimakterion fiel. solche verwirrung hat am ende, aber unbedingt nicht am anfang des dritten jahrhunderts bestanden. es fragt sich nur, ob das so

16*

wie so schlecht geschriebene private document hier nicht wirklich ἴκτης für πέμπτης hat. dem wird man sich nicht ver-
schliefsen, dass die form der commission, die hier gebildet wird, ganz
genau dieselbe ist wie unter Diokles, und auffällig ist es doch
auch, dass unter Diokles ein Areopagite (oder vielmehr in beiden
urkunden steht der ionismus ἐξ Ἀρευπαγιτῶν) Θέογνις Λευκονοεύς,
unter Thrasyphon Θέογνις Κυδαϑηναιεύς, unter Diokles der
δημόσιος Δημήτριος ὁ νεώτερος, unter Thrasyphon Δημήτριος in
die commission bestellt werden. sind das etwa dieselben personen?
das kostete freilich einen zweiten schreibfehler in der inschrift des
ἥρως ἰατρός anzunehmen. entscheidend wird auch nur eine construction der späteren archontenliste sein: als bewerber um eins
der jahre ol. 122 1, 2 wollte ich Thrasyphon doch nennen.

KALLIMEDES THERSILOCHOS. Dass diese beiden namen den
jahren 122 4, 123 1 gehören, darüber lässt der schaltcyclus wie
die geschichte keinen zweifel, und Usener und Unger sind darüber
einig. die urkunden reichen wenigstens dazu hin, für die chronologie der regierung des Demetrios ganz zuverlässige anhalts-
punkte zu gewinnen, und wer den Plutarch genau liest, wird mit
vergnügen bemerken, dass exacte exegese sich durchaus nur mit
diesem ansatze der tatsachen verträgt. im metageitnion des
Thersilochos (august 288) tragen Athen und der boeotische
bund streitigkeiten auf friedlichem wege aus (CIA II 308): damals stand also Demetrios herrschaft an beiden orten fest; in
Theben seit dem frühling 290. das hilft also wenig. indess
wenn auf dem steine 307 zwei lobdecrete für agonotheten an den
Dionysien dieser beiden jahre stehen, der agonothet aus dem
jahre des Kallimedes wegen der opfer belobt wird, die er nicht
nur für Athen, sondern auch für Demetrios und sein haus gebracht hat (niemand bezweifelt, dass das in der rasur von vs. 11
gestanden hat), so ist trotzdem, dass das zweite decret wegge-
brochen ist, nicht zu bezweifeln, dass es einen gleichen inhalt
hatte wie das, unterhalb dessen es steht. es ist doch undenkbar,
dass man nach dem abfall von Demetrios dasselbe durch die
officielle schmeichelei entwürdigte fest in gleicher stimmung begangen hätte, und vollends dass man ein lobdecret auf denselben

stein gesetzt hätte, der die demütigung des vorjahres enthielt. zufällig haben wir grade aus der zeit dieser demokratie ein anderes, acht jahre jüngeres lobdecret wegen der Dionysien; dort ist die ganze religion, ist auch die geehrte persönlichkeit eine andere: der archon selbst, Nikias von Otryne (*Ἀθήν*. VII 480). somit erachte ich es für ausgemacht, dass Demetrios thron im april 287 noch vollkommen fest stand. die ereignisse ordnen sich also folgendermafsen, winter 294/3 thronbesteigung, 293 besitzergreifung von Thessalien, erste unterwerfung von Boiotien, 290 letzte unterwerfung Boiotiens, fahrt nach Korkyra, Pythien in Athen[1]), 289 aetolischer feldzug, 288 friede mit Pyrrhos, rüstungen, 287 zunächst feldzug gegen Lysimachos, dessen ereignisse Plutarch als unbedeutend darstellt, Iustin auslässt, während nach Pausanias (I 10 2) ein bedeutender sieg bei Amphipolis schon erfochten war[2]), als Pyrrhos einbrach und die katastrophe herbeiführte, die sich bald als im hochsommer erfolgt zeigen wird. man sieht auch deutlich, wo Plutarch eine anzahl ereignisse übersprungen hat, in den letzten neunziger jahren; dahin fällt namentlich die gründung von Demetrias.

ARCHONTEN DER ACHTZIGER JAHRE. der punkt, von dem auszugehen ist, ist die reihe Gorgias Anaxikrates Demokles Polyeuktos ol. 125, 280—77. den ersten gibt eine rechnung in der vita des Demosthenes. denn das psephisma für diesen ist aus dem jahre des Gorgias und soll im zehnten jahre vor dem psephisma für Demochares gefasst sein (s. 288 West.), dieses unter Pytharatos, der durch die vita Epikurs ausdrücklich für 127, 2 bezeugt ist (Diog. Laert. X 15). Anaxikrates und Demokles fixiert Pausanias (X 23), Polyeuktos ist durch die stiftung des delphischen Soterien (CIA II 322) gesichert.

---

[1]) Dies war Demetrios letzter besuch in Athen, wie Unger fein daraus erschlossen hat, dass er eine athenische gesandtschaft zwei jahre warten ließ (Plut. 42).

[2]) Eine vermittelung zwischen Pausanias und der darstellung bei Plutarch im Pyrrhos 11 ist nicht möglich; wer recht hat, ohne weiteres nicht zu sagen, obwol Pausanias ja ein geringerer zeuge ist. vielleicht hat er confusion gemacht, weil Lysimachos Amphipolis damals belagern musste (Polyaen IV 12 2).

Vor diese reihe hat Dittenberger, dem Köhler folgt, die beiden sich an einander schliefsenden Menekles und Nikias von Otryne gerückt. durchschlagende gründe, die Köhler mit recht vermisste, lassen sich, glaube ich, angeben. die steinmetzen, welche in diesen beiden jahren die ausführung der öffentlichen documente in verding erhalten hatten, haben nämlich eine ganz eigentümliche eckige schrift verwandt, die vorher wenigstens ganz unerhört ist und auch unter den drei inschriftlich bekannten archonten der ol. 125 nicht vorkommt. diese schrift zeigt CIA II 320, das decret welches dem bekannten höfling des Lysimachos, Bithys, das bürgerrecht verleiht. offenbar hat Köhler den stein an diese stelle gerückt, weil er annahm dass er aus einem dieser beiden jahre wäre[3]), obwol er die möglichkeit (die für 319 mittlerweile als wahrheit erwiesen ist) offen lässt, dass es etwa auch zwischen die schlacht bei Ipsos und 295 fiele· damals ist von dieser kalligraphie keine spur. nun kann aber eine auszeichnung des Bithys nur bis zur schlacht im Korosfelde erfolgt sein, folglich fallen die beiden archonten vor Gorgias. und nun erhält eine hübsche vermutung Dumonts halt, welche Köhler (zu 614) als unsicher bei seite lässt. jene thiasotenurkunde ist aus dem jahre nach einem Nikias, von dem archonnamen sind nur die endbuchstaben *ov* erhalten. am ende ragte die erste zeile, wie sichere ergänzung lehrt, um drei buchstaben über die anderen hinaus. man würde sich gewiss einige ungleichheit für den anfang gefallen lassen, aber der nachfolger des ersten Nikias, Nikostratos, und jeder name an den für den Otryneer Nikias zu denken wäre, lässt ein gar zu unglaubliches misverhältniss eintreten: Gorgias, welchen Dumont vorgeschlagen hat, stimmt genau. somit gehören Menekles und Nikias in die beiden letzten jahre der ol. 124, 282 und 281.

Eine zweite reihe bilden Diotimos, Isaios, Euthios, der erste und dritte aus sicheren gemeinjahren. deshalb fordern Useners wie Ungers schaltperioden ihre ansetzung entweder auf 123, 2—4 unmittelbar nach Thersilochos, oder 123, 4—124, 2

---

[3]) Auch das bruchstück 369, in dem der Peiraieus erwähnt wird, hat er gewiss mit recht hierher bezogen.

unmittelbar vor Menekles. und schwerlich ist eine andere construction eines cyclus möglich. unter Diotimos kommen die gratulationen der kleinen fürsten wegen der befreiung Athens, deshalb haben sich Unger wie Usener für den ersten ansatz entschieden, und ohne zweifel mit vollem rechte, obwol die undenkbarkeit der späteren datierung von ihnen nicht bewiesen ist. sie ist es, sobald sich namen finden, welche auf einen platz zwischen Euthios und Menekles anspruch haben.

Ein solcher ist Antimachos. ihn hat Köhler auf grund der schriftformen vor Kallimedes gesetzt; aber der inhalt des psephisma CIA II 303 weist ihn, wie Foucart (Bull. de Corr. Hell. II 514) mit vollem recht bemerkt hat, in die zeit nach der befreiung der stadt. am entscheidendsten freilich sind die in Eleusis gefundenen ehreninschriften, welche Foucart veranlassung gaben sich zu äußern. ausser als ἐπιμελητὴς τῶν μυστηρίων und στρατηγὸς ἐπὶ τὴν παρασκευήν wird ein unbekannter mann durch folgende drei kränze geehrt

ἡ βουλὴ ὁ δῆμος στρατηγήσαντα ἐπ' Ἐλευσῖνος ἐπ' Ἀντιμάχου ἄρχοντος.

οἱ ταχθέντες τῶν πολιτῶν Ἐλευσῖνι ἐπ' Ἀντιμάχου ἄρχοντος.

τῶν πελταστῶν οἱ ταχθέντες ἐπὶ τὴν Ἐλευσῖνι χώραν.

im jahre des Antimachos war also Athen im besitze von Eleusis, stand dort eine garnison, und zwar nicht blos bürger, sondern auch söldner. das kann nur im kriege wider Demetrios oder vielmehr Antigonos geschehen sein, somit nach 287, und zwar nachdem Eleusis erworben war. vielleicht finden wir selbst noch den unbekannten strategen; zunächst springt ja die notwendigkeit, den archon unter die demetrische herrschaft herabzurücken, in die augen. aber auch der stein CIA II 303 zeigt den staat in schwerer gefahr, wo freiwillige beiträge zum schutze der stadt ganz wie im chremonideischen kriege ausgeschrieben wurden [1]).

---

[1]) Die praescripte (10 prytanie) hat Reusch hergestellt; von dem antrag ist leider wenig mit sicherheit zu erkennen: ἐπ[ειδὴ . . . . . . εὔνου]ς ὢν δια-

Dies reicht also schon hin, die mit Diotimos beginnende
reihe mit 287 einsetzen zu lassen, und nun gewinnt die chronologie des Demetrios auch fernerhin halt.   denn da in dem gamelion des Diotimos (anfang februar 286), die antwort von
Spartokos auf die notifikation der befreiung zurück ist, und sogar
15000 scheffel weizen von ihm angekommen sind, so muss die
erhebung Athens und mithin der sturz des Demetrios in den ersten
jahresanfang des Diotimos fallen.   darauf ist verlass: nunmehr
können die soldaten sich bei dem abfall mit frischem eichenlaub
bekränzt haben (Plut. Pyrrh. 11).   wäre es winter gewesen, so
würden sie immergrünes genommen haben; mit solchen zügen
sollte man doch nicht experimentieren.   das getreide des Spartokos konnte in die stadt, obwol der Peiraieus noch lange makedonisch blieb, also stand kein heer vor den mauern, also war
die belagerung Athens noch nicht im gange.   dazu stimmt, dass
von Audoleon die gleichen unterstützungen erst im skirophorion
kommen (CIA II. 312. 313 cf. p. 415).   dazu stimmt genau, dass
Pyrrhos nach Porphyrius 7 monate über Makedonien herrscht,
worauf, wie Unger sehr gut auseinandergesetzt hat und durch
confrontation der makedonischen und thessalischen königsliste
und genaue exegese des plutarchischen Pyrrhos und des berichts
bei Pausanias I 11 sich unmittelbar ergibt, sein vertrag mit
Lysimachos und die teilung Makedoniens folgt.   das war also auch
im februar 286 etwa.   nachdem Pyrrhos in Athen gewesen ist
(was in den mai etwa fällt), geht Demetrios nach Lydien, das
ende seines erfolgreichen feldzuges ist bittere not, da bittet er
um winterquartiere (Plut. Dem. 47).   das ist der winter 286/5.
285 also wird er von Seleukos entwaffnet und gefangen.   drei
jahre darauf, also 282, stirbt er (Plut. 52), dass auch dieses
enddatum sich aus anderer rechnung ergibt, wird die chronologie
des Gonatas unten zeigen.

    Nicht mit unbedingter sicherheit wie Antimachos, aber doch
mit grosser wahrscheinlichkeit, so dass ich damit zu rechnen

τε[λει τ]ῷ δήμ[ῳ] τῷ ᾽Α[θηναίων καὶ ἐπιδιδ]ομένων ἐ[πιδό]σ[ε]ων εἰ[ς . .]δ
[12 stellen καὶ τὴν] τῆς πό[λεω]ς [φ]υλακὴν [ἐπιδ]ω[χε 12 stellen] καὶ ἀργυρ[ίου.

wage, ziehe ich auch in dies jahrzehnt den archon des steines
305, Gla[ukippos] oder wie man sonst die fehlenden zeichen
ausfüllt. ihn unter Demetrios herrschaft zu setzen ist Köhler
einmal durch die schrift, sodann durch seine ergänzung von
τὸν ἐπὶ τῇ διοικήσει veranlasst, aber um τοὺς ἐ. τ. δ. setzen zu
können bedarf man nur der annahme, dass für den stein 50 statt
20 drachmen gezahlt sind; dass die schrift auf sieben jahre hin
kein urteil gestattet, hat sich bei Antimachos gezeigt. es ist
ein ehrendecret für eine commission⁵), welche dem Zeus Soter
und der Athena Soteira ein ganz besonders feierliches opfer dargebracht hat. dem cultus derselben götter gelten die steine
325, 326, wo aber nur der priester belobt wird; die steine sind
nicht sicher zu datieren, da die reste des archonnamens auf 325
wenn der stein nicht wiedergefunden wird, sich der deutung
entziehen. nur im allgemeinen hilft die erwähnung einer mehrzahl ἐπὶ τῇ διοικήσει d. h. der stein gehört den achtziger oder
siebziger jahren. unter Gla[ukippos] fällt das decret allerdings
in den Skirophorion, so dass an das opfer des jahresschlusses
gedacht werden kann, das dem Ζεὺς Σωτήρ regelmäfsig gebracht
wurde. man wird auch unbedenklich finden, wenn etwa Zeus
der Befreier mit Zeus dem Erretter zusammengeworfen würde⁵ᵃ).
aber durchschlagend scheint mir Athena Σωτείρα, die doch
wol in den Peiraieus gehört (Pausan. I 1 3, mit Zeus vereint). nun ist bei der kriecherei der Athener ja vieles möglich,
wenn sie aber zu einer zeit, wo der Peiraicus dem Demetrios
gehörte, wirklich den göttern, die ihnen das symbol ihrer freiheit,
der freiheit ihrer seeherrschaft waren, ein ganz aufsergewöhn-
liches opfer, schmückung von tisch und bette, dargebracht hätten,
so würde doch eine bezeichnung auf den herren nicht fehlen,

⁵) Solche commission konnte schwerlich anders als ἐπιμεληταί heifsen,
und hierauf deutet ἐπεμελήθησαν v. 13. also scheint zu lesen v. 10 ἐπειδὴ ο[ἱ
ἐπιμελιταὶ πάσας] ἔθ[υσαν τὰς θ]υσίας, und auch 20 der name einzusetzen; der
aorist ist hier weit angemessener als das imperfectum, schwanken um eine
stelle am zeilenende schwerlich unstatthaft.
⁵ᵃ) Wenigstens tut das Didymos bei Harpokrat. Ἐλευθέριος und im schol.
Aristoph. Plut. 1175. auch in diesem falle ist ein opfer an Zeus nur nach
287 möglich und ändert sich die archontenliste nicht.

dem zu ehren das in wahrheit geschah. davon ist keine spur: liegt es da nicht viel näher, das opfer eben durch die befreiung des Peiraieus zu motivieren, und den stein demnach in dieselbe epoche zu rücken, welcher die anderen opfer für dieselbe gottheit angehören? nach dem fall des Museion erhielt Ζεὺς Ἐλευθέριος den schild des ἀριστεύσας Leokritos (Pausan. I 26), es ist doch ein sinn darin, dass die befreiung des Peiraieus durch ein fest des Ζεὺς Σωτήρ begangen wird, zumal bei ihm ein bild des Leosthenes, des helden im lamischen Kriege, geweiht war. diese combination rückt den Gla[ukippos] hinter Euthios hinunter, in dessen jahre der Peiraieus noch makedonisch war, und nun ist keine andere folge mehr möglich als Thersilochos (a) Diotimos (a) Isaios Euthios (a) Glaukippos (b) Antimachos (a) Menekles Nikias (a) Gorgias Anaxikrates (a).

Die qualität der jahre, wo sie unzweifelhaft ist, habe ich bezeichnet. Ungers cyclus ist durch Anaxikrates, Useners durch Nikias ausgeschlossen, indess scheint zunächst überhaupt jede denkbare schaltperiode dadurch widerlegt, dass unter Menekles der letzte Anthesterion in die achte prytanie fällt (CIA II 315): das ist nur im gemeinjahr möglich, und doch muss Menekles ein schaltjahr gehabt haben, wenn nicht drei gemeinjahre aufeinander folgten. da ich nun jede sonstige combination, die ich ersinnen mochte, unbedingt unzulässig erfunden habe, so bin ich gezwungen, entweder einen schreibfehler anzunehmen, oder aber den Athenern in diesen jahren eine arge kalenderverwirrung zuzutrauen. und an der hat es unter allen umständen nicht gefehlt. unter Anaxikrates sieht man sich bereits veranlasst ἡμερολεγδόν ein zweites datum zuzufügen (Usener s. 391. CIA II 320 b[6])), unter Gla[ukippos] aber fällt die erste dekade des Elaphebolion in die zehnte prytanie (Köhler zu 344, Reusch *de dieb. com.* p. 26); ein anderer archon ist bei der übereinstimmung des schreibers nicht wol möglich. demnach ist eine conjectur dieser art durchaus nicht verwegen, und ich habe versucht, auf

---

[6]) In dasselbe jahr gehört 345[b], wo von dem schreiber der rest ist *ίυσίας Νοθι]ππου Διομ[εεύς*, in 320[b] *ίυσίας [Ν]οθ[ιππ]ου Διομεεύς*. hier hatte Köhler *Ποθεινοῦ* ergänzt.

grund dieser rechnung den historischen zusammenhang herzustellen.

ARCHONTEN BIS ZUM FALL ATHENS. Es war natürlich, dass ich
die folgenden archonten auch zu ermitteln versuchte, und da ein
jeder, der in dieser zeit auch nur soweit nachprüfen wollte um
mich zu controllieren, die arbeit sich die tatsachen zusammen-
zulegen doch machen müsste, so suche ich ihm die mühe zu
sparen. die abschaffung der zu ehren der Antigoniden geschaffenen
phylen muss im chremonideischen kriege erfolgt sein; es wäre
also wenigstens dessen ende ein terminus ante quem. aber ich
sehe nicht, wie man das fixieren soll. die daten, die ich kenne,
sind folgende. Athen ward noch belagert als Areus bei Korinth
fiel (Paus. III 7); er folgte seinem vater nach Diodor (XX 29) 309
und regierte 44 jahre, also fiel er 265; natürlich lässt die rechnung einige latitude. Philemon der komiker starb nach der
bekannten anekdote (Aelian περὶ προνοίας fg. 11 Hercher) während
Athens belagerung; den tod hatte Diodor unter dem jahre 263
etwa verzeichnet (XXIII 6). die Atthis des Philochoros gieng
bis auf den tod des Antiochos (262), und er ward von Antigonos
Gonatas getötet (Suid. s. v. Φιλόχ.). das sind sehr vage bestimmungen; aber es gibt keine besseren. um 261 also wird
Athen gefallen sein; 255 erhielt es nach der chronik des Eusebius
die freiheit wieder d. h. ἐκομίσατο τὸ ἄστυ. einen kleinen spiel-
raum muss man doch auch der neuordnung der phylen vor dem
fall Athens lassen; indefs trifft es sich so, dass grade für die
entscheidenden jahre 264 263 wol die archonten, aber nicht die
phylenordnung bekannt ist, vorausgesetzt, dass wirklich in Athen
niemals elf phylen bestanden haben. diese zwei archonten sind
also gleichsam ein neutrales gebiet, für uns die grenze der betrachtung. der eine ist Diognetos, der archon des marmor
Parium, von Böckh auf 129, 1 (264) gesetzt, dem man, wie gewöhnlich, ohne weiteres gefolgt ist. die differenzziffern der chronik, durch welche der ausgangspunkt zu finden ist, ergeben nämlich
nicht dasselbe jahr, sondern schwanken um ein oder auch zwei
jahre, und zwar ist einjährige differenz so häufig, dass man
nicht blofse flüchtigkeit annehmen darf. nun nimmt Böckh die

geringsten sätze und führt danach die subtraction aus. allein es
ist doch evident, dass die schwankung durch antike rechnung
erklärt werden muss. dem verfasser der chronik lag die archontenliste vor: er zählte addierend von dem jedesmal angegebenen
archon die namen bis Diognetos, und je nachdem er diesen mit-
zählte oder nicht, ergab sich die differenz. an den fall, wie er
etwa bei dem vorgänger des Diognetos zu verfahren haben
würde, dachte er gar nicht: da würde er ihn natürlich eingerech-
net haben. also muss der von Böckh verdrängte ansatz auf
ol. 129, 2 (263) gelten. der archon des vorjahres ist ebenfalls
bekannt, es ist Arrhencides, der archon, unter dem Zenon
starb. die rechnung, durch die Gomperz und Rohde zu diesem
ansatz gekommen sind, habe ich oben (s. 110) acceptiert: es
hätte sich geschickt, die schwierigkeit, die ich durch beseitigung
des Diognetos gehoben habe, nicht zu verschweigen. denn dass
der ehrenbeschluss, der bei Diogenes steht und aus dem Maimakterion des Arrhencides ist, unmittelbar nach Zenons tode gefasst ist, folgt aus dem beschlossenen οἰκοδομῆσαι αὐτῷ καὶ
τάφον ἐπὶ τοῦ Κεραμεικοῦ δημοσίᾳ. begraben war der geehrte
also schon, allein das todesjahr unter den vorigen archon zu-
rückzuschrauben, erlaubt der monat nicht, und dann müsste der
beschluss auch unter Diognetos gefasst sein, da der tod ol. 129, 1
ohne rücksicht auf den archonnamen fest steht. wie vorzüglich das actenstück die zeit illustriert, ist oben gezeigt.

In den chremonideischen krieg selbst, also vor Arrhencides
nicht zu lange fallen die archonten Diomedon (CIA II 334)
und Sosigenes[7]), unter welchen zur rettung des volkes oder
auch nur zur instandsetzung der mauern freiwillige beiträge ge-

_____ • _____

[7]) Dumont (Rev. Arch. 1870, 319) nach einer minuskelabschrift von Ku-
nanudes: Ἐπὶ Σωσιγένου ἄρχοντος οἵδε τὸν πύργον ἀνέθηκαν. Ἐχέδημος Μνη-
σιθέου Κυδαθηναιεύς, Μικίων Εὐρυκλείδου Κηφισιεύς, Ἱεροκλῆς Ἱερ[— Σουνιεύς],
Φίλων Σω — —, Διοκλῆς Διω[— Ἐρχιεύς], Σμίκυθος Σ — —, Πολύκλειτος — —,
Αἴσχρων |—Παιανιεύς] Ἀρχίας Λ — — Κύδιππος — — — die demotika hat
Dumont aus der liste des Diomedon ergänzt: dort erscheint auch der archon
dieses jahres Sosigenes aus Paiania mit 100 drachmen. der stein ist am
itonischen tor gefunden.

zahlt sind. auch das jahr des Olbios (CIA II 602. 335) muss etwa hierher gehören[8]), denn unter ihm war eine commission zum getreidekaufen eingesetzt, und im folgenden jahre zahlte das geld für das lobdecret der ταμίας τῶν στρατιωτικῶν. dass trotz der unsicheren ergänzung in 335 5 Ολ]βίου zu schreiben ist, kann in keiner weise bezweifelt werden. schliefslich gehört mindestens in die vorbereitungen des krieges der berühmte bündnissvertrag mit Areus (332), also sein archon Peithidemos. das würden also etwa die archonten der ol. 128 sein.

Nach oben ist der erste feste punkt Pytharatos, unter dem Epikuros starb, 127, 2 (271 Diog. Laert. X 15). ihn trennen von der eben besprochenen reihe zwei jahre. eines von diesen wird dem Heliodoros gehören, aus dessen jahre (᾽Αϑήν. VI 271) ein schönes ehrendecret, im stile des bekannten für Phaidros, erhalten ist, mit vollständiger liste der σύμπρόεδροι, so dass die existenz von Antigonis und Demetrias handgreiflich ist, Köhler hatte, verführt durch falsche ergänzung ᾽Α[τιάλου], ein anderes decret desselben jahres (CIA II 384) in spätere zeit gerückt. hier hat C. Schaefer (de scribis p. 25) ᾽Α[ντιγόνου] eingesetzt; auch ᾽Α[ντιόχου] ist möglich, und da in der letzten zeile ᾽Α[ί]τω[λούς von Köhler erkannt ist, so liegt ᾽Α[λεξάνδρου (der Epeirote) auch im bereich der möglichkeit. die inschrift ist nicht mehr στοιχηδόν, und der ganze charakter auch der andern urkunde scheint mehr den sechziger als den siebziger jahren angemessen. schliefslich wäre es für diese betrachtung irrelevant, wenn jemand dem Heliodoros lieber einen der fünf plätze zwischen Pytharatos

---

[8]) Von diesem archon oder Isaios wird CIA II 377 herrühren, wo nur ein so kurzer name die lücke vor —ου ἄρχοντος füllt. schreiber war Θεοδόσιος Ξενοιήά— es ist ein lobdecret für einen ausländer Κλέαρχος; sollte es der letzte tyrann von Herakleia sein, so würde Isaios vorzüglich passen. — auch das zweite decret des steines 310 (v. 24) ἐπι . . . .]ου ἄρχοντος (vom schreiber ist der rest des vatersnamens —ευσ— und des demos —ρησ— erhalten) muss entweder hieher oder vor Diokles gehören, was der inhalt keineswegs ausschliefst. auf den rest eines rho vor der genetivendung ist nicht viel zu geben; der stein ist nur von Pitakkis und Beulé gesehen. schwerlich ist an den chremonideischen krieg zu denken.

und Polyeuktos, dem letzten der ol. 125, geben wollte, bis wohin
wir vorher gelangt waren.

Von jenen fünf sind nun zwei mit sicherheit zu benennen:
Kimon und Xenophon, welche Köhler (zum decret für Phaidros 331) mit recht etwa in die zeit der letzten invasion des
Pyrrhos angesetzt hat. aus dem ephebendecret 330 folgt, dass in
dem jahr, welches auf Kimon folgte und ein schaltjahr war, der
archon acht buchstaben im genetiv hatte. ein solcher name
steht zur verfügung: Eubulos, den das decret für Phaidros
so erwähnt, dass er wenigstens in diese gegend gehören muss.
ein prytanenverzeichniss seines 'jahres ist 329, in welchem
unter den geehrten auch der γραμματεύς τοῦ δήμου Νεοπτόλεμος
erscheint. in dem nach der eben vorgetragenen combination unter
Eubulos gefassten decrete 330 protocolliert — Δημητρίου Ἱππο-
τομάδης. der name scheint aber um zwei stellen kürzer gewesen
zu sein als Neoptolemos. die schwierigkeit, welche schwerlich diese
combination ausschliefst, musste wenigstens constatiert werden.

Es sind also vor Pytharatos noch zwei jahre, nachher noch eines
namenlos, und noch drei archonten geben die psephismen, welche ausdrücklich die existenz der beiden ersten zusatzphylen fordern, Kleomachos (336) Philoneos (338) Diogeiton (352b.) es fehlen
also von der schlacht bei Salamis bis zur unterwerfung Athens
durch Gonatas lediglich aus der zeit der tiefsten ermattung und
demütigung, nach der eroberung durch Demetrios, ein par
namen. die hoffnung darf man hegen, dass sich auch diese noch
finden mögen, und vor allem, dass für die anordnung der namen
sicherheit gewonnen werde: aber eine historische bedeutung hat
doch auch dieses factum schon.

Von irrig in diese periode bezogenen namen wird wol an
Theoxenos Sonikos (Ἀθήν. VIII 294. CIA II 435) oder Sym-
machos (CIA II 416. 417 Mittheil. III 257) kaum noch jemand denken: erwähnenswert aber ist, dass die namenreste HAO (325 1)
verlesen sein müssen aus einem hier aufgeführten archon, und zwar
dem eines gemeinjahrs, und doch finde ich keine plausible vermutung. um schliefslich auch den charakter der jahre zu nennen, so sind sichere schaltjahre Eubulos (d. h. das jahr nach

Kimon) und Diomedon, sichere gemeinjahre Kleomachos, Kimon, Heliodoros, Peithidemos, Arrheneides und der in *HAO* verborgene name. das reicht zur construction eines cyclus nicht hin, zumal grade in der letzten sicheren periode (ol. 124. 125) der kalender verwirrt ist.

DIE ERWERBUNG VON ELEUSIS UND PEIRAIEUS. Dass Eleusis einmal von Athen losgerissen war und zu Demochares zeit wiedergewonnen wurde, hat Köhler (Mitt. IV. 259) einmal aus der existenz eleusinischer münzen, zum andern nach Niebuhrs vorgang aus dem decret für Demochares gefolgert. in betreff der zeit hat er nichts genaueres fixiert. das allgemeine zu sagen ist einfach. das decret des Laches setzt die wiedererwerbung nach Demochares heimkehr und seinen gesandtschaften zu den fremden höfen, und dass sie somit nach 290 (archon Diokles) fällt, ist unzweifelhaft. folglich ist die wiedererwerbung eine consequenz der erhebung gegen Demetrios. dass Eleusis dagegen zu der zeit der mysterienweihe des Demetrios, 303, noch in attischem besitz war, hat Köhler selbst bemerkt; damals war Demetrios Athens beschützer und übergab ihm sogar Panakton, das Kassandros besetzt hatte (Plut. Dem. 23). Eleusis ist schwerlich in Kassandros hand gewesen. es bleibt somit die einzige möglichkeit, dass Demetrios selbst bei seinem feldzuge gegen Lachares Eleusis abgetrennt hat, und wirklich hören wir, dass er es mit Rhamnus bei der einleitung des feldzugs von 295 eingenommen hat (Plut. Dem. 33). aus diesem zeugniss folgt ebensowol dass es damals noch attisch war, wie sich nun die beiden termine so nahe gerückt sind, dass sie eine weitere reduction nicht zulassen. wie weit sich der freistaat Eleusis ausdehnte, wie Athen seine einteilung darnach modificierte, ist noch ziemlich unbekannt, doch kann man zweierlei bereits constatieren, erstens, dass der demos Eleusis aus dem attischen staate nicht verschwand. es wohnten ja auch längst die angehörigen verschiedener gemeinden über ganz Attika zerstreut, so dass durch die entfremdung der ortschaft nur ein teil der gemeindemitglieder entnationalisiert ward. aber Demetrios hätte ja allerdings diese rechtlich anomale erscheinung unterdrücken können. dass es nicht geschehen ist, beweist der στρατηγὸς ἐπὶ τὴν παρασκευὴν des jahres 290 (Diokles) Ἀριστο..... Ἐλευσίνιος (Ἀθήν. V 103). dass aber wenigstens die volkreiche ortschaft Thria bei Athen blieb, zeigen sieben Thriasier unter den prytanen der Oineis vom jahre 289 (Kallimedes), die vollständig erhalten sind (Ἀθήν. V 526), denn diese wird niemand für sämmtlich aufserhalb der gemeinde angesiedelt halten. es ist auch sehr wohl denkbar, dass eben nur der feste punkt und das heiligtum den Athenern entrissen werden sollte. in den castellen Oinoe und Panakton lag natürlich makedonische garnison.

Es ist von wert, die rückerwerbung genau zu fixieren, wozu das decret des Laches nicht ausreicht. mir scheint dies einigermafsen durch die ehreninschrift für den komiker Philippides zu geschehen (CIA II 314, 39), der als agonothet an den Dionysien des Isaios (285) ἐπίθετον ἀγῶνα κατεσκεύασεν τῇ Δήμητρι καὶ τῇ Κόρῃ πρῶτος, ὑπόμνημα τῆς τοῦ δήμου ἐλευθερίας. wol waren die Θεσμοφόρω seit alters garanten der volksfreiheit (Kydathen 162), aber wie es doch gar zu schmerzlich gewesen wäre, wenn man sie zu einer zeit gefeiert hätte, wo ihr heiligtum nicht im besitze des volkes war, so gewinnt die stiftung eines Demeterfestes zum gedächtniss der volksfreiheit, und zwar als anhang der Dionysien, die bisher grade wesentlich der verherrlichung des Demetrios gegolten hatten, ihre bedeutung erst durch die frische befreiung von Eleusis. auf welchem wege die befreiung gelang, ist unbekannt, sie ward aber wenige jahr später unter dem archon Antimachos (283/2) wieder schwer bedroht. damals commandierte dort ein στρατηγὸς ἐπὶ Ἐλευσῖνος, unter welchem ein söldnercorps und eine bürgergarnison stand (oben s. 247). da sie und das volk ihren führer mit kränzen geehrt haben, so hat er es vermocht, den gefahren die spitze zu bieten. die aufstellung des ehrendecrets in dem demos ist ein auffälliges factum, welches aber die locale bedeutung der tat nur hervorhebt. es erscheint mir nicht allzugewagt, sie mit folgendem bericht über Olympiodoros zu identificieren (Pausan. I 26, 3) ποιουμένων δὲ Μακεδόνων καταδρομὴν ἐς Ἐλευσῖνα, Ἐλευσινίους συντάξας ἐνίκα τοὺς Μακεδόνας. als beleg wird nachher ein gemälde in Eleusis

genannt. mir schien zunächst auf grund der worte des Pausanias Olympiodoros eher auf die ehre der befreiung von Eleusis
anspruch zu haben, denn wenn er 'die Eleusinier' bewaffnet, so
möchte man dabei am liebsten an die zeit denken, wo sie etwas
anderes als Athener waren. man könnte doch von dem commandanten von Phyle schwerlich sagen τοὺς Φυλασίους συντάξας
ἐνίκησε (denn ἐνίκα ist nur ein beleg für die unfähigkeit des
Pausanias ordentlich griechisch zu schreiben). indess da unter
Antimachos ein commandant von Eleusis wirklich einen erfolg
gehabt hat, so wird Pausanias den unangemessenen ausdruck zu
tragen haben, und Olympiodoros auf jenem stein zu ergänzen sein.

An der nämlichen stelle wird demselben mann auch die erwerbung von Munichia und Peiraieus zugeschrieben. diese war
die eigentliche bedingung für die freiheit Athens. aber der unglückliche handstreich des jahres 286 (oben s. 230) hatte den Athenern
auch die schwierigkeiten klar gemacht. an eine belagerung zu
denken, waren sie offenbar zu schwach. könig Demetrios schreibt
aus der gefangenschaft an den commandanten (Plut. Dem. 51), und
könig Lysimachos hat gleichzeitig den Athenern den besitz des
Peiraieus und der castelle nur im princip zugestanden; auch
285/4 ist dieser wunsch offenbar nicht in erfüllung gegangen[9]).
dagegen ist der erste feste beleg, dass Athen den hafen hat,
die flotte, über welche es bei Thermopylai verfügt (279); doch
würde die entfernung des Gonatas aus Griechenland (282/1) ja
jedenfalls der äufserste termin sein. wenn die oben vorgetragene
vermutung über die lectisternien für Zeus und Athena Soteira
im jahre des Glaukippos zutrifft, so hat die erwerbung schon
284/3 stattgefunden.

Die mafsnahmen des Antigonos vor seinem abzug nach Demetrias sind noch unvollkommener bekannt. wir sehen aus den
attischen steinen, dass im jahre des Nikias die verhältnisse sich

---

9) Mit vollem recht hat Dittenberger so die stelle des decrets für den
komiker Philippides aufgefasst (314, 33) παρακαλῶν τὸν βασιλέα (Lysimachos)
βοηθεῖν καὶ χρήμασιν καὶ σίτῳ ὅπως ἂν διαμένῃ ὁ δῆμος ἐλεύθερος ὢν καὶ τὸν
Πειραιᾶ κομίσηται καὶ τὰ φρούρια τὴν ταχίστην.

friedlich anlassen.   damals ist Strombichos abgelohnt worden
(CIA II 317).   wenn Nikias aber an den Dionysien auch für
die frucht auf dem felde gebetet hat ('Ἀθήν. VII 480), so erhält
das sein gegenbild durch den bericht über die grosse gefahr,
welche die stadt im vorjahr, unter Menckles, durchgemacht hat
(CIA II 316, 8), wo die epheben das ganze jahr wachtdienst tun
und selbst das Muscion besetzt halten mussten, ganz als wären
sie noch die recruten des fünften jahrhunderts.   und dazu stimmt
weiter die bedrohung von Eleusis unter Antimachos, wieder ein
jahr zurück.   als dränger sind in diesem falle die Makedonen,
d. h. Antigonos[10]), genannt.   trotz der erfolgreichen verteidigung
der festung Eleusis war er also vorgedrungen, und Athen selbst
war bedroht gewesen.   dass er nicht weiter vorgieng, hat eben in
dem aufbruch nach Demetrias seinen grund.   was hat er nun
in den kritischen jahren unmittelbar nach seines vaters abzug
getrieben, wo ihm doch durch den frieden mit Pyrrhos, dem eine
angabe (Pausan. I 10 2) sogar ein bündniss gegen Lysimachos
folgen lässt, die hände ebenfalls frei waren?   weshalb hat er
den Peiraieus nicht gerettet?   ich glaube, hier helfen zwei ver-
sprengte und wenig geachtete notizen.   in der chronik des Eusebius
steht in der armenischen übersetzung zum jahr Abrahams 1731
(ol. 123, 4) die angabe *Antigonus Gonatas Lacedaemonios tenuit.*
bei Hieronymus steht die parallele notiz aber nicht zu 1732,
wie sie sollte, sondern sie schwankt in den handschriften zwischen
1734 und 1735, nach der erbauung des pharos in Alexandreia,
die beim Armenier vorhergeht.   diplomatisch wie historisch ist
die wahrscheinlichkeit für den Armenier, also 285/4 hat Antigonos
einen erfolgreichen feldzug gegen Areus von Sparta geführt.
erwünschte bestätigung gibt eine notiz des Polybios, bei Livius
XXXII 22, der die abneigung der Megalopoliten gegen ein bündniss mit Rom im philippischen kriege damit motiviert, dass sie
avorum memoria pulsos ab Lacedaemoniis restituerat in patriam

---

[10]) Es ist allerdings keine ganz genaue bezeichnung, da Antigonos damals nicht könig von Makedonien war, allein eben so redet Pausanias für
das jahr 279 (X 20 5).

Antigonus. da hier die kleomenische zeit chronologisch ausgeschlossen ist, zur zeit des tyrannen Aristodemos Megalopolis
den Spartanern entschieden überlegen ist, in der zeit des
pyrrhischen krieges ebenfalls als ausgangspunkt der Sparta
feindlichen bewegung erwähnt wird (Plut. Pyrrh. 26 u. a.), so
bleibt nur diese periode für eine solche hülfe des Antigonos
übrig. und der zusammenhang ist ja auch leicht zu verstehen.
Demetrios hatte die belagerung Spartas 294 abbrechen müssen
und war auf diese angelegenheit nicht zurückgekommen. es
war natürlich, dass seine gegner sich mit noch viel gröfserer
neigung Sparta als angriffsbasis ausersahen denn Athen. und
ein angriff auf Megalopolis, seit Philippos zeit den hauptsitz
der makedonischen sympathieen im Peloponnes, musste der
erste act sein. während der zeit, wo der norden ihm verlegt war, konnte Antigonos seinerseits seine kräfte nach keiner
seite mit mehr erfolg wenden, als nach dem süden. während er dort engagiert war, verlor er zwar den Peiraieus,
erlangte aber so durchschlagende erfolge, dass er 284 wieder
Athen bedrohen konnte, bis ihn der conflict zwischen Lysimachos
und Seleukos zu einer ganz neuen politik trieb. er gab Griechenland auf und sofort sehen wir Spartas wagehalsigen könig auf
dem plan. was auch von der abenteuerlichen erzählung eines
heiligen krieges bei Iustin 24, 1 zu halten ist: dass um diese
zeit Areus trotz Krateros den Isthmus passieren konnte, wird
man ihm entnehmen dürfen[11]), und dass die Spartaner fürch-
teten *ne cum Antigono, sub cuius regno erant, bellum coe-
pisse viderentur,* stimmt haarscharf zu der eusebischen chroniknotiz. Areus träumte schon damals grofse dinge und griff in die
weltpolitik ein. es liegt freilich eine eigene ironie der geschichte
darin, dass gegen die Kelten kein Peloponnesier im feld war,
aber für Apollodoros von Kassandreia in Sparta gerüstet ward
(Pausan. IV 5 4). Athens stellung zu den Aitolern ist in dieser
zeit fortdauernd gut und schon das musste sie auch zu Antigonos
erträglich stellen.

---

[11]) In diese zeit gehört wol auch Frontin. III 6 7 Polyaen II 29 1.

REGIERUNGSZEIT DES GONATAS. Es ist gewiss richtig, die chronologischen systeme als solche zu begreifen, ohne die historische wahrheit in sie hineinzulesen, aber ebenso gewiss ist es falsch, die historische wahrheit so lange zu dehnen, bis sie zu dem system passt. da meiner überzeugung nach dieser fehler von ausgezeichneter seite begangen ist, will ich kurz den sachverhalt auseinandersetzen. wann Gonatas gestorben ist, wissen wir am zuverlässigsten durch Polybios. seine geschichte des achäischen bundes (II 41 sqq.) ist durch Mommsen (Röm. Forsch. II 360) als exact auch in der rechnung erwiesen. wenn man die polybischen olympiadenjahre nach der uns geläufigen weise reduciert, wie das Mommsen ebenda auseinandergesetzt hat, so ergibt sich 124, 4 (280) bund der vier städte, 132, 3 (249) überfall von Sikyon, 134, 2 (242) überfall von Korinth. dies letze jahr ist überdies durch einen synchronismus (1 jahr vor dem siege des Catulus) besonders gesichert. darauf hat sich Aratos noch eine weile gegen Antigonos und die Aitoler zu verteidigen, dann folgt Demetrios. das jahr seiner thronbesteigung ist nicht direct bezeichnet, ergibt sich aber dadurch mit unbedingter sicherheit, dass er zehn jahre regiert hat und gestorben ist, als die Römer zuerst nach Illyrien übersetzen. hier ist also wieder ein synchronismus. Demetrios ist gestorben nach polybischer rechnung 137, 3 (229), Antigonos 135, 1 (239). dass damit, und nur damit die geschichte von Sparta und Achaia, die einzige genauer bekannte dieser jahre, vereinbar ist, behaupte ich; es wird wol auch allgemein so gerechnet. in bester übereinstimmung hierzu stehen die genau datierten angaben des Porphyrius (Euseb. I 237), wenn man stehen läfst was überliefert ist. danach ist Antigonos könig geworden 123, 2 (286), aber erst zehn jahre nachher könig von Makedonien 126, 1 (275), gestorben 135, 1 (239). das erste jahr bestätigt sich innerhalb der rechnung dadurch, dass Demetrios 123, 1 (287) (Euseb. I 233) als letztes jahr hat. von zufällig erhaltenen daten kommt die vortreffliche vita des dichters Aratos in betracht, in welcher die thronbesteigung in ol. 125 gesetzt wird (p. 54 Westerm.)[12]. da die art, wie königs- olym-

---

[12] 124 bei Suidas ist schreibfehler, denn sein artikel hat dieselbe quelle.

piaden- archonten- iulianische jahre gleichgesetzt werden, bei allen
vereinzelten angaben einige latitude läfst, so kann man dies als
keinen widerspruch ansehen. Gonatas hat eben 277/6 den thron
bestiegen. die geschichte gibt als termini dieses ereignisses freilich nur 279, wo er ein machtloser prätendent war, und 274, wo
Pyrrhos aus Italien heimkehrend ihn auf dem throne vorfand.

Bei Porphyrios stehen nun aber noch zwei widersprechende
angaben, welche durch textänderung ohne unmethodische gewalt
nicht eliminiert werden können. erstens soll Antigonos 83 jahre
alt geworden sein. er wäre also 322 geboren. das ist falsch,
denn seine mutter Phila war damals noch mit Krateros verheiratet und sein vater ein vierzehnjähriger knabe[13]). zum zweiten
wird seine regierungszeit auf 44 (beim Armenier 43) jahre be-
rechnet. das steht mit den daten in direktem widerspruch,
welche vielmehr 37 resp. 47 jahre ergeben. dennoch ist hier
kein schreibfehler; im gegenteil, es ist officielle rechnung, denn
44 regierungsjahre gibt Medios (bei Luk. μακρόβ. 11), der wol
als officiell gelten darf. derselbe gibt eine wenigstens mögliche
zahl lebensjahre nämlich 80. auch ist die zahl 44 gut verständlich, sobald man annimmt, dass das jahr, auf welches diese
rechnung führt, 124, 3 (282), das todesjahr des Demetrios ist.
das hat sich aber oben (s. 248) aus Plutarch ergeben[14]). soweit
ist alles wol verständlich, und Porphyrios oder vielmehr wol erst
Eusebius haben in sich widersprechende zählungen neben ein-

---

[13]) Demetrios starb mit 54 jahren (Plut. Dem. 52), war also, wenn der
tod 282 statt fand, 336, im jahre der thronbesteigung Alexanders, geboren.
den tag erschliefst eine sehr scheinbare vermutung Ungers (s. 474) daraus,
dass die Athener beschlossen haben sollen, den letzten munichion Δημητριάς
zu nennen.

[14]) Die syrische liste des Porphyrius (Euseb. I 247) ist von Gutschmid
nur zum teil mit glück behandelt. als erstes jahr des Lysimachos und Seleukos wird 124, 1 (284) genannt. also ward Demetrios 123, 4 gefangen;
überliefert ist 120, 4. dies stimmt mit dem oben gefundenen. von hier bis
Ipsos sind 15 jahre; wenn also Demetrios 17 jahre erhält, von welchen er
aber zwei mitregent seines vaters gewesen sein soll, so stimmt die rechnung
in sich, und wir haben das recht, ihr das factum der mitregentschaft zu entnehmen. der tod des Demetrios wird 124, 4 gesetzt. das differiert um ein
jahr; inhaltlich ist es unmöglich, beeinflusst aber die übrige rechnung nicht.

ander überliefert, ohne auf die verschiedenheit der rechnung aufmerksam zu machen.

Nun aber geht die verwirrung an. es steht wol unbestritten fest, dass sowol die kurzen königstabellen, die Eusebius auf jedes historikerexcerpt folgen lässt, wie auch die angaben in den canones ganz ausschliefslich je aus dem historikerexcerpt abgeleitet sind, somit nicht eine gesonderte überlieferung repräsentieren, sondern höchstens zur ermittelung von schreibfehlern verwendbar sind. hier erhält nun Gonatas 34 resp. 33 jahre (p. 241 242), das heifst doch nichts anderes als dass die 10 jahre, die zwischen der annahme des königstitels und der thronbesteigung liegen, von der ziffer 44 abgezogen sind, statt die reduction an dem datum 123, 2 vorzunehmen. in der *series regum* (append. p. 14. 27) und den canones erhält zwar Antigonos 36 jahre, allein nur deshalb, weil zwei jahre anarchie weggelassen sind. der tod wird dieser rechnung zufolge in den canones 134, 1 (243) gesetzt. damit ist eine lücke gerissen, welche irgend wie zugestopft werden mufste; es ist durch ganz willkürliche vermehrung der jahre des Doson geschehen. die entstehung des irrtums und seine verschiedenen stadien sind so klar, dafs es gar nicht nötig ist, die rechnung an den tatsachen zu prüfen.

Es kommt nun aber noch die thessalische liste in betracht, ebenfalls aus Porphyrios stammend, leider nur durch den Armenier erhalten und mit sehr starker textverderbniss, wie die abweichungen des textes von der folgenden tabelle lehren. indessen ist, da die summe der jahre eine controlle ermöglicht, dennoch ganz wol durchzukommen, und es ergibt sich das überraschende resultat, dass hier zwar auch derselbe fehler vorliegt, insofern Antigonos Gonatas 34 jahre hat, allein die ausgleichung an einem anderen orte als bei Doson geschehen ist, indem vielmehr, ohne anarchie oder die sonstigen ephemeren könige zu beschränken, Ptolemaios Keraunos fünf jahre bekommen hat, so dass Gonatas 274 anfängt. auch hier ist der irrtum handgreiflich; von wert ist nur zu constatieren, dass die an andern stellen sehr wertvolle liste dennoch keine ungetrübte überlieferung gibt, also mit vorsicht zu benutzen ist.

EXCURS 2.

Die rechtliche stellung der philosophenschulen.

PHILOSOPHENSCHULEN *ϑίασοι*. Als Zumpt vor beinah vierzig
jahren die attischen philosophenschulen nach ihrer äußeren seite
untersuchte, war in folge des mangelnden epigraphischen ma-
teriales die betrachtungsweise, welche mir die richtige zu sein
scheint, überhaupt nicht möglich. jetzt ist nicht bloß eine große
menge von steinen bekannt geworden, die noch täglich wächst,
sondern auch mehrfach, am eindringendsten in Foucarts schönem
buche behandelt: dennoch ist es meines wissens noch nicht ausgesprochen dass die philosophenschulen *ϑίασοι, associations réli-
gieuses* gewesen sind[1]), dass Platon die Akademie eines tages

---

[1]) Bruns (die testamente der griech. philos. Zeitschrift der Savignystift.
I 33) ist ganz nah dabei gewesen, die frage aufzuwerfen. "eine eigentliche
corporation von philosophen wäre etwas ganz neues und von zweifelhafter
giltigkeit gewesen, da man bisher nur wie in Rom religiöse collegia gehabt
hatte". überhaupt dürfte der vorwurf der 'griechischen formlosigkeit' (11)
sich wesentlich einschränken. das einzige testament des attischen bürgers
Epikuros besteht die juristische kritik, und doch ist die einsetzung des
universalerben ohne adoption (und obwol *ἀγχιστῆς* in Epikurs brüdern da
waren) nicht durch dies testament, sondern durch eine im Metroon nieder-
gelegte schenkungsurkunde (*δόσις* vgl. Isaios 41) geschehn. von Platon liegt
nur ein vermögensnachweis und die einsetzung und instruction der curatoren
der masse vor. der wortlaut wie das sonst bekannte recht macht wahrscheinlich, dass Platon den Adeimantos adoptiert hatte, so dass gar keine
irregularität da ist. die peripatetiker sind alle metöken; ihr besitz befindet
sich in sehr verschiedenen staaten. Lykon vermacht *τὰ ἐν οἴκῳ* (in Troas)
mit einem worte an zwei brüder und weist nachher zwei anderen leuten ausgaben zu *ἀπὸ τῶν ἐν οἴκῳ κοινῇ καταλειπομένων ἀμφοτέροις*; d. h. für Troas

als einen *ϑίασος Μουσῶν* gestiftet hat und ihm seine statuten gegeben, grade so gut wie der sklave Xanthos dem thiasos des
tyrannen Men (Foucart s. 119), und dass der process des Sophokles die rechtliche stellung dieser thiasoi zum gegenstande hatte
und ihre zulässigkeit nach attischem vereinsrechte bestätigt hat.

PERIPATETIKER. Man brauchte eigentlich nur den eingang
des fünften buches Athenaeus zu lesen, um zu dieser anschauung
zu kommen; für den leser der antigonischen viten wird es vollends
kaum eines beweises bedürfen, denn am klarsten wird der era-
nistische charakter der philosophenschulen aus der schilderung
vom leben der Peripatetiker, die Antigonos in seinem Lykon
gibt (oben s. 84). hier lernen wir die beamten der gesellschaft
kennen, einen *ἱεροποιός* (oder mehrere) und einen *ἐπιμελητής
τῶν Μουσῶν*[2]), wobei sich ergibt, dass der für jeden thiasos erforderliche cult im Peripatos der der Musen gewesen ist, und
aufserdem einen monatlichen vorstand, *ὁ ἐπὶ τῆς εὐκοσμίας*,
ein amt, das an die einrichtungen des Demetrios von Phaleron,
die in der ephebie dauer hatten, erinnert. diesem fällt aufser
der aufsicht über die hörer (die *ἐπιχειροῦντες*) die ausrichtung
des an jedem neumond stattfindenden gemeinsamen males zu,

---

hatte er ein anderes testament gemacht. grade so steht es mit Straton und
Theophrast, der uns gar nicht einmal im besitze seiner eigenen vermögens-
verwaltung erscheint. die erben sind stäts nächste verwandte. das attische
familienrecht hat hier also überhaupt nichts zu tun. Aristoteles stirbt in
Chalkis, als metöke oder Makedonier. seine eben sind sehr schwer rechtlich
zu definieren (Herpyllis ist sicher concubine); die regelung der erbfolge wol
die, dass Pythias quasi erbtochter ist, der jedoch nicht *κατ' ἀγχιστείαν* sondern durch den wunsch des vaters ein mann designiert wird. die verhältnisse lagen hier besonders verwickelt: nicht ohne grund ist der stellvertreter
des königs unumschränkter testamentsvollstrecker.

[2]) Meineke hat die worte *ἱεροποιῆσαι καὶ τῶν Μουσῶν ἐπιμελητήν γε-
νίσθαι* für unsinnig erklärt und für *Μουσῶν ϑυσιῶν* geschrieben. indess
erstens ist *ἐπιμελητής ϑυσιῶν* überhaupt gar kein amt, so dass man eher *μου-
σείων* schreiben könnte, sodann wird der Musencult durch Theophrasts
testament gewährleistet. und schliefslich ist mir für den genetiv, statt dessen
allerdings der dativ erwartet wird, wenigstens eine inschriftliche parallele
gegenwärtig, die *συνϑύται τῶν Μουσῶν τῶν Ἡσιοδείων* vom Helikon (Keil
syll. Boeot. p. 94).

wofür er von jedem schüler (d. h. jedem gliede des thiasos) anderthalb drachmen erhält: das ist die συμβολή, grade wie bei jedem ἔρανος. da sich nun aber der ἄρχων τοῦ θιάσου erlaubte, anderweitige einladungen ergehen zu lassen und überdies ältere gönner der gesellschaft als 'ehrenmitglieder' ohne beitrag zu zahlen teilnahmen, so reichte die συμβολή nicht hin: das amt des ἐπὶ τῆς εὐκοσμίας war also eine liturgie für die gesellschaft, von welcher denn auch bedürftige die atelie erhielten, alles genau in den formen, die bei jeder genossenschaft geltung haben. es fehlt eine angabe über den ort, wo die vorträge und die mäle stattfanden. allein der schluss ist zwingend: wo Μουσῶν ἐπιμεληταί sind, muss auch ein Μουσεῖον sein. die cultgenossenschaft muss einen festen ort für ihre gottheit haben. mit diesem ist grundbesitz gegeben, ist der θίασος überhaupt localisiert. und erst wenn man den gegensatz eines geheiligten der gesellschaft gehörigen locales festhält, bekommt der gegen Lykon erhobene vorwurf halt, dass er als schulhaupt sich mitten in der stadt ein prächtiges quartier gemietet und dort die üppigsten privatgesellschaften gegeben hätte. die stellung des ἄρχων τοῦ θιάσου erscheint allerdings, da sie lebenslänglich ist und keiner controlle unterliegt, als eine wesentlich andere, aber doch nur potenzierte gegenüber der anderer genossenschaftsvorstände.

Sehr viel detail, das aber den bericht des Antigonos nur ergänzt ohne irgend welche schwierigkeit zu machen, ergibt sich aus den testamenten der drei schulhäupter Theophrastos Straton Lykon[3]). das aristotelische testament beweist nur, was in der

---

[3]) Theophrast V 51 τὰ μὲν οἴκοι (d. h. in Eresos) ὑπάρχοντα πάντα δίδωμι Μελάντῃ καὶ Παγκρέοντι τοῖς υἱοῖς Λέοντος (neffen oder sonstige verwandte; Melantas heiſst auch sein vater). ἀπὸ δὲ τῶν παρ' Ἱππάρχου συμβεβλημένων (d. h. ὧν ἔχω συμβολὴν παρ' Ἱππάρχου) τάδε μοι βούλομαι γενέσθαι· πρῶτον μὲν τὰ περὶ τὸ μουσεῖον καὶ τὰς θεὰς συντελεσθῆναι κἄν τι ἄλλο ἰσχύῃ (?) περὶ αὐτὰς ἐπικοσμηθῆναι πρὸς τὸ κάλλιον· ἔπειτα τὴν Ἀριστοτέλους εἰκόνα τεθῆναι εἰς τὸ ἱερὸν καὶ τὰ λοιπὰ ἀναθήματα ὅσα πρότερον ὑπῆρχεν ἐν τῷ ἱερῷ· εἶτα τὸ στωίδιον οἰκοδομηθῆναι τὸ πρὸς τῷ μουσείῳ μὴ χεῖρον ἢ πρότερον· ἀναθεῖναι δὲ καὶ τοὺς πίνακας, ἐν οἷς αἱ τῆς γῆς περίοδοί εἰσιν, εἰς τὴν κάτω στοάν· (52) ἐπισκευασθῆναι δὲ καὶ τὸν βωμόν, ὅπως ἔχῃ τὸ τέλειον καὶ τὸ εὔσχημον. βούλομαι δὲ καὶ τὴν Νικομάχου εἰκόνα συντελεσθῆναι ἴσην· τὸ μὲν τῆς

natur der sache lag und unbedingt fest steht, dass er nämlich
rechtlich noch keine schule gestiftet hat. es lässt sich nun über
verfassung und verwaltung, die sich immerhin in kleinigkeiten

πλάστως ἔχει Πραξιτέλης, τὸ δ' ἄλλο ἀνάλωμα ἀπὸ τούτου γενέσθω. σταθῆναι
δὲ ὅπου ἂν δοκῇ τοῖς καὶ τῶν ἄλλων ἐπιμελουμένοις τῶν ἐν τῇ διαθήκῃ γεγραμμένων. .... τὸν δὲ κῆπον καὶ τὸν περίπατον καὶ τὰς οἰκίας τὰς πρὸς τῷ κήπῳ
πάσας δίδωμι τῶν γεγραμμένων φίλων ἀεὶ τοῖς βουλομένοις συσχολάζειν καὶ
συμφιλοσοφεῖν ἐν αὐταῖς, (53) ἐπειδήπερ οὐ δυνατὸν πᾶσιν ἀνθρώποις ἀεὶ ἐπι-
δημεῖν, μήτ' ἐξαλλοτριοῦσι μήτ' ἐξιδιαζομένου μηδενός, ἀλλ' ὡς ἂν ἱερὸν κοινῇ
κεκτημένοις, καὶ τὰ πρὸς ἀλλήλους οἰκείως καὶ φιλικῶς χρωμένοις, ὥσπερ προσ-
ῆκον καὶ δίκαιον. ἔστωσαν δὲ οἱ κοινωνοῦντες Ἵππαρχος, Νηλεύς, Στράτων,
Καλλῖνος, Δημότιμος, Δημάρατος, Καλλισθένης, Μελάντης, Παγκρέων, Νίκιππος.
ἐξεῖναι δὲ βουλομένῳ φιλοσοφεῖν καὶ Ἀριστοτέλει τῷ Μητροδώρου καὶ Πυθιάδος
υἱῷ καὶ μετέχειν τούτων· καὶ αὐτοῦ πᾶσαν ἐπιμέλειαν ποιεῖσθαι τοὺς πρεσβυτέ-
ρους (v. πρεσβυτάτους), ὅπως ὅτι μάλιστα προαχθῇ κατὰ φιλοσοφίαν. θάψαι δὲ
καὶ ἡμᾶς ὅπου ἂν δοκῇ μάλιστα ἁρμόττον εἶναι τοῦ κήπου, μηδὲν περίεργον
μήτε περὶ τὴν ταφὴν μήτε περὶ τὸ μνημεῖον ποιοῦντας. (54) ὅπως δὲ συντείρηται (?)
μετὰ τὰ περὶ ἡμᾶς συμβάντα τὰ περὶ τὸ ἱερὸν καὶ τὸ μνημεῖον καὶ τὸν κῆπον καὶ
τὸν περίπατον θεραπευόμενα, συνεπιμελεῖσθαι καὶ Πομπύλον τούτων (τοῦτον v.)
ἐποικοῦντα αὐτὸν καὶ τὴν τῶν ἄλλων ἐπιμέλειαν ποιούμενον ἣν καὶ πρότερον· τῆς δὲ
λυσιτελείας ἐπιμελεῖσθαι αὐτοὺς τοὺς ἔχοντας ταῦτα. Πομπύλῳ δὲ καὶ Θρέπτῃ
(d. i. die frau des Pompylos) πάλαι ἐλευθέροις οὖσι καὶ ἡμῖν πολλὴν χρείαν
παρεσχημένοις, εἴ τι πρότερον ἔχουσι παρ' ἡμῶν καὶ εἴ τι αὐτοὶ ἐκτήσαντο καὶ
ἃ νῦν παρ' Ἱππάρχου αὐτοῖς συντέταχα, δισχιλίας δραχμάς, ἀσφαλῶς οἶμαι δεῖν
αὐτοῖς ὑπάρχειν ταῦτα, καθάπερ καὶ αὐτοῖς διελέχθην Μελάντῃ καὶ Παγκρέοντι
πλεονάκις καὶ πάντα μοι συγκατετίθεντο. δίδωμι δ' αὐτοῖς καὶ Σωματάλην (?)
τὴν παιδίσκην. (55) τῶν δὲ παίδων Μόλωνα μὲν καὶ Τίμωνα καὶ Παρμένοντα
ἤδη ἐλευθέρους ἀφίημι· Μανῆν δὲ καὶ Καλλίαν παραμείναντας ἔτη τέτταρα ἐν
τῷ κήπῳ καὶ συνεργασαμένους καὶ ἀναμαρτήτους γενομένους ἀφίημι ἐλευθέρους.
τῶν δὲ οἰκηματικῶν σκευῶν ἀποδιδόντας Πομπύλῳ ὅσ' ἂν δοκῇ τοῖς ἐπιμεληταῖς
καλῶς ἔχειν, τὰ λοιπὰ ἐξαργυρίσαι.

Straton V 62 καταλείπω δὲ τὴν μὲν διατριβὴν Λύκωνι, ἐπειδὴ τῶν ἄλλων
οἳ μέν εἰσι πρεσβύτεροι, οἳ δὲ ἄσχολοι. καλῶς δ' ἂν ποιοῖεν καὶ οἱ λοιποὶ
συγκατασκευάζοντες τούτῳ. καταλείπω δ' αὐτῷ καὶ τὰ βιβλία πάντα, πλὴν ὧν
αὐτοὶ γεγράφαμεν, καὶ τὰ σκεύη πάντα κατὰ τὸ συσσίτιον καὶ τὰ στρώματα καὶ
τὰ ποτήρια.

Lykon V 70 τὸν δὲ περίπατον καταλείπω τῶν γνωρίμων τοῖς βουλομένοις,
Βούλωνι, Καλλίνῳ, Ἀρίστωνι, Ἀμφίωνι, Λύκωνι, Πύθωνι, Ἀριστομάχῳ, Ἡρακλείτῳ,
Λυκομήδει, Λύκωνι τῷ ἀδελφιδῷ. προστησάσθωσαν δ' αὐτοὶ ὃν ἂν ὑπολαμ-
βάνωσι διαμενεῖν ἐπὶ τοῦ πράγματος καὶ συναυξεῖν μάλιστα δυνήσεσθαι. συγ-
κατασκευαζέτωσαν δὲ καὶ οἱ λοιποὶ γνώριμοι κἀμοῦ καὶ τοῦ τόπου χάριν. Lykon

weiter ausgebildet haben mag, etwa folgendes sagen, wobei zu
bedenken ist, dass Theophrastos, der stifter des thiasos, bei dem
ersten wechsel im vorstande natürlich eingehender sein musste.

Das schulvermögen besteht aus einem garten, darin ein Musenheiligtum, mit altar, bildern der göttinnen, weihgeschenken, ehrenstatuen, daneben hallen, die als περίπατος bezeichnet sind und
so, obwol weder der name noch die sache bezeichnend ist, doch
zu der schulbezeichnung geführt haben; auch wohnhäuser sind
vorhanden. dies ist der boden auf welchem die mitglieder der
gesellschaft philosophieren sollen, wohnen mindestens auch können. das inventar, sclaven hausrat und bücher, ist zumeist
privateigentum des vorstandes; Straton vermacht seine ausstat-
tung nicht der schule, sondern dem Lykon, Theophrastos dem
Neleus seine ganze bibliothek. was schulvermögen ist, wie die
von Theophrastos erwähnten landkarten, ist 'anathem', d. h. gehört den Musen. capitalvermögen findet sich nicht. alle geld-
geschäfte hat der vorstand auf eigene hand besorgt, seine private
rechnung ist von der der schule nicht gesondert. er legt nur
seinen erben eine anzahl genau specificierter leistungen für die
schule auf, grade wie die zahlung von legaten[1]). auch von seinen

---

selbst hatte freilich für die heilige stätte wenig pietät gehabt. bestattet ist
nur Theophrastos daselbst. die andern herren wählen sich weder für grab
noch für statue den abgelegnen garten.

[1]) Als Theophrastos starb (288—84), war der κῆπος verfallen, die häuser
in umbau, selbst die statuen zerschlagen. Hipparchos der peripatetiker hatte
von Theophrastos schon bei lebzeiten die verwaltung des eigenen wie des schulvermögens übernommen; auf dem grundstück wohnte ein braver freigelassener
Pompylos mit anderem gesinde. auch das vermögen Theophrasts war sehr
zusammengeschmolzen, und der rest äufserst precär, so dass die erben sich
ein fixum von Hipparchos als abfindungssumme zahlen liefsen, der dafür die
ausstehenden forderungen übernahm; vor den schlechten zeiten muss es sehr
ansehnlich gewesen sein. die schule kam dabei am übelsten fort, der mangel fester revenüen machte sich sehr fühlbar, und es ist begreiflich, dass
sehr bald der κῆπος aus unserer kunde verschwindet. seit der zerstörung
der attischen vorstädte durch Philippos IV ist er gewiss eben so wie der
platonische und epikureische garten verlassen. die schule hat seitdem überhaupt nur noch eine ideelle continuität. die calamität, welche bei Theophrasts tod den besitz so tief heruntergebracht hatte war die zweite

nachfolgern wird der grundbesitz jedesmal durch testamentarische
bestimmung an eine person weitergegeben; die verfügung über
ihn ist mit der schulvorstandschaft unlösbar verbunden. so wird
denn auch diese testamentarisch geregelt. der erblasser setzt
entweder einen einzelnen oder eine namentlich aufgeführte anzahl von mitgliedern der schule als nachfolger ein. das erstere
tut Straton, indess mit besonderer motivierung und der mahnung,
dass die übrigen mitglieder dem erkorenen beistehn möchten.
im anderen falle ergibt sich eine scheidung innerhalb der schule
in teilhaber der nachfolge und schüler (νεανίσκοι); die ersteren
haben aus sich den ἄρχων zu wählen, und gesetzt auch dass sie
sich damit jedes weiteren einflusses auf das regiment entschlügen,
so macht doch dieses verhältniss einen scharfen schnitt zwischen
ihnen und den 'jüngern', denen sie durch den namen πρεσβύτεροι
in Theophrasts testament wie bei Antigonos entgegengesetzt sind.
wirklich finden wir denn auch in Lykons testament für die
νεανίσκοι ein legat, eine dauernde ölspende, in welcher sich die
alte gymnastische neigung des Lykon noch auf dem totenbette
offenbart[5]). die jünger dagegen sind es offenbar, welche den

belagerung durch könig Demetrios 294. man denkt sich die Aristoteliker
unwillkürlich in der nähe des Lykeion. ich kenne aber keinen topographi-
schen anhaltspunkt für das grundstück.

[5]) Diog. V (71) τῶν δ' ἐν Αἰγίνῃ μοι γενομένων μοριῶν μετὰ τὴν ἐμὴν
ἀπόλυσιν καταχωρισάτω Λύκων τοῖς νεανίσκοις εἰς ἐλαιοχρηστίαν, ὅπως κἀμοῦ
καὶ τοῦ τιμήσαντος ἐμὲ μνήμη γίνηται διὰ τῆς χρείας αὕτη ἡ προσήκουσα. öl-
spenden von gymnasiarchen oder sonst als öffentliche schenkungen sind ja
häufig auf römischen steinen, doch kenne ich keinen älteren beleg. es beruht dies darauf, dass zum gymnasion, obwol es öffentlich war, niemand
zutritt hatte, der nicht sein öl mitbrachte. daher tragen die athenischen
jünglinge die lekythos genau so regelmäfsig bei sich, wie wir das porte-
monnaie, und wirklich hat sich Zenon die seine zu einem solchen eingerichtet
(Antigonos oben s. 116). ebenda wird Zenon von einem Kyniker angebettelt,
weil er kein öl in der lekythos hatte. dagegen waren die bäder, soweit sie
staatsanstalten waren (private palaestren wie die des Dionysios bei Platon,
die des Timagetos auf Kos bei Theokrit, werden auch eintrittsgeld gefordert
haben), unentgeltlich, und aufser dem wasser ward auch die seife geliefert.
dabei ist es sehr wol möglich, dass es reservierte zellen gab, und auch vielleicht ein trinkgeld an das sclavenpersonal üblich war. die bezeichnendsten

monatlichen ἔρανος zahlen, von dem die πρεσβύτεροι natürlich befreit sind. ihr recht ist teilnahme am cultus und den opfermahlen, benutzung der schullocale und wissenschaftlichen hilfsmittel, schliefslich der besuch der vorträge. am regiment haben sie anteil nur durch die bekleidung der niedern ämter, die Antigonos nennt. unter diesen fehlt gemäfs der eigentümlichen bevorzugung des ἄρχων der sonst ganz unvermeidliche ταμίας. ein γραμματεύς war zwar als protokollführer bei den ἀγοραὶ τοῦ θιάσου oder für ehrendecrete, die es schwerlich gab, kaum nötig; indess war doch z. b. das album der mitglieder zu führen, anschläge zu besorgen u. s. w., so dass die existenz des amtes nicht unmöglich ist.

Über die stiftung der schule enthält die vita Theophrasts den glaubwürdigen bericht (Diog. V 39). λέγεται δ' αὐτὸν καὶ ἴδιον κῆπον σχεῖν μετὰ τὴν Ἀριστοτέλους τελευτὴν Δημητρίου τοῦ Φαληρέως τοῦτο συμπράξαντος. der metöke konnte keinen grundbesitz erwerben, der σύλλογος als solcher auch nicht; es bedurfte somit der intervention des staates, und diese ist begreiflicherweise durch den peripatetiker Demetrios erfolgt. man würde nun verstehen, wenn eine regierung, welche die herrschaft des Demetrios stürzte, auch seine amtshandlungen cassiert und somit die rechtsbeständigkeit dieses besitzes bestritten hätte. indess hören wir von einer beschlagnahme oder auch nur bedrohung des schulbesitzes durchaus nichts. dies muss also gänzlich fern gehalten werden. dass das gesetz des Sophokles von Sunion lediglich eine politische spitze wider die anhänger des Kassandros hatte, und dass bei seiner antiquierung ganz andre mächte als die attischen geschwornen nach ganz andern gesichtspunkten als den attischen gesetzesparagraphen über die freiheit der lehre entschieden, ist im vorigen excurse ausgeführt. dennoch ermöglicht uns die erkenntniss des rechtlichen charakters der schule die rechtsfrage selbst zur debatte zu stellen.

---

stellen liefert Teles, II 67 Mein. οὐδὲ εἰς τὸ γυμνάσιον ἐνίοτε ἐξουσίαν ἔχω (sc. εἰσελθεῖν) ἀλλ' ἀπελθὼν εἰς τὸ βαλανεῖον ἠλειψάμην τῇ αὐτῇ παλαιστρικῇ χρώμενος ᾗ καὶ πρὸ τοῦ ἐν τῷ γυμνασίῳ. und III 215 εἰ ἀλείψασθαι χρείαν ἔχοι (Krates) εἰσελθὼν ἂν εἰς τὸ βαλανεῖον τῷ γλοιῷ ἠλείψατο.

GESETZ DES SOPHOKLES. Sophokles von Sunion brachte das gesetz durch, dass kein sophist ohne zustimmung von rat und volk eine schule stiften dürfte. Theophrastos floh in folge dessen sammt seinen anhängern, konnte indefs nach jahresfrist heimkehren, da Philon, ein anhänger der schule, den Sophokles trotz der verteidigung des Demochares mit erfolg παρανόμων belangte[6]).

Schon die geschäftliche behandlung erfordert ein wort der erklärung. wenn Philon (der die schule offenbar vertrat, weil er Athener war) den Sophokles παρανόμων belangte, so muss man annehmen, dass er die ὑπωμοσία einlegte. nach geläufiger anschauung, welche die bekannten fälle der demosthenischen zeit bestätigen, hätte die hypomosie wenigstens provisorisch suspensive kraft gehabt. das kann hier nicht der fall gewesen sein. also ist hier ein beleg für das was Madvigs scharfes urteil mit recht auch ohne einen solchen behauptet hat, dass in dringenden fällen eine möglichkeit gewesen sein muss (natürlich durch besonderen volksbeschluss), einer hypomosie nicht so fort folge zu geben, vielmehr die beschlossenen mafsregeln unversäumt auszuführen; fiel das gesetz oder der volksbeschluss bei der richterlichen verhandlung, so wurden die ausführungsmafsnahmen natürlich rückgängig, so weit es angieng; wie denn auch die Peripatetiker heimgekehrt sind. ohne diese möglichkeit wäre es ja auch in Athen schlimmer als auf dem polnischen reichstage gewesen. übrigens ist bei der beschaffenheit unserer nachrichten auch die annahme möglich, dass eine ähnliche verschleppung der anklage statt gefunden hatte, wie bei dem gesetze des Leptines, so dass hier nur (was dort unbegreiflicher weise unterblieben ist) das gesetz ganz normal

---

6) Pollux IX 42 νόμος Ἀττικὸς κατὰ τῶν φιλοσοφούντων γραφεὶς ὃν Σοφοκλῆς Ἀμφικλείδου Σουνιεὺς εἶπεν, ἐν ᾧ τινὰ κατὰ αὐτῶν προειπὼν (d. h. ein satz mit ἐπειδή oder mit ὅπως wie bei Leptines) ἐπήγαγε "μὴ ἐξεῖναι μηδενὶ τῶν σοφιστῶν διατριβὴν κατασκευάσασθαι". weiter hat er das originale instrument, das offenbar zu grunde liegt, nicht abgeschrieben. bei Diogenes V 38 ist der wortlaut nicht gewahrt, sonst ist er vollständiger μηδένα τῶν φιλοσόφων σχολῆς ἀφηγεῖσθαι, ἐὰν μὴ τῇ βουλῇ καὶ τῷ δήμῳ δόξῃ· εἰ δὲ μή, θάνατον εἶναι τὴν ζημίαν.

in kraft getreten und erst später durch Philon in einem process, wie ihn Diodoros erhob, belangt wäre, Demochares also als σύνδικος gesprochen hätte. doch ist diese minder einfache annahme darum auch minder wahrscheinlich. dass das gesetz des Sophokles von nomotheten geprüft war, sagt Alexis (oben s. 195). diese verhandlung wird also in den formen der demosthenischen zeit sich bewegt haben, wenn nicht nomotheten zur revision der demetrischen verfassung gewählt waren; es ist ihre letzte erwähnung. ob Theophrastos einem urteil (todesurteil?) sich entzog oder nur im allgemeinen sich bedroht fühlte. ist nicht zu wissen.

Was die rechtsfrage angeht, so ergeben die fragmente des Demochares nichts. der neffe hat gesündigt wie der onkel, wie die redner alle ohne ausnahme. zweckmäfsigkeit der mafsregel, popularität u. dgl. m. wird des breitesten herbeigezogen, zur sache, die hier womöglich noch schlechter ist als in der Leptinea, so wenig es geht geredet. dem gesetze selbst waren, wie das im vierten jahrhundert mode ist, darum aber doch eine arge ungehörigkeit bleibt, motive einverleibt, die nur die rechtsfrage verwirrten.

Die bestimmung, dass die gründung einer schule an staatliche concession gebunden sein sollte, klingt ganz harmlos; dass sie παράνομος sein könnte, will zunächst nicht einleuchten. die worte σοφισταί und διατριβή kamen schwerlich bislang in den gesetzen vor; es könnte also scheinen, als wäre res integra gewesen. dennoch muss das gesetz als flagrante παρανομία angesehen werden, falls es mit einer allgemein giltigen bestimmung, die es doch weder ganz noch teilweise aufheben wollte, in widerspruch steht. sollte sich vollends finden, dass diese bestimmung dem heiligen rechte angehört, so wäre nach attischem rechte das gesetz ἀσεβές; die antragsteller hätten also eigentlich einen capitalprocefs zu befahren gehabt. das erste ersieht man sofort, sobald man bedenkt, dass nach dem attischen vereinsrechte alle associationen in ihrer bildung ungehemmt sind und von einer staatscontrolle gar nicht einmal die rede ist, geschweige von einer bestätigung. es war eben formell so unjuristisch wie möglich, von διατριβαί und σοφισταί zu reden. weder waren das juristische begriffe noch konnten sie dazu werden. man hätte entweder das φιλοσοφεῖν bestrafen müssen: das war eine lächerlichkeit, oder die ἔρανοι einschränken: das war ἀσεβές, denn jede genossenschaft, ohne ausnahme, ist formell eine religiöse, auch wenn sie ganz bestimmte profane, selbst unsittliche zwecke verfolgt, und da die διατριβαὶ σοφιστῶν, wenn sie überhaupt rechtlich greifbare gestalt angenommen hatten, θίασοι waren, von der einzigen aristotelischen schule, gegen die das gesetz gemünzt war, zudem unabhängig hiervon der thiasotische charakter erwiesen ist, so kann für jeden, dem die art, wie das athenische recht staat und religion unlösbar vereinigt, geläufig ist, auch nicht der entfernteste zweifel sein, dass Sophokles und Demochares ungesetzliches und gotteslästerliches beantragten, und nicht nur mit recht durchgefallen, sondern eines todeswürdigen verbrechens schuldig sind.

ATTISCHES VEREINSRECHT. aber grade weil die gedankenrichtung der antiken religion unseren anschauungen so fern liegt, verlohnt es sich vielleicht noch einige worte hinzuzufügen. Foucart hat mit vollem recht Wescher gegenüber, der eigentlich nur alte St. Croix-Creuzersche träume aus der vergessenheit heraufbeschwor, die gedankenarmut und die vielen schlimmen dinge betont, die in den thiasen getrieben wurden. allein die vereine, die nichts weiter als opfermale und besondere weihen bezweckten, sind weder die wichtigsten noch die verbreitetsten; eine form des lebens aber, die alle schichten der gesellschaft und alle verhältnisse der menschlichen gemeinschaft durchdringt, ist mehr als eine mifsbildung oder eine äufserlichkeit. wer ein urteil darüber haben will, muss allerdings die eranistischen urkunden nicht blofs kennen, sondern auch mit anderen classen vergleichen, z. b. denen der geschlechter oder bruderschaften oder ortsverbände.

Zunächst liegt auf der hand, dass der staat weder bei der constituierung einer gesellschaft noch bei festsetzung oder änderung der statuten gefragt wird. nur wenn ein verein etwas vornehmen wollte, was direct in das hoheitsrecht des staates eingriff oder allgemeine verbindlichkeiten nach sich ziehen musste, wie die benutzung von staatlichem grund und boden oder der erwerb von grundbesitz durch nichtbürger, war die complicierte maschine in bewegung zu setzen um einen besondern volksbeschluss zu bewirken. ein solcher verstattet CIA II 168 den Kittiern die erbauung eines heiligtums der Aphrodite. zum ewigen gedächtniss ihres besitzes haben sie die stele errichtet. der verein bestand vorher längst, und davon ganz abgesehen, dass ihn die polizei nicht störte, hätte er sehr wol die hülfe des staates zum schutze seiner statuten anrufen können. opfer bringen, schulden machen, auf hypotheken verleihen, eine sterbecasse gründen, ehrenbeschlüsse fassen (wenn ein gott sie in seinem tempel duldete, auch aufstellen), das stand den Kittiern auch zuvor frei, und es ist nicht zu bezweifeln, dass sie auch das recht gehabt hätten durch einen σύνδικος (falls er nur bürger war) schulden einzuklagen, injurien zu verfolgen, ein säumiges mitglied zur zahlung der συμβολή anzuhalten[1]). ob jeder thesmothet oder polemarch oder agoranom die klage angenommen haben würde, tut rechtlich nichts zur sache. es versteht sich von selbst, und ist auch durch viele fälle zu belegen, dass genossenschaften gesetzwidrige und gradezu staatsgefährliche zwecke verfolgten. die ἑταιρίαι ἐπ' ἀρχαῖς καὶ δίκαις sprechen das eigentlich aus; 'Ιθύφαλλοι und ähnliches gehörte doch auch vor die geschworenen; und doch ist es schlechterdings unerhört, dass die vereine als solche aufgelöst, die vereinsrechte beschränkt oder um des stiftens oder teilhabens an solchem vereine strafen oder strafschärfungen erkannt wären. der einzelne konnte wegen einer bestimmten verpönten handlung belangt werden, natürlich auch die verleitung zu verpönten handlungen verschärfend hinzutreten, zumal das intendierte verbrechen gleich oder fast gleich

---

[1]) Wenn ein staat bei äusserster not ein moratorium eintreten lässt, so geben die behörden eine verhaftung schulden halber nicht zu, und alle zahlungstermine, zu denen jemand sich verpflichtet hat, werden bis nach dem schluss des krieges prolongiert, das heisst τοὺς ἐράνους ἐπιμόνους ποιεῖν ἕως ἂν λάβῃ τὸ τοῦ πολέμου κρίσιν Polyb. 38 9 11 (Mommsen R. G. II 47 hat es durchaus missverstanden). die ausnahmsweise aufhebung involviert die regelmäßige geltung der rechtlichen verfolgbarkeit jener ἔρανοι.

dem vollzogenen gilt: allein es gibt keine öffentliche klage wider
vereine als solche. dieselbe kann sich vielmehr durchaus nur
an einzelne mitglieder hatten; selbst eine rede wie die jetzt
κατὰ τῶν σιτοπωλῶν genannte des Lysias trifft keine gilde, und
als die hetaerien, d. h. die politischen clûbs, der demokratie gefährlich wurden, ist doch weder diesen noch den clubisten wegen
ihrer teilnahme der procefs gemacht. den ἄρχων, zumal den
stifter, einer genossenschaft kann man allerdings fassen, aber
grade nur auf einem wege, welcher die religiöse genossenschaft
voraussetzt, ἀσεβείας. dies vergehen kann gemäfs der antiken
religion nie durch den glauben begangen werden, sondern nur
durch handlungen oder unterlassungen. da aber das lehren ganz
wol eine handlung ist, so war hier ein angriffspunkt gegen die
einzelnen philosophen, z. b. Protagoras, Sokrates, Aristoteles, wie
gegen die schulen. es ist bezeichnend, dass dem Theophrastos auch
eine gottlosigkeitsklage gedroht haben soll. die philosophen haben
hier (mag das modernem gefühle noch so anstöfsig oder lächerlich klingen) an den hetären, wie Phryne und Aspasia, genossinnen.
das gemeinsame liegt darin, dass Theophrastos und Phryne religiöse genossenschaften gestiftet haben, welche den klägern gott-
los erschienen [8]).

Dass ein κοινὸν ohne κοινὰ ἱερὰ nicht gedacht werden kann,
bedarf nicht des beweises für jeden einzelnen fall; in den meisten
steht es vollkommen fest. die vereinigung selbst, die verpflichtung, der jeder teilhaber sich unterwirft, erscheint nicht in anderer gestalt, sondern nur von anderer seite angesehen religiös.
einer naiven zeit ist es viel zu grau und zu abstract, ein verhältniss zwischen zwei menschen als ein lediglich rechtliches anzu-

---

[8]) Rhet. Gr. I 455 Sp. ἀσεβείας κρινομένη Φρύνη. καὶ γὰρ ἐκώμασεν ἐν
Λυκείῳ, καινὸν εἰσήγαγε θεόν (er hiefs Ἰσοδαίτης Harpocr.), καὶ θιάσους ἀνδρῶν καὶ γυναικῶν συνήγαγεν. man muss die worte des hyperideischen epi-
loges ὑποφήτις καὶ ζάκορος Ἀφροδίτης ernst nehmen, nicht dass Hypereides
es mit der religion selbst ernst war: aber sie sind im sinne alter religiosität
zu wirken bestimmt. dass hetären gesellschaften (ἔρανοι) stiften, ist nicht
ungewöhnlich. durch die dafür entworfenen statuten (νόμοι) werden sie den
philosophen noch ähnlicher: und wirklich erhält Gnathaina neben Xenokrates
ihren platz. Ath. XIII 585. V 186[b].

sehen. ein rechtsbuch oder ein stück papier, wie vereinsstatuten
oder verfassung, als solches zu respectieren behauptet die ehrliche
zeit auch nicht. ehrfurcht heischt und empfängt nur die person,
mensch oder gott. schon der eid, der alle die fälle umfafst, wo
bei uns eine namensunterschrift genügt, erhebt jede quittung,
jedes σνμβόλαιον fast, in die höhere sphaere. wo immer ein
immaterielles machtvoll wirkend empfunden wird, ist die gottheit
nahe. kein irdischer mund benennt sie recht, aber man sucht
aus den wirkungen einen namen für die ursache: die gottheit
wird schon dafür sorgen, dass die menschen erfahren, ob ihr der
name genehm sei. die nomenclatur geschieht nicht eigentlich
durch fiction; das göttliche in dieser form, mit diesem namen
existiert tatsächlich von dem momente an, wo die idee existiert,
deren ausdruck der name ist. wenn zehn leute sich zusammen-
tun um jeden 20 eines monats ein symposion zu halten (das
stets mit einem gemeinsamen heiligen gesange und mit trank-
spende beginnt), so wird ihnen diese verpflichtung als stiftung eines
ἥρως Εἰκαδεύς, (oder auch zu ehren eines δαίμων oder θεός oder
ἥρως ähnlichen namens) erscheinen. tun sie's etwa am siebenten,
so haben sie nicht nötig, einen namen zu suchen, sondern werden sich Δηλιασταί nennen, da der delische Apollon am siebenten
Thargelion geboren ist. das religiöse gefühl ist hier kein anderes,
als wenn im walde ein frischer quell unter einer hohen rüster
einen wanderer labt, der bisher profane ort in dem dankbaren
herzen das gefühl der heiligkeit erweckt, und eine tänie um den
rüsterast den Nymphen dankt; der nächste wanderer sieht die
weihung und betet zu den göttinnen, die des ortes herrinnen
sind. er würde zur Artemis beten, wenn der heiligkeit zuerst
ein jägersmann, der hier einen keiler erlegte, inne geworden
wäre und das haupt des tieres am stamm der rüster befestigt
hätte. bei der natur, welche wir viel zu einseitig für die hellenische religion allein zu betonen pflegen, ist solche auffassung
leicht verständlich. die durchdringung des abstracten mit dem
stets persönlichen und in seiner allmacht und allgegenwart nicht
durch einerleiheit der persönlichkeit oder unpersönlichkeit beschränkten gotte hat mindestens den gleichen wert. die junge

18*

menschheit hat sich mühselig aus gewalt und roheit sittliche
verhältnisse und rechtliche gesellschaftsformen erarbeitet. der
mühen und des wertes all dessen, was sie sich errungen hat,
ist sie sich noch bewufst. darum keimen und wuchern die
sagen, welche das durchdringen einer idee reflectieren, was
wir aetiologische mythen nennen: die geschichten von Kephalos
und Prokris, von Orestes und den Erinyen sind dichtungen wie
die vom gerichte über den schwestermörder Horatius. der mythos
ist aber nur das lebendige kleid der gottheit. er ist nimmer heilig
gewesen. heilig ist nur der gottesdienst; in ihm sucht sich der
mensch dem zu nahen, was er als göttlich empfindet. und die
gemeinsamkeit eines kreises von menschen beruht darin, dass
sie dasselbe göttliche oder das göttliche ebenso empfinden: sie
finden sich in gemeinsamem gottesdienst zusammen. diese art
der empfindung und ihres ausdrucks ist so tief mit dem Hellenentum verwachsen, dass sie erst mit ihm zu grunde gegangen ist.
wenn demnach sich eine anzahl gleichstrebender zu wissen-
schaftlicher arbeit zusammenfand, so mochten sie die idee
ihrer vereinigung sehr verschieden empfinden; wie auch immer,
irgend einen religiösen ausdruck musste die empfindung erhalten, oder sie waren keine Hellenen. wenn sie sich consti-
tuirt hätten wie heute eine actiengesellschaft oder ein wissen-
schaftlicher verein, so wären sie ἀσεβείας schuldig gewesen. auf
antikem boden und im unmittelbaren verkehr mit antiker welt,
da leben auch die antiken empfindungen wieder auf. das hyper-
boreisch-römische ·institut war ein echter antiker ϑίασος, mit
dem geburtsfeste seiner göttin und seines ἥρως κτίστης.

Aus dieser religiösen bedeutung erwächst (für Athen wenigstens) von selbst die freiheit der vereine. einmal historisch.
in primitiven verhältnissen gibt es nur eine form freier genossenschaft, das geschlecht. der mensch wird schon durch die geburt
in feste kreise gewiesen, bestimmten göttern untertan und zugewandt. die zeit setzt allmählich den staat an die stelle
des geschlechtes oder der bruderschaft. indefs nicht so, dass
die alten gemeinsamkeiten zerstört würden: wie sollten sie auch,
die götter sind doch nicht mit gewalt oder mit dem formalen

rechte zu erreichen. es treten vielmehr lediglich neue gemeinsamkeiten, neue erscheinungsformen des göttlichen neben die alten
und erkämpfen sich gleiche berechtigung. die formen aber sind
nur eine nachbildung des geschlechts oder der bruderschaft.
die geschlechtsgötter oder eponyme sind andere: aber der ausdruck der gemeinsamkeit ist derselbe. allmählich vollzieht sich
wol ein wandel, indem ein teil des gehaltes der alten in die
neuen formen übergeht; zerschlagen werden darum die alten
formen doch nicht. an der duldung, die das neue zunächst nur
für sich erficht, haben aber auch andere anteil; in Athen speciell die 'gäste'; die ϑεοφιλεστάτη und φιλοξενωτάτη πόλις bewährt sich auch hier. dass Kleisthenes oder irgend wer die
Geleon und Hoples, Kephalos und Eumolpos, Titakos und Phi-
laios hätte negieren sollen, wäre ja widersinn gewesen. er verlangte und erreichte nur gleiche respectierung für Oineus und
Antiochos, Araphen und Keramos. und es war nichts als folgerichtig, dass für die ξένοι μέτοικοι und die ξένοι παρεπιδημοῦντες
daraus die freiheit erwuchs ihren göttern in ihrer weise zu
dienen, mochte das Sabazios oder die Göttermutter, Moloch oder
Kotytto sein. und wenn sich ναύκληροι oder κυναγοί zusammen-
taten und ihren ganz profanen zwecken nachgiengen, so forderten
und fanden ihre himmlischen vertreter achtung und schutz,
mochten sie nun Zeus Soter und Artemis Elaphebolos oder ein
simpler ἥρως ναύκληρος oder κυναγός sein, wie es einen ναύλοχος
und ἰατρός gibt. sobald man festhält, daſs die hellenischen götter
keine universale bedeutung haben, wird die frage, ob fremde culte
gestattet waren, gegenstandslos. dass der Skythe in Athena oder
der Tyrier in Apollon seinen gott verehren sollte, wäre ja eine
beleidigung der fremden wie der hellenischen götter. durch verkehr in den sphären, die Athena beherrschte, konnte aber auch
ein ξένος sich gedrungen fühlen, ihr ein gelübde zu tun oder
den zehnten des gewinnes darzubringen; das gleiche mochte
einem Athener beim Tanos in Aegypten begegnen: darin ist
nichts anstöſsiges, und ebenso wenig, wenn sich dann in Athen
ein verein von verehrern des Tanos zusammenfinden sollte. nicht
in einem plus, dem cultus fremder götter, sondern in einem minus,

der vernachlässigung der angestammten, liegt *ἀσέβεια*. wer dem
Alopex (oder wie der heros hiefs), dem Antiochos, dem Apollon,
der Athena die dienste und die ehrerbietung versagt, der negiert
die verbindung und das recht in demos phyle staat, (denn der staat
ist ja der gröfste und umfassendste verein, aber doch auch nur
im religiösen sinne)[9]): das ist ein handeln, das sich lossagt von
allem, was recht und heilig ist. wer es tut, mufs ausgerottet
werden aus der gemeinschaft; nicht einmal den hunden und
vögeln des vaterlandes darf sein gerichteter leichnam zum frafse
werden. es gibt keine majestät im himmel noch auf erden, die
er nicht verletzt hätte.

Sehr viel kürzer hätte ich mich fassen können, wenn es an-
gienge, das bei Gaius (Digg. 47, 22, 4) erhaltene „Solonische" gesetz unbesehen als zeugniss zu verwenden. allein abgesehen
davon, dass es schwer verschrieben ist, so würde es zur zeit
nicht viel mehr als eine petitio principii scheinen, wollte
man das geltende recht auf grund eines in so zerstörter form
und an solchem orte überlieferten schriftstücks construieren[10]).
nunmehr aber erachte ich die sachlage für derart, dafs das
geltende recht in wahrheit das hier bezeugte gewesen ist, dass
dies gesetz zwar nicht mehr in allen einzelnheiten herstellbar ist,
indess in dem eingang *ἐὰν δὲ δῆμος ἢ ὀργεῶνες ἢ γεννηταὶ κτέ*

---

[9]) Kydathen 112.
[10]) Es wird, teilweis nach dem vorgang anderer zu lesen sein *ἐὰν δὲ
δῆμος ἢ φρατέρες ἢ ὀργεῶνες ἢ γεννηταὶ (ἢ ἱερῶν ὀργίων ἢ ναῦται* codd.) *ἢ σύσ-
σιτοι ἢ ὁμόταφοι ἢ θιασῶται ἢ ἐπὶ λείαν οἰχόμενοι ἢ εἰς ἐμπορίαν, ὅτι ἄν τούτων διαθῶνται ⟨τινες⟩ πρὸς ἀλλήλους, κύριον εἶναι ἐὰν μὴ ἀπαγορεύῃ* (-ρευσῃ
codd.) *δημόσια γράμματα.* das letzte ist schwerlich die authentische fassung.
das gesetz hat Seleukos commentiert, Photios s. v. *ὀργεῶνες,* aus verwandter
quelle Harpokration, und die worte *ἐπὶ λείαν* bei Hesych (Lobeck Agl. 305).
die *ναύκληροι* sind die einzige corporation, welche im staatlichen leben sehr
bedeutend eingreift, wenn auch wir von dieser dem staate nicht unterstehen-
den aber nahe stehenden handelscompagnie nur wenig erfahren. vgl. Christ
de publicis pop. Ath. rationibus p. 23, wo der stein CIA IV 491ª nachzutragen
ist. *Ἡράκλειτος ναύκληρος Χερρονησίτης.* der name der genossenschaft ersetzt
für Athen ganz correct den vatersnamen des mannes, der zu der eingebornen
bevölkerung des attischen coloniallandes gehört.

den beweis in sich trägt, sowol dass es so nicht vorkleisthenisch ist, sintemal δῆμος darin steht, als auch daſs es nur die erweiterung eines solonischen gesetzes sein kann, sintemal δῆμος unorganisch eingeflickt ist. schlieſslich ist es auch nicht wunderbar, dass die römischen rechtslehrer davon kunde erhalten haben, da Athen als freie stadt sein recht tatsächlich behalten hat, und grade dieses gesetz nachweislich von Seleukos, einem hofgelehrten des kaisers Tiberius, commentiert war. nunmehr ist also einfach zu sagen: das gesetz des Sophokles ist ungesetzlich, weil es gegen dieses solonische gesetz verstöſst. und so ist denn auch die freiheit des vereinsrechtes nicht weiter beeinträchtigt worden; da Athen eine freie stadt blieb, auch nicht durch das römische recht, das in Asien den genossenschaften so verhängnissvoll ward.

AKADEMIE. Die stiftung des theophrastischen Musenvereines ist selbstverständlich nichts als eine nachahmung der Akademie. wenn Platon überhaupt in dem öffentlichen gymnasium vorträge gehalten hat, was man der allgemeinen meinung und einem ausdrücklichen zeugnisse des Alexandros Polyistor (Diog. III 5) durchaus nicht zu glauben braucht, so ist doch jener vorübergehende zustand gänzlich daran unschuldig, dass der name des alten heros Hekademos in ewigkeit mit der vorstellung der reinsten und höchsten wissenschaft verbunden ist. Platon hat vielmehr eines tages einen θίασος Μουσῶν und ein heiligtum dieser göttinnen auf einem grundstück neben dem dorfe Kolonos in der damals wie heut ᾿Ακαδήμεια genannten niederung am Kephisos gestiftet, das er sich gekauft hatte, nun aber dem θίασος, dessen lebenslänglicher ἄρχων er war, nach dem grundsatze seiner pythagoreischen freunde κοινὰ τὰ τῶν φίλων vollgültig abtrat und zudem mit reichlichen revenuen aus grundbesitz oder capital ausstattete; besitzer des vermögens waren natürlich die göttinnen, deren ἱερωσύνη im θίασος blieb. bis auf Iustinian hat diese scheinbar fideicommissarische, in wahrheit einfach sacrale stiftung bestanden, ohne irgend wann bestritten zu werden. als die göttinnen vom staat für abgeschafft erklärt wurden, zog der staat dies kirchengut wie alles

andere ein. ein bedeutendes moment für die geschichte der
platonischen schule liegt ohne zweifel darin, dass sie durch die
grofsartige liberalität ihres stifters ein gesichertes einkommen
besafs, und der vornehme und reiche, übrigens auch an gesetzes-
kenntniss dem tross der gerichtsredner seiner zeit weit überlegene Athener hatte es allerdings leicht, eine den führlichkeiten
der revolutionen entrückte form zur sicherung seiner schule
zu finden; anregung mag er wol zunächst durch die pythagoreischen bruderschaften in Italien erhalten haben. der einfluss
der Akademie bei verschiedenen politischen gelegenheiten ist der
intervention des Archytas zu Platons gunsten bei Dionysios II
sehr verwandt.

Dass Platon mit der cession des schulvermögens ganz ernst
gemacht und die halben mafsregeln der Peripatetiker vermieden
hatte, zeigt sein s. g. testament, das in wahrheit nur sein
mäfsiges privatvermögen aufzählt, das der auf seine familie
stolze mann dem hause des Ariston bewahrte. er hatte bei
der stiftung der schule sich selbst nur ein landgut am obern
Kephisos, im gau Iphistiadai, reserviert, offenbar zur ville-
giatur, wie denn auch Praxiphanes den Isokrates bei ihm ein-
kehren liefs[11]); dies gut wird schon vorher in der familie gewesen sein. ein anderes hatte er noch im laufe seines lebens
von den revenuen angekauft, doch liegt ihm nichts an dem besitze. bezeichnend ist, dafs der privatmann seine gutsnachbarn
zu testamentsvollstreckern wählt; sein neffe Speusippos erscheint
auch, aber aus der schule niemand. gelebt hat Platon meist
natürlich bei den Musen und ist auch dort bestattet worden.
während seines lebens leitete er die schule und bestellte bei
seiner letzten sicilischen reise selbst einen stellvertreter, Herakleides Pontikos, also einen metöken[12]). dies ist das älteste

---

[11]) Diog. III 8. ich halte es für überflüssig erst zu bemerken, was ich
von der Platonlegende für glaubhaft halte, da Zeller gründlich aufgeräumt
hat. die wenigen zuverlässigen daten, also was Hermodoros berichtet, der
verkauf in Aigina, die sicilischen reisen, die aus den dialogen notwendig folgenden familienbeziehungen, muss man dann aber auch voll ausnutzen.

[12]) Suidas s. v. Diogenes hat es ausgelassen. es ist unzweifelhaft durch

fixierbare datum für die existenz der stiftung (um 360); nach
der anderen seite kann ich nur das äufserste, Platons heimkehr,
388 nennen. es wird wesentlich sein, die termini enger zu
rücken.

Wie er dazu kam die Musen zu den schutzpatroninnen zu
erkiesen, denen denn auch Speusippos ein anathem darbringt
(Philodem oben 46), und deren heiligtum Antigonos (oben s. 65)
erwähnt[19]), ist vielleicht vermessen zu fragen. der Athener, der
den cultus seiner stadt nicht einmal in der Kretercolonie ver-
gifst, ist gewifs nicht trivialen gedanken an musische bildung
gefolgt. an eine locale überlieferung ist auch nicht zu denken;
die Musen sind am Ilisos zu hause. mich dünkt, man kann
dem Platon auch hier nachfühlen, wenn man nur den Phaidros
recht liest. eben hatte sich der gröfste dichter der Hellenen
entschlossen, in den musischen agon nicht einzutreten und die
verse verbrannt; freilich nicht um dem Musendienst valet zu
sagen, sondern um der Muse der philosophie, der Himmlischen,
hinfort zu dienen. seine erste dichtung in dieser Musenweise
ist verlegt an einen den Musen heiligen ort, und die hindeutung
auf diese göttinnen durchzieht das ahnungsvolle gedicht. alles
höchste und tiefste, was ein reiches volles menschenleben an
erkenntniss und offenbarung bringen sollte, liegt im Phaidros
wie in einer knospe halbverschlossen: aber des jünglings seele
jubelt in vollsten tönen, dass nun das ziel des strebens, die an-

---

den anm. 19 citierten bericht bei Philodem; die quelle wahrscheinlich Herakleides selbst. übrigens scheint mir evident, dass Aristoxenos mit der bemerkung, dass dem Platon während seiner abwesenheit in Sicilien ξένοι τινὲς
ἐπανέστησαν καὶ περίπατον ἀντῳκοδόμησαν (Aristokles bei Euseb. XV 791) eben
den Herakleides meint. natürlich verdreht er den sachverhalt.

. 19) Auch bei Philodem (Ind. acad. 7 ende 8 anf.) scheint doch zu lesen
οὕτω δὲ λέγεται διακεῖσθαι τῇ εὐνοίᾳ τῇ πρὸς τὸν δῆμον ὁ Ξενοκράτης ὥστ᾽ οὔτε
τὰ μουσεῖα θύσασθαι κατὰ τὴν τῆς φρουρᾶς — der rest des satzes ist ausgelassen und der nachtrag am rande unverständlich. Bücheler hat teils so
geschrieben, teils wenigstens die möglichkeit so zu schreiben bezeichnet.
sobald man die schulvorstandschaft und das schulfest bedenkt, wird μουσεῖα
(für κουσεια) und θύσασθαι für τυσ . . . . klar; θῦσαι, nach Bücheler, verbietet
raum und sinn.

schauung des ewigen, und der weg dazu, der ἔρως, gefunden sei. die 'Himmlische' ist die schließerin der offenbarung (sie ist eine tochter jener göttin, die einst dem Parmenides die ewigkeit des seins enthüllte), der führer aber ist der 'Liebesdrang'; kein gott dem man altäre baut, wol aber der mittler zwischen himmel und erden. in gemeinsamem suchen ringen die diener des Eros empor; die wissenschaft ist das ergebniss hingebender, sehnsuchtsvoller, gemeinsamer arbeit. was der jüngling versprochen, löst der mann ein. die formen für das wissenschaftliche zusammenarbeiten, ein potenziertes sokratisches διαλέγεσθαι, der Eros als mittler nicht blofs zwischen himmel und erde, sondern auch zwischen lehrer und schüler (ὦ ἐμὸν ἐκμήνας θυμὸν Ἔρωτι Δίων), und der dienst der Musen, die nun nicht mehr am Ilisos aufgesucht werden, sondern des hauses und herdes göttinnen geworden sind, all das ward zur tat durch die Akademie. ich kann es nicht beweisen, aber mich dünkt es fast unmittelbar einleuchtend, dass das Symposion das gedicht ist, in welchem der thiasarch des frischgegründeten Musenvereins in der Akademie ein ideales vorbild für die festmale seines thiasos zeichnet, und noch in den untersuchungen περὶ μέθης im ersten teile der Gesetze scheinen mir thiasotische wünsche und erfahrungen vorzuliegen.

Schon sehr früh muss sich dem Musenchor als führer Apollon Thargelios gesellt haben. er war die veranlafsung gewesen, dass dem Sokrates die kostbare spanne zeit zwischen verurteilung und tod vergönnt war; die von Speusippos bereits in umlauf gesetzte Platonlegende knüpft ebenfalls an diesen gott an; bei den neuplatonikern finden wir direct den geburtstag Platons, d. h. den des Apollon Thargelios, als schulfest, Porphyr. vita Plot. 2. 15. und so ist doch wol auch die feier aufzufassen, die den rahmen von Plutarchs sympos. VIII 1. 2 bildet, und wenn da erzählt wird dass Karneades so genannt war, weil er am siebenten Karneios geboren war, so dürfte schon Karneades selbst dies zusammentreffen bemerkt, die schule schon damals diesen festtag begangen haben. das Musenfest der Akademie ist in plutarchischer zeit mit dem schulfest des ephebeninstituts verknüpft.

bei dem symposion, das Plutarch IX von capitel 2 an erzählt,
führt Ammonios, der akademische thiasarch, zunächst als stratege,
also staatsbeamter den vorsitz, die peripatetiker, rhetoren u. s. w.
sind gäste; dass die Akademiker sich zu hause fühlen, zeigt der
spott des Sospes (6). hier erscheint denn auch Ἀπόλλων μουσα-
γέτης als teilhaber des festes (14). überhaupt ist diese plutarchische schrift die beste illustration für die philosophischen
symposien jener zeit, die doch wenigstens in äuſerlichkeiten an
die gemeinsamen male erinnern können, zu denen einst Platon
den Timotheos Konons sohn zu gaste lud. der 'comment' für
diese 'gemütlichen abende' waren die νόμοι συμποτικοί, die
von Speusippos und Xenokrates, den beiden ersten schulhäuptern,
erwähnt werden. [14])

Dass wir in die wissenschaftliche tätigkeit der Akademie
einen blick werfen können, verdanken wir dem harmlosen spotte
der komoedie. überaus bezeichnend ist die beschreibung des
Epikrates, der uns Platon am Panathenaeenfest im kreise der
schulgenossen bei einer botanischen untersuchung vorführt, ungestört durch die flegelei eines anwesenden sicilischen arztes. [15])
dass fremde zutritt hatten, ergibt sich auch sonst. [16]) von
gröſserer wichtigkeit ist es und der herkömmlichen vorstellung
von der geringen förderung der naturwissenschaft durch Platon
schnurstracks widersprechend, dass ein arzt in die Akademie

---

[14]) Athen. 3ʳ 186ᵈ aus πίνακες. bei Diogenes (Hermippos) fehlen sie.
die von Athenaeus gleichfalls genannten aristotelischen νόμοι συμποτικοί erscheinen als συσσιτικοί in dem hermippischen schriftenkatalog und werden
als sammlung von bestimmungen über syssitien im stile von νόμοι βαρβαρικοί
anzusehen sein.

[15]) Bei Athen. 59ᵈ τί Πλάτων καὶ Σπεύσιππος καὶ Μενέδημος; πρὸς τίσι
νυνὶ διατρίβουσιν; ..... worauf geantwortet wird Παναθηναίοις γὰρ ἰδὼν
ἀγέλην τῶν μειρακίων ἐν γυμνασίοις Ἀκαδημείας ἤκουσα λόγων ἀτόπων ἀτό-
πων· περὶ γὰρ φύσεως ἀφοριζόμενοι διεχώριζον ζῴων τε βίον δένδρων τε φύσιν
λαχάνων τε γένος· κᾆτ' ἐν τούτοις τὸν κολοκύντην τίνος ἐστὶ γένους u. s. w.

[16]) Die bekannte schilderung des Aristoteles, wie die zuhörerschaft aus
einer platonischen vorlesung περὶ τἀγαθοῦ allmählich wegblieb (bei Aristoxenos
in der einleitung des zweiten buches), ist nur verständlich bei einem nicht
bloſs für die schulgenossen berechneten vortrage.

geht und die schule bei der frage trifft, nach welchen gesichtspunkten ein kürbis dem botanischen systeme einzuordnen sei.
allein jene vorstellung ist überhaupt eine ganz haltlose. eigentlich
braucht man nur den Timaios dafür zu nennen, aber tatsachen
fehlen auch nicht, welche der Akademie eine bedeutende förderung
der exacten wissenschaften zuweisen; Aristoteles hat die vorarbeiten,
welche seine gigantische leistung, namentlich auf zoologischem
gebiete, in den schatten gestellt hat, zumeist freilich bei der
ionischen wissenschaft, der nachfolge des Demokritos und Hippokrates, gefunden. aber nicht wenig auch im Museion der Akademie. wo sonst hätte Herakleides Pontikos die anregung zu
so manchen naturwissenschaftlichen problemen her? hat nicht
Speusippos über zoologie und botanik geschrieben? mathematik,
geographie, astronomie sind vollends von Platonikern mindestens
eben so sehr als von Aristotelikern gefördert. und immer mehr
bricht sich die erkenntniss bahn, dass Hippokrates nicht ohne
grund im Phaidros citiert ist. grade solche studien, wie sie
Speusippos trieb, sind ohne sammlungen nicht zu machen. ohne
zweifel hatte die Akademie ihr 'museum'; das naturaliencabinet
des Ptolemaios ist auch nur eine nachahmung Platons: ja, hier
kann man Aristoteles, den neugründer von Stagira, ganz in den
bahnen seines lehrers finden; denn Theophrastos bezieht sich
mehrfach in der Pflanzengeschichte auf merkwürdigkeiten 'im
Museion von Stagira'.

Historisch-philologische studien anzunehmen wird man von
vornherein geneigt sein. Platon ist ja der erste, der den
griechischen dialekten und selbst dem phrygischen ein interesse
zugewandt hat; Staat, Staatsmann, Gesetze scheinen nur ober-
flächlichem blicke die ergebnisse lediglich begrifflicher speculation
zu geben: auch sie ruhen auf einer breiten grundlage von beobachtungen und historischen und juristischen studien. wieder
ist Herakleides der umfassendste vertreter dieser wissenschaftlichen richtung. noch weit mehr aber Aristoteles, der die
naturwissenschaftliche anregung vielleicht von seinem vater
erhalten hat, zum philologen aber nur in der Akademie geworden sein kann, aus der er dem namen nach, d. h. als mitglied

des thiasos, gar nicht ausgetreten ist[17]). die sammlung eines wissenschaftlichen apparates für diese fächer stellt sich als gründung einer bibliothek dar. und sofort rücken uns eine anzahl sehr bekannter nachrichten in das rechte licht. Timon erzählt von dem kaufe des philolaischen werkes; Duris von der einführung des Sophron; andere töricht von sammlungen der demokritischen schriften: bezeichnender als alle Herakleides davon, dass Platon ihm bei einer reise nach Asien den auftrag gegeben hätte, die gedichte des Antimachos, die es etwa noch gäbe, aufzutreiben.[18]) mit der büchersammlung geht die bücherverbreitung hand in hand. wie sollte es auch anders gewesen

---

[17]) Mich dünkt, die von Zeller II[b] 15 3 zusammengestellten stellen, wo Aristoteles sich mit zu den Platonikern rechnet, erhalten eben so wie die rücksichtnahme gegen Xenokrates, den thiasarchen, erst so ihre ungezwungene erklärung. dass es als etwas ganz natürliches erscheinen musste, wenn Aristoteles auch neben Xenokrates vorlesungen hielt, ist ja selbstverständlich, zumal er ein viel weiteres gebiet umfasste, namentlich auch die rhetorik. so hat Kleitomachos, obwol er der zweite nachfolger des Karneades ward, schon im Palladion eigene schule gehalten (Philod. col. 24, Apollodor ebenda 30), es ist also gar keine veranlassung eine vollkommene fiction anzunehmen, wenn Antiochos von Askalon (Cic. Acad. I 17) die schulen des Aristoteles und Xenokrates als unmittelbare successionen Platons darstellt.

[18]) Das stück alten gelehrten Timaioscommentares, das Proclus aus Porphyrius p. 28 erhalten hat, zeigt uns die debatten der nächsten generationen über Platons aesthetisches urteil. Kallimachos verzeiht es ihm nicht dass er den Antimachos gern gehabt hatte (was auf jenem berichte des Herakleides beruhte, vgl. Herm. XII 357), Duris opponiert gegen die bevorzugung des Sophron; auf der andren seite schliefst sich selbst das allgemeine urteil an seine schätzung in den litterarischen epigrammen, z. b. über Sappho. was den Sophron betrifft, so kann man schwerlich bestreiten, dass Platon ihn wirklich zuerst hervorgezogen hat, wenn auch erst im zehnten buche des Staates, wo es vom lächerlichen heifst ἐν μιμήσει κωμῳδικῇ ἢ καὶ ἰδίᾳ (606[c]. ἴδιοι λόγοι prosa wie 366[c]), möglich also dass die dunkelen citate 607[c] auf ihn gehen. Aristoteles ist auch hier direct von Platon beeinflusst. wie tief Platons aesthetische bemerkungen gewirkt haben, beweist auch dass ein bekanntes und natürlich geglaubtes apophthegma des Sophokles im Staat vorgebildet ist 598[c] ἀνάγκη τὸν ἀγαθὸν ποιητήν, εἰ μέλλει περὶ ὧν ἂν ποιῇ καλῶς ποιήσειν, εἰδότα ἄρα ποιεῖν ἢ μὴ οἷόν τ᾽ εἶναι ποιεῖν. hier ist übrigens der greis mit unrecht vom jüngling abgegangen. dem Platon des Phaidros ist die poesie begeisterung wie dem Demokritos.

sein, als dass die vervielfältigung und der vertrieb der akademischen werke durch die gesellschaft selbst besorgt wurde?
Platons schriften, und so gewifs die der anderen schulgenossen,
z. b. Aristoteles dialoge, sind 'im verlag der Akademie' erschienen. λόγοισιν Ἑρμόδωρος ἐμπορεύεται. die oben (s. 122)
verzeichnete notiz des Antigonos, dass die platonischen werke
zuerst nach ihrem erscheinen gegen geldentschädigung verliehen
wurden, erscheint nun ganz verständlich; ebenso wenn wir nach
Platons tode die unvollendeten werke teils als torsi, wie den
Kritias, teils zu einer art ganzem redigiert, wie die Gesetze,
erscheinen sehen; auch dass sonstige erzeugnisse des akademischen
verlages auf den namen des schulhauptes laufen, ist begreiflich.
schliefslich danken wir dieser institution im grunde wol auch
die überaus glückliche erhaltung einer vollständigen sammlung
und eines reinen textes. denn, von Thrasyllos abgesehen, schon
Aristophanes von Byzanz hätten ohne gute und übereinstimmende
handschriften keinen so zuverläsigen text constituieren können.
die chaotische verwirrung der aristotelischen litteratur, die in
so schroffem contraste zu Platon steht, illustriert sich durch die
andern verhältnisse in der peripatetischen schule. Theophrastos
vergibt die ganze bibliothek an Neleus; was der erfolg war, ist
durch den bericht des Strabon, mehr noch durch die ergebnisse
der textgeschichte bekannt. Straton vermacht seine bibliothek
dem Lykon, seinem nachfolger, πλὴν ὧν αὐτοὶ γεγράφαμεν, womit hier wol handexemplare gemeint sind, welche bei der hauptmasse des erbes blieben, weil sie keinen wissenschaftlichen wert
hatten. Lykon dagegen schenkt einem sclaven τὰ ἐμὰ βιβλία τὰ
ἀνεγνωσμένα· τὰ δ' ἀνέκδοτα Καλλίνῳ ὅπως ἐπιμελῶς αὐτὰ ἐκδῷ.
d. h. der kammerdiener erhält die handexemplare; der schriftliche nachlass geht an einen der erben mit der verpflichtung
der herausgabe; wofür ihm dann der ertrag zugefallen sein wird.

Zeigt sich hier ein strafferer zusammenhalt in der platonischen schule, so ist ganz besonders auf einem andern gebiete,
dem der succession, ebenda der charakter der genossenschaft weit
reiner bewahrt als in dem tyrannischen regimente der peripatetiker. nach dem ableben des ἄρχων wird ein lebensläng-

licher nachfolger durch stimmenmehrheit von den mitgliedern des ϑίασος gewählt [19]); doch ist es gestattet die wahl abzulehnen [20]). einmal, unter Lakydes, trat der ἄρχων sein amt, wie es heifst, an zwei männer ab. · es läfst sich aber nicht entscheiden, in welcher form, noch ob an beide: möglich wäre es ja auch, dass Lakydes erst nach seinem ersten stellvertreter gestorben wäre [21]). zu gleicher zeit traf das grundstück der schule dasselbe schicksal der verwüstung durch die ziellose rohheit des Philippos, welches überhaupt die physiognomie der stadt Athen durchgreifend veränderte; mit der verödung kam ungesundheit über die niederung [22]), das leben zog sich in die längst zu weiten mauern des Themistokles; die sullanische katastrophe trug elend und verwüstung in die mauern selbst hinein. Karneades hatte noch draufsen im garten eine exedra gehabt; Antiochos lehrte im Ptolemaion, und wenn die jungen römischen studenten einen einsamen und die phantasie durch das gedächtniss vergangener gröfse anregenden spaziergang machen wollten, so giengen sie nach der Akademie — grade wie heute. · die einleitung zum fünften buche *de finibus* übt grade dadurch dass sie so durchaus modern anmutet ihren eigenen zauber aus. es war kein echtes leben, das nach Athen wieder einzog, als die kaiser es zur universitätsstadt für die welt erkoren, und Marcus die lehrstühle der vier officiellen philosophicen dotierte und besetzte; das lukianische pasquill Eunuchos gibt ein übles pendant zu dem heftigen wahlkampfe des jahres 339: indess die rein materielle vorsorge Platons hatte selbst das fast ein jahrtausend

---

[19]) Philodem (Ind. ac. 6. ende 7 anf.) nach Speusippos tod οἱ δὲ νεανίσκοι ψηφοφορήσαντες κατὰ τὰ ὑπομνησθέντα (? υι. νη. | σιτα) Ξενοκράτην εἴλοντο, Ἀριστοτέλους μὲν ἀποδεδημηκότος εἰς Μακεδονίαν, Μενεδήμου δὲ τοῦ Πυραίου καὶ Ἡρακλείδου τοῦ Ἡρακλεώτου παρ᾽ ὀλίγας ψήφους ἡττηθέντων.

[20]) Sokratides, oben s. 62.

[21]) Diog. IV 60. die grabschrift des Telekles (Kaibel 40) schweigt von der vorstandschaft und beschränkt sich die teilnahme an der Akademie hervorzuheben; das grab ist von dem sohne gesetzt. das sieht nicht nach einer wirklichen prostasie aus.

[22]) Dies hat mit den späteren berichten über Platons bevorzugung des ungesunden gartens sehr gut Zumpt combiniert (Abh. d. Berl. Ak. 1842 II 38).

zuvor gesichert, dass seine schule ein ehrenvolles ende finden konnte. die scholarchen waren unabhängig vom staat und von der gemeinde: und die Musen der Akademie sahen die stolze göttin der burg ein asyl sich suchen an ihres thiasoten Proclus herde, als eine neue gottheit den staatscultus beanspruchte. wol waren es nicht Hellenen, sondern Lykier, Syrer, Aramaeer, die an dem aller- heiligsten des Hellenentums als letzte verlorne posten ausharrten: aber das nimmt der tatsache nichts von ihrer bedeutung, dass der todestag der antiken religion und der todestag Athens nicht die verdrängung der göttin von der burg, sondern das ende der platonischen schule ist.

DIE ANDERN SCHULEN. War schon die nachahmung durch Theo- phrastos ein starker abfall, so ist vollends bei den Stoikern eine wirkliche schulgründung und schulfolge nicht vorhanden. natürlich taten sie sich zusammen, sie werden einen ἔρανος gebildet, σνμ- βολαί erhoben, gemeinsame male gehalten haben, allein der zu- sammenhalt fehlt, zumal gleich nach Zenons tode. und wenn wir aus späterer zeit von Διογενεισταί Ἀντιπατρισταί Παναιτιασταί hören (Athen. V 186), so ist diese zersplitterung gleichermafsen ein beleg für die nichtexistenz einer rechtlich bedeutsamen schulfolge, wie für die allgemeine verbreitung der thiasotischen formen in den philosophischen kreisen. vorübergehende er- scheinungen wie Hieronymos von Rhodos, der einen geschlossenen schülerkreis gehabt haben muss, da Arkesilaos ihm einen schüler zuweist (oben s. 76), haben wenig bedeutung; der Kynismus ist durch sein lebensprincip auf die vereinzelung angewiesen.

Eine schule hat dagegen ähnliches wie Platon erreicht, weil auch sie durch einen Athener gestiftet ward: die κατ' ἐξοχήν so genannte schule des 'Gartens', deren grundstück sogar unweit des platonischen mehr nach der stadt zu gelegen war[23]. das eigene wohnhaus Epikurs sollte zugleich dem von ihm bereits bestimmten nachfolger zur verfügung bleiben.

---

[23]) Wachsmuth (Athen 265) hat zwar auf grund von Plinius 19, 51 den garten in die stadt verlegt; es scheint aber evident, dass dieser haus und garten verwechselt hat. Cicero redet aus voller anschauung und ortskennt- niss: dem hat man zu glauben.

allein beide grundstücke waren nicht eigentum des thiasos, noch
viel weniger heiliges gut, sondern das eigentumsrecht blieb den
erben Epikurs, nur lastete die servitut darauf, Hermarchos
und seinen nachfolgern den niefsbrauch zu überlassen. es ist
begreiflich dass die zeitverhältnisse damit über den besitz ganz
andere macht erlangten, wie ja auch schon zu Ciceros zeit das
haus verpfändet, der garten verwüstet war. wie die nachfolgeschaft späterhin geordnet war, wissen wir nicht. die
gedächtnissfeste waren von dem stifter selbst eingesetzt. sie
lehren uns den abstand von den Musenvereinen recht deutlich kennen; die gemeinsamkeit des thiasotischen charakters freilich leidet
nicht darunter. die bekenner der lehre Epikurs hatten keine ideale,
die sie in hellenischer weise als ϑεῖον oder δαιμόνιον empfanden oder
wenigstens (da sie trotz aller philosophie menschen und Hellenen
blieben) empfinden mochten. zu den göttern des staatscultus
hatten sie vollends die brücke ganz anders abgebrochen als
Platon und Aristoteles. so tritt an die stelle der götter der
stifter. er hatte die stelle eines thiasarchen nicht minder vollkommen ausgefüllt als Platon; energisch hatte er, wenn es nötig
war, die συμβολαί eingetrieben [24]), und als ein umsichtiger hausvater für die zukunft gesorgt; κοινὰ τὰ τῶν φίλων war auch seine
parole und mit eigenem gute hat er nicht gekargt; in den
schweren zeiten der zweiten belagerung durch Demetrios hatte
er ebenfalls als ein rechter hausvater den schulgenossen eigen-
händig die bohnen zugezählt [25]): aber er hatte auch seinen und
seines busenfreundes Metrodoros gedächtniscult selbst in seinem
letzten willen als officiellen eingesetzt. der κτίστης des ϑίασος erhält
die einem solchen gebührenden ehren, wie Hagnon in Amphipolis,
wie unzählige andere. ein recht schlagender beleg: nach dem

24) Gomperz Herm. V 392. Plutarch adv. Col. 18.
25) Plutarch Demetr. 34. dies ist zur zeit die älteste erwähnung der
schule als solcher (295). noch im ersten jahrhundert nach Christus begegnen
die Ἀθήνησιν Ἐπικούρειοι φιλόσοφοι neben der ἱερὰ θυμελικὴ σύνοδος und staatlichen corporationen als spender von lobdecreten für einen arzt und dichter
Herakleitos aus Rhodiopolis CIG III 4315n (p. 1148).
Philolog. Untersuchungen IV. 19

tode des Kraton Zotichos sohn von Teos beschliefst der von ihm gestiftete thiasos κυρῶσαι μὲν τὸν ἱερὸν νόμον τὸν ἀπολελειμμένον ὑπὸ Κράτωνος, συντελεῖσθαι δὲ ἐπωνύμοις ἡμέρας Κράτωνός τε καὶ ... (CIG 3069)[26]. diese namenstage, die zu dem monatlichen male am zwanzigsten traten, sind es um derentwillen den Epikureern nicht ohne schein inconsequenz vorgeworfen ward, da sie die fortdauer der seele leugneten, den gedenktag des stifters aber gleichwol dauernd begiengen[27]. die ganze stellung des Epikuros aber innerhalb seiner schule ist erst so recht zu verstehn. wol war er ein heiliger mann, wol trieb auch die ganze zeit und er zumal einen ungesunden cultus des individuums und der person: allein es war wahrlich nicht blofs weichliche sentimentalität noch schwachmütige denkfaulheit, wenn diese durchaus hellenische schule an ihrem meister und seiner lehre mit fast orientalischer glaubensstärke hieng: auch das war religion, und zwar schöne, echthellenische.

Zum schluss eine vereinzelte, unbedeutende, halbkomische, aber doch bezeichnende tatsache. die skepsis Pyrrhons ist natürlich weder dazu angetan schultradition zu geben, noch hat ihre ältesten vertreter der ehrgeiz angewandelt, es den meistern des τῖφος gleichzutun; woran der umstand nichts ändert,

---

[26]) Die asiatischen thiasoi, die von Rhodos, die knabenschule von Teos, die βουκόλοι hätte ich auch wol in diesen zusammenhang ziehen können; sie scheinen mir aber in anderem mehr am platze.

[27]) Das jahresfest des geburtstags (10 gamelion) tritt sammt den geburtstagen anderer des kreises erst nach dem tode ein; was zu den monatlichen festen des zwanzigsten, die der thiasos gewiss seit der stiftung begangen hat (Plut. ne suav. qu. 4), geführt hat, weifs ich nicht. dass man sie später mit dem geburtsfeste verwechselte (wie Plin. 35 2), lag nahe; Cicero (de fin. 2 99) hat das misverständnis geflissentlich nahe gelegt. Menippos schrieb noch briefe πρὸς γονὰς Ἐπικούρου καὶ τὰς θρησκευομένας ὑπ' αὐτοῦ εἰκάδας (Diog. VI 101). wenn Athenaeus die Epikureer direct Εἰκαδισταί nennt (VII 298[d]), so ist das bosheit: es bestand ja in Athen ein viel älterer verein Εἰκαδεῖς, der sich von einem Εἰκαδεύς herleitete (CIA II 609); die zwecke desselben sind unklar. grundbesitz hatten sie bei Myrrhinus Ἀθήν. IV 121 ὅρος χωρίου κοινοῦ Εἰκαδέων· μὴ συμβάλλειν εἰς τοῦτο τὸ χωρίον μηδένα μηδέν, d. h. dieses grundstück darf nicht hypothekarisch belastet werden.

dass Pyrrhon in Elis lehrvorträge gehalten hat. und doch ist in der nähe von Phokaia folgender stein gefunden (Kaibel 241ᵇ):

$$\text{ὁ τᾶς ἀοιδᾶς ἡγεμὼν ἀν' Ἑλλάδα,}$$
$$\text{ὁ παντάπασιν ἐξισώσας τὰν λόγῳ}$$
$$\text{καὶ τὰν ἀτάραχον ἐν βροτοῖς θεύσας ὁδὸν}$$
$$\text{Πυρρωνιαστὰς Μενεκλῆς ὅδ' εἰμ' ἐγώ.}$$

der mann, der die ataraxie, die er im dogma bekannte, auch im leben bewährt hat, nent sich Pyrrhoniast, d. h. er gehörte einem thiasos an, der diesen archegeten sich gesetzt hatte; so ist denn auch Pyrrhon dem schicksale nicht entgangen, ein gott zu werden für die bekenner seiner gottlosen lehre.

Die wichtigste nachfolge Platons fällt aufserhalb des kreises der philosophie, auch aufserhalb des rahmens dieser betrachtungen. es muss aber doch mit einem worte darauf hingewiesen werden, dass Demetrios von Phaleron wie das peripatetische Museion in Athen so das universale in Alexandreia gestiftet hat, dass hier, so weit es möglich war, die gedanken Platons den verhältnissen, die alle neuzuschaffen waren, eingeordnet sind, und die initiative des gröfsten philosophen in dem gröfsten wissenschaftlichen institute fortgewirkt hat. die cultusformen, die prostasie, die gemeinsamen male, die lehrvorträge, die sammlungen, das alles ist in dem boden, auf dem es jahrhunderte gewirkt hat, festgewachsen; Ptolemaios und Demetrios bewiesen eben auch hier ihr ganz bewunderungswürdiges organisatorisches talent: aber der weltüberschattende baum der alexandrinischen gelehrsamkeit ist doch auch nur ein reis von dem heiligen ölbaume am Rosshügel zu Athen.

Und ob die neue religion, die die Musen aus ihrem besitze scheuchte, wirklich die alte form der religiösen genossenschaft durchgehends verschmäht hat? ob die hellenischen christengemeinden nur zufällig den συμβιώσεις und κοινωνεῖα τῶν φίλων so ähnlich sehn? ob der cult des Karpokrates auf Kephallenia wirklich einem an hellenische betrachtung gewöhnten auge mit unrecht grade so erscheint, wie der des Kraton von Teos oder des Epikuros (Clemens strom. 511)? ich habe keine antwort auf die frage; aber ich weifs soviel davon, dass ich sie aufwerfen darf.

EXCURS 3.

Der kynische prediger Teles.

Der mann, dessen namen über diesem excurse steht, ist in dem gesammten altertume gänzlich verschollen[1]. nur Johannes von Stobi hat einige umfängliche stücke teils mit nennung der schriften, teils blofs als *ἐκ τῶν Τέλητος ἐπιτομή* erhalten; ihm also lag ein auszug vor; wenn dem auszuge aus Stobaeus, der gemeiniglich Johannes Damascenus heifst (IV p. 164 Meineke), zu trauen ist, hatte ein sonst auch nicht bestimmbarer Theodoros jenen auszug gemacht. ein zufall hat somit diesen schriftsteller erhalten; nur aus den resten selbst ist zeit und art desselben zu erkennen. bekanntlich hat Niebuhr den Teles so zu sagen entdeckt und als der mitte des dritten jahrhunderts v. Chr. angehörig erwiesen. an der anziehenden aufgabe, den text so alter schriftstücke herzustellen, haben wol mehrere hand angelegt, da Stobaeus aber überhaupt noch nicht in einigermafsen genügender weise herausgegeben ist, so ist auch hier noch sehr viel zu tun übrig, ohne handschriftliche studien aber nur unvollkommen, so dass ich mich da mit absicht einer starken reserve befleifsige. da sogar eine brauchbare zählung nach paragraphen fehlt, muss ich wol die seiten und zeilen des Meinekeschen abdruckes citieren; man tut Meineke unrecht, wenn man Strabon Stobaeus Athenaeus als ausgaben ansieht. lässt sich also nicht jedes detail erschöpfen, so ist es doch möglich und scheint mir erspriefslich darzulegen, wes geistes kind Teles war,

---

[1] Es war eine übereilung Haupts (*op.* II 320) aus einer übereinstimmung in anekdoten auf benutzung des Teles durch Seneca zu schliefsen.

und welcher litteraturgattung seine schriften angehören, und da
er ganz besonders dazu angetan ist, über die cultursphäre, der
auch Antigonos angehört, licht zu verbreiten, so darf er wol hier
eine stätte finden.

Mit der an sich zutreffenden bezeichnung als 'seichter
moralist' ist wenig geholfen; der stil will an den formen antiker
schriftstellerei, der mann im lichte seiner zeit und umgebung
begriffen werden, und hat auch der doppelte excerpierungsprocess
das individuelle meist abgestreift, so ist doch zum glück nichts
fremdartiges beigemischt. wenigstens nicht von der überlieferung;
die modernen freilich haben, einmütig wol nur, weil sie nicht
selber dachten, eine namenlose σύγκρισις πλούτου καὶ ἀρετῆς, aus
der bei Stobaeus fl. 91, 33 und 93, 31 ziemlich viel erhalten ist,
dem Teles zugeschrieben. er dankt aber für diese vielleicht vier
bis fünf jahrhunderte jüngeren plattheiten. es ist eine allegorie
im stile des Kebesgemäldes oder besser unterschiedlicher lukia-
nischer. der gegenstand wäre also für das dritte jahrhundert
nicht nur passend, sondern man kann die schrift des Krantor,
aus der ein wertvolles stück durch Sextus (s. 556) erhalten ist,
gradezu als vorbild betrachten. um so klarer tritt aber auch
der abstand hervor. dort ist die scenerie klar, vor dem θέατρον
der Πανέλληνες bewerben sich die ἀγαθά um das βραβεῖον, erst
erscheint Πλοῦτος dann Ἡδονή dann Ὑγίεια dann Ἀνδρεία =
Ἀρετή. einem jeglichen wollen sie zunächst den preis geben,
aber der nächste schlägt jedesmal den vorhergehenden, und so
wird die rangfolge fixirt. nun sehe man hier. dem Plutos (der
so abstrakt ist, wie nur ein grauer schatten sein kann, keine
spur von allegorie, geschweige von mythischer symbolik) ἐβοήθει
κρατερῶς ἡ Τύχη κρίνεσθαι μετ᾽ αὐτοῦ δοκοῦσα, wo Teles nicht
κρατερῶς sondern ἰσχυρῶς oder ἐκτενῶς und kaum ἐβοήθει für
συνηγόρει gesagt haben würde. bei Teles ist Tyche wol eine
göttin, eine choregin der menschen, oder dichterin ihrer schicksale: sie als abhängig vom Plutos zu denken, ist falsch und des
dritten jahrhunderts unwürdig. nun aber gar das übrige gefolge:
Ἡδοναί Ἐλπίδες Εὐχαί Ἐπιθυμίαι Ἔρως — mag gehen; aber
Ὑγίεια ὡς δι᾽ αὐτοῦ νόσοις μαχομένη, und dann Οἰκονομία und

Τρυφή! von dem gefolge der Tugend ist nichts erhalten, nur ihre phrasenhafte anklagerede. diese ist inhaltslos und voll trivialitäten: dennoch kann man sie nicht lediglich als zu schlecht für Teles bezeichnen. die rhetorische mache, der aufwand stilistischer mittel ist hier viel bedeutender. während jenes stil durchaus salopp ist, bewegt sich hier alles in dem gemessenen taktschritte der schule. rhetorische figuren, knappe diction, gleichgewicht der satzteile hier, dort ein haltloses hintereinander- und übereinanderpurzeln der glieder und sätze. hier kommt es vor lauter *κόμματα* und *κωλάρια* zu keiner periode, dort kann es zu keiner *περίοδος* kommen, weil die teile der rede überhaupt keinen schluss haben. das wird wol jeder nachempfinden, der nur vergleichen mag[2]. aber auch die gattung der schriftstellerei ist eine ganz verschiedene. Teles schreibt (um nicht vorgreifend vom prediger zu reden) moral-philosophische traktate: diese *σύγκρισις Πλούτου καὶ Ἀρετῆς* gibt eine allegorie und gehört unzweifelhaft der *μίμησις* an. es ist ja richtig, dass des Prodikos *Ὧραι* oder die aristophanischen Wolken schon solche *συγκρίσεις*

---

[2] Auch nur ein par proben, ausgehoben weil sie zu emendieren sind, werden zureichende belege sein. III 177, 11 sagt Plutos *κοσμῶ ἱερά, καλλίονες δ' ἐξ ἐμοῦ ⟨χῶραι* oder ähnliches⟩ *καὶ πόλεις· ἐμὰ γὰρ (δὲ codd.) ἔργα καὶ τείχη καὶ λιμένες καὶ στοαί (στόλοι codd.)· ποταμοὺς δ' ἀβάτους γεφύραις σκέπω καὶ γῆν κεχωρισμένην ἤρμοσα.* 31 *καὶ σὺ δ' αὐτός, ὦ Ζεῦ, πλοῦτον ἀνθρώποις ἀναγκαῖον ἀπέφηνας ὃς σῶμ' ἔδωκας ἐσθῆτων δεόμενον, οὐ θριξὶν ὡς τὰ ἄλλα καὶ δοραῖς σκεπόμενον, τροφὴν δ' οὐ πόαν οὐδὲ ταὐτόματα, ἀλλ' ἀεὶ δεῖ τινος (τινὰ codd.) πρίασθαι τὸ ζῆν.* 187, 8 in der gegenrede *δυστυχεῖ μέν τις δι' αὐτὸν ταῖς εἰς τὸ πορίζειν ταλαιπωρίαις, φθείρεται δὲ ἄλλος εἰς ἡδονὰς ἀπὸ τῶν περιττῶν δαπανῶν (πόνων codd.)· κόρον δ' οὐκ ἔχει τοῖς κτησαμένοις, ἀεὶ δ' ἀνία αὐτῷ πάρεστιν ὅπως ἂν ⟨προσ⟩γένηται* (oder ähnlich). *καὶ ὥσπερ ἡ τῶν ὑπερωνύντων νόσος αὔξεται πρὸς τὸ μᾶλλον ποθεῖν ἀφ' ὧν πίμπλαται. κακὸς μὲν ἐστι τῷ φιλοπόνῳ [πλοῦτος], ἀναλίσκει γὰρ αὐτοῦ τὴν φιλοπονίαν εἰς κέρματα ἀλλαχοῦ δυναμένην (?)· κακὸς δὲ ⟨τῷ⟩ ῥᾳθύμῳ διδοὺς ἀφορμὰς ἁμαρτημάτων· ἀμφοτέροις δ' ὀλέθριος, τὸν μὲν γὰρ ἐσιθόα (εἰσίθόα codd.) κάμνειν ἀσχολεῖ, τὸν δ' εἰς τρυφὴν νοσοῦντα καὶ προτρέπει* (Iacobs: *προτρέπειν ποιεῖ* codd.). *ποιεῖ δ' ἅμα μὲν κόλακας ἀνθρώπους πρὸς (εἰς* codd.) *ἐλπίδα χρημάτων, ἅμα δὲ ὑπὸ πολλῶν κολακευομένους διὰ τὰ χρήματα. ὁμοῦ δ' ἀγαθὸν μὲν οὐκ ἔστιν ὁ πλοῦτος, φθόνον δ' ἀγαθῶν μέγιστον (μεγίστων codd.) ἔχει* u. s. w. die vielen abweichungen von guter graecität brauche ich wol nicht hervorzuheben.

geben; auch die kynische litteratur hat sich ihrer bemächtigt,
wie Meleager 'Linsenpurée' und 'dicke Linsen' sich hat streiten
lassen[3]); unter den beissenden gedichten des Alkaios von Messene,
die leider nur zu wenig kenntlich sind, befanden sich scharf
persönliche συγκρίσεις[4]). die im späteren altertum und durch das
mittelalter in den *conflictus* und *ccrtamina* viel vertretene
litteraturgattung stammt somit aus Hellas[5]), und wie Prodikos
nach der einen, ist das alte gedicht vom streite des Homeros
und Hesiodos nach der anderen der ausgangspunkt: der unter-
haltungslitteratur aber gehört alles an, mag man auch die
moralische paraenese noch so sehr im auge haben; directer appell
an das publikum ist durch die μίμησις schlechthin ausgeschlossen.

Wenn also dieses stück nicht das mindeste mit Teles zu
tun hat, so bleiben die reste von sieben schriften, die alle von
so gleichartigem charakter sind, dass man eher die verschiedenheit der titel als die identität des verfassers bezweifeln möchte.
von der gegen Epikuros gerichteten schrift περὶ τοῦ μὴ εἶναι τέλος ἡδονήν III 234 ist nur ein dem Krates entlehnter nachweis
übrig, dass die εὐδαιμονία nicht in der summe der ἡδέα liegen
könne, indem ein ganzes leben durchgerechnet wird; es ist das
eines attischen bürgersohnes[6]). das stück 'vom scheinen und

---

[3]) *λικίθου καὶ φακῆς σύγκρισις* Athen. IV 157ᵃ. dem verfasser der unter
Pherekrates namen gehenden *Αὐτόμολοι* (4) war beides ziemlich desselben wertes;
es ist müfsig sich den gegensatz auszudenken.

[4]) Polybios 32 6.

[5]) Vgl. Haupt zum Apollonius Tyrius. wol ein schöner gegenstand zu
umfassenderer litterarischer untersuchung.

[6]) Die lehrgegenstände des knabenunterrichtes sind wol hier am voll-
zähligsten, zuerst παιδαγωγὸς παιδοτρίβης γραμματοδιδάσκαλος ἁρμονικὸς ζωγράφος, also der zeichenunterricht erscheint selbstverständlich, ganz wie es
bei Plinius 35, 77 bezeugt ist. später tritt arithmetik geometrie und reiten
dazu. dann die ephebie (κοσμητής ὁπλομάχος παιδοτρίβης γυμνασίαρχος), die
noch bis zum 20 jahr dauert, dann bleibt ταξίαρχος und στρατηγός vorgesetzter.
die schrift des Krates, die hier zu grunde liegt, ist der älteste und ausführlichste
bericht über das ephebeninstitut, den die litteratur enthält. übrigens ist bemerkenswert, dass selbst der ephebe noch geohrfeigt und ausgepeitscht werden

sein' IV 164 sucht durchzuführen dass das *δίχαιον* oder *ἀν-*
δρεῖον δοκεῖν sogar minder profitabel sei als das *εἶναι*, was bei
der tapferkeit recht artig wieder an einem exempel ausgeführt
wird[7]). das ganze erinnert an die entgegengesetzten schilderungen
im zweiten buche von Platons Staat, die ohne zweifel die erste
anregung geboten haben. die beiden um ihrer inneren verwandtschaft schon von Stobaeus zusammengerückten stücke *περὶ περι-*
στάσεων und *περὶ εὐπαθείας* (IV 49) schlagen die töne an, die
auch in den übrigen nur variiert werden; aufser fingierten exem-
peln treten hier citate und anekdoten hinzu; bemerkenswert ist
für die doctrin, dass die affecte (zunächst die trauer) schlechthin für verwerflich erklärt werden.

Wozu der mensch erzogen werden soll, wodurch er sich die
seelenruhe und unabhängigkeit von den 'umständen' erwerben
soll, das ist die *αὐτάρχεια*, der das in seiner art vortreffliche
stück I 123 gilt; die gedanken sind allerdings Bion entlehnt,
und was Teles dazutut sind meist anekdoten von Diogenes und
Sokrates; die wahrheit ist natürlich nur die apophthegmatische[8]).

---

darf. auch verlohnt es sich eine parallelstelle herzusetzen. im Axiochos
366° wird ausgeführt dass kein lebensalter der *ἀνιαρά* entbehre. · erst das
kind. dann der knabe, der unter der tyrannis von *παιδαγωγὸς γραμματισταὶ*
παιδοτρίβαι steht. *αὐξομένου δὲ χριτιχοὶ γεωμέτραι ταχτιχοί, πολὺ πλῆθος δεσπο-*
τῶν. ἐπειδὰν δ' εἰς τοὺς ἐφήβους ἐγγραφῇ, κοσμητὴς καὶ φόβος χειρῶν, ἔπειτα
Λύκειον καὶ 'Αχαδήμεια καὶ γυμνασιαρχία καὶ ῥάβδοι καὶ κακῶν ἀμετρίαι. καὶ
πᾶς ὁ τοῦ μειραχίσκου χρόνος ἐστὶν ὑπὸ σωφρονιστὰς καὶ τὴν ἐπὶ τοὺς νέους
αἵρεσιν τῆς ἐξ 'Αρείου πάγου βουλῆς u. s. w. die verwandtschaft des dialoges
mit Teles ist unverkennbar auch im stil. so wird auch die zeit ziemlich die
gleiche sein.

[7]) Aias wird zum typus eines *δοχῶν ἀνδρεῖος* und das so umgebildet,
μονομαχεῖν κελεύσουσι καὶ ἵνα λάχῃς μηχανήσονται καὶ λαχόντος ἐπιχαρήσονται
καθάπερ τῷ Αἴαντι. ich kann diese umbildung sonst nicht aufweisen, sie mag
ja auch vielleicht dem Teles eigen sein: aber dass die kynische schule seit
Antisthenes, weil sie sich auch an die weitesten kreise wandte, die sophistik in
der umbildung der homerischen typen fortgesetzt hat, ist ja bekannt, und
noch bei Dion Chrysostomos (z. b. in der achten und zehnten rede) findet
man davon wertvolle reste; anderes ist aus denjenigen Homerscholien zu gewinnen, die jetzt brach liegen, weil sie nicht einseitig kritisch sind.

[8]) Es ist das stück, welches vielleicht die allerhandgreiflichsten beispiele für lobende und bestätigende randnotizen im texte enthält, von Cobet

so hübsch aber dies alles auch ist, so würde man dadurch doch
nur in ziemlich bedingter weise über den charakter des Teles

(Mnem. X) meist mit glück behandelt; es ist auch sonst am meisten verdorben. aufser dem was Cobet und zum teil auch Haupt gestrichen haben muss
noch entfernt werden der ganze satz 124, 16—18 παράφρονοι (sic) — ἐπάγουσι.
125, 3 μὴ ζήτει τὰ τοῦ ἰσχυροῦ [φορτία βαστάζειν καὶ διατραχηλίζεσθαι], das
letztere ist aus der folgenden anekdote genommen; packträgerdienste aber
sind unter die vorzüge der körperkraft nicht wol zu rechnen. Krates und
Diogenes haben mit leichtigkeit die armut ertragen ἄτυφοι γενόμενοι [καὶ
ἐπαῖται] καὶ διαίτῃ εὐτελεῖ καὶ λιτῇ δυνάμενοι χρήσασθαι. dies ist blofse ditto-
graphie; sie können doch nicht deshalb vergnügte armut gehabt haben, weil
sie bettelten. das folgende von 24 ab setze ich ganz her ἢ τί δεῖ μᾶλλον
ἐπαινέσαι τὸν μετὰ πενίας εὐκόλως ⟨τὸ⟩ γῆρας ἐνεγκόντα ἢ τὸν μετὰ πλούτου; ἐπεὶ
τοι (ἔπειτα codd.) οὐδὲ γνῶναι ῥᾳδιέστερόν ἐστι ποῖόν τι ἐστὶ πλοῦτος ἢ ποῖόν τι
πενία· ἀλλὰ καὶ πλούτῳ πολλοὶ μετὰ γήρως δυσκόλως χρῶνται καὶ πενίᾳ ἀγεννῶς
καὶ ὀδυρτικῶς, καὶ οὔτε τοῦτο ῥᾴδιον ὥστε τῷ πλούτῳ ἐλευθερίως καὶ ἀφόρτως,
οὔτε ἐκεῖνο ὥστε πενίᾳ γενναίως, ἀλλὰ τοῦ αὐτοῦ ἀμφότερα, καὶ ὅσπερ (ὥσπερ
A ὅπερ cett.) τοῖς πολλοῖς δύναται κατὰ τρόπον, οὗτος (οὕτω codd.) καὶ τοῖς
ἀνάπαλιν· καὶ ἐὰν μὲν ἐκποιῇ πενητεύουσι μένειν ἐν τῷ βίῳ — εἰ δὲ μή, ῥᾳδίως
ἀπαλλάττεσθαι ὥσπερ ἐκ πανηγύρεως [οὕτω καὶ ἐκ τοῦ βίου]. das letzte ist aus
zeile 10 anticipiert, ähnlich wie im anfang (123, 20), wo Cobet den trug
durchschaut hat, Bion die Πράγματα auftreten lässt und die schreiber die
Πενία vorzeitig eingesetzt haben, εἰ λάβοι, φησὶν ὁ Βίων, φωνὴν τὰ πράγματα
ὃν τρόπον ἡμεῖς καὶ δύναιτο δικαιολογεῖσθαι, οὐκ ἂν εἶποι, φησὶν, [πρῶτον ἡ
πενία] "ἄνθρωπε τί μοι μάχῃ"; ὥσπερ οἰκέτης πρὸς κύριον εἰς ἱερὸν καθίσας
δικαιολογεῖται "τί μοι μάχῃ. erst später (25) folgt καὶ ἡ πενία ⟨ἂν⟩ εἶποι.
die prosopopoeie ist besonders geeignet den abstand der allegorie in der oben
behandelten späten σύγκρισις zu erkennen. unter dem was die Armut sagt
steht auch folgendes οἰκήσεις οὐ παρέχω σοι [πρῶτον μὲν] χειμῶνος τὰ βα-
λανεῖα θέρους δὲ τὰ ἱερά; "ποῖον γὰρ σοὶ τοιοῦτον οἰκητήριον, φησὶν ὁ Διογένης,
τοῦ θέρους οἷον ἐμοὶ ὁ Παρθενὼν οὗτος, εὔπνους καὶ πολυτελής. die stelle
hatte ich mir als durchschlagend notiert, als die für antikes gefühl beinahe
gotteslästerliche ansicht verbreitet war, die Athener hätten sich den Parthenon erbaut um ihn einmal im jahre aufzumachen, oder wenigstens nur
zu bestimmten zeiten oder (wol gegen trinkgeld) schaulustigen zu zeigen.
jetzt glaubt kaum noch jemand an die agonaltempel mehr, und auch das
sagt sich wol jeder, dem es ernst um Athena ist, dass die Athener, wenn
sie das herze drängte, zu ihrer lieben schutzherrin gehen und beten konnten,
wie in den italienischen kirchen die schöne sitte ist, wo denn auch die
benutzung des heiligtums, die dem Diogenes bequem war, nicht fehlt. wenn
man den beleg auch nicht braucht, so wird die bezeichnende stelle doch
willkommen sein.

und seiner schriftstellerei klar werden: entschiedenes urteil und
eine sichere zeitbestimmung gestatten nur zwei schriften, περὶ
φυγῆς und die, welche jetzt nur die allgemeine bezeichnung Τέλητος ἐν ἐπιτομῇ trägt (III 200 und 211), die wir aber vollkommen berechtigt sind περὶ πενίας zu nennen. denn dies thema
geht durch. in dem längeren bruchstück (Stob. fl. 97) wird ein
gegner widerlegt, der zuerst behauptet, das geld helfe bedürf-
nissen ab (211 anf.) und dann noch einmal (213, 4) einen einwurf macht. was ihm vorgehalten wird ist das lob des bedürfnis-
losen lebens, das nur im bettlerleben besteht, das lob des kynischen lebens mit dem wandeln und wirken der kynischen helden
illustriert, und mit den versen des Krates beschlossen οὐκ οἶσθα
πήρα δύναμιν ἡλίκην ἔχει θέρμων τε χοῖνιξ καὶ τὸ μηδενὸς μέ-
λειν. dazu ist das vorher (Stob. fl. 95) ausgehobene nur ein corollar, wo derselbe gegner behauptet, die armut hindere an der
philosophie, während das geld dazu nützlich sei, und später
(202, 1—4) dass am allgemeinen unglück der arme doch auch
teil habe, der reiche aber im staate mehr ehre finde, um dann
ebenfalls mit beispielen teils der vergangenheit teils der gegenwart eines besseren belehrt zu werden; offenbar gieng es aber
noch sehr viel weiter. hier also erhalten wir endlich das recht
den Teles einen kyniker nennen zu dürfen; Zeller hat ihn, obwol er den sinn seiner moral stoisch-kynisch nennt, unter die
Stoa gerechnet. allein es ist specifisch stoisch nichts, kynisch
alles, die helden sind nicht blofs Krates und Diogenes sondern
auch Metrokles, die unmittelbare empfehlung des bettlerlebens,
die vollständige betrachtung aller irdischen dinge als zufall, ohne
πεπρωμένη, ohne Ζεύς, ohne λόγος, die verachtung des ganzen
lebens als töricht und das herausreifsen des einzelnen aus der
gemeinschaft, die reine negation mit andern worten, schliefslich
der gänzliche mangel erkenntnisstheoretischer oder logischer
sätze weist uns von Zenon genau so fort wie von Stilpon, obwol
der öfter citiert wird und gewifs viel verwandter mit dieser
richtung war als der freund des Gonatas. und nach Bernays
glänzender darlegung wird man die ganze person des Teles, zumal wie sie uns bald erscheinen wird, lediglich als Kyniker be-

greifen können. freilich wurzelte Zenon in der krateteischen schule
und hatte selbst zu Metrokles noch in einem vertrauensverhält-
niss gestanden; man kann sich sehr wol vorstellen, dass um 250
noch in Athen eine διαδοχή Krates Zenon Ariston als die echte
gezählt werden mochte: aber wenn der zenonische Staat noch auf
dem hundeschwanze geschrieben war, so war das eben sein jugend-
werk. dann sonderte er sich durch die stärkere beschäftigung
mit logik und auch physik; noch mehr aber im leben: er lehrte,
zog schüler, bildete einen verein, wies die kyniker, die sich an
ihn drängten, so weit er seine schüchternheit dazu vermochte, von
sich, stellte sich zu der gesellschaft, in der er wirken sollte und
selbst zum hofe von Demetrias nicht mehr oppositionell. das
gieng denn doch andere wege als die nachfolgeschaft des Krates,
und es war natürlich, dass die nächste zeit wenigstens neben dem
stoicismus noch eine starke sippe von kynikern der stricten ob-
servanz an der regel des St. Diogenes festhalten sah. die litterarische ausbildung der Diogeneslegende, die massenhafte pseud-
epigraphe litteratur dieses schlages gehört doch wol hierher: fest
steht es von Menippos. und es ist bedeutend, dass das vorbild eines
Lukian schon in den tagen des Philetas und Timaios wachsen
konnte. wo prosa und vers vermischt ward, wo der sokratische
dialog in seiner eigenen manier persiffliert ward, da war für eine
seite des barockstils allerdings der vollkommenste ausdruck gefunden. nach der überwindung jeder formellen schwierigkeit und
der erschöpfung aller tiefsten themen spielt man mit inhalt und
form, und in kunstmäfsiger stilverletzung sieht man den voll-
kommensten sieg des stilistischen könnens. freilich war das hellenische stilgefühl dafür damals noch nicht erstorben genug; dazu
mufste man noch semit und kyniker sein; es bedurfte dann noch
manches jahrhunderts, um allgemein die inhaltslosigkeit von himmel
und erde so tief zu empfinden, dass man einen Lukian bewunderte:
aber die zeit, in der Menippos wachsen konnte, mufste auch zu
dieser richtung die keime in sich tragen. diesen kynismus, dem
Zenon entwächst und der durch die entziehung seiner besten
kräfte allmählich herunterkommt, bald aus unserer kenntniss ganz
verschwindet, repräsentiert Teles.

Der grund, weshalb Zeller ihn zu der Stoa gerechnet hat, liegt wol lediglich darin, dass Meinecke den Kleanthes in folgenden worten erkannt hat (201, 25): καὶ τῶν τοιούτων φροντίδων (um zeit und geld) μοι δοκεῖ ὁ Ἄσσιος λελιμένος πολὺ εὐσχολώτερος εἶναι τῷ μηδὲν ὑπάρχειν*). οἷον δή που ἐν τῷ νῦν πολέμῳ περὶ οὐδενὸς φροντίζει ἢ περὶ αὐτοῦ. aber daraus folgt nur, dass Kleanthes in armut lebte; für stoicismus oder kynismus des Teles nichts. Zenon vollends ist nur für eine geschichte des Krates citiert (201, 13). dagegen gibt diese erwähnung der beiden stoiker, wie Meineke gesehen hat, eine datierung der Teletischen schrift. zwar Ζήνων ἔφη beweist nicht unbedingt, dass er tot war; es ist aber doch das nächstliegende, und wenn grade ein schlimmer krieg war, offenbar einer der jeden für gut und leben fürchten liefs, so kann man nur an den chremonideischen denken; dazu stimmt dafs es heifst, wer seinen sohn reich machen wolle, der schicke ihn zu Ptolemaios[10]). die schrift ist also in den letzten sechziger jahren des dritten jahrhunderts verfafst, und zwar in Athen, wohin auch die spärlichen andeutungen in den anderen stücken führen[11]). Teles selbst aber braucht nicht nur kein Athener zu sein, sondern er redet durchaus von ihnen in der dritten person und erscheint bei allem gänzlich unbeteiligt.

Dass er wirklich kein Athener war, lehrt die allein noch zu besprechende interessanteste schrift, περὶ φυγῆς, die uns zugleich allein darüber aufklärt, welcher litteraturgattung diese ganze

---

⁹) Die worte sind unvollständig; aber mit Meineke οἱ vor ὑπάρχειν einzuschieben scheint mir ganz unmöglich: diese form war zu Teles zeit längst tot, und die Atticisten haben sie erst wieder ausgegraben.

¹⁰) 214, 17 εἰ βούλει τὸν υἱόν σου τῆς ἐνδείας καὶ σπάνεως παῦσαι, μὴ πρὸς Πτολεμαῖον πέμπε ὅπως χρήματα κτήσεται, εἰ δὲ μή, "ἀλαζόνειαν προσλαβὼν ἀπελεύσεται", περανεῖς (περανεῖ codd. vgl. 215, 21) δὲ οὐδέν, ἀλλ' εἰς Καδμείαν (Ἀκαδημείαν codd.) πρὸς Κράτητα κτί. dass man den Akademiker Krates hier geduldet hat, gewiss ohne an ihn zu denken, ist stark. auch den komischen trimeter hatte man verkannt.

¹¹) Hier will der sclave Ἀθηναῖος γενέσθαι 216, 8. die schrift περὶ τοῦ μὴ τέλος εἶναι ἡδονήν gibt den lebenslauf eines Atheners. in der περὶ αὐταρκείας steht der Parthenon, in der περὶ εὐπαθείας entspricht der Ἀττικὴ γυνή (IV 51, 15) eine τῶν παρ' ἡμῖν γυναικῶν (30).

schriftstellerei angehört; inhaltlich bestätigt sie lediglich den
kynismus, dem vaterland nicht mehr ist als ein haus, in dem
man zur miete wohnt, und selbst die hellenische grabessitte ein
vorurteil. es ist eine vor einem publicum halberwachsener jünglinge in Megara um 240 gehaltene rede. es kann nur durch
sehr flüchtiges lesen verschuldet sein, dass man für den ort derselben allgemein Athen gehalten hat; sagt man denn da *Χρεμωνίδης καὶ Γλαύκων οἱ Ἀθηναῖοι* (66, 11)? oder sagt man vor
Athenern (68, 30) *Σωκράτην μὲν ἐπαινοῦσιν ὅταν ἐπιλαβόμενος
Ἀθηναίων λέγῃ· οἱ μὲν γὰρ στρατηγοὶ ἐφ' οἷς καλλωπίζονται ὑπερ-
όριοι τεθαμμένοι εἰσί, τὰ δὲ ὀνείδη τῆς δημοκρατίας ἐν τοῖς δη-
μοσίοις τάφοις?* entscheidend sind die bald folgenden worte
(69, 5) *οὐκ ἀηδῶς γάρ τις τῶν Ἀττικῶν φυγάδων λοιδορουμένου
τινὸς αὐτῷ καὶ λέγοντος "ἀλλ' οὐδὲ ταφήσῃ ἐν τῇ ἰδίᾳ· ἀλλ'
ὥσπερ οἱ ἀσεβεῖς Ἀθηναίων ἐν τῇ Μεγαρικῇ". "ὥσπερ μὲν οὖν,
ἔφη, οἱ εὐσεβεῖς Μεγαρέων ἐν τῇ Μεγαρικῇ"*. diese aussicht konnte
ein athenischer verbannter doch eben nur haben, wenn er in
Megara als metöke wohnte, und da der schriftsteller ihn lediglich als "einen der attischen verbannten" bezeichnet, so ist
selbstverständlich, dass er dies nur in Megara gesagt haben
kann. von Megara also gilt, was 66, 29 steht. *"ἀλλ' οὐδὲ
ἐξουσίαν ἕξεις εἰσελθεῖν εἰς τὴν ἰδίαν"*. *οὐδὲ γὰρ νῦν εἰς τὸ
Θεσμοφόριον [ἐξουσίαν ἔχω], οὐδὲ γυναῖκες εἰς τὸ τοῦ Ἐνυαλίου
οὐδ' εἰς τὰ ἄβατα ⟨οὐδείς⟩ [ἕξομεν]*. und wirklich kennen wir
sowol ein heiligtum der *Θεσμοφόρος* daselbst (Pausan. I 42 6),
wie eins des Enyalios vor der stadt (Thuk. IV 67)[12]). aber dies
bewiese nichts, denn auch in Athen ist beides bezeugt[13]); dass

---

[12]) Überliefert ist *ἐς τὸν Ἐνυάλιον ὅ ἐστιν ὀλίγον ἄποθεν*. Lobeck hat
τὸ Ἐνυαλιεῖον emendiert, da Reiskes *τὸ Ἐνυάλιον* falsch ist. wenn man es
mit *τὸ Πύθιον* schützt, so sollte man doch erst beweisen, dass *Ἐνυάλιος* ein
epitheton des gottes ist, das ebenso gut zu *θεός* wie zu *τέμενος* treten kann;
es ist die gewöhnliche Thukydideskritik. mich bestärkt die Telesstelle im
glauben an *ἐς τὸ Ἐνυαλίου*, das ich mir, ehe ich auf sie aufmerksam ward,
notiert hatte.

[13]) Denn ein *ἱερόν* folgt aus dem cult des Enyalios, welcher dem
polemarchen zusteht, und also älter ist als die fassung des ephebeneides bei
Pollux. es ist nicht löblich, dass die mythologieen (Welcker II 729. Preller-

den weibern der zutritt versagt gewesen, werden wir dieser
stelle für Megara eben so leicht entnehmen wie für Athen, und
staatlich concessionierte ärzte auch ohne weiteres für Megara
glauben (67, 24). für dieses also gilt nun 66, 6 *Λικῖνος ἐκεῖνος
οὐ παρ' ἡμῖν ἐφρούρει φυγὰς ὢν ἐκ τῆς Ἰταλίας πιστευόμενος παρ'
Ἀντιγόνῳ καὶ τὸ προσιαττόμενον ἐποιοῦμεν Λυκίνῳ ἐν τῇ ἰδίᾳ μέ-
νοντες*, und wenn auch nicht als sicher, so darf es doch als wahrscheinlich gelten dass Teles ein Megarer war; dass er Stilpon
mehrfach heranzieht, der seinem kynismus auch nah genug steht,
ist damit im schönsten einklang. als Teles so redete war
Megara frei; wie sollten auch sonst die attischen verbannten
eine unterkunft darin haben? dies allein würde genügen als
terminus post quem den zutritt Megaras zum achaeischen bunde
anzusetzen, 242. ferner erwähnt Teles als ganz kürzlich geschehen das erscheinen einer grofsartigen aegyptischen flotte im
unmittelbaren gesichtskreis seiner hörer, doch so dass ihr zweck
im wesentlichen eine demonstration war[14]). das war ebenfalls
242, im jahr der zweiten aratischen strategie (Plut. Ar. 24), wo

Plew I 263) den zweifel Lobecks, welcher die stellen gesammelt hat (zum
Aias 179) noch überbieten, ob Enyalios in Athen einen gesonderten cult
neben Ares gehabt habe. denn sie sollten von Lehrs (Aristarch 179, wo
das im kern aristarchische scholion zu Aristophanes Fried. 457 zuzufügen
ist) gelernt haben, dass Aristarch die abweichung der homerischen anschauung von dem attischen cultus (nicht gut sagt Lehrs *fabulae*) ausdrücklich angemerkt hatte. auch wäre die Lobecksche erklärung des ephebeneides
und der Aristophanesstelle an sich nicht zu billigen. dass in Acharnai, wie
in mehreren gegenden des Peloponnes, Ἄρης Ἐννάλιος eine person war,
schliefst diese ausdrücklich bezeugte sonderung nicht aus. das gilt denn
auch für Megara und Salamis, wo der tempel eben so gut megarisch als
solonisch gewesen sein kann. (Plut. Sol. 9.)

14) 66, 9 nach den worten über Lykinos *Ἱππομίδων ὁ Λακεδαιμόνιος ὁ
νῦν ἐπὶ Θράκης καθιστάμενος ὑπὸ Πτολεμαίου, Χρεμωνίδης καὶ Γλαύκων οἱ
Ἀθηναῖοι, οὐ πάρεδροι καὶ σύμβουλοι; ἵνα μὴ τὰ παλαιά σοι λέγω ἀλλὰ τὰ καθ'
ἡμᾶς. καὶ τὸ τελευταῖον οὐκ ἐπὶ στόλου τηλικούτου ἐξαπεστάλη καὶ χρημάτων
τοσούτων πιστευόμενος καὶ τὴν ἐξουσίαν ἔχων ὡς βούλοιτο χρῆσθαι.* auf wen
das letzte geht, kann zweifelhaft sein, doch wol auf einen der beiden zuletzt
erwähnten brüder, d. h. Chremonides, der als nauarch des Ptolemaios bei
Ephesos von den Rhodiern geschlagen ward (Polyaen V 18). das muss in
diese zeit gehören.

Ptolemaios III von den freiheitsdurstigen Achaeern zum σύμμαχος; ἡγεμονίαν ἔχων κατὰ γῆν καὶ θάλατταν [15]) erwählt war. noch etwas später, etwa 241, fällt die verbannung Hippomedons aus Sparta, der als einer der hauptteilnehmer in die revolution des Agis verwickelt war; da wir ferner hören dass er zum statthalter der kürzlich von Euergetes erworbenen provinz Thrakien gemacht war, so rücken wir noch etliche jahre herab; dieses datum hat Droysen (Epig. I 408) richtig zur datierung der schrift des Teles verwandt [16]). ein terminus ante quem ist mit unbedingter sicher-

[15]) Ich habe die offenbar authentischen worte hergesetzt, weil sie der schlagendste beleg sind, wie es mit der aratischen freiheit aussah; zu Philippos zeiten hiefs das knechtschaft, und so beliebte man es zu nennen, als Kleomenes von Sparta dasselbe forderte, was Aratos dem könige von Aegypten selbst angetragen hatte. ganz harmlos erfährt man (Plut. Ar. 41) dass Kleomenes bei derselben gelegenheit dem Arat 12 talente jährlich bot, während er von Ptolemaios 6 erhielt. so sah es mit der persönlichen unabhängigkeit dieses staatsmannes aus, der wol trefflich zu schleichen verstand, wie der dieb in der nacht, aber wenn es galt λόγχας βλίπειν, dann passierte ihm regelmäfsig τὴν κοιλίαν ἐξυγραίνεσθαι (Plut. 29). es ist hohe zeit, dass man mit dem respect vor dem Achaeerbunde und seinem helden ein ende macht. Phylarch hat gewiss mit grobem pinsel geschichte gefälscht, aber Kleomenes war doch ein mann; Polybios hat mit feinem schwamme verwischt. dass Philopoimen der erste Klephte eher als der letzte Grieche ist, beginnt man wol einzusehen: der achaeische bund erfreut sich immer noch einigen respectes. aber auf allen geistigen gebieten ist er keinen obolos mehr wert als der boeotische und aetolische. aufser Alkaios, der ein Messenier war und nicht im lande blieb, ist keine einzige nennenswerte capacität aus dem Peloponnes in den zeiten dieses bundes hervorgegangen: was an Polybios gut ist, dankt er lediglich den Römern.

[16]) Auf die denkwürdige reformbewegung Spartas findet sich noch eine beziehung bei Teles, die wenigstens ein sicherer punkt in der schwierigen untersuchung sein kann, in wie weit die spartiatische legende unter dem eindruck der gegenwart des 3 jahrhunderts entstanden ist. er erzählt 68, 21 dass die Spartiaten jeden fremden und jedes Helotenkind, wenn es nur ihre erziehung erhalten hätte, ὁμοίως τοῖς ἀρίστοις τιμῶσιν, ohne diese ἀγωγή aber selbst einen könig verstofsen. das letztere geht deutlich auf Leonidas Kleonymos sohn. das erstere, so auffällig es ist, erscheint bei dem plutarchischen Agis (10) in durchaus entsprechendem gedankengange; Lykurg habe die ξενηλασία eingeführt οὐ τοῖς σώμασι πολεμῶν ἀλλὰ τοὺς βίους αὐτῶν καὶ τοῖς τρόποις διδιώς, dagegen die fremden Terpandros Thaletas

heit erst mit dem alle verhältnisse lockerndern tode des Demetrios 229 gegeben; allein zumal da Teles schon über 20 jahre
vorher ebenso tätig gewesen ist, Chremonides doch auch schon
265 ein staatsmann war, darf man dem allgemeinen eindruck
trauen und die abfassung möglichst nah der oberen grenze ansetzen; vielleicht lebte sogar Antigonos († 239) noch.

Ich parire noch einige einwände, minder weil sie sich nicht
ein aufmerksamer leser selbst beantworten würde, als weil sie
zu schärferer auffassung einzelner stellen führen. ist der vortrag nicht vielmehr in Theben gehalten? 68, 15 "ἀλλὰ καὶ ὅτι
(ὅτι καὶ A) μέτοικος· ὀνειδίζουσι δὲ πολλοὶ λέγοντες μέτοικε"; σὺ
δ' ἐγγενὴς ὢν τήνδε δουλώσας ἔχεις, καὶ Κάδμον μὲν τὸν κτίστην
Θηβῶν θαυμάζει, ἐμὲ δ' εἰ μὴ πολίτης ὀνειδίζει. καὶ Ἡρακλέα
μὲν ὡς ἄριστον ἄνδρα γεγονότα ἐπαινοῖμεν, τὸ δὲ μέτοικον εἶναι
ὄνειδος ἡγούμεθα. Ἡρακλῆς δ' ἐξ Ἄργους ἐκπεσὼν Θήβησι (Θήβαις
vulgo) κατῴκει. der eingewobene vers ist unbekannt (adesp. 449).
und weiter unten 69, 14 ἡ περὶ ταφῆς ἀγωνία, φησὶν ὁ Βίων,
πολλὰς τραγῳδίας ἐποίησεν. ὥσπερ καὶ ὁ Πολυνείκης ἐντέλλεται,
'θάψον δέ μ' ὦ τεκοῦσα κτέ (Eur. Phoen. 1447-50)' εἰ δὲ μὴ τύχοις
χθονὸς πατρῴας ἀλλὰ ἐπὶ ξένης ταφείης, τί ἔσται τὸ διάφορον; ἢ
ἐκ Θηβῶν μόνον εἰς Ἀιδου ὁ Χάρων πορθμεύει, καὶ γῆς φίλης
ὄχθαισι κρυφθῆναι καλόν; εἰ δὲ μὴ κρυφθείης κτέ. ich brauche
nicht erst hervorzuheben, dass diese stelle, wo das citat der
Phoenissen controllierbar ist, die schwierigkeit hebt. Theben ist
genannt, weil dort die citierte tragödie spielt. das gleiche ist
notwendiger weise für den, doch wohl auch euripideischen, vers
anzunehmen, der vorher citiert ist. dort aber ist weiter zu
gehen. der satz, welchen der fingierte gegner einwendet, ist so
nicht zu ertragen. was soll das δέ, was der abgerissene satz
mit ὅτι, wie soll es griechisch sein, dies λέγοντες 'μέτοικε'? und
wiederum, ist es angemessen, dass dem so abrupt ein vers entgegen-
gehalten wird, in welchem etwas ausgesagt wird, zu dem die
berechtigung nicht ersichtlich ist, nämlich, dafs der fingierte und

Pherekydes ὅτι τὰ αὐτὰ Λυκούργῳ διετέλουν ᾄδοντες καὶ φιλοσοφοῦντες ἐτιμή-
θησαν διαφερόντως. in der schrift περὶ εὐπαθείας stehen auch bereits einige
Λακαινῶν ἀποφθέγματα.

durchaus charakterlose gegner die stadt knechte; in welchem das pronomen *τήνδε* keinerlei beziehung hat, d. h. sich auf einen vorhergehenden vers bezieht. ich meine, das hiefs etwa so 'ἀλλὰ καὶ ὅτι μέτοικος ὀνειδίζουσιν οἱ πολλοὶ λέγοντες [17])· μέτοικε (βάζεις ἀντί' ἀστοῖσιν πόλεως;)' σὺ δ' ἐγγενὴς ὢν τήνδε δουλώσας ἔχεις καὶ Κάδμον θαυμάζεις, ἐμὲ δ' εἰ μὴ πολίτης ὀνειδίζεις. freilich ein billiges kunstmittel ists, der eigenen rede durch die entlehnung aus fremdem wortgefechte farbe zu geben, aber ich traue damit Teles nicht zu viel zu, und dass erst so die stelle salz hat, ist eben so augenfällig, wie lücken (durch zeilen- oder wortausfall) hier nur zu häufig sind [18]). vermutungen über die herkunft der verse verschweigt man besser.

Ein anderer anstofs könnte darin gefunden werden, dafs am eingang der ganzen beweisführung Stilpon als autorität so angerufen wird, dass man denkt, ihm sei der gedankengang entlehnt. die stelle ist verdorben (65, 13) μὴ οὐδὲν λέγητε πρὸς τὸ τοῦ Στίλπωνος, ὃ καὶ πρώην εἰπόντι λέγειν φησί· καὶ τίνων ἡ φυγὴ

---

[17]) Dies würde besser fehlen; ob es in A im text oder nur am rande steht, wird bei Gaisford nicht ganz deutlich.

[18]) So ist 70, 4 der name des volkes ausgefallen, welches die leichen seiner angehörigen als skelette im hause behielt. den namen wird man wol öfter gelesen haben; aber mich läfst das gedächtnis im stich. — ich setze noch eine bisher unverständliche partie her 68, 3 "ἀλλ' ὅμως μέγα μοι δοκεῖ τὸ ἐν ᾗ ἐγένετο τις καὶ ἐτράφη ἐν ταύτῃ καὶ (x. λ. τ. A, sonst fehlt καί) καταγηνέσθαι." πότερον καὶ ἐν οἰκίᾳ ἐν ᾗ ἐτράφης καὶ ἐγίνου [ἐν ταύτῃ καταγηνέσθαι], κἂν ᾖ σαπρά· καὶ ⟨διαρ⟩ρέουσα καὶ καταπίπτουσα; καὶ ἐν νηὶ ἐν ᾗ ἐγίνου καὶ ἐκ παιδίου ἔπλεις, [ἐνταῦθα] κἂν ἀκάτιον ᾖ; οὐδ', εἰ (οὐ δεῖ ᾖ A) κωπηλατοῦντα διαρρήγνυσθαι (ἀπορρ. codd.) δέοι, τίς τὴν εἰκόσορον μεταβάντα ἀσφαλῶς καὶ ἀκόπως; καὶ ὀνειδίζουσι μὲν ὅτι Κυθέριος (Κύπριος codd.) ὅτι Μυκόνιος ἢ ὅτι Βελβινήτης, ὅμως δὲ μέγα τί φασι τὸ ἐν ᾗ ἐγένετό τις καὶ ἐτράφη, ἐν ταύτῃ καταβιῶναι· καὶ τὰς πλείους μὲν ἐξώλεις τῶν πόλεων καὶ τοὺς ἐνοικοῦντας ἀσεβεῖς, μέγα δὲ καὶ προσηνὲς τὴν πατρίδα οἷσπερ [καὶ] ἂν ᾖ (ὥσπερ καὶ αὐτὴ codd.). das letzte ist vielleicht eine zu zaghafte conjectur. die zu Kypros verdorbene übelberufne insel hätte ich auch nur durch buchstabenraten wie Valckenaer und Meineke wieder finden können, aber nicht mögen, wenn mir nicht in der ergreifenden rede des Synesius (303ᵃ = 387 Krab.) μέτοικος ἀτιμότερος ἀστοῦ Κυθερίου begegnet wäre. offenbar hat Synesius, was er oft tut, eine sprichwörtersammlung benutzt; die erhaltenen habe ich freilich vergebens nachgeschlagen.

⟨ἤ von Jacobs zugesetzt⟩ ποίων ἀγαθῶν σιερίσκει; allein die emendation lässt die recapitulation stilponischer gedanken nur klarer hervortreten ὅ καὶ πρῴην εἶπον 'τί λέγεις, φησί, καὶ τίνων κτέ. wie hier ist φησί dann noch weiter gesetzt, und zwar grade 66, 3 unweit des phrurarchen Lykinos. gilt etwa die historische anspielung und das local Megara der megarischen quelle des Teles? davon ist nun, da Lykinos des Antigonos beamter war, keine rede: die chronologie verbietet es. allein es muss zugestanden werden, dass Teles seine eigene rede und die seiner quelle, eines stilponischen dialoges, in unentwirrbarer weise vermischt hat. doch es genügt, auf seine durchgehende manier zu verweisen; hat er es doch in demselben vortrage 69, 13 mit Bion grade so gemacht, und bei diesem, seinem lieblingsschriftsteller, kehrt es noch öfter wieder.

Es findet das aber auch seine erklärung und entschuldigung darin, dass wir es hier nicht mit moralischen traktaten, sondern mit vorträgen, und zwar vor einem publicum von anfängern zu tun haben. das steht so gut wie ausdrücklich darin. 66, 17 "ἀλλ' ἔν γε τῇ ἰδίᾳ οὐκ ἄρχουσιν οἱ φυγάδες". οὐδὲ γὰρ αἱ γυναῖκες, οἴκοι μένουσαι, (d. h. auch wenn sie in ihrer heimat bleiben) οὐδ' οἱ παῖδες, οὐδὲ τὰ μειράκια ταυτί, οὐδ' οἱ ἔξωροι τῇ ἡλικίᾳ. mit absichtlich despectierlichem ausdruck nennt sich Teles deshalb einen pädagogen 66, 21 σὺ πολλῶν καὶ ἡβώντων βασιλεύεις (so für βασιλεύσεις notwendig zu schreiben), ἐγὼ δὲ ὀλίγων καὶ ἀνήβων, παιδαγωγὸς γενόμενος, καὶ τὸ τελευταῖον ἐμαυτοῦ. dies ist auch nur dem Bion abgeborgt, denn aus einem von dessen vorträgen wiederholt er in der schrift περὶ αὐταρκείας (I 133) σὺ μὲν ἄρχεις καλῶς, ἐγὼ δὲ ἄρχομαι, φησί, καὶ σὺ μὲν πολλῶν, ἐγὼ δὲ ἑνός, παιδαγωγὸς γενόμενος. man wende nicht ein, dass das participium conditional sei, denn weshalb wäre diese condition gewählt? wenn man aber die sehr triviale bestimmung dieser vorträge bedenkt, so wird man über den brockenhaften stil und die unerträglichen wiederholungen nicht nur von gedanken, sondern von ganzen partien milder urteilen. aus diesem populär-philosophischen charakter erklärt sich auch die häufige bezugnahme auf landläufige sagen, anekdoten, sprüche und verse,

vor allem aber auf die 'alten'[19]): ein schlagender beleg, wie
epigonenhaft die ganze welt sich vorkam. ob etwa Teles als
lehrer im gymnasion von Megara angestellt war? dass dieses
als erziehungsinstitut organisiert war, wird man unbedenklich annehmen dürfen; aber in wie weit geistige bildung vorgesehen war, kann ich nicht entscheiden. verträgt sich aber
damit die dialogische form, die zwar eine recht ärmliche ist,
da kein versuch einer $ἠϑοποιΐα$ des gegners gemacht ist,
aber dafür fast durchgehends die ausdrucksweise bestimmt?[20])
es könnte ausreichen, an die philosophischen schriften des Seneca,
die für recitation bestimmt sind, und ganz besonders an viele
der vorträge des Dion von Prusa zu appellieren, die dieselbe
form, womöglich noch ausschließlicher, zeigen: es hat aber diese
erscheinung bei Teles eine viel tiefere bedeutung. die ganze
litteraturgattung ist durch eine kreuzung des philosophischen
dialoges mit der rhetorischen epideixis entstanden. ihr werden
sich klar zu machen verlohnt sich.

Platon schuf den dialog im bewußsten und gewollten gegensatze zum sophistischen lehrvortrag. wol erfuhr er selbst noch
die unbequemlichkeit dieser form, als es große wissenschaftliche lehrgebäude zu errichten galt, aber er verleugnete das

---

[19]) Die ἀρχαῖοι als die alten d. h. vorsokratischen philosophen finden sich
seit Aristoteles öfter, auch Aristippos παλαιὰ τρυγή ist ähnlich. hier (III 212,
26 und 213, 21) liegt aber offenbar ein buch vor, denn es wird ein syllogis-
mus entlehnt ὃ μὴ ἀπολύει ἀπληστίας ... οὐδὲ ἐνδείας ἀπολύει· οὐδὲν δὲ τῶν
τοιούτων ἀπληστίας ἀπολύει ... nun schiebt Teles eigenes ein, das zum teil
in parenthese gehörte, ἕως δ' ἂν ᾖ οὗτος ἄπληστος ... ἐν ἐνδείᾳ ἔσται. hier
ist die syllogistische form durch das dazwischentreten anderer sätze getrübt;
unmittelbar darauf aber durch corruptel. auf den einwurf πῶς σπανίζουσιν
τούτων ἃ ἔχουσιν; wird aus Bion geantwortet πῶς δὲ οἱ τραπεζῖται χρημάτων
ἔχοντες αὐτά; οὐ γὰρ αὐτῶν ὄντα ἔχουσιν· οὐδὲ ἄρα οὗτοι αὐτῶν (γὰρ αὐτοὶ
αὐτῶν codd.) an der anderen stelle ist ebenfalls den ἀρχαῖοι eine ganze
gedankenreihe entlehnt. dass diese 'alten' kaum 150 jahre alt sein konnten,
liegt auf der hand. sind es etwa die ἀρχαῖοι κυνικοί?

[20]) In der schrift περὶ πενίας habe ich die stellen namhaft gemacht;
in der περὶ φυγῆς sind es folgende, jedesmal durch ἀλλὰ hervorgehoben 66,
16. 29. 67, 26. 68, 3. 27. es war die pflicht des herausgebers, diese angel-
punkte der darstellung zu bezeichnen.

postulat seiner jugend nie. so tat auch die philosophie. der
dialog mit wenig geändertem scenenpersonal bleibt die form
der philosophischen schriftstellerei, sobald dieselbe sich an das
grofse publicum wendet; nur der brief an einen nichtphilosophen
tritt, namentlich durch werke von dem durchschlagenden erfolge
des aristotelischen protreptikos, dem dialog zur seite. und immer
weitere kreise öffneten sich bald der philosophie. wenn schon am
ende des fünften jahrhunderts bei dem athenischen bürger eine
lektüre des in fremder mundart und ohne schmuck der rede mit
vielem physikalischen detail verfafsten büchleins von Anaxagoras
vorausgesetzt werden durfte, so war nun das vollkommenste der
prosaischen nationallitteratur philosophischen inhalts. weithin
über die welt, die griechisch, die weltsprache, redete, reichte der
ruhm dieser litteratur, und zum gebildeten menschen gehörte philosophische kenntniss. das grofse publicum besafs einen unge-
messenen bildungsdrang, und all die erscheinungen wurden bemerkbar, die eine gesellschaft zeigt, die die frucht vom baume
der erkenntniss zur zukost für jedermann verlangt, auch wenn
er mit der sorge für das tägliche brot in wahrheit sein ganzes
leben füllt. popularisiert ward die wissenschaft, und so denn
auch, was ja eigentlich, wenigstens bei den Hellenen, dasselbe
ist, die philosophie. was dabei herauskommt ist immer halb
und unerfreulich; für die entwickelung des philosophischen gedankens ist diese ganze legion von philosophen durchaus gleichgiltig. aber historisch ist die erscheinung sogar berechtigt und
vor allem, sie ist ein wesentlicher factor für den nivellierungs-
procefs, der das weltreich und die weltreligion vorbereitet. es
ist eine vielfach verbreitete, aber doch nur von urteils- und ge-
dankenlosen festgehaltene vorstellung, dass die religion den
zeitgenossen der spötter Stilpon und Theodoros nichts mehr gewesen wäre. dem bedürfniss der gottesverehrung genügte sie vollkommen; wie dem Platon war dem Aristoteles der cultus der angestammten götter trotz ihrer metaphysischen überzeugungen
herzenssache; Epikuros und Chrysippos haben sich wol gehütet
in unbedingten gegensatz zum cultus zu treten. denn die hellenische religion ist εὐσέβεια, die rechte weise, die götter zu ver-

ehren. diese götter sind etwas gegebenes, genau so wie die
natur und die geschichte, wie τὸ περιέχον und wie τὰ πράγματα.
eine wissenschaftliche metaphysik hat mit der εὐσέβεια so wenig
etwas zu tun wie physik. eine autochthone religion bedarf nicht
nur keiner theologie, sondern schliefst sie aus. derartige be-
strebungen, wie die stoische concordanz zwischen volksreligion
und philosophie, sind etwas unhellenisches und im grunde irreli-
giöses. und deshalb sind die priesterlichen predigten, die Julian
anbefahl, und die wir uns nach der probe seiner mystischen rede
zu denken haben, im sinne des lebendigen Hellenenglaubens gottes-
lästerlich, nicht weil es predigten sind, sondern weil priester sie
halten. einer rechtfertigung bedarf die religion wahrlich nicht,
die es sich nicht einfallen läfst für die alleinige gelten zu wollen oder absolute normen für die gottesverehrung aufzustellen.
der mythos umspielt von jeher die götter, zu denen man betet,
er ist wandelbar und menschlich, aber er ist oftmals selbst nur
eine andere form der kindlichen speculation über die gottheit,
welche als sophistik und philosophie in gereifterer gestalt sich an
sie macht. mit der natur ist es grade so. Zeus und Athena
sind da, wie die liebe gottessonne und der rieselnde quell. der
quell erquickt und die sonne wärmt, heut wie morgen: deshalb
mag der philosoph immerhin beweisen, dass die sonne täglich
geboren werde und sterbe, das wasser ein element oder eine
summe atome sei. der fromme und doch durchaus sophistische
dichter legt in denselben mund eine rationalistische verflüchti-
gung der mythen und der person des Dionysos, durch den er
versichert, dass die überlieferungen, welche von den vätern stamm-
ten und so alt wären, wie die zeit, d. h. ewig, durch keinerlei
sophistik über den haufen geworfen werden könnten. erst wem
die Bakchen in diesem sinne verständlich geworden sind, der
wird der autochthonen religion gerecht. aber auch das streben
die welt und den menschen zu begreifen ist so alt wie die zeit,
und sehr früh haben die Hellenen bemerkt, dass dieses bedürfniss durch die religion nicht befriedigt wird; noch viel
tiefer ward es empfunden, dass die religion auch das bedürfniss
nicht mehr erfüllte, dem menschen sittlichen halt zu geben.

in diese lücke war, zum heile, ja zur rettung der menschheit
bis auf diesen tag und bis an der welt ende, die Sokratik
eingetreten. in Athen waren die ewigen wahrheiten ans licht
getreten, dass rechttun erkenntniss ist, dass übles tun schlimmer
ist als übles leiden, dass die schätze der welt tand und das
glück ein unverlierbares gut des inneren menschen ist. in den
zwei menschenaltern nach dem tode des Sokrates war diese saat
gereift. was in den gärten der gottgeliebten stadt gekeimt war,
hatte tausendfältige frucht getragen, genug den weltkreis zu be-
samen. da zog der grofse ackersmann Alexandros hinüber in
die unendlichen fluren der beiden anderen welttteile, und sein
eisen machte das land fruchtbar für die neue Demetergabe
Athens. die ruhlos und friedlos alles zermalmenden, über die
weite erde zerstörung und vernichtung tragenden heere und
flotten des fünfzigjährigen krieges machten allerorten die herzen
urbar für die lehre der attischen wissenschaft. in all dem greuel,
dem wirrsal, dem elend rangen millionen menschenherzen nach
dem frieden, der vom himmel ist und im innern der brust wohnet[21]).
gegenüber dem schamlos prunkenden laster und dem diadem
auf manchem mörderhaupte forderten millionen menschenherzen
die genugtuung des verletzten gewissens und gerechtigkeitsbe-

---

[21]) Darum sind negative bestimmungen des τέλος wie ἀταράχως ἀλύπως
ἀπαθῶς ζῆν u. dgl. m. keineswegs blofs in der skepsis dem dritten jahrhundert so genehm. wie tief die sehnsucht danach gieng, zeigt dass es bis
in die stoisch-jüdische predigt περὶ αὐτοκράτορος λόγου gedrungen ist
(Freudenthal s. 71). selbst ein mann der exacten wissenschaft wie Heron des
Ktesibios sohn setzt als τέλος der philosophie die ἀταραξία (Wescher Polior-
cétiques 71). es war allerdings von dem streite der dogmatischen philo-
sophieen, den die um 265 ausgestorbene generation so energisch geführt
hatte, ein allgemeiner rückschlag nach der skepsis hin zu bemerken, und
das wirkt hier auch mit. vgl. *commentar. gramm.* II. p. 10. da Zeller
den Eratosthenes unter die stoiker rechnet, den ich dort als typus dieser
richtung aufgestellt habe, so stehe hier der durchschlagende beleg, Strab. I.
p. 15, wo der stoiker Strabon von ihm sagt, dass er in seiner philosophie
μόνον μέχρι τοῦ δοκεῖν gegangen wäre. auch sein lehrer Apelles war ja ein
freund des Arkesilaos. übrigens gehen die verschiedenen nachrichten über
gleichzeitige träger dieses namens nicht so einfach auf, wie ich oder wie
Rohde (Rh. M. 34, 153) sie combiniert haben. Furtwänglers einfall (Arch. Z.
1879, 152) hätte wenigstens nicht ausgesprochen werden sollen.

wufstseins: hier genügte allein die philosophie, aber diese genügte
völlig, mochte sie nun die blutigen striemen der göttlichen geifsel
an der seele des tyrannen aufzeigen, oder die strafen des Ixion
und des Tantalos in dem innern des sünderherzens wiederfinden,
oder auch nur zeigen, wie das menschengeschlecht aus eitel streit
und seufzen geformt sei: der weise aber, dem ewigen sonnenballe
gleich, in steter bahn unverrückt dahinwandele. die welt, dem
beispiel zugänglicher als der lehre, stärkte und erbaute sich
an dem anblick der erlauchten schar heiliger männer, die sie
unter sich wandeln sah, verschieden in der lehre, einträchtig im
wandel. und was diese männer herausgehoben hatte aus elend
und sünde, war die philosophie. wer sollte nicht nach dieser
ambrosischen herzenskost verlangen? aber wie dies verlangen
befriedigen? wer hat zum lesen zeit, oder zum vorlesen einen
sclaven? und was ist das tote wort, zumal einem volke, das nie
verlernt hat, selbst seine poesie nur mit dem ohre zu geniefsen?
in Athen, oder wo es sonst einen meister gab, einen gründlichen
cursus durchzumachen war nur wenigen bevorzugten möglich;
wen immer die sorge für seinen lebensunterhalt an die heimat
fesselte oder doch in einem beschränkten geschäftskreis hielt,
ferner die gesammte frauenwelt, die immer selbständiger und freier
ward und wie am getriebe so an dem geistigen leben der welt
teilnahm, schliefslich die erziehungsbedürftige jugend verlangte mindestens nach einem surrogate philosophischer belehrung. denn wer
auch selbst für sich verzichtet hat, der will doch seine kinder in die
höhere gesellschaftliche sphäre heben. da finden sich denn die
leute, die solche forderungen befriedigen, zunächst auch um sich
so eine existenz zu schaffen; einzeln mochte auch wol der eine
oder andere den beruf zum prediger in sich spüren. all dies geht
um so leichter, je mehr die philosophie selbst in die breite statt
in die tiefe geht. freilich ist's meist nicht weit her mit diesen
lehrern, meist haben sie selber nur von der oberfläche geschöpft,
und alle arten von menschlichkeiten laufen mit unter. gleichwol
ist nicht zu bezweifeln, dafs sie zwar viel unheil, dünkel und
scheinwesen verbreitet, aber auch manchem erbauung und stärkung gebracht, mancher orten die sittlichkeit gehoben und eine junge

seele für wahrhaftigkeit, wissenschaft und tugend gewonnen haben.
allein das brachte nun auch eine veränderung der philosophischen
unterrichtsmethode und der philosophischen schriftstellerei mit
sich. das διαλέγεσθαι im platonischen sinne, das ἐπιχειρεῖν, wie
Antigonos sagt, das heifst die mitforschende teilnahme des schülers war nun nicht mehr möglich. der lehrvortrag mufste eintreten. aber der gegensatz der sokratik gegen die sophistik,
obwol er nur der gegensatz zweier schwestern war, war grade
im grofsen publicum unvergessen, und die gleichzeitig lehrenden
rhetoren, der nachwuchs der Isokrateer, taten das ihrige, diesen
gegensatz lebendig zu erhalten. einen einfach dogmatisierenden
vortrag hätte man teils nicht verstanden teils als schwindel angesehen. so besorgte der philosoph sich in halb dialogischer dar-
stellungsweise seinen widerpart selber, zum gewinne des fafslichen
und packenden vortrages und zur befriedigung auch des dialek-
tischen triebes, der so gewaltig im Hellenenvolke ist. und ferner;
der wanderlehrer war weder zur production eigener gedanken
im stande, noch verlangte das publicum, den herrn Teles oder
Kleinias zu hören: sie wollten die grofsen meister auf diesem
wege zu lehrern erhalten. so nahmen die vorträge fast den
charakter einer reproduction anderer gedankenreihen, den charakter einer auslegung heiliger worte, einer predigt über fremde
texte an. dazu kam von eigenen zutaten die fortlaufende
moralisierende paränese, womöglich in trefflichen pragmatischen
maximen; nichts schlägt so durch wie ein vers aus den lieb-
lingsdichtern der nation, Homer und Euripides, ein exempel der
historie oder was sich dafür ausgab. das neueste schlagwort, die
neueste anekdote, das witzwort aus der neuesten komödie[22]) der
residenz hat in diesem kreise noch zündende kraft, mag witz und
komödie in ihrer heimat schon längst vergessen sein. die geistige
richtung und die geistige bedeutung der wanderlehrer war natürlich sehr verschieden. Bion der Borysthenite, Theodoros der
Kyrenaeer, Hegesias ὁ Πεισιθάνατος, Diodoros Kronos, Timon

---

[22]) Es ist bezeichnend dass Teles den Philemon mehrfach, nie den
viel sentenziöseren Menandros citiert: nur jener war bei der menge populär.

von Phlius sind eine anzahl namen, welche rasch die tätigkeit
und wirkung derselben in verschiedener weise in das gedächtnis rufen. aber solche namen, die sich um ihrer bedeutung
willen erhalten haben und also nicht blofse namen sind, erwecken
immer noch zu hohe vorstellungen, weil sie naturgemäfs nur den
koryphäen angehören[23]). darum müssen wir den zufall preisen,
der uns in dem an sich gänzlich unbedeutenden Teles einen vertreter erhalten hat, der zum typus geeignet ist, weil er einer
von vielen ist. schon die folgezeit hatte von dieser ganzen erscheinung, obgleich sie sich bewufst war, dass mächtige elemente
der gegenwart dorther ihren ursprung leiteten, sehr geringe
kenntniss. man lese dafür nur das erste buch in Philostratos
Sophistenviten. mit diesem buche ist die zeit und die sphäre bezeichnet, wo die philosophische erbauungsrede in allen kenntlicher
weise den breitesten raum einnimmt; auch wieder neben der lediglich
rhetorischen epideixis, welche sich der schönen litteratur gänzlich
bemächtigt hat. Dion und Maximus von Tyros sind die ächten
nachkommen der wanderprediger des dritten jahrhunderts. von
denen geht es dann weiter zu Themistius und Synesius, und nun
ist wieder eine religion da, welche die philosophie ablöst aber
die philosophische predigt einfach in ihre dienste nimmt. neben
Themistius und Synesius stehen Gregorius von Nazianz und
Johannes Chrysostomus. es ist nicht anders, der kyniker Teles
ist der älteste kenntliche vorfahr des geistlichen redners, der

---

[23]) Sehr bezeichnend ist der bericht des Knidiers Dikaiokles (Numen.
731ᵉ) Ἀρκεσίλαον φόβῳ τῶν Θεοδωρείων καὶ Βίωνος τοῦ σοφιστοῦ ἐπεξιόντων
(ἐπεισιόντων vulgo) τοῖς φιλοσοφοῦσι καὶ οὐδὲν ὀκνούντων ἀπὸ παντὸς ἐλέγχειν,
αὐτὸν ἐξευλαβηθέντα ἵνα μὴ πράγματα ἔχῃ μηδὲν μὲν δόγμα ὑπειπεῖν φαινόμενον, ὥσπερ δὲ τὸ μέλαν τὰς σηπίας προβαλέσθαι πρὸ ἑαυτοῦ τὴν ἐποχήν. bezeichnend natürlich nicht für Arkesilaos, sondern für die schätzung des
einflusses jener wandernden eristiker. — den berichterstatter habe ich
Dikaiokles genannt, obgleich bei Numenios Diokles steht: denn bei Athen.
XI 508 wird über Platons schüler Euagon von Lampsakos citiert Εὐρύπυλος
καὶ Δικαιοκλῆς ὁ Κνίδιος ἐν κά διατριβῶν; hier ist das citat Διοκλῆς ὁ
Κνίδιος ἐν ταῖς ἐπιγραφομέναις Διατριβαῖς. mir scheint Athenaeus seine ganze
gelehrsamkeit in dieser gegend dem Pergamener Karystios zu verdanken,
der vorher citiert wird, vgl. 610, wo es ebenso steht.

heute, in welcher kirche es auch sei, das wort der schrift aus-
legt und durch fromme betrachtung die herzen seiner hörer
stärkt und erbaut. die kirche hält eben überhaupt fast allein
den nie abgerissenen faden der antiken tradition fest. indessen
liegt es mir durchaus fern, die entwickelung der christlichen
predigt aus der philosophischen erbauungsrede im einzelnen
zu verfolgen oder eine parallele zu ziehen. das leicht zu be-
greifende factum aber wollte ich aussprechen, weil ich es in einer
abhandlung durchaus verkannt finde, welcher ich sonst mannig-
fache anregung und belehrung verdanke. Freudenthal „die dem
Flavius Josephus beigelegte schrift von der herrschaft der vernunft“, erweist in der tat, dass die betreffende schrift eine jüdische predigt aus dem ersten nachchristlichen jahrhundert ist.
mich dünkt alles höchst vortrefflich, aber die litterargeschicht-
lichen folgerungen fordern einen protest heraus. „Griechen und
Römer haben religiöse vorträge nicht gekannt“ beginnt er und
stellt dagegen die „heilige beredsamkeit der Juden“ und zwar
von den „mächtigen reden des sterbenden Mose an“. wenn man
so gutmütig sein dürfte, dies exempel auch nur als mythisch
gelten zu lassen, und nicht vielmehr, wie sich gebührt, mit des
falschen Zaleukos „προοίμιον νόμων“ zu parallelisieren, so würde
es in eine classe mit den „Lehren des Cheiron“, dem „Auszug des
Amphiaraos“ und ähnlichen poesieen der hellenischen propheten-
zeit gehören. die wirkliche prophetenrede des Amos und Jesaja
ist gewifs etwas grofses und von ächter und ergreifender gött-
lichkeit; aber einen exceptionellen charakter kann sie nur so
lange beanspruchen, als man nicht die naturwüchsigen söhne
Israels, sondern die gefäfse erblickt, durch welche der gott der
Juden oder der Christen zu einem besonderen zwecke die zukunft
halb zu enthüllen halb zu verbergen beliebt hat. mit dem weih-
rauchnebel schwindet auch die auserwählte besonderheit. dem
hirten von Thekoa tritt der hirt von Askra nicht unebenbürtig
gegenüber, dem vornehmen Judaeer, der sein volk zum ausharren
wider Assur mahnt, der Spartiate, der das heer seines königs
wider Ithome führt. in Israel predigt der prophet von Jahve,
der sein volk nicht verlassen kann, und in Athen beginnt er sein

rügegedicht mit dem worte frommer zuversicht, dass die stadt
nach Zeus willen nicht untergehen könne: τοίη γὰρ μεγάθυμος
ἐπίσκοπος ὀβριμοπάτρη Παλλὰς Ἀθηναίη χείρας ὕπερθεν ἔχει.
und wenn der verlust der nationalität und freiheit in tieferen
israelitischen gemütern die gottheit, die national war, nur zu
universaler bedeutung steigert, so war es ein Kolophonier, der
aus der geknechteten heimat gewichen war, aus dessen munde
dem befremdeten volke entgegentönte: εἷς θεός ἔν τε θεοῖσι καὶ
ἀνθρώποισι μέγιστος, οὖλος ὁρᾷ, οὖλός τε νοεῖ, οὖλος δέ τ' ἀκούει.
„ausgeworfen ist das schleppnetz und ausgespannet sind die
fangnetze: nun werden die thunfische daherziehen durch die
mondhelle nacht", das könnte so gut ein scherwort an könig
David im kampfe wider Moab wie an könig Peisistratos vor der
schlacht bei Pallene sein. der unterschied israelitischen und
hellenischen prophetentums ist nur der, dass die hellenische poesie
eine weitaus gröfsere festigkeit der form, und die hellenische
religion eine unendlich gröfsere fülle und wandelbarkeit der gestalten hat. aber mit dem, was man predigt zu nennen hat,
hat überhaupt das prophetentum nichts zu schaffen. wenn es
zeit ist, erfafst der geist den auserwählten; zeit war es nicht
blofs einmal noch an einem orte. die wirkung des propheten
aber ist eine dämonische, oder, anders ausgedrückt, eine eminent
persönliche; seinen schülern kann er bekanntlich seit Elias zeiten
nur den mantel lassen. dennoch ist sein wirken unabhängig davon ob man ihm glaubt. Kassandra singt weiter, mag sie auch
Ilios verlachen, und der heilige Antonius ruft den fischen,
wenn die menschen verstocket sind. der prediger dagegen ist
träger einer tradition, die für ihn wie für seine hörer etwas
gegebenes ist und die er nur weitergiebt: der prediger ist
nichts ohne die gemeinde, die ihn hört, und um derentwillen
seine rede allein ein existenzrecht hat.

So scheidet sie denn auch Freudenthal, obwol es den eindruck macht, als sollten die Rabbinen und die Schriftgelehrten
nichts geringeres als die nachfolger der propheten sein. er geht
aber in einem sprunge über die zeit hinweg, von welcher man
zwar nur dies eine, aber eben dies weifs, dass das Hellenentum

ganz intensiv auf die Juden eingewirkt hat. die „vorträge und vorlesungen in den synagogen und lehrhäusern" bezieht er auf „das
heimatlose volk", und dass sie sich nicht zu wahrer kunstform
entwickelt hätten, entschuldigt er mit dem „elend der zeit". das
gilt streng genommen erst seit der zerstörung des tempels, in
bedingter weise allenfalls seit den Makkabäerkriegen. aber in
Alexandreia sind sich die Juden zu allen zeiten weder sehr elend
noch sehr heimatlos vorgekommen; die zeit, während der das
Hasmonäergeschlecht kraftvoll dastand, hatte dem volke eine
materielle macht verliehen, welche es mit könig David schon
aufnehmen konnte, und heimatsgefühl und selbstvertrauen ist dem
verfasser des ersten Makkabäerbuches schwerlich abzustreiten.
vollends aber die ptolemaeische herrschaft des 3. jahrhunderts
war materiell wie geistig ein segen für die Juden, wie für alle,
die unter diesem völkerbeglückenden scepter standen. die drei
grofsen könige sind einander sehr ungleich, aber alle drei sind
mit consequenz und einsicht träger des alexandrischen grofsen
sinns, des Hellenismus, wie ihn Eratosthenes im gegensatze zu
Aristoteles aufgefafst hat. und dieser Hellenismus hat die
jüdischen barbaren nicht anders als Babylonier, Aegypter, Karer
und tausend andere mit zuvorkommenheit, ja mit sympathie und
schonung aufgenommen. wenn Berosos Manethos und Apollonios von Aphrodisias, die hohenpriester, keine ganz entsprechende persönlichkeit unter den Juden haben, so liegt das
daran, dass das nachexilische Judentum zunächst eine kirche und
keine nation war. aber die griechische sprache und denkweise
drang doch auch in jüdische kreise; könige und priester er-
strebten selbst in Jerusalem eine vermittelung, und die griechisch
erhaltenen jüdischen bücher, mögen sie apokryphen heifsen oder
wie Philon und Josephus einen selbständigen namen bewahrt
haben, wurzeln, bewusst oder unbewusst, zur hälfte im Hellenentum. so auch die predigt von der alleinherrschaft der vernunft,
deren philosophischer inhalt, wie der von mehr als einem traktate
Philons, ein abgeblasster stoicismus ist. die katastrophe, welche
eigensinniger fanatismus viel mehr als die angebliche bedrückung
hervorrief, riss nur gewaltsam die verbindung entzwei, welche

allerdings zur absorption dieses volksstammes in eine allgemeine
weltbevölkerung geführt haben würde, in der hunderte von volks-
individualitäten auch schon absorbiert waren. dass die denkmale
des jüdischen lebens aus den jahrhunderten von Alexander bis
Titus erhalten sind, vor allem auch die übersetzung der LXX,
verdanken wir ja nicht der jüdischen, sondern lediglich der
hellenischen, erst heidnischen, dann christlichen wissenschaft, wie
sie alle, vor allem auch wieder die LXX, ohne die universale
hellenische wissenschaft niemals entstanden wären. es lag vielleicht nicht von vornherein im christentum, allein die geschichte
hat doch diesen weg genommen, dass die elemente, welche überhaupt aus der israelitischen cultur und denkweise sich mit dem
hellenischen durchdringen konnten, eben im christentum einge-
schlossen waren. wenn die prediger der griechischen und
römischen kirche also die schrift von der alleinherrschaft der
vernunft benutzen und citieren, so ist es unbillig, darin eine
andere beeinflussung durch jüdische litteratur zu sehen, als bei
kanonischen schriften des alten testamentes. auch dies gehörte
zum erbe, das das christentum von vorn herein überkommen
hatte: die Christen lasen diese jüdischen schriften eben noch;
die Juden hatten sie längst vergessen. doch gesetzt auch, diese
beurteilung wäre unbillig: davon hängt die frage gar nicht einmal ab, ob „die christliche kanzelberedsamkeit den schritt von
den einfachen vorträgen der ersten zwei jahrhunderte zur künst-
licheren homilie und zur formvollendeten predigt nicht ohne beihilfe der jüdisch-griechischen beredsamkeit getan hat". hierin
liegt, wie ich glaube, ein verhängnisvoller irrtum, der bei theo-
logen verzeihlich, an einem philologen von dem weiten umblicke
Freudenthals befremdet. hat denn die jüdische oder christliche
litteratur eine sonderexistenz neben der heidnischen geführt?
wenn der proselyt oder katechumene den göttern seiner väter
fluchte und lieb' und treu' wie ein böses unkraut ausraufte, riss
er da auch die tausend wurzeln und fasern aus seinem herzen,
die ihn mit der cultur den sitten dem geschmack seiner umgebung verbanden? oder ist es nicht vielmehr für das geschichtlich zu sehen gewöhnte auge eine notwendigkeit, dass Paulus

und Seneca, Damis und Leucius, Tertullian und Appuleius, Origenes und Plotinus, Gregorius uud Libanius zeitgenossen waren?
was ist denn für ein unterschied zwischen den sophistischen
prunkreden der beiden letzten? aus einer schule stammen sie,
mit denselben mitteln wirken sie, hier wie da die gleiche hohle
rhetorik und unwahrhaftigkeit des ausdrucks. der unterschied
ist nur, dass hier, wie meistens, der christ die tiefere natur und
der achtungswertere schriftsteller ist: der anwalt der siegreichen
sache, die doch siegt, weil sie der κρείττων λόγος ist. die christlichen romane, wie die Clementinen, haben mit den heidnischen,
wie Chariton und Achilles Tatius, dieselben motive, die apostel-
reisen sind inhaltlich desselben schlages wie die des Apollonius
von Tyana, das christliche grabepigramm wendet dieselben phrasen
an wie das heidnische, und die väter der kirche schreiben ab
und flunkern grade so wie die heidnischen litteraten. unter
den bedingenden momenten, welche die cultur, die sich in den
zeiten von Hadrian bis Theodosius auslebt, geschaffen haben,
figuriert zwar das judentum, aber nur als eines von vielen, und
zwar nur von vielen nebensächlichen. im wesentlichen ist die
cultur immer noch die alte hellenische. die motive der romane
stammen aus der volkssage oder der komödie; die wunder der
gottesmänner haben Pythagoras oder Abaris schon jahrhunderte
vorher getan; es ist alter einst schmucker hausrat, der in den
versen der kirchhofspoeten und der sibyllen auf den trödel kommt.
und es ist die philosophische predigt, die rede des kynikers oder
platonikers, die auf die kanzel emporsteigt. haben Demetrios
oder Peregrinus nicht gepredigt? wenn Musonius bei Bedriacum
zwischen die zum vernichtungskampfe gezückten schwerter der
legionen tritt, und die soldaten dem törichten beginnen freilich
den verdienten spott entgegensetzen, aber den beruf des predigers
ehren, sollen wir ihm diesen namen versagen, weil er den tribon
trug und nicht kaftan oder dalmatica?

Viel richtiger verstand die aufklärung des vorigen jahrhunderts ihren Cicero und Lucian, wenn sie in den hausphilosophen
der vornehmen Römer die hauscapläne und in den philosophenschulen die mönchsorden wiederfand. mit reifem urteil und

tiefster kenntniss hat erst kürzlich Bernays die wirkung der
Kyniker in diesem sinne dargestellt. wir können fast mit
den händen greifen, wie nun das christentum an dieser stelle
eintrat. das was die christliche kirche schon im zweiten jahrhundert ihren gläubigen sein will, was dann in energischster
weise die reformation wieder hat herbeiführen wollen, dass mit
der gottesverehrung auch die wissenschaftliche belehrung über
die metaphysischen probleme in abschliefsender weise durch die
religion geboten würde, ist eben ein doppeltes: seit Sokrates
und Protagoras hatten sich volksreligion und philosophie in
diese aufgabe geteilt. das christentum bekämpfte beide, aber
so dass es gleichwol beider erbe antrat; cultus und heilige sage
und kunst erwuchs aus jener, aus dieser theologie und jede
christliche wissenschaft: der verfasser der predigt „ob der reiche
selig werden könne" ist der vertreter einer erhabenen anschauung von dem wissen, das der echte γνωστικός besitzen
müsse. und so ist denn die christliche predigt an die stelle
der philosophischen getreten. dass das judentum, ehe es sich
aus der gemeinschaft mit dem culturleben der welt zu einer
kümmerlichen sonderexistenz löste, auch ein par predigten hervorgebracht hat, wie allerhand epen, dramen und philosophische
traktate, ist interessant genug, und jeder verdient sich dank, der
ein derartiges document ins rechte licht setzt. aber auch von
der jüdischen predigt gilt das urteil, mit dem Bernays seine abhandlung über das phokylideische gedicht schliefst „so spiegelt
denn die geschichte dieses kleinen jüdisch-hellenistischen pro-
ductes das schicksal wieder, welchem die gesammte jüdisch-
hellenistische und jede ihr ähnliche schriftstellerei verdientermafsen unterliegt, das schicksal nämlich, keinen nachhaltigen
einfluss üben zu können auf das geistige leben der völker, das
sich in kräftigen gegensätzen umschwingt und alle versuche, das
concrete durch compromisse oder abstraction zu verflachen, ver-
ächtlich zur seite schiebt".

EXCURS 4.

Folgerungen für Diogenes.

Die reconstruction der Antigonosviten ist oben durchaus
ohne rücksicht auf die allgemeine quellenanalyse des Diogenes
geführt worden; indessen haben sich an jedem einzelnen punkte
tatsachen ergeben, welche eine übersichtliche zusammenstellung
erheischen würden, auch wenn die einstellung dieser factoren in
die rechnung gar nichts weiter lehrte. es konnte aber auch
nicht fehlen, dass bei der andauernden lectüre des schriftstellers
sich beobachtungen einstellten, die nicht grade für Antigonos in
betracht kamen; was von diesen für die quellenfrage von belang
schien, glaubte ich am besten auch gleich mit vorzulegen.

Das reinlichste resultat ist bei buch VII, der Stoa, heraus-
gekommen. hier ist Diogenes eigene zutat, wenn man von der
trefflichen doxographischen beigabe absieht, sehr gering. ihm lag
ein buch vor, verfasst ende des ersten jahrhunderts n. Chr. etwa,
das den Apollonios von Tyros durch zusätze, unter denen Demetrios und Hippobotos besonders von belang sind, erweiterte
und fortsetzte. das ziel ist hier fast erreicht, dass wir von
jedem paragraphen die wanderung von seinem verfasser bis auf
Diogenes verfolgen können.

Auch über die drei folgenden bücher ist es möglich, bis zu
einem gewissen grade von klarheit zu gelangen. wer vom zehnten die zusätze des Diogenes abrechnet, welche ich in dem briefe
an Maaſs bezeichnet habe, dem bleibt eine sehr schmächtige vita
übrig, deren grenzen zwar nicht ganz sicher zu ziehen sind, die
aber auf alle fälle Herakleides Lembos, Apollodors chronik, De-

metrios Magnes enthielt und (was sich durch zuhilfenahme des
Hesych ergeben hat) die διαδοχή bis auf Augustus zeit herabver-
folgte, damit aber den Epikureismus für erloschen erklärte. bei den
skeptikern, die den schluſs des neunten buches bilden, hat sich
ebenfalls eine sehr bedeutende tätigkeit des Diogenes herausgestellt, welcher nicht bloſs das doxographische aus jung-
skeptischer litteratur genommen hat, sondern auch zur vita
Pyrrhons aus gleicher quelle beträchtliche zusätze gemacht und
Timon überhaupt erst eingestellt hat. denkt man sich diese einlagen fort, so springt in die augen, dass in der vorlage die
διαδοχή gegeben war, welche Diogenes selbst im prooemium bezeichnet hat, und welche den Epikuros mit in das stemma ein-
reiht, nämlich so dass auf Demokritos eine anzahl schüler folgt,
darunter Metrodoros von Chios[1]), von dem der weg Anaxarchos
Pyrrhon Nausiphanes Epikuros geht[2]). Diogenes aber, der Epikureer, wahrte hier des meisters originalität und sorgte dafür,
ihm ein buch zu füllen, warf auch die auseinandersetzung über
die lehrer Epikurs an einen unscheinbaren platz (X 13), während
sie an die spitze gehörten: aber er verriet die schulfolge seiner
vorlage im prooemium. demselben Epikureismus kann man es
zuschreiben, dass Nausiphanes weggelassen ist; indess wirkte hier
auch das löblichere streben mit, für die Skepsis raum zu schaffen,
deren bedeutung dem schriftsteller des dritten jahrhunderts eine
gröſsere berücksichtigung abnötigte, als die vorlage ihnen ge-
währt hatte. deshalb ist grade so wie Nausiphanes auch

---

[1]) Dieser fehlt bei Diogenes, allein Hesychius (Suid. *s. v. Δημόκριτος*)
und die anknüpfung bei Diog. IX 58 zeugt für die quelle. in Suidas
oder Hesychs vorlage stand natürlich μαθητὴς δ' αὐτοῦ διαφανὴς ἐγένετο
Μητρόδωρος ὁ Χῖος, οὗ πάλιν ἀκροατὴς (ἀκροαταί Suid.) Ἀνάξαρχος, καὶ Ἱππο-
κράτης ὁ ἰατρός.

[2]) Vgl. oben s. 37, wo die längere ausführung mit der Sextus das
erste buch πρὸς μαθηματικοὺς beginnt (s. 599) mit hätte genannt werden
sollen. denn mit absicht wird Nausiphanes Πύῤῥωνος ἀκουστής genannt, und
dann die vergebliche eitelkeit Epikurs beleuchtet, der es bestritt, bei
Nausiphanes etwas gelernt zu haben. beleg ist ein brief πρὸς τοὺς ἐν Μυτι
λήνῃ φίλους (wie offenbar für φιλοσόφους zu schreiben ist), d. h. die 'freunde'
des Hermarchos.

Metrodoros von Chios weggefallen, und statt des ganz ungehörig
eingemengten (wol erst durch ein versehen des Diogenes Laertius
oder seiner vorlage hierher verschlagenen) Apolloniaten Diogenes
müsste der Smyrnaeer stehen, der ja. des Anaxarchos lehrer ist,
während der Apolloniat höchstens im zweiten buche platz hätte.
dass neben Protagoras auch die andern sophisten in der vorlage
gestanden haben, zeigt Hesych.

Steigt man in der διαδοχή weiter hinauf, so verstattet
die biographie Demokrits eine analyse. in ihr deckt sich
nämlich die angabe des altersverhältnisses zu Anaxagoras in
§ 34 mit 41. die an Aristoxenos anknüpfende bemerkung in § 40
aber kann nicht in einem zusammenhange mit der bemerkung
über Platons Anterasten § 37 niedergeschrieben sein. und dieser
letztere paragraph unterbricht den zusammenhang in empfind-
lichster weise, der so fort geht δοκεῖ δὲ καὶ Ἀθήναζε ἐλθεῖν . . .
"ἦλθον γάρ, φησίν, ἐς Ἀθήνας καὶ οὔτις μ' ἔγνωκεν" — Δημήτριος δ' ὁ Φαληρεὺς μηδ' ἐλθεῖν φησιν αὐτὸν εἰς Ἀθήνας κτέ.
es liegt also eine rohe zusammenstückung in dieser vita vor, die
sich aber löst, sobald man weifs, dass das störende stück in § 37
und § 41 von Thrasyllos ist; auch durch das ausscheiden des
thrasyllischen teiles von § 38 gewinnt der zusammenhang. nun
ist auch das schriftenverzeichnis aus Thrasyllos, und gewiss ist
merkwürdig, dass Hesych statt seiner ein par ganz anders ge-
artete notizen hat. dass jedoch nicht etwa erst Diogenes den
Thrasyllos eingefügt hat, ergibt die tatsache, dass Hesych beide
geburtszeiten hat[5]). in ihrer gemeinsamen quelle war also
einem älteren bestande einiges thrasyllische zugesetzt, welches
sie in ungleicher weise eingeschoben oder verschmäht haben.
damit ist aber für diesen grundstock die wahrscheinlichkeit zum
mindesten gewonnen, dass er jenseits Thrasyllos entstanden sei:
und wirklich, die teile, welche Thrasyll unterbricht, gehören dem
Demetrios Magnes an, als dessen gewährsmänner Antisthenes der
Rhodier und Demetrios von Phaleron (vielleicht auch Aristoxenos)
kenntlich sind.

---

[5]) Olymp. 77 gibt den synchronismus mit Sokrates (Thrasyll § 41), 80
die erforderlichen vierzig jahre nach der geburt des Anaxagoras.

Es ist ja selbstverständlich, dass die arbeit eines diadochen-
schriftstellers, wie es die vorlage des Diogenes war, nicht mit dem
nach ganz anderen gesichtspunkten geordneten homonymenlexicon
des Demetrios bestritten werden konnte, dass somit andere quellen
mindestens den rahmen hergegeben haben, allein eine hauptrolle
kommt in dieser gegend dem Demetrios ganz ohne frage zu. im
Eleaten Zenon ist er § 27 genannt, und Antisthenes steht zum mindesten in seiner unmittelbaren nähe. im Herakleitos (15) ist der
Phalereer Demetrios sicher wieder aus dem Magneten. also wird
dieser wol auf die citate aus Demetrios Phalereus IX 20 und 57
anspruch haben; an letzterer stelle gesellt sich ihm Antisthenes,
der IX 7 die μεγαλοφροσύνη des Herakleitos bezeugt, d. h. dasselbe was später der Phalereer tut, und worüber der Magnete
im Demokrit diese selben zwei zeugen heranzieht. aber auch bei
den letzten viten des achten buches steht es nicht anders; denn
die citate im Hippasos und Philolaos heifsen den Alkmaion mit
auf Demetrios conto schreiben: der anfang ihrer schriften ist
hier ebenso citiert wie im Diogenes von Apollonia (IX 57),
welcher schon als demetrisch erkannt ist[1]). es ist auch ganz
natürlich, dass bei den diadochenschriftstellern über diese geringen Pythagoreer wenig zu holen war: für die gröfseren philosophen zeigt sich klar, dass Demetrios in der regel nicht die
hauptrolle wie bei Demokritos gespielt hat. die homonymen-
listen, die man sich natürlich auch ansieht, geben meist lediglich
schriftsteller, und es steht ihrer zurückführung auf Demetrios
nichts im wege, aufser grade bei Demokrit, wo ein künstler aus
Antigonos genannt wird. da wäre denn ein zusatz des benutzers,
d. h. der diogenischen vorlage, anzuerkennen: doch kann auch
niemand garantieren, dass diese liste nicht etwa aus Thrasyll
stamme, wie unsere Thukydides-Aischines-Aratviten homonymen-
listen liefern. allein das auftreten mehrerer quellen für homonymenlisten ist grade in dieser gegend häufig. abgesehen von Pythagoras (VIII 46) wird bei Archytas (84) ein fünfter nachgetragen,
und zwar steht der anfang seines buches dabei, ganz wie es

[1]) Die verwechselung des Apolloniaten mit dem Smyrnaeer stimmt
auch am besten zu dem excerpieren eines homonymenlexicons.

Demetrios zu tun pflegt, und von einem andern der reihe wird
ein apophthegma mitgeteilt. sieht das nicht ganz nach dem
excerpieren eines homonymenlexicons aus?

Ganz eigentümlich steht es mit Eudoxos. derselbe ist
hier angeschlossen, weil er in der geometrie schüler des
Archytas gewesen sei, in wahrheit würde man ihn gar nicht
oder in der Akademie suchen: Philostratos hat ihn, aus ähnlicher quelle schöpfend, unter die sophisten gestellt. das
hauptstück der vita ist aus Sotion, dem wenigstens das citat
der Kallimachischen *Πίναχες* auch gehört; dass die niko-
machische ethik dem Nikomachos zugeschrieben wird, ist zur
zeitbestimmung der citate in dieser umgebung wol nicht verwendbar. Hermippos und Eratosthenes konnte Sotion auch schon
sehr gut citieren; die schrifttafel las Hesych vollständiger als sie
Diogenes gibt. nun aber schwenkt die vita in eine ärztliche
διαδοχή ab, zu Chrysippos dem Knidier und seiner familie. dann
folgt *γεγόνασι δὲ Εὔδοξοι τρεῖς,* von denen der letzte aus Apollodors chronik belegt wird. *εὑρίσκομεν δὲ καὶ ἄλλον ἰατρὸν Κνίδιον, περὶ οὗ φησιν Εὔδοξος ἐν γῆς περιόδῳ ὡς εἴη παραγγέλλων
ἀεὶ συνεχὲς κινεῖν τὰ ἄρθρα πάσῃ γυμνασίᾳ, ἀλλὰ καὶ τὰς αἰσθήσεις ὡσαύτως. ὁ δ' αὐτός φησι τὸν Κνίδιον Εὔδοξον* — nämlich
Apollodor; also steht hier eine einlage an vollständig verkehrtem
platze. der sachverhalt ist natürlich oft bemerkt; aber auch was
Maaſs s. 44 vorbringt, ist nur eine ausrede. war Diogenes wirklich so verkehrt, wenn er diese einlage machte, *τὸν Κνίδιον
Εὔδοξον* zu schreiben, was im gegensatz zu dem Sikelioten steht,
den Apollodor genannt hatte? und war, wer auch immer die
eingelegte angabe machte, so töricht, von einem knidischen arzte
Eudoxos den Knidier Eudoxos ohne distinctiv berichten zu lassen?
und schlieſslich, erwartet man nicht statt *καὶ ἄλλον ἰατρὸν Κνίδιον* entweder *τέταρτον, ἰατρὸν ὁμοίως Κνίδιον,* oder zum mindesten *καὶ ἄλλον Κνίδιον, ἰατρόν?* der unsinn schwindet, sobald
man ein mechanisches versehn in der einlage sieht, mag man
dies dem Diogenes oder dem schreiber imputieren [5]), und die

---

[5]) Es werden dieselben sünder sein, die bei der aufnahme der Epikur-
briefe auch die scholien mit abgeschrieben haben, d. h. die abschreiber-

notiz zu den Chrysippen hinaufrückt. dann ist neben zwei Knidischen ärzten Chrysippos *καὶ ἄλλον Ιατρὸν Κνίδιον* völlig berechtigt, und man hat dann nur weiter zu schliefsen, dafs der von dem nachtragenden aufgestöberte Chrysippos allerdings unpassend von dem einzig berühmten arzte des namens gesondert ist. denn da nach Sotions berichte Chrysippos den Eudoxos auf seiner ägyptischen reise noch vor des Agesilaos ägyptischer expedition (also in den sechziger jahren des vierten jahrhunderts) begleitet hat, und auch ebenso wie Eudoxos den unterricht des Philistion[6]) genossen hat, so liegt keine veranlassung vor, die erwähnung eines Chrysippos bei Eudoxos auf einen anderen als den bekannten Knidier zu beziehen, und mich dünkt, die fassung der worte *ὡς εἴη παραγγέλλων ἀεί* führt auch auf die nennung eines zeitgenossen. auf der anderen seite aber war die differenziierung nächstliegend für einen, dem die *διαδοχή* der Chrysippe, wie sie hier gegeben ist, vorlag, der bekannte träger des namens also als schüler des Eudoxos vorgeführt war. ist somit diese unliebsame stelle aufgeklärt, so bleibt eine andere wesentliche schwierigkeit in dem verhältnis dieser stelle zu dem homonymenverzeichnis der Chrysippe VII 186 *Χρύσιππος Κνίδιος Ιατρὸς; παρ᾽ οὗ ψησιν Ἐρασίστρατος εἰς τὰ μάλιστα ὠφελῆσθαι.* das gleiche verhältnis bezeugt mit der nötigen beschränkung Galen öfter, besonders in den beiden schriften über aderlass. dieser mann ist also identisch mit dem *Χρύσιππος ὁ Ἐρίνεω* (der name ist verdorben), dem schüler des Philistion und Eudoxos. im

---

sclaven, denen Diogenes die redaction der excerpte überliefs. bei solcher gelegenheit werden wol vielerlei fehler begangen sein, z. b. verlegte zettel mit excerpten bei Athenaeus, unterweilen dubletten, wie in der aristotelischen litteratur. beim Photius hat Naber mit dieser möglichkeit gerechnet; weil sie unserer sitte ferner liegt, bedenken wir sie zu wenig.

[6]) Dieser muss ziemlich alt angenommen werden, da er unter den angeblichen verfassern des hippokratischen büchleins *περὶ διαίτης ὑγιεινῆς* figuriert (Galen im anfang des commentars zu den aphorismen und zu *vict. acut.* 17. XV 455 Kühn). bücher hat Galen so wenig von ihm wie von Chrysipp gehabt. in den pharmakologischen büchern des Plinius wird manches aus beiden angeführt; die zuverläfsigkeit der citate ist aber sehr gering.

siebenten buche geht es dann weiter *καὶ ἕτερος υἱὸς τούτου
ἰατρὸς Πτολεμαίου, ὃς διαβληθεὶς περιήχθη καὶ μαστιγούμενος ἐκο-
λάσθη.* dem widerspricht im neunten buche *τούτου γέγονε παῖς
Ἀρισταγόρας οὖ Χρύσιππος Ἀεθλίου* (?) *μαθητής οὖ τὰ θεραπεύ-
ματα κτέ.* aber hier entscheidet die geschichte. aus dem scholion
zu Theokrits Ptolemaios 128 wissen wir, dass Chrysippos, der
hier ein Rhodier heifst, in den sturz der Arsinoe Lysimachos'
tochter verwickelt war. er endete also in den ersten siebziger
jahren des dritten jahrhunderts, mithin neunzig jahre nach seines
angeblichen vaters ägyptischer reise. und man darf den vater
keineswegs zu weit hinabrücken, denn nach dem unzweideutigen
zeugnis bei Sextus (gramm. 657) war er nicht der unmittelbare
lehrer des Erasistratos, sondern durch einen schüler Metrodoros.
Erasistratos aber war leibarzt bei Seleukos im anfang des dritten
jahrhunderts. also behält hier das neunte buch recht; es wird
aber einfach VII 186 *υἱός* in *υἱωνός* zu ändern sein.

Wir sind vom wege abgekommen, weil die sachen erst klar
werden mufsten: nunmehr ergibt sich wol der recht wichtige
schlufs, dafs die homonymen Chrysippe des siebenten buches mit
denen des neunten nicht denselben ursprung haben, wenn wir
den sachlichen widerspruch auch gehoben sehen, dass also auch
so sich die regel bestätigt, die homonymenlisten im Diogenes
mit den viten vereinigt, und nicht als einen bestandteil der
durchaus in sich zusammenhange zu behandeln. grade wie bei
den stoikern ist herleitung, wenn auch nicht ausschliefsliche, aus
Demetrios sehr wahrscheinlich geworden, denselben hat man auch
im neunten buche, selbst dicht neben an, vor augen liegen: und
doch läfst sich, was bei Hippasos zutrifft, auf Eudoxos nicht übertragen.

Demetrios war mit einer diadoche dieser philosophenreihe
verarbeitet, ehe derjenige, welcher Diogenes vorlag, den Thrasyll
hinzufügte, oder auch (was minder wahrscheinlich) ein und derselbe
arbeitete Demetrios hinein und fügte Thrasyll zu. beide mochten für einzelne viten die hauptmasse (wie im Demokrit), bei
andern alles geben (Alkmaion, Hippasos, Diogenes, vielleicht auch

Philolaos[7])), so dass nur die miscellanzusätze des Diogenes, hier
namentlich Favorin, hinzugetreten sind: immerhin ist das nicht
der grundstock. das ist vielmehr wieder ein diadochenschriftsteller, einer der (Sotion Satyros) Herakleides u. a. ausschreibt.
es ist leicht auf Hippobotos zu raten, der vorkommt, und manches
mal recht bezeichnend, wie an der spitze des Empedokles und
IX 5. 40. aber so lange das ein raten bleibt, mag ich es nicht
tun. das aber ist im hinblick auf die vorrede des Diogenes[8])
und namentlich auf die partieen im Clemens, die dieser einleitung[9]),
den Sieben weisen und Pythagoras und Anaxarchos parallel sind,
auszusprechen, dass an Hippobotos und an diese partieen im Diogenes die forschung zunächst ansetzen muſs. dass auch die reihe
der älteren philosophen von Anaximandros bis Archelaos durchaus gleichen schlages ist wie die alten des achten und neunten
buches, wird jedem leser des Diogenes geläufig sein[10]). das aber
zu verfolgen gehört einer künftigen genaueren forschung an.

Für jetzt ist damit nicht wenig gewonnen, dass dem Diogenes eine διαδοχή vorlag, die Hippobotos und Demetrios stark
in anspruch genommen hatte. es waren kurze viten, zumeist
mit den ärmlichen δόγματα, die Diels charakterisiert hat. Diogenes hat dieselben bei Leukippos und Herakleitos aus anderen
quellen eben so erweitert, wie er es nur quantitativ viel beträcht-
licher bei Pyrrhon und Epikuros getan hat; auch der Pythagoras
hat die groſse einlage aus Alexandros erhalten. sonst bildet
diese vita um ihres umfanges und ihrer verwandtschaft mit mo-

---

[7]) Es scheint mir nämlich, dass Demetrios für Hermippos eine vorliebe gehabt hat; doch kann da selbst Diogenes der vermittler sein (*ep. ad Maaſs* 159).

[8]) Ich habe über die berufene stelle, die den Potamon πρὸ ὀλίγου leben
lässt (*prooem.* 21) mich verführen lassen, ihren urheber als unbestimmt zu bezeichnen. wer die stelle ohne an die modernen zu denken unbefangen liest,
muss sie einfach dem Hippobotos mit dieser ganzen partie zuweisen.

[9]) Auch Aristides XLVI p. 407 hat aus einer dem § 12 parallelen
quelle geschöpft.

[10]) Wenn Diogenes die stellen II 13 = IX 20 über Anaxagoras söhne
und II 22 = IX 12 über des Sokrates heraklitische studien nicht selbst
wiederholt hat, so ist derselbe gewährsmann, im ersteren falle sicher Demetrios, damit erwiesen.

nographieen gleichen inhaltes willen, auch wenn sie Diogenes
aus derselben vorlage nahm, ein stück für sich. bleibt seine vorlage für die Italiotische philosophie schon ein ziemlich ärmliches
compendium, verfasst nach Thrasyll[11]), so wird dies compendium
in dem zustande, den es vor der versetzung mit Demetrios, der
doch auch nach Deinarchos zu urteilen nicht grade sehr volumi-
nös war, haben musste, noch viel dürftiger gewesen sein; nicht
unähnlich den philodemischen indices. Diogenes hat wegen seiner
erweiterungen entschieden anspruch auf unsern dank, und wir
verstehen, weshalb sein buch siegreich aus der concurrenz, sogar
mit Porphyrios, ja sogar mit seiner vorlage, die doch bis ins
siebente jahrhundert erhalten war[12]), hervorgegangen ist.

Nun haben wir aber grade wie hier auch bei den Stoikern
Diogenes vorlage als eine solche erkannt, die Demetrios Magnes
und Hippobotos in, ausgedehnter weise zur vervollständigung des
Apollonios von Tyros heranzieht, und auch diese vorlage gehörte
etwa dem jahre 100 p. Chr. an: der schluss scheint unaus-
weichlich, dass es in beiden particen derselbe mann gewesen
ist, der diese überarbeitung vornahm. die Stoa erweist aber
ferner, dass er sich nicht gescheut hat, eine grofse ungleichartigkeit in der behandlung der einzelnen philosophen zuzulassen,
denn dem Zenon und Chrysippos gegenüber erscheinen Demokritos und Epikuros recht armselig. allein das hilft uns nur
begreifen, wie ein Pythagoras ziemlich in der jetzigen ausdehnung
(ohne Alexandros) in demselben buche gewesen sein könne: es
ist ja auch keine frage, dass die vielen in buch VII verlorenen
viten unverhältnismäfsig kurz gewesen sind. in betreff des
sechsten buches ist eine ziemlich starke benutzung des Diokles

---

11) Ob das Plutarchcitat IX 60 der quelle angehört, ist durchaus unsicher, es darf also nicht zur basis ihrer altersbestimmung genommen werden.

12) Ich rede immer so, als wenn Hesychius illustris diese noch selbst
benutzt hätte; die möglichkeit eines epitomierenden strohmanns zwischen ihm
und dem buche, das inhaltlich doch seine quelle ist, ist zuzugeben. allein
wir führen auch die meisten dichter bei Suidas ohne weiteres auf Dionysios
zurück, obwol wenigstens die epitome des Rufus aller wahrscheinlichkeit
nach eine etappe ist die sie passiert haben.

von mir hoffentlich erwiesen; dass ferner Diogenes im Antisthenes und Diogenes auch umfangreiche apophthegmensammlungen selbst hineingearbeitet hat, habe ich gleichfalls nach Bahnsch vorgange als meine ansicht bezeichnet, obwol nach dieser richtung überhaupt noch viel arbeit notwendig ist. Hippobotos[13]), Antisthenes, Demetrios fehlen nicht, von jungen schriftstellern tritt Achaikos hinzu: ich stehe nicht an, auch dieses buch derselben vorlage des Diogenes zuzuschreiben. namentlich der Krates hat ganz den flickcharakter der biographien des neunten buches. nun zeigen eben denselben aber auch Demetrios Phalereus und Herakleides im fünften buche, so dass diese beiden unweigerlich denselben weg gehen müssen[14]). die andern peripatetiker sind sehr schlecht weggekommen; Diogenes hat selbst dem Aristoteles und Theophrast mit apophthegmen aufzuhelfen versucht (17—21. 39—42), indessen teilen sie mit Herakleides und Demetrios den vorzug der schrifttafeln (wie ich nicht zweifele, aus Hermippos), und der Magnete Demetrios wird selbst im Aristoteles (13) angeführt. ich bin deshalb geneigt, die unterschiede auf den zustand der primärquellen zu schreiben und auch das ganze fünfte buch demselben bearbeiter zu vindicieren; doch ist dafür keine sicherheit. in der vorlage des Hesychius war die peripatetische schule wenigstens in der ersten generation viel ausführlicher behandelt (*ep. ad Maaß.* p. 151): es kann sein dass der wechsel der vorlage im Diogenes mit Demetrios Phalereus erst beginnt.

Denn das vierte buch zeigt ein anderes gesicht. hier gibt es keinen Antisthenes Hippobotos Demetrios. hier ist wol zu anfang die zutat des Diogenes bedeutend, und er mag auch dem Bion aus einer apophthegmensammlung fülle gegeben haben (47—51), das beeinträchtigt den charakter der vorlage nicht. der jüngste vorkommende schriftsteller ist Alexandros Polyistor (62) und der mathematiker Diodoros, Poscidonios schüler (2):

---

13) Dieser muss sehr wesentlich sein, denn z. b. der ganze Menedemos (VI 102) entstammt ihm, und der ist in die διαδοχή (93) eingerückt.

14) Die verschiedene quelle würde die befremdliche versetzung des Herakleides unter die Aristoteliker erklären.

denn nach dem Plutarchcitat (4) wird man auch hier unmöglich
datieren dürfen; und wenn auch, so wäre nur hier die diogenische
vorlage eine leise ändernde, einzelnes zusetzende, vielleicht sehr
viel streichende, wie sie es im Platon ist[15]), nimmermehr aber
mit der der bücher V—X identisch; die für jenen bearbeiter
charakteristischen autoren fehlen auch im Platon. wie aber
in diesem einfach ein leben desselben, etwa aus einer ausgabe
der werke, oder eine schrift ähnlich der εἰσαγωγή des Albinus
zu grunde liegt, so ist im vierten buche die grundlage eine geschichte der Akademie, welche unbedingt vor den umwälzungen
des Antiochos liegt. · solcher bücher hat es manche gegeben,
denn die mit diesem verwandte oder identische quelle des Philodem, dieser selbst und die quelle des Numenius entstammen im
grofsen ganzen derselben zeit. dass aber Hesych grade in diesen
biographien nicht mit Diogenes stimmt, ist für die scheidung der
vorlagen des letzteren eine zwar nicht notwendige aber doch
belehrende bestätigung. auch hier werden wir dem Diogenes
dank wissen dass er, wenn auch vielleicht ohne den wert der
quelle zu ahnen, sich nicht mit der dürftigkeit seiner διαδοχή
begnügt hat[16]).

Auch für die Sokratiker hat sich nicht unwesentliches ergeben. freilich nicht etwa so, dass die vorlage des Diogenes
näher bestimmt werden könnte, wol aber etwas für die primär-
quelle, indem sich der Menedem ganz als dem Herakleides gehörig
herausgestellt hat. dem will ich in Xenophon eine ähnliche
erscheinung zur seite stellen. es ist wol auch methodisch von
wert, dass hier ein gänzlich verschiedener weg zum ziele führt.
sieht man sich nämlich den bericht über Xenophons leben, der
II 49—53 gegeben ist, näher an, so ergibt sich sachlich, dass
fast alles aus seinen werken, namentlich der Anabasis, mit mehr
oder weniger glück und geschick genommen ist. es treten aber

---

[15]) Diesen hat Diogenes bekanntlich einer vorlage entnommen, die den
Thrasyllos ganz anders als es im Demokrit geschieht verarbeitete.

[16]) Es ist natürlich nicht ausgeschlossen, dass Diogenes contaminiert
hat, und z. b. die schriftenverzeichnisse des Speusippos und Xenokrates sehen
sehr nach der für die peripatetiker zu grunde liegenden quelle aus.

eine anzahl notizen dazwischen, welche anderer herkunft sind
und doch den stempel der zusammengehörigkeit und der glaubwürdigkeit um so mehr an sich tragen als sie durchaus simple
facta angeben. *a*) Xenophon ward, während er bei Agesilaos
war, wegen lakonismus verbannt. *b*) er erhielt in Sparta die
proxenie *c*) er hatte eine frau Philesia, die ihm zwei söhne
Gryllos und Diodoros gebar *d*) diese hiefsen dioskuren *e*) die
Spartaner schenkten ihm ein haus und grundstück. das ist in
wahrheit identisch mit der nach der Anabasis erzählten schenkung
von Skillus, beweist also nur doppelte quelle. *f*) ein Spartiate
Phylopidas schenkte ihm sclaven zu beliebiger verwendung. *g*) aus-
führliche schilderung, wie Xenophon durch die Eleer aus Skillus
vertrieben ward, wie er sich dabei benahm, die einstellung beider
söhne in die attische reiterei und ihr verhalten bei Mantineia.
hier treten eine anzahl specialberichte zu, sodann aber auch die
allgemeine historie; Ephoros wird genannt. die hauptmasse muss
aber zu der obigen quelle gerechnet werden, denn in die universal-
historie gehört es nicht, dass Xenophons söhne bei der flucht
nach Lepreon nur wenige sclaven mitnahmen, und Xenophon
selbst nach vergeblicher beschwerdeführung in Elis den söhnen
nachkam. nun wird für *c* und *e* Deinarchos angeführt, auf den
Demetrios Magnes sich berufen hatte; *d* und *f* aber hängen damit aufs engste zusammen [17]). in *g* wird berichtet, dass Xenophon
sich in Korinth niederliefs; dass er dort gestorben sei, sagt
Demetrios § 56, und wenn das wol auch nur ein schluss ist, so
ist es eben ein schluss aus *g*. nun ist die rede des Deinarchos
für Aischylos, einen freigelassenen des Xenophon (sohnes des
Diodoros, enkels des philosophen) als verteidigung ἀποστασίου gehalten [18]), hatte also den zweck, des Aischylos interesse zu wahren
und den kläger anzugreifen. Deinarchos hat das natürlich in
der beliebten manier athenischer gerichtsredner besorgt, die in
nichts so grofs sind wie darin, nicht zur sache zu sprechen.

---

[17]) *d* hat Sauppe *Or. Att.* II 238 ohne weiteres zu *c* gerechnet.

[18]) Aufser in dieser vita nur im verzeichniss des Dionysios p. 664 genannt. Deinarchos und Hypereides hatten öfter veranlassung die söhne
Xenophons zu nennen. Harpokrat. *s. v.* Γρύλλος und Κηφισόδωρος.

da fand Demetrios die data für Xenophons leben, und wir sind
ihm für diesen fund sehr zu dank verpflichtet. denn es ist klar,
wie alles zusammenhängt. dem kläger wird die vita seiner vor-
fahren vorgerückt. Xenophon ist wegen lakonismus verbannt,
von den Spartanern mit allem möglichen belohnt; ein frauen-
zimmer das er mitbrachte hat ihm die kinder geboren, sie sind
in äufserster hast aus Skillus vertrieben, Xenophons intervention
in Elis hat nichts genützt. er hat dann in Korinth gelebt (was
der Korinther Deinarchos am besten wissen konnte), Gryllos zwar
hat den heldentod gefunden, Diodoros aber, des klägers vater, ist
wiedergekommen οὐδὲν ἐπιφανὲς πράξας. zur sache selbst gehört offenbar die schenkung von sclaven durch Phylopidas und
die geringe begleitung bei der flucht: der client des Deinarchos
oder sein vater gehörte zu den so erworbenen sclaven, die bei
gelegenheit der vertreibung aus Skillus sich die freiheit genommen hatten. bei dieser voraussetzung stimmt alles auf das
trefflichste, und die dinge, proxeniedecret, verbannung wegen
lakonismus, ja die wendungen selbst, ψηφισαμένων τῶν Ἀθηναίων βοηθεῖν Λακεδαιμονίοις oder Κηφισοδώρου μὲν ἱππαρ-
χοῦντος, Ἡγησίλεω δὲ στρατηγοῦντος, klingen nach dem athenischen
plaidoyer. sehr bezeichnend ist auch, dass die zurücknahme der
verbannung Xenophons nicht erzählt ist, und dass von der vertreibung aus Skillus an die söhne im vordergrunde des interesses stehen.

Es ist nun aber auch zu sagen, dass die erbärmlichen
anekdoten, welche sonst über Xenophons leben umgehen [19]), oder

---

[19]) Das meiste bei Pausanias V 6. den grund der verbannung, weil er
dem Kyros geholfen, hat sich Pausanias selbst aus seiner historischen kennt-
nis (Thukyd. VIII) zurechtgemacht, wie die schilderung von Skillus aus der
Anabasis ist. dann verweist er mit οἱ Ἠλείων ἐξηγηταί auf seine elische
quelle (Hirt de Paus. in El. font. 55), welche sehr bemerkenswert sowol die
vertreibung wie die beschwerde angibt, wie Deinarchos, allein das resultat
des processes im elischen interesse entgegengesetzt darstellt. die unwahrheit
ist wol unzweifelhaft. aufserdem findet sich bei Pausanias öfter die fabel, dass
Gryllos den tötlichen speer wider Epameinondas geschleudert habe, am aus-
führlichsten VIII 11 5; die quelle ist Plutarchs Epameinondas. die geschichte
gehört dem sagenkreise an, der sich unmittelbar nach Gryllos tode um ihn
gebildet hat. für den braven soldaten Xenophon war des sohnes heldentod

auch nur von Diogenes aus anderer quelle nachgetragen werden, die ἀκμή um ol. 89, die fabelei des Istros von.dem Eubulos, der Xenophon verbannt und zurückruft, gar nicht hätten entstehen können, wenn nicht dieser den dingen nahestehende und zudem auf aktenstücken, wie dem proxeniedecret, beruhende bericht an so entlegener stelle durch die jahrhunderte bis auf Demetrios verborgen gewesen wäre. ist doch die heillose confusion, die man jetzt zumeist noch als leben Xenophons in den handbüchern aufgetischt bekommt, auch nur daher gekommen, dass man, Krüger an der spitze, die concordanz zwischen diesen widersprechenden zeugnissen hat herbeiführen wollen, statt Deinarchos und Xenophon selbst zu folgen. dass man sich um attisches recht nicht kümmert, ist man in dieser litteratur schon gewohnt. es versteht sich eigentlich ganz von selber, dass Xenophon 394 auf grund von lakonismus, oder vielmehr weil er bei Koroneia in waffen gegen Athen gestanden hatte, προδοσίας verbannt ist. es ist ebenso selbstverständlich, dass er zwischen 370, der occupation von Skillus, und 363 rehabilitiert ist. denn 362 haben seine söhne in der attischen cavallerie gedient, waren also athenische ritter. eine rehabilitation ist überhaupt keine kleinigkeit in Athen; hier galt es noch mehr. es versteht sich von selbst, daſs Deinarchos mit formellem recht die ehe, der Diodoros und Gryllos entsprossen sind, als concubinat ansieht: denn das wird keiner glauben, dass das weib, das Xenophon die söhne im anfang der achtziger jahre geboren hat, eine Athenerin war, und keinenfalls

---

das schwerste, aber auch das schönste. anmutig ist es, dass schon ein menschenalter nach Gryllos tod die beiden söhne des frommen reitersmannes dem göttlichen reiterpare zur seite gestellt sind; das kehrt in der volkstümlichen auffassung zweier reiterbilder am aufgang zur burg wieder (Paus. I 22). die veranlassung aber ist wenigstens von fern noch zu erkennen. Gryllos trug den namen des mannes der die Dioskuren gereinigt hatte (Philostephanos bei Herodian *de dict. sol.* 11), offenbar von dem blute das bei der erstürmung von Aphidna vergossen war, ehe sie die mysterien schauen durften. der Dioskurenzug war in Attika in den localsagen vieler demen. Xenophon stammte aus Hercheia, dessen eponymos einst Demeter aufgenommen (Steph. Byz. *s. v.*), und nach Kallimachos (fgm. 107) regeln über παιδοφιλεῖν gegeben hat.

war die ehe in Athen rechtsgiltig. da aber die söhne als
athenische ritter gedient haben, so sind sie bei Xenophons rehabilitation legalisiert. was die Athener zu diesen ganz aufser-
gewöhnlichen mafsnahmen vermochte, war natürlich dasselbe, was
die Lakedaimonier zu der erteilung der proxenie und des ehren-
geschenkes vermocht hatte: die feder des publicisten war ihnen
wert. der dank für Skillus ist die erste auflage der Hellenika,
ein buch, das, seit es Nitsche dem verständnis erschlossen hat,
als das sprechendste denkmal der officiellen politik des Agesilaos
angesehen werden muss. seinem vaterlande hat Xenophon den
Hipparchikos und die *Πόροι* gewidmet, und in der überarbeitung der
Hellenika fand wenigstens die lakonisierende partei in Athen,
die ihn heimberufen hatte, ihre rechnung. gewaltige ereignisse
nahmen bald auf immer den staaten, für die Xenophon geschrieben hatte, ihre bedeutung, die stilistische wertlosigkeit seiner geschichte und die langweiligkeit seiner Kyropädie waren damals
leicht durch die vergleichung besserer darstellungen und fesseln-
derer philosophischer romane constatiert. aber seine sokratischen
schriften hielten stand, ganz besonders, weil seine weltanschauung
sich dem stoicismus am leichtesten anbequemte; so verschob sich
sein bild zu dem eines sokratikers, seine eigene lebenszeit pro-
jicierte sich in die, wo seine dialoge spielten, und die Anabasis
(nach welcher offenbar Apollodor datierte § 53) schien sein leben
eher abzuschliefsen als zu beginnen. details waren über ihn
kaum mehr als über Phaidon oder Eukleides bekannt. da
trug eine welle des atticismus auch diesen schriftsteller wieder
empor; es war um die mitte des ersten jahrhunderts v. Chr.
Demetrios Magnes entwarf den katalog seiner schriften: sie haben
sich im wesentlichen so wie er sie vorfand erhalten. ihm lag
die privatrede des Deinarchos nahe, den man grade auch als
attiker hervorzog, und so gab er eine berichtigte darstellung,
vor der die älteren fabeln verbleichen. denn die gesinnung des
advocaten zieht man leicht ab.

  Das resultat an sich ist wertvoll; für den verstehenden wird
auch in den allgemeinen ausführungen genug begründung und
würdigung liegen. das aber sieht man nun um so deutlicher,

dass zwar der hauptteil dieser vita demetrisch ist, Demetrios selbst aber unmöglich dem Diogenes vorgelegen hat. und dieser berühmt sich ausdrücklich mit *εἴρον δ' ἀλλαχόθι* mehrere gewährsmänner zu rate gezogen zu haben. Menedemos und Xenophon sind recht geeignet, die besondern schwierigkeiten zu illustrieren, welche das zweite buch des Diogenes bietet, aber auch wie wertvolles hier die untersuchung ermitteln kann[20]).

Bei Suidas hat Xenophon eine vita, welche sich mit der diogenischen deckt, Menedemos nicht, und die Megariker weichen ab. es liegt also wol im zweiten buche des Diogenes eine contamination vor, die möglicherweise auf die zwei autoren, die in den büchern IV—X sich gezeigt haben, möglicherweise auch auf andere zurückzuführen ist. denn auch hier sind nur die fragen gestellt, nicht gelöst. das aber wird sich bewährt haben, dass in der einzeluntersuchung allein das heil liegt. scharf den zusammenhang betrachten, möglichst vollständig alles über die einzelnen erhaltene biographische material confrontieren und nie vergessen, dass solche vielumfassende compilation wie die diogenische nach der natur der dinge durch das zusammenfliefsen sehr vieler und verschiedener ströme entstanden sein muss, nicht aber auf der höhe oder gar am anfange der gelehrten forschung ein gewaltiges allumfassendes repertorium des wissens steht, auf das die hier und sonst verdünnt vorliegende weisheit zurückgehe. die einheitlichkeit ist zum teil nur für den oberflächlichen blick vorhanden, zum teil hat sie ihren grund in der gemeinsamen methode und darstellungsart ganzer generationen in der antiken grammatik. es ist diesen

---

[20]) In der Xenophonvita (56) imponiert *Στησικλείδης ὁ Ἀθηναῖος ἐν τῇ τῶν ἀρχόντων καὶ Ὀλυμπιονικῶν ἀναγραφῇ* mit unrecht als ein gänzlich unbekannter chronikschreiber. seine angabe, dass Xenophon 360 gestorben wäre, ist nicht blofs falsch, sondern lediglich durch ärmliche rechnung gewonnen; dass Xenophon 362 noch gelebt hatte, wusste er vielleicht eher aus der tradition von Gryllos tod als durch den schluss der Hellenika. der name des autors aber scheint mir nicht besser erhalten als der des archons (*Καλλιδημίδου* für *Καλλιμήδους*); ich glaube es ist *Κτησικλείδης* zu schreiben, und dies identisch mit *Κτησικλῆς*, aus dessen *χρόνοι* Athenaeus zweimal (VI 272ᵇ X 445) etwas anführt. danach stand in seinem dritten buche des Demetrios von Phaleron verwaltung und Eumenes I tod.

studien nicht vorteilhaft gewesen, dass abgesehen von ganz geringen selbst compilatorischen ingenien, die sich zu ihren geistesverwandten hingezogen fühlten, zumeist anfänger die untersuchungen geführt haben, welche, auch wenn sie an scharfsinn
einen überschuss besafsen, doch einmal die vertrautheit mit der
geschichte der antiken gelehrsamkeit unmöglich besitzen konnten,
welche erfordert wird, sodann aber auch in frischem mute über
die notwendigkeit einer starken resignation sich täuschen durften, welche die wissenschaft verlangt, dem individuum aber
erst allmählich durch die erfahrung aufgenötigt wird. mit weit-
greifenden hypothesen, die das ganze auf einmal aufhellen sollten,
haben wir nichts erreicht; es soll mich nicht verwundern, wenn
ich aus den einzelbeobachtungen immer noch zu viel geschlossen
habe: aber diese verlieren dadurch nicht ihren wert. recht
beurteilen und recht ausnutzen wird sie erst der, welcher sich
einmal zur aufgabe stellen wird, des Diogenes arbeitsmethode
und schreibweise als solche zu untersuchen: das aber kann erst
geschehen, wenn eine kritische ausgabe vorliegen wird.

NACHTRÄGE.

S. 9. Es ist ein versehen von mir, dass ich des kunstschriftstellers Adaios vaterland als unbekannt bezeichnet habe. Athenaeus XIII 606 nennt ihn ausdrücklich Mytilenaeer.

19. Weiteres umfragen und nachschlagen in kochbüchern u. dgl. hat mich gelehrt, dass heut zu tage ebenso wie in den handschriften des Aristoteles die meinungen sich widersprechen, ob runde oder längliche eier männlich sind.

66. Das durch die epitome des Athenaeus erhaltene bruchstück des Antigonos steht in dem kataloge der wassertrinker, der allerdings auch eigene auszüge des Athenaeus enthält, aber meistens entlehnte citate. da nun auszüge aus den Akademikern des Antigonos sonst nirgends bei Athenaeus vorliegen, so ist zu urteilen, dass er überhaupt nur die drei viten, Lykon Zenon Menedemos, im original gelesen hat. dadurch wird das s. 94 gefällte urteil bestätigt, dass Ktesibios im leben des Menedemos, nicht dem des Arkesilaos behandelt war.

86. Robert zieht es vor, die angaben über die lehrer des Menedemos (§ 134 s. 98) dem Antisthenes zu geben, da dessen übersicht der lehrmeinungen folgt. sachlich ist das sehr angemessen und man brauchte dann Platon als unmittelbaren lehrer nicht zu beanstanden (s. 87 anm.). indessen ich kann mich nicht entschliefsen den schnittpunkt anders als bei neuer rubrik anzunehmen, noch auch den später genannten Antisthenes für das vorhergehende verantwortlich zu machen.

88. Die apotheose der Arsinoe Philadelphos hat allerdings noch zu ihres gatten lebzeiten stattgefunden, allein kurz vor seinem tode, da dieser den bau ihres tempels unterbrach. Plin. N. H. 34, 148.

106. In betreff der ersten paragraphen des diogenischen Zenon hat mir Kiefsling einige fingerzeige gegeben, deren consequente befolgung ohne an den hauptsachen etwas zu ändern doch für Diogenes einiges nicht unbeträchtlich anders stellt.

Die schriftentafel (4), also etwas sicher apollonisches, zerreifst den zusammenhang; entfernt man sie, so schliefsen sich die teile vortrefflich an einander ἕως μὲν οὖν τινὸς ἤκουσε τοῦ Κράτητος ... (anekdote) ... τελευταῖον δ᾽ ἀπέστη καὶ τῶν προειρημένων ἤκουσε. damit wird zurückverwiesen auf das lehrerverzeichniss § 2, von welchem nicht ganz feststeht, wer sein verfasser ist, und das sich aus seiner sicher apollonischen umgebung auslösen lässt. man kann also so urteilen, dass die ganze beziehung des Zenon zu Krates nicht dem Apollonios entlehnt ist. da ich nun die anekdote in § 4 und ebenso den schluss des sechsten buches, auf den sich das διήκουσε, καθὼς προείρηται, Κράτητος § 2 bezieht, dem Diokles vindiciert habe (*ep. ad Maafs.* 156), so scheint der schluss erlaubt, diesen hier im Zenon genau in derselben ausdehnung von Diogenes herangezogen zu finden, wie er es notorisch im Ariston ist.

Ich halte diesen vorschlag für recht plausibel und würde mich ihm sehr gern anschliefsen, da Diogenes dabei gewinnt. allein ich kann es nicht. denn Apollonios selbst setzt die lehre bei Krates und Stilpon voraus § 24. man müsste also schon annehmen, dass Diogenes die ihm vorliegende apollonische lehrertafel mit der diokleischen vertauscht hätte, ohne grund, da sie sich nicht widersprachen. sodann aber scheint mir das witzwort über die πολιτεία (4) schlecht zu der schilderung von des Zenon αἰδώς und σωφροσύνη zu stimmen, welche sonst dominiert, diese aber wiederum mehr dem Apollonios als dem Diokles angemessen zu sein. der anstofs endlich, von welchem Kiefsling ausgegangen ist, wird in derselben weise entfernt, wenn nur die unmittelbare umgebung der schriftentafel diokleisch ist. das habe ich schon s. 107 anm. 9 hervorgehoben.

173. Da der dichter Antigonos von Karystos einen stern-
mythos behandelt hat, so kann man auf den gedanken kommen,
dass er der Ἀντίγονος sei, der unter den περὶ τοῦ πόλου συντά-
ξαντες aufgeführt wird, Herm. XVI 388. ich halte nämlich diesen titel, den Maaſs ohne zureichenden grund abweist, für richtig
überliefert in dem von jenem zuerst benutzten cod. Vat. 381.
dichter sind in diesem verzeichniss besonders viel vertreten;
freilich ist der grammatiker Antigonos auch nicht ausgeschlossen.

182. Ich habe text und anmerkung stehen lassen, wie sie
geschrieben waren, als weder der verlust des in seiner art einzigen mannes zu fürchten noch zu hoffen schien, dass er seine
ansichten selbst ausführlicher darlegen würde, wie das nun in
seinem Phokion geschehen ist. wie viel ich in meiner ganzen
betrachtungsweise Bernays verdanke, kann nun ein jeder controllieren. zu einer modification meiner oben dargelegten ansichten fühle ich mich nirgend veranlasst. mir scheint der versuch nicht gelungen, zwischen Platon und Philippos von Makedonien eine freundliche beziehung aufzuweisen. die vernehmliche
sprache des Gorgias (vgl. Kydathen 219) hat nie eine entschuldigung oder berichtigung erhalten. dass Philippos dem Platon
eine totenfeier ausrichtete[1]), zeigt nur, dass der einsichtige fürst
den könig im reiche des gedankens zu würdigen verstand; dass
aber Platon vordem sich des Euphraios von Oreos angenommen
hatte, konnte ihm bei Philippos schwerlich zur empfehlung dienen,
dessen politik grade Euphraios energisch widerstand. noch weniger gelungen ist der versuch, Xenokrates dem Antipatros oder
Philippos näher zu rücken. mit den armseligen anekdoten, deren
Bernays sich annimmt, ist überhaupt nichts anzufangen: unzwei-

---

[1]) *epist. ad Maaſs.* 160 habe ich so das ἐπιτιμηθῆναι erklärt, das dem
Platon von Philippos nach Theopomp (Diog. III 40) widerfuhr. ich meinte
aber damals irrig, die präposition streichen zu müssen, während ἐπιτιμᾶν
von einer nachträglichen totenfeier ebenso bei Herodotos (6 39) steht. vollkommen richtig hat A. Schäfer (Demosth. II 37 5) hierüber wie überhaupt
über das verhältniss der Akademie zu Makedonien geurteilt, worauf ich um
so mehr gewicht lege, als er politisch auf dem standpunkt seines helden
steht, Bernays auf dem des Aristoteles, ich auf dem des Platon.

deutig ist der bericht bei Philodem im *ind. Acad.* (s. oben s. 281 anm. 13) und in Plutarchs Phokion. die reizende anekdote, die Bernays s. 119 ausschreibt, hatte ich auch verwenden wollen um den inneren gegensatz zwischen Aristoteles und der alten Akademie zu charakterisieren: wer persönliche folgerungen daraus ziehen will, hat zu beweisen dass sie wahr ist. auf alle fälle sind für das verhältniss des Aristoteles zu seinem alten schulgenossen der beste zeuge seine schriften.

191. Auf beziehungen des Demetrios Phalereus zu seinem vaterlande aus der zeit, wo er in Aegypten hofmann des Ptolemaios war, deutet Plutarch *de exil.* 7, der von ihm sagt, dass er nicht nur selbst in wolstand lebte ἀλλὰ καὶ τοῖς Ἀθηναίοις δωρεὰς ἔπεμπεν. das gehört in die zeit, von der s. 205. 243 gehandelt ist.

216. Der Pancultus des Antigonos Gonatas, den Usener zum epigramm von Knidos so schön erläutert hat, enthält noch ein moment grade in der richtung, dass Antigonos an Archelaos anknüpfen wollte, wofür ja die wahl der alten stadt Pella als ort der hochzeit schon bezeichnend ist. Archelaos hat sich nämlich von Zeuxis ein gemälde des Pan anfertigen lassen (Plin. 35, 62). es muss also schon der gründer des reiches Makedonien ein verhältniss zu dem arkadischen gotte gehabt haben.

232. Ich habe das psephisma für Zenon nicht abdrucken lassen, weil ich ohne kenntniss der handschriftlichen überlieferung nicht conjicieren wollte, bin aber deshalb einer detaillierten besprechung ausgewichen. nun hat H. Droysen (Herm. XVI 291) die überlieferung mitgeteilt und ist zu sehr einschneidenden folgerungen gelangt, die ich für durchaus verkehrt halte. der abdruck und die erklärung des actenstücks wird mich der polemik überheben.

1   Ἐπὶ Ἀρρενείδου ἄρχοντος, ἐπὶ τῆς Ἀκαμαντίδος πέμπτης πρυτανείας, Μαιμακτηριῶνος δεκάτῃ ὑστέρᾳ, τρίτῃ καὶ εἰκοστῇ τῆς πρυτανείας, ἐκκλησία κυρία, τῶν προέδρων ἐπεψήφιζεν Ἵππων

---

v. 1 Ἀρρενίδου *codd.* den richtigen, auch in den Securkunden belegten, namen habe ich oben schon überall angewandt. 3 ἐπειψήφισεν *codd.* diese und die andern abweichungen vom stil der inschriften hat Droysen angemerkt,

Κρατιστοτέλους Ξυπεταιὼν καὶ [οἱ] συμπρόεδροι, Θράσων Θράσωνος
Ἀναχαιεὺς εἶπεν· ἐπειδὴ Ζήνων Μνασέου Κιτιεὺς ἔτη πολλὰ κατὰ 5
φιλοσοφίαν ἐν τῇ πόλει γενόμενος ἔν τε τοῖς λοιποῖς ἀνὴρ ἀγα-
θὸς ὢν διετέλεσε καὶ τοὺς εἰς σύστασιν αὐτῷ τῶν νέων πορευο-
μένους παρακαλῶν ἐπ' ἀρετὴν καὶ σωφροσύνην παρώρμα πρὸς τὰ
βέλτιστα, παράδειγμα τὸν ἴδιον βίον ἐκθεὶς ἅπασιν ἀκόλουθον
ὄντα τοῖς λόγοις οἷς διελέγετο· τύχῃ ἀγαθῇ· δεδόχθαι τῷ δήμῳ 10
ἐπαινέσαι μὲν Ζήνωνα Μνασέου Κιτιέα καὶ στεφανῶσαι χρυσῷ
στεφάνῳ κατὰ τὸν νόμον ἀρετῆς ἕνεκεν καὶ σωφροσύνης, οἰκοδο-
μῆσαι δὲ αὐτῷ καὶ τάφον ἐπὶ τοῦ Κεραμεικοῦ δημοσίᾳ· τῆς δὲ
ποιήσεως τοῦ στεφάνου καὶ τῆς οἰκοδομῆς τοῦ τάφου χειροτονῆσαι
τὸν δῆμον ἤδη τοὺς ἐπιμελησομένους πέντε ἄνδρας ἐξ Ἀθηναίων. 15
ἀναγράψαι δὲ ⟨τόδε⟩ τὸ ψήφισμα τὸν γραμματέα τοῦ δήμου ἐν
στήλαις ⟨λιθίναις⟩ δύο καὶ ἐξεῖναι αὐτῶν θεῖναι τὴν μὲν ἐν
Ἀκαδημίᾳ τὴν δὲ ἐν Λυκείῳ· τὸ δὲ ἀνάλωμα τὸ εἰς τὰς στήλας
γιννόμενον μερίσαι τὸν ἐπὶ τῇ διοικήσει. ὅπως ⟨ἂν⟩ ἅπαντες
εἰδῶσιν ὅτι ὁ δῆμος ὁ [τῶν] Ἀθηναίων τοὺς ἀγαθοὺς καὶ ζῶντας 20
τιμᾷ καὶ τελευτήσαντας.

Ἐπὶ [δὲ] τὴν ⟨ποίησιν τοῦ στεφάνου καὶ τὴν⟩ οἰκοδομὴν τοῦ
τάφου κεχειροτόνηνται Θράσων Ἀναχαιεὺς Φιλοκλῆς Πειραιεὺς
Φαῖδρος Ἀναφλύστιος Μένων Ἀχαρνεὺς Μίκυθος Συπαλλήττευς.

Der text zunächst zeigt nicht geringe corruptelen, namentlich durch auslassungen wegen gleichen anlautes oder auslautes;
daran sind wir bei handschriftlich erhaltenen urkunden gewöhnt.
die stärkste, z. 22, ist durch den tenor des beschlusses selbst
glücklicherweise zu ergänzen. andere fehler treffen vielmehr
den concipienten des beschlusses, also wol den schreiber, der
seinen eigenen namen vergessen hat. davon ist das stärkste,
dass die stereotype formel *ὅπως ἂν ἅπαντες εἰδῶσιν κτέ.* an das

ohne doch schreibfehler des Diogenestextes und versehen oder änderungen
des schriftstellers oder seiner quelle zu scheiden. 4 hinter *συμπρόεδροι* fehlt
die sanctionsformel. 16 *ἐγγράψαι codd.* 17 *αὐτῷ codd.* ohne jede beziehung.
Ἀκαδημίῃ codd. 19 *ἐπὶ τῆς διοικήσεως codd.* 20 *ἴδωσιν codd.* 23 *Μίνων* Droysen
sehr gut aus CIA II 331. *Μίλλων* oder *Μίδων codd.* am schluss geben die
interpolierten noch einen sechsten namen *Δίων Παιανιεύς*; mit recht verschiebt
Droysen ein urteil hierüber auf die zeit, wo das gesammte verhältniss der
handschriften aufgeklärt sein wird.

ende gerückt ist, wo sie völlig sinnlos ist. indess wir sind eben nicht mehr im fünften jahrhundert, und ausgeschlossen bleibt ja auch hier nicht ein versehen des Apollonios von Tyros, welcher die urkunde im Metroon copierte, oder seiner ausschreiber und abschreiber. . materiell ist auch dieses ohne belang. in jedem ausdrucke aber grade das allergewöhnlichste zu verlangen ist man schlechterdings nicht berechtigt; bedenken formaler art gegen die glaubwürdigkeit können nicht wol aufkommen.

Was die publication des psephisma anlangt, so wird beschlossen, zwei stelen zu errichten, von denen das volk erlaubt, dass die eine im Lykeion, die andere in der Akademie errichtet werde. die wahl dieser orte ist sehr verständlich bei einer ehre für einen lehrer. an den beiden orten (denn das Kynosarges war verfallen, Ptolemaion offenbar noch nicht errichtet, oder noch nicht gleichen ranges), wo der staat seine epheben erziehen liefs, mahnte nun die öffentliche anerkennung der σωφροσύνη die jugend zur nachahmung. ein psephisma σωφροσύνης ἕνεκα ist genau so singulär wie die wahl der gymnasien als aufstellungsort. dass vor zwei menschenaltern die gründer des Peripatos im Lykeion gelehrt hatten, und dass hinter dem gymnasion auch das χωρίον τρισχιλίων δραχμῶν ἐωνημένον (Plut. de exil. 11) in der Akademie lag, wo Arkesilaos noch jetzt lehrte, hatte mit den gymnasien nichts zu tun, und misverständniss hatte der concipient des beschlusses hierbei nicht zu befahren. befremdend dagegen ist, dass das volk nicht einfach gebietet ϑεῖναι (oder στῆσαι) τῶν στηλῶν τὴν μὲν ἐν Ἀκαδημείᾳ τὴν δ' ἐν Λυκείῳ, sondern blofs die erlaubniss zur aufstellung gibt. da zur grammatischen beanstandung des ausdrucks keine veranlassung ist, so wird man anzunehmen haben, dass über jene örtlichkeiten einer anderen behörde, z. b. dem Areopag als oberster schulbehörde, oder einer heiligen commission die formelle entscheidung zustand.

Die eigentliche ehre, die beschlossen wird, ist eine doppelte, errichtung eines grabes und anfertigung eines kranzes. οἰκοδομῆσαι αὐτῷ τάφον heifst es, nicht ϑάψαι αὐτόν; also war Zenon schon bestattet; das öffentliche grabmal ist eine nachträgliche anerkennung. es ist sehr irrelevant dass wir inschriftlich von einem analogen fall keine kunde haben: wer die beschreibung des friedhofes bei Pausanias durchliest, findet da gräber von leuten, die lange vor der errichtung des friedhofes gestorben sind, wie Harmodios, von kriegern, deren gebeine fern der heimat modern, ja selbst von einem in öffentlicher schuldhaft gestorbenen, Lykurgos dem Butaden. die platte heroisirung, wie Boeoter oder Theraeer sie üben, ist nicht attisch: aber die aufnahme unter die, welche der staat als die blutzeugen der ἀρετή bestattet und mit totenopfern ehrt, ist von dem momente des hinscheidens unabhängig. ich habe an diese attische gräbersitte schon in anderem zusammenhange erinnert (Kydathen 26. 83): Zenon lehrt, dass auch die σωφροσύνη zu dieser höchsten aller attischen ehren verhilft. das bedürfniss einer zusammenfassenden behandlung des gegenstandes zeigt sich freilich auch hier wieder.

Die gemeinste ehre ist der kranz, geschätzt zumeist wegen der öffentlichen verkündigung; gemein geworden in der sinkenden republik, die, wie sich gebührt, die lächerlichste ordensgier hatte. da ist nun in der tat äußerst auffallend, dass der tote Zenon noch mit einem kranze bedacht wird; eine parallele steht auch mir nicht zu gebote. freilich, an dem factum ist nicht zu zweifeln: denn höchst bezeichnender weise fehlt eben so sonderbar jede bestimmung über die ἀναγόρευσις, und wird lediglich die anfertigung befohlen. es wird aber auch wol diese ehre öfters toten zu teil geworden sein: jedenfalls war das bei Zenon eingeschlagene verfahren vorgesehen, denn es heißt στεφανῶσαι χρυσῷ στεφάνῳ κατὰ τὸν νόμον. wir können das bedauern; andernfalls würden wir statt einer formel genaueres über die modalitäten erfahren, die uns nun entgehen.

All dies einzelne ist merkwürdig und vielleicht befremdend, aber viel weniger befremdend als die einfachheit und knappheit der motive und überhaupt als der umstand, dass die Athener Zenon erst hochbetagt sterben ließen, eh sie ihm eine decoration zuerkannten: dafür hat die geschichte die antwort zu geben, und, ich denke, sie ist oben gegeben. es gilt die überlieferung zu verstehen und ihr zu recht zu verhelfen, nicht sie so lange zu biegen, bis sie in den rahmen des dürftigen alltagsschemas passt. —

In den auszügen aus Apollonios ist das psephisma, das
Diogenes zwischen seine stereotypen redensarten ἔδοξέ μοι καὶ
τὸ ψήφισμα — ὑπογράψαι und καὶ τὸ ψήφισμα μὲν ᾧδε ἔχει
einschliefst, schon vorher erwähnt (6), wo es heifst dass die
Athener den Zenon ehrten, einmal dadurch dass sie bei ihm die
torschlüssel deponierten, eine alberne geschichte, deren veranlassung ich nicht ersehe, sodann χρυσῷ στεφάνῳ καὶ χαλκῇ εἰκόνι.
von der statue steht in dem psephisma nichts, und offenbar war
diese höhere decoration zu lebzeiten dem Zenon auch nicht wider-
fahren.   das muss also noch viel später, wo möglich erst im
zweiten jahrhundert geschehen sein: hier gibt es eine menge
parallelen; ich erinnere an zwei bekannte statuen des marktes,
Kallias den friedensstifter und Pindaros, an den Solon von Salamis, über den Demosthenes und Aischines streiten, schliefslich
an Perikles auf der burg, den Kresilas nicht etwa bei lebzeiten
gebildet hat: denn dass ein ölzweig die einzige belohnung des
mächtigsten aller demagogen war, sagt Lykurgos ausdrücklich
(lex. Patm. Bull. de Corr. Hell. I 149).   da also ein anderes psephisma vorher berührt ist, so muss man sich wundern, dass
Diogenes nur das eine, als ob es das einzige wäre, eingelegt hat.
ihn, oder den überarbeiter des Apollonios, seine unmittelbare
vorlage, trifft der vorwurf einer auslassung, und zwar einer recht
schlecht verhüllten: denn am schlusse der vita (29), ebenfalls
aus Apollonios, heifst es Ἀθηναῖοι ἔθαψαν αὐτὸν ἐν Κεραμεικῷ
καὶ ψηφίσμασι τοῖς προειρημένοις ἐτίμησαν.   allerdings hat er
von zwei psephismen gesprochen, aber eingelegt hat er doch nur
eins; Apollonios hatte offenbar beide gegeben.

Nicht zwar auf den wortlaut, aber auf den inhalt des psephisma aus Arrheneides jahre nimmt auch Antigonos bezug, also
in entscheidendster weise, wenn es nötig wäre, die urkunde be-
stätigend.   ich habe zu der stelle (oben s. 118) schon darauf
hingewiesen, dass in folge einer für mich damals unheilbaren
corruptel Thrason von Anakaia als gesandter des Antigonos erscheint.   vielleicht heile ich dieselbe jetzt: διὰ Θράσωνος, πρεσβευτοῦ παρ᾽ αὐτῷ (παρὰ τῶν codd.) Ἀθήνηθεν, ᾔτησεν αὐτῷ τὴν ἐν
Κεραμεικῷ ταφήν.

249. Didymos hat mit der annahme, dass $Z\epsilon\dot{v}\varsigma$ $\Sigma\omega\tau\acute{\eta}\varrho$ mit
᾽$E\lambda\epsilon v\vartheta\acute{\epsilon}\varrho\iota o\varsigma$ identisch wäre, ganz recht, und zu diesem, also dem
Zeus der halle gehört auch Athena Soteira. denn der stein
CIA II 326, eins der oben erwähnten psephismen für opfer an
diese götter, aus der zeit mehrerer $\epsilon\pi\dot{\iota}$ $\tau\tilde{\eta}$ $\delta\iota o\iota x\acute{\eta}\sigma\epsilon\iota$, ist nach
vs. 11 neben der Zeusstoa aufgestellt und auch neben der Hypa-
panti gefunden. die beziehung auf den Peiraieus kommt also in
wegfall; das datum ändert sich nicht. es fragt sich, wer war
diese Athena? denn eben so wie bei $Z\epsilon\dot{v}\varsigma$ ᾽$E\lambda\epsilon v\vartheta\acute{\epsilon}\varrho\iota o\varsigma$ wird man
eine anknüpfung an einen vorhandenen cult anzunehmen haben.
es scheint mir natürlich, an ᾽$A\vartheta\eta\nu\tilde{\alpha}$ $\dot{\alpha}\varrho\chi\eta\gamma\acute{\epsilon}\tau\iota\varsigma$ zu denken, welcher
später die $\pi\acute{v}\lambda\eta$ $\tau\tilde{\eta}\varsigma$ $\dot{\alpha}\gamma o\varrho\tilde{\alpha}\varsigma$ geweiht ist. ihr bild hielt die eule
auf der hand (schol. Ar. Vög. 515, vgl. Kekulé Bullet. 1868 s. 50),
ihr dienten attische mädchen aus eupatridengeschlechtern als
$\dot{\alpha}\lambda\epsilon\tau\varrho\acute{\iota}\delta\epsilon\varsigma$, wie der Polias als $\dot{\alpha}\varrho\varrho\eta\varphi\acute{o}\varrho o\iota$ (Arist. Lysistr. 643 mit
schol. die beziehung auf andere göttinnen ist irrig). wir müs-
sen aber noch einen namen mit ihr verbinden, den die alte sage
von Erichthonios erzeugung, durch welche Athena eben $\dot{\alpha}\varrho\chi\eta\gamma\acute{\epsilon}\tau\iota\varsigma$
der Athener ist, an die hand gibt, nämlich ᾽$H\varphi\alpha\iota\sigma\tau\acute{\iota}\alpha$, wie sie
öfter, immer in verbindung mit Hephaistos, heifst. dass Hephaistos
ebenfalls in der unterstadt, am markte, verehrt ward, ist bekannt,
so dass die religiöse verwandtschaft mit der localen nachbarschaft
zusammentrifft.

280. $Mov\sigma\epsilon\tilde{\iota}\alpha$ spielen auch in der Pythagoraslegende eine
rolle, an mehreren orten, in Metapont wie in Kroton. gewährs-
mann ist Timaios, wie Porphyrius *vit. Pyth.* 4 angibt. demnach
ist es wol wahrscheinlicher, dass dieser zug nach dem platonischen
vorbilde erfunden ist, als dass schon Platon auf die legende
rücksicht nahm. an Musendienst bei dem historischen Pythagoras ist keinesfalls zu denken; dazu boten weder Samos noch die
achaeischen städte veranlassung.

Druckfehler.

Deren habe ich, wie gewöhnlich, nicht wenig stehen lassen, von denen einige hier berichtigt werden sollen. s. 14 z. 11 der l. des. 32, 6 einem: einen. 123, 2 537: 437. 159, 15 ihren: ihnen. 165, 2 v. u. es es: er es. 177, 22 der Didymos: des Did. 180, 2 v. u. der dritten: des dr. 183, 1 es: er. 184, 8 klaren: klarem. anm. 7, 3 agionothesie: agon. 191 anm. 11, 3 v. u. col.: ol. 196, 12 *λόγον*: *λόγων*. 220, 6 v. u. hinter wohnte fehlt 41). 240, 9 es: er. 246, 15 es: er. 249, 1 v. u. bezeichnung: beziehung. 283 anm. 1, 11 41: 4 1. 271, 10 fühlte.: fühlte,

SACHREGISTER.

STELLENREGISTER.

Die auf Antigonos zurückgeführten durch einen stern bezeichnet.

Inschriften.

Verzeichniss der in den *Βίοι* des Antigonos erwähnten personen*).

*) Aus dem Menedem sind auch die von Herakleides erwähnten namen aufgenommen.

23*

Druck von W. Pormetter in Berlin C., Neue Grünstrasse 30.